COLLECTION
FOLIO/ESSAIS

Michel Tournier
de l'Académie Goncourt

Le vol du vampire

Notes de lecture

Mercure de France

Né en 1924 à Paris, Michel Tournier habite depuis trente ans un presbytère dans la vallée de Chevreuse. C'est là qu'il a écrit *Vendredi ou les Limbes du Pacifique* (Grand Prix du roman de l'Académie française) et *Le Roi des Aulnes* (prix Goncourt à l'unanimité). Il voyage beaucoup, avec une prédilection pour l'Allemagne et le Maghreb. Il ne vient à Paris que pour déjeuner avec ses amis de l'Académie Goncourt.

« C'est en lisant qu'on devient liseron. »

MAURICE FOMBEURE

« Étant donné une feuille de papier et une jeune femme, un jeune homme, un enfant, un vieillard, un malade, un amoureux, un avare, etc., comment faire pour que cette feuille de papier leur devienne un objet d'agrément, de plaisir, de désir, d'horreur, d'épouvante, de chagrin, de mélancolie ? »

LOUIS SCUTÉNAIRE

Le vol du vampire

Sans doute nombre d'écrivains écrivent comme ils respirent, comme l'abeille fait son miel, accomplissant ainsi une fonction qui leur est naturelle et qui est probablement nécessaire à leur équilibre. A ceux-là, le lecteur n'apparaît nullement comme le destinataire obligé de leur écrit, et même, à la limite, la notion de publication peut leur être étrangère. Ils forment une famille — de Montaigne à Marcel Jouhandeau — dont l'œuvre s'accommoderait, semble-t-il, au risque de disparaître à tout jamais, de l'obscurité d'un tiroir ou du secret d'un coffre-fort. Paul Valéry défend dans *Monsieur Teste* l'idée selon laquelle les hommes célèbres — écrivains, mais aussi musiciens, peintres, mathématiciens — sont, par cela seul qu'ils sont connus, des génies de *second ordre*, les autres, les vrais, n'ayant pas commis la faute originelle de se divulguer et préférant « mourir sans avouer ».

Peut-être. Il n'empêche que si nous pouvons citer Montaigne et Jouhandeau, c'est précisément parce qu'ils ont publié et sont entrés ainsi — de mauvais gré peut-être, et comme de biais, voire à reculons — dans l'autre catégorie, celle des écrivains qui écrivent pour publier, et qui ressemblent à des artisans en chambre.

Car ils fabriquent très délibérément un objet manufacturé — en règle générale en effet, ils écrivent d'abord à la main —, conçu pour un certain public et destiné à être mis en vente sous un aspect étudié — ils conçoivent eux-mêmes la couverture du livre avec titre, illustration et textes de rabats de jaquette —, à une date convenable — car on ne lance pas un recueil de contes de Noël en juillet. Il faut se garder de les mépriser. De l'artisan, ils possèdent l'honnêteté et la conscience professionnelles. Pour moi, je me réclame sans honte de cette famille. Si je savais ne pouvoir être publié, je n'écrirais rien. Et il est indispensable à la qualité de mon sommeil que le livre que je donne soit une bonne et loyale marchandise. Mon acheteur ne doit en aucun cas avoir à regretter l'argent qu'il a sacrifié à son achat. Un jour pourtant, j'ai reçu dans un paquet un exemplaire déchiré en morceaux de mon roman *les Météores.* Une lettre jointe m'expliquait en substance : « J'ai acheté votre livre sur la foi d'une publicité. Dès les premières pages, j'ai été écœuré. Cinquante francs de fichus ! » Il est regrettable que ce genre de lettre soit presque toujours anonyme. Que craignent-ils donc, ces clients mécontents ? J'aurais bien volontiers remboursé à ce monsieur ses cinquante francs fichus...

Oui, la vocation naturelle, irrépressible, du livre est centrifuge. Il est fait pour être publié, diffusé, lancé, acheté, lu. La fameuse tour d'ivoire de l'écrivain est en vérité une tour de lancement. On en revient toujours au lecteur, comme à l'indispensable collaborateur de l'écrivain. Un livre n'a pas un auteur, mais un nombre indéfini d'auteurs. Car à celui qui l'a écrit s'ajoutent de plein droit dans l'acte créateur l'ensemble de ceux qui l'ont lu, le lisent ou le liront. Un livre écrit, mais non lu, n'existe pas pleinement. Il ne possède qu'une demi-existence. C'est une virtualité, un être exsangue, vide, malheureux qui s'épuise dans un appel à l'aide pour exister. L'écrivain le sait, et lorsqu'il publie un livre, il lâche dans la foule anonyme des hommes et des femmes une nuée d'oiseaux de papier, des vampires secs, assoiffés de sang, qui se répandent au hasard en quête de lecteurs. A peine un livre s'est-il abattu sur un lecteur qu'il se gonfle de sa chaleur et de ses rêves. Il fleurit, s'épanouit, devient enfin ce qu'il est : un monde imaginaire foisonnant, où se mêlent indistinctement — comme sur le visage d'un enfant les traits de son père et de sa mère — les intentions de l'écrivain et les fantasmes du lecteur. Ensuite, la lecture terminée, le livre épuisé, abandonné par le lecteur, attendra un autre vivant afin de féconder à son tour son imagination, et, s'il a la chance de réaliser sa vocation, il passera ainsi de main en main, comme un coq qui tamponne successivement un nombre indéfini de poules.

Ainsi toute création se veut-elle fondamentalement contagieuse et en appelle-t-elle à la créativité des lecteurs, tout comme Yahvé, ayant fait l'homme à son image, lui a délégué du même coup son pouvoir créateur. Mais cela implique bien entendu que l'écrivain respecte la liberté de création de son lecteur. Question fondamentale : quelle est la part qui revient au lecteur dans la création littéraire ?

Il convient de faire ici une importante distinction entre les œuvres de fiction — roman, theâtre, poésie — et les œuvres non fictives (documents, traités, mémoires). Nous n'envisageons que les premières, seules explicitement créatrices. Car les œuvres non fictives renvoient à une réalité extérieure à elles dont elles se veulent l'image véridique, c'est-à-dire servile. Elles nient la part de création qu'elles contiennent comme malgré elles, selon une démarche dont l'ambiguïté n'est pas dénuée de mauvaise foi. « Je n'invente rien, je reproduis les choses telles qu'elles sont ou telles qu'elles furent », affirment d'une même voix l'historien, le physicien, le doctrinaire. (Cette attitude se retrouve chez le photographe qui à la fois revendique la paternité de ses photos, et affirme leur fidélité au réel tel qu'il était quand il l'a photographié.) Cette négation de sa propre part de création par l'écrivain de non-fiction s'accompagne d'une négation *a fortiori* de toute création de la part du lecteur. Le lecteur d'un ouvrage d'histoire, d'un traité de physique ou d'une théorie politique se doit d'être toute réceptivité avec ce que cela demande de mémoire, d'intelligence et surtout de docilité.

Toute autre est l'attitude de l'auteur de fiction. Ses rapports avec le réel sont complexes, ambigus, voire purement et simplement piégés. Les enfants des écoles avec lesquels je vais parfois dialoguer me posent souvent la question la plus fondamentale que soulève le roman : qu'y a-t-il de vrai dans vos histoires ? Je sais bien que je me condamne à leurs yeux si je réponds : rien, j'ai tout inventé. Mais je me condamne également en répondant à l'inverse : tout, dans les moindres détails mes histoires sont empruntées à l'histoire, à la chronique ou aux faits divers. A cette terrible question, seule répond parfaitement le mot de Jean Cocteau : « Je suis un mensonge qui dit toujours la vérité. » Il est facile de l'illustrer de cent exemples différents. Je cite volontiers le cas de Robinson Crusoé. Comment expliquer en effet que le roman de Daniel Defoe ait eu — et possède encore — l'immense retentissement que l'on sait, alors que les relations fidèles du fait divers vrai qui l'a inspiré — l'abandon du timonier Alexandre Selkirk sur une île déserte — restent à peu près inconnues ? J'ai tenté ailleurs [1] d'analyser le rapport mystérieux — de nature mythologique, selon moi — qui prête au roman sa force de pénétration en nous. Il reste que la notion même de mythe est frappée d'équivoque : un mythe, c'est à la fois une belle et profonde histoire incarnant l'une des aventures essentielles de l'homme, et un misérable mensonge débité par un débile mental, un « mythomane » justement. Cette dernière acception explique l'affirmation fausse, sans cesse répétée pourtant, selon laquelle « la réalité dépasse la fiction », et « les

1. *Le Vent Paraclet* (Gallimard, éd., Folio n° 1138).

plus beaux romans sont ceux que vécurent réellement tel ou tel personnage historique ».

On peut relever entre fiction et non-fiction une différence d'orientation temporelle. Alors que la vérité « documentaire » est toujours rétrospective, la vérité « de fiction » s'oriente toujours vers l'avenir. On peut même déceler dans la plupart des grandes œuvres de fiction une part de mystification qui consiste à donner à une vision prophétique une apparence rétrospective. Deux exemples.

Goethe écrit *Werther* en 1773. La France vit sous Louis XV, la Prusse sous Frédéric le Grand. Diderot et d'Alembert publient l'*Encyclopédie*. On est encore à cent lieues des épanchements romantiques. Le texte de Goethe se présente sous les apparences d'une confession d'ordre tout à fait personnel, privé pourrait-on dire, faite à la première personne. Pourtant, ce petit roman va avoir un rayonnement éclatant. Il va devenir pour toute une jeunesse la charte de l'amour romantique avec ses clairs de lune, ses élans, ses désespoirs, ses suicides. Il n'est pas jusqu'au costume de Werther qui ne devienne un signe de ralliement. En un mot, il s'agit d'un véritable roman d'anticipation.

Madame Bovary, de Flaubert, date de 1857. C'est une histoire qui débute vers 1835 et se situe par conséquent sous le règne de Louis-Philippe, en outre dans une campagne normande éloignée de la capitale. Or le « spleen » qui torture Emma Bovary est un trait typiquement fin de siècle, et surtout le personnage de Monsieur Homais — scientiste, républicain et anticlérical — anticipe de cinquante ans le type radical-socialiste qui sera l'un des piliers de la IIIe République, et qui n'arrivera au pouvoir avec Émile Combes qu'en 1902.

Faut-il admirer le génie prophétique de Goethe et de Flaubert, ou plutôt la puissance de conviction qu'ils possédèrent pour imposer aux générations futures des modèles nouveaux à copier ? Il y a, semble-t-il, une troisième hypothèse, celle qui fait intervenir justement la part créatrice des lecteurs. Goethe et Flaubert avaient mis en circulation quelque chose de fortement structuré, stylisé, stéréotypé. A ces prémisses les lecteurs ont mêlé leur propre substance — amorphe, floue, balbutiante, mais vivante — et on a vu naître l'amoureux romantique et le radical-socialiste. Ces deux personnages promis à un si grand avenir sont dus à la co-création de Goethe ou de Flaubert, et de leurs lecteurs respectifs. Nous qui appartenons à la dixième ou vingtième génération de lecteurs de *Werther* ou de *Madame Bovary*, nous ne pouvons discerner ce qui revient à l'écrivain et ce qui est l'œuvre de la première, seconde, troisième lecture. D'autant plus qu'il nous appartient, quelle que soit notre place dans cette chronologie, d'ajouter à ces romans la part d'invention de notre propre lecture.

De ces réflexions se dégage une règle d'hygiène esthétique à laquelle tout auteur de fiction devrait prendre garde. Alors que, dans la non-fiction, tous les actes d'autorité de l'écrivain à l'égard du lecteur sont de mise, il importe que, dans la fiction, la liberté créatrice du lecteur ne soit pas compromise par des interventions intempestives de l'écrivain. C'est dans cette perspective qu'il faut résoudre le fameux problème du « message ». Une œuvre de fiction peut-elle véhiculer un message (thèse, doctrine politique, etc.) ? S'agissant d'une œuvre de non-fiction, l'affirmative est sans réserve. Personne ne s'aviserait de reprocher à Lamennais ou à Marx d'avoir confié des « messages » à leurs écrits, puisque c'était leur principale raison d'être. Mais, s'il s'agit d'un poème, d'un roman ou d'une pièce de théâtre, la présence d'une thèse, exposée explicitement et s'imposant sans ambiguïté, nuit gravement à la valeur de l'œuvre. C'est ce qui condamne à la médiocrité le roman relevant de l'édification religieuse ou du « réalisme socialiste ». Un roman peut certes contenir une thèse, mais il importe que ce soit le lecteur, non l'écrivain, qui l'y ait mise. Car l'interprétation — tendancieuse ou non — relève de la seule compétence du lecteur, et la pluralité des interprétations — à la limite aussi nombreuses que les lecteurs eux-mêmes — mesure la valeur et la richesse de l'invention poétique, romanesque ou théâtrale du public.

La plupart des grands romanciers sentent la nécessité de respecter la liberté de leurs lecteurs et se gardent d'empiéter sur leurs prérogatives. Balzac et Zola savaient observer cette règle de réserve. Victor Hugo au contraire se croit sans cesse autorisé à intervenir en personne pour faire la leçon sur l'avant-scène de son récit, mais il est certain que ses romans souffrent de ce procédé.

Ce qui est remarquable, c'est que Balzac et Zola, s'ils s'abstenaient d'intervenir dans leurs romans, ne se faisaient pas faute de proclamer des professions de foi dans des écrits théoriques ou dans leur correspondance. Or les théories qu'ils défendent sont bien étranges et vont parfois directement à l'encontre de ce qu'on trouve dans leurs romans. Balzac a dit notamment qu'il n'écrivait qu'à « la lueur de deux flambeaux, le Trône et l'Autel », ce qui paraît devoir annoncer une œuvre furieusement conservatrice et bien-pensante, une œuvre à la de Maistre ou à la de Bonald en somme. Il n'en est rien heureusement, et ses romans découlent d'un réalisme puissant, agressif, dont l'efficacité dissolvante est redoutable, et qui trouve sa meilleure incarnation dans son personnage préféré de Vautrin, dit Trompe-la-Mort. Quant à Zola, son esthétique romanesque est, si possible, encore plus réactionnaire, puisqu'il prétend dans sa série des *Rougon-Macquart*, montrer le cheminement, dans une vingtaine d'individus aussi différents que possible, d'une seule et même tare héréditaire qui commandera tout leur destin. Or si la pensée de gauche s'efforce d'expliquer les individus par l'influence du milieu, c'est le propre de la pensée de droite de tout mettre sur le compte de l'hérédité, parti pris qui, poussé à la rigueur, conduit au racisme le plus radical.

Bien entendu, lorsque Zola écrit ses romans, il se hâte d'oublier son « héréditarisme », et il nous montre des hommes et des femmes profondément enlisés dans un milieu impitoyable, et se débattant contre les sujétions dont la nature est sociale et non physiologique.

Le cas de Flaubert est tout aussi frappant. Dans *Situations II,* J.-P. Sartre cite un certain nombre d'extraits de sa correspondance où l'auteur de *Madame Bovary* se répand en malédictions et en injures grossières contre les humbles, et notamment contre les insurgés de la Commune. Il convient en effet de souligner que les attaques virulentes que Flaubert et ses amis ne cessèrent de diriger contre ceux qu'ils appelaient « les bourgeois » (« J'appelle bourgeois quiconque pense bassement ») n'avaient que peu de rapport avec les théories élaborées au même moment par Marx au sujet de la bourgeoisie et du prolétariat. Il y a un monde idéologique entre le « bourgeois » de Flaubert et la « classe bourgeoise » de Marx — à laquelle le rentier Flaubert appartenait lui-même indiscutablement. Cette idéologie vague et réactionnaire de Flaubert, si elle imprégnait ses contes et ses romans, les rendrait absolument illisibles. Or il n'en est rien. L'image de la révolution de 1848 que reflète *l'Éducation sentimentale* est irréprochable, et tout le conte *Un cœur simple* doit sa valeur incomparable à la qualité du respect et de la tendresse dont Flaubert entoure Félicité, cette vieille bonne naïve et illettrée, mystique sauvage, amoureuse de son perroquet. Une seule fausse note dans ce tableau — un Flaubert politique, rageur et réactionnaire, laissant percer sa hargne — et tout était perdu. Mais non, on dirait que l'œuvre implique sa morale propre — solidaire de son esthétique — et sait l'imposer sans la moindre défaillance au romancier, alors même qu'il aurait des opinions diamétralement opposées.

Image irréprochable, avons-nous dit. Irréprochable aux yeux de qui ? Aux yeux des lecteurs que nous sommes.

Est-ce à dire que nous nous érigeons en juges des grandes œuvres classiques ? Il s'agit de bien autre chose. Nous nous sentons pleinement co-auteurs de ces œuvres, et nous exigeons qu'elles s'accordent aux idées morales et même politiques qui sont les nôtres. Que si une œuvre y répugne absolument, nous la déclarons vieillie et illisible, voulant dire par là que nous nous refusons à en devenir les cosignataires.

Que se passe-t-il dans le cas inverse, je veux dire quand une œuvre nous persuade à la lecture qu'elle est grande, profonde, universelle, chaleureuse, enrichissante ? Question immense à laquelle il est impossible de répondre de façon satisfaisante, car alors nous aurions découvert le critère, voire la recette du chef-d'œuvre. « Si l'esthétique pouvait être, a écrit Paul Valéry, les œuvres d'art s'évanouiraient nécessairement devant elle, c'est-à-dire devant leur essence. » Du moins pouvons-nous essayer quelques approximations à la lumière des réflexions précédentes.

Nous disons donc qu'un livre a d'autant plus de valeur littéraire que les noces qu'il célèbre avec son lecteur sont plus heureuses et plus fécondes. Il doit se produire deux phénomènes. D'abord un processus d'identification entre le lecteur et les personnages. Tous les sentiments incarnés dans tous les personnages — peur, envie, désir, amour, ambition, etc. — doivent être doués de contagiosité et se retrouver dans le cœur du lecteur. Mais selon un second processus, il faut que ces sentiments soient exaltés, rehaussés, ennoblis en passant du personnage fictif au lecteur, homme ou femme réel. Car s'il y a homogénéité ontologique entre ces sentiments et les personnages qui les éprouvent — les uns et les autres relevant de la fiction —, lorsqu'ils se retrouvent dans le lecteur — être de chair et de sang —, leur nature fictive devient évidente, et les situe sur un autre plan. En d'autres termes, les sentiments transmis par le livre au lecteur possèdent une dimension nouvelle, la dimension fictive, qui leur confère leur valeur et leur beauté.

Dans la préface de *Bérénice*, Racine évoque « cette tristesse majestueuse qui fait tout le plaisir de la tragédie ». On peut rapprocher cette définition d'une anecdote racontée par Sacha Guitry. Il avait donné à sa concierge un billet pour aller voir l'une de ses pièces de boulevard, *Quadrille* ou *N'écoutez pas, mesdames.* Le lendemain il interroge son invitée. Elle se déclare satisfaite de sa soirée, mais ajoute : « Pourtant, moi, c'est pas ce que j'appelle du théâtre. » Très intéressé, Sacha Guitry lui demande de bien vouloir préciser ce qu'elle entend par théâtre, et il s'attire cette réponse : « Le théâtre, Monsieur Guitry, c'est quand il y a une reine et qu'elle a des malheurs... » A première vue, l'analogie avec la définition de Racine est saisissante. En effet la « reine qui a des malheurs » et la « tristesse majestueuse » peuvent paraître synonymes. Mais ce n'est en vérité qu'une apparence. Car s'il découle de la définition de la concierge que toute représentation d'une reine-qui-a-des-malheurs — et celle-là seulement — fait le beau théâtre, il n'en va pas de même selon Racine. Il peut arriver en effet : 1) que la tristesse d'une reine n'ait rien de majestueux, 2) qu'une tristesse majestueuse se dégage du destin d'une dactylo ou d'une poissonnière. Affaire de talent. Il faudrait donc savoir à quelles conditions seront réunis les trois termes posés par Racine : tristesse + majesté + plaisir.

Généralisons d'abord la question en substituant au premier terme (tristesse), propre à la seule tragédie, tout sentiment quelconque, gaieté (dans la comédie), angoisse (dans le drame), érotisme, tendresse, etc., pouvant s'exprimer dans une œuvre littéraire et impressionner un « receveur » (spectateur ou lecteur). On ne donnerait pas une idée fausse du *Roi Lear* de Shakespeare en disant qu'il s'en dégage une horreur majestueuse, ni du *Misanthrope* de Molière en parlant de la gaieté majestueuse de cette pièce (« cette mâle gaîté » comme écrivait Musset). Que signifie donc *majestueux ?* Le dictionnaire nous l'apprend : empreint d'une gravité imposante. Rien d'incompatible avec la drôlerie : les deux mots se renforcent pour marquer seulement une mainmise irrésistible sur le spectateur ou le lecteur. Il est « pris ». Il ne peut échapper à ce qu'on lui présente. Pourtant il ne souffre pas, comme il souffrirait si l'emprise sur lui était de nature par exemple matérielle ou hypnotique. Il conserve assez de liberté pour qu'il ne puisse se plaindre d'être « victime » d'une violence, même sous la forme d'un envoûtement. Au contraire. Comme le dit Racine, il y trouve du plaisir, et Molière renchérit en posant que la seule loi du théâtre est de plaire. Mais comment plaire — ou faire plaisir — en communiquant à l'âme des sentiments qui au premier degré seraient déplaisants ? La réponse est simple : en faisant en sorte que ce soit l'âme elle-même qui invente — ou co-invente avec l'écrivain ou l'auteur dramatique — ces sentiments. C'est cela la dimension fictive : cette co-création par le receveur des images et des impressions qu'il reçoit de l'auteur. C'est ainsi que le personnage de théâtre ou de roman, ses actes, ses passions, ses joies et ses souffrances garderont toujours pour le receveur quelque chose de pétillant, de léger et au total de plaisant, simplement parce qu'il saura que tout cela relève de sa propre invention. De ce point de vue le critère du chef-d'œuvre est facile à définir : c'est la participation à la joie créatrice qu'il offre à son lecteur.

*

Beaucoup plus complexe au contraire apparaît la situation si l'on se place maintenant du côté de l'auteur. Cette situation en effet se scinde en deux points de vue fort différents selon qu'on envisage l'auteur lui-même ou son œuvre. Revenons à l'idée de Paul Valéry, ces grands hommes inconnus « qui meurent sans avouer ». On lui opposera qu'il n'y a de grande œuvre que divulguée, reçue, ayant fécondé un nombre indéfini d'esprits. Mais surtout il est facile de citer des cas où l'immense notoriété d'une œuvre a laissé dans l'ombre son auteur. J'ai toujours été fasciné par le cas de Margaret Mitchell qui a droit dans le *Robert* des noms propres à deux lignes :

Romancière américaine (Atlanta Géorgie 1900 — id. 1949). Auteur de Autant en emporte le vent *.

Je note avec jubilation ce *id.* qui nous apprend qu'elle est morte là même où elle est née (sans doute n'aimait-elle pas voyager ?), et cet astérisque qui renvoie à l'article de douze lignes consacré, au mot *Autant,* au roman et à son adaptation cinématographique. Il est difficile de s'effacer aussi complètement derrière le succès universel du livre qu'on a écrit.

Seul peut-être Edmond Haraucourt (1857-1941) a été plus loin dans le même genre. On raconte que ce petit fonctionnaire, prenant sa retraite, va voir son chef de bureau pour lui faire ses adieux. Je pars, lui dit-il en substance, mais je reviendrai vous voir de temps en temps. Et l'autre de lui citer le vers bien connu :

Partir, c'est mourir un peu.

— Eh bien, lui dit aussitôt Haraucourt, savez-vous de qui est ce vers ?

— Sans doute d'un troubadour du Moyen Age ou d'un poète de la Renaissance ?

— Non, monsieur, réplique Haraucourt furieux, il est de moi, et personne ne le sait !

Et le fait est qu'Haraucourt a une œuvre poétique des plus obscures, dont un seul vers s'est mystérieusement détaché pour s'imprimer dans toutes les mémoires. Pourtant cette frustration me paraît au total plus digne que le déséquilibre inverse, je veux dire le ridicule du « grand écrivain » reçu, fêté, décoré, dont personne ne se soucie de lire les œuvres.

Pour qui écrit-on ? A cette question fondamentale les écrivains durent longtemps répondre : pour mon mécène. Molière avait pour principal public Louis XIV et la cour, il était donc hors de question que ses comédies eussent la force de s'en prendre au pouvoir royal et de l'ébranler. A cette époque les lettres étaient l'affaire d'une classe étroite, celle des « clercs », dont elles étaient la profession et le monopole. Isolés sur un îlot de « lettrés » dans un océan d'illettrés, ils écrivaient les uns pour les autres. Le lire et l'écrire alternaient chez les mêmes, tout comme le dire et l'écouter se pratiquent alternativement dans l'art de la conversation. Cent ans plus tard, Beaumarchais parvient, lui, à ébranler le trône par ses comédies. Que s'est-il passé ? Une classe de roturiers « éclairés » est apparue, le premier vrai public des lettres françaises, le point d'appui sur lequel elles vont peser désormais pour agir. Dès lors la notoriété de l'écrivain et celle de l'écrit qui vont parfois de pair peuvent également s'éclipser l'une l'autre. Certains créateurs répugnent absolument à se montrer, à briller, à plaire en dehors de leur labeur. Ils manquent décidément de brio, d'entregent. Longtemps Florence fut ainsi le théâtre d'une terrible rivalité entre Raphaël et Michel-Ange. Un jour, Michel-Ange, sombre d'humeur et de vêtements comme à l'accoutumée, voit passer un cortège joyeux et doré. C'est Raphaël avec ses amis. « Toujours fêté, comme un prince », murmure-t-il. Raphaël, qui l'avait entendu, répliqua : « Michel-Ange, toujours seul, comme un bourreau ! » Quiconque voit à Arles, sur la place du Forum, la statue de Frédéric Mistral songe à Buffalo Bill : même moustache conquérante, même regard dominateur sous le même chapeau à large bord. La ressemblance est frappante. Le plus curieux, c'est que Buffalo Bill s'est rendu effectivement à Arles, et qu'il y fut reçu en grande pompe par Mistral, prix Nobel de littérature. La cité la plus tauromachique de France se devait de faire honneur au célèbre massacreur de bisons. De ce passage de Buffalo Bill en Provence, il reste un témoignage de pierre : le chien dont la tête figure à Maillane sur le tombeau de Mistral évoque celui que l'Américain offrit au passage à l'auteur de *Mireille.* Mais c'est pour une autre raison que nous songeons aux festivités qui célébrèrent à l'ombre des arènes les deux plus fameuses moustaches de ce temps. Au même moment, deux artistes obscurs et faméliques rasaient les murs de cette même Arles, Van Gogh et Gauguin. La ville n'est pas grande, et il y a tout lieu de croire que les deux couples se croisèrent, les deux fiers-à-bras portés en triomphe, et les deux peintres dont les œuvres ne soulevaient qu'hilarité et mépris. On les aurait à coup sûr beaucoup surpris tous les quatre en leur révélant comment la postérité répartirait entre eux le véritable génie et le simple talent.

Génie et talent, les deux grands mots qui commandent la création et la communication viennent d'être écrits. Si l'on interroge le *Petit Larousse* sur le mot *talent,* on trouve comme premier sens : « Aptitude particulière dans une activité, spécialement dans les domaines artistique et littéraire. » Secondairement : « Unité de poids et de monnaie dans l'Orient ancien et la Grèce antique. » Or il apparaît à l'examen que cet ordre est contraire à la chronologie et à l'étymologie. Car si l'on parle du talent d'un écrivain ou de celui d'un peintre, c'est par référence à la parabole des Évangiles où l'on nous montre un maître confiant à trois de ses serviteurs des « talents » (sommes d'argent), puis s'en allant, et, à son retour, leur demandant compte de l'usage qu'ils en ont fait. La notion de talent est donc originellement liée à celle d'argent, et on appellera peintre de talent celui qui, reçu avec faveur par sa société, arrive à bien vendre ses œuvres. Mais naturellement il convient de donner au mot « vendre » son acception la plus large, argotique, celle qui englobe toute action de contact et de propagande. Il y aurait grand intérêt à faire l'histoire et la sociologie du « talent », je veux dire de la façon dont les œuvres des créateurs furent accueillies — ou refusées — par leurs contemporains. Le talent est ce qui rend conductible le milieu dans lequel baigne le créateur et lui permet de se faire entendre de sa société. Mais cette conductibilité n'est pas sans danger, car elle s'exerce dans les deux sens. C'est pourquoi un écrivain de talent dépourvu de génie s'imbibe comme une éponge de tout ce qui passe à sa portée. Il comprend tout, il imite tout — souvent en mieux —, il met en forme les idées, les sentiments et les rêves que la société lui a livrés à l'état brut. Il est fêté, il court de succès en succès, il est riche, mais son œuvre risque de se révéler à la longue comme une chambre d'échos. Cet écrivain aura pris au total plus qu'il n'aura donné. Il aura été le jouet doré d'une certaine société, son esclave favori, mais pas son maître.

Nous subissons tous la pression du corps social qui nous impose comme autant de stéréotypes nos conduites, nos opinions et jusqu'à notre aspect extérieur. Le propre des créateurs est de résister à cette sujétion pour remonter le courant et mettre en circulation leurs propres modèles. Il n'en reste pas moins que leur appartenance à une société donnée est toujours menaçante, et se traduit parfois par des mutilations, des difformités, des complicités honteuses, je pense notamment à un couple exemplaire de grands écrivains anglais de l'époque victorienne.

D'abord R. Kipling. On n'évoque pas sans tendresse les *Histoires comme ça, Kim* ou les deux *Livres de la Jungle* qui sont un enchantement de l'imagination et de l'esprit. On accepte difficilement en revanche le chantre officiel de l'Empire colonial anglais, et ce bras séculier de Kipling que fut le général lord Baden-Powell, héros de la Guerre des Boers. Il y a chez Kipling une horreur morbide de la sexualité avec, comme fatal corollaire, une apologie de l'armée et de la guerre, école de vertus « viriles », une pédagogie scoute visant à combattre les « mauvaises pensées » par des marches épuisantes. Faites la mort, ne faites pas l'amour, étripez-vous les uns les autres, cela vous évitera de vous caresser !

Et inexorablement surgit l'ombre, la contre-épreuve, le frère ennemi tout aussi caricatural, mais dans un sens diamétralement opposé : Oscar Wilde, l'anti-Kipling, salonnard à monocle, dandy fessu et mafflu dont la bouche en cul de poule aux dents noires distille des « mots féroces ».

J'admire également ces deux écrivains, je dois également à l'œuvre de l'un et de l'autre, mais je pleure sur les hideurs qu'une marraine Carabosse, penchée sur leur berceau, a infligées à leur talent, cette reine Victoria, obèse mais sans entrailles, dont l'œil de crapaud ne voyait pas les enfants de dix ans que la société — dont elle était le symbole — envoyait gratter au fond des mines du Yorkshire. Par leur talent, Kipling et Wilde se sont laissé prendre au piège de la société victorienne. On eût préféré que leur génie se déchaînât contre elle.

Quant au génie, il est pour une immense part octroyé par la seule postérité. Jean Cocteau disait : « Victor Hugo était un fou qui se prenait pour Victor Hugo. » Il est bien vrai en effet qu'il faut être fou pour se prendre pour Victor Hugo... même quand on est vraiment Victor Hugo. Un écrivain peut avoir l'ambition d'être un *bon* écrivain, cela ne dépend que de sa conscience professionnelle et de son travail. Quant à être un *grand* écrivain, cela c'est l'affaire des autres, et pas ceux de son entourage, ni même de ses contemporains. S'il juge génial ce qu'il est en train d'écrire, l'auteur déraille, fût-il Victor Hugo. La génialité d'une œuvre est contenue dans l'actualisation effectuée par le lecteur. Je lis *Tristan et Yseut*, Perrault, Saint-

Simon, et je juge ces œuvres géniales en raison de l'effet d'élargissement, d'approfondissement, d'enrichissement, de libération que cette lecture exerce sur ma vision actuelle du monde. Paul Valéry disait que l'inspiration n'est pas l'état dans lequel se met un poète pour écrire, mais celui dans lequel il espère mettre son lecteur par l'effet de ce qu'il écrit. « Je te donne mon livre, dit l'écrivain au lecteur, qu'il fasse de toi un inspiré, fais de moi un auteur de génie. »

C'est sous cette inspiration empruntée que ce livre a été écrit. Peut-être saura-t-il répondre à cette injonction.

Tristan et Iseut

Un grand mythe, c'est d'abord une image vivante que nous berçons et nourrissons en nous, qui nous éclaire et nous réchauffe. De l'image, il a les contours fixés, semble-t-il, de toute éternité, mais son paradoxe tient dans la force de persuasion qu'il irradie malgré son antiquité. Ainsi Tristan. Ce prénom trop beau et trop grave évoque aussitôt à mon esprit une frêle embarcation sans voile ni gouvernail, une harpe dressée qui tamise le vent à travers ses cordes, et, couché à bord, un jeune garçon cruellement blessé — il porte une plaie mystérieuse et maléfique, inguérissable, qui répand une odeur fétide —, abandonné aux remous et courants de la mer d'Irlande. On ne s'étonnera pas de l'absence d'Iseut dans ce frontispice, car sa blessure tient lieu de femme au chevalier sans nom.

C'est qu'en effet amour et blessure sont constamment mêlés dans cette trouble aventure. Déjà, c'est en soignant les blessures de guerre du jeune Rivalen que Blanchefleur conçut Tristan, comme si une goutte de sang — et non de sperme — avait suscité cet enfant dans le sein de sa mère. Au demeurant Blanchefleur et Rivalen sont emportés par la mort, à peine a-t-il vu la lumière du jour, et toute sa vie dès lors, son sang ne cessera de couler, des belles mains le soigneront, ajoutant, aux habituels onguents, des herbes destinées à combattre l'effet des poisons traîtreusement répandus sur leurs armes par ses adversaires.

Herbes magiques, poisons, filtres... *Tristan et Iseut* est un roman chimique autant qu'une histoire d'amour. C'est aussi l'inutile valeur d'un preux sans peur ni reproche, confrontée à des maléfices de sorcières.

Tristan, triste enfant, triste amant, est voué également à un autre trait qui sent la magie : les origines masquées, le héros qui semble tombé du ciel, les pistes brouillées. Rarement l'orphelin, le bâtard, se présente sous sa véritable identité. Il se cache sous divers déguisements au gré des épisodes : bateleur, chevalier errant, fou, lépreux. Au besoin une drogue — une de plus ! — se charge de le rendre méconnaissable en le défigurant. Toutes ces indéterminations, ces mystères, ces « blancs » ménagés autour de lui, n'ont pour but que de laisser le champ libre à la main de fer qui guide son destin. Au cours normal d'une vie ponctuée de décisions volontaires se substitue ici une logique cachée d'une inflexible rigueur. En Irlande, celui qui a tué le Morhoult est trahi par l'ajustement du fragment d'acier trouvé dans le crâne du géant et de la brèche que présente l'épée de Tristan. Ce détail matériel symbolise assez bien la conspiration de tous les personnages et épisodes d'une histoire fatidique dont le hasard est banni. On retrouve le même ajustement-signature dans la langue du dragon tué par Tristan, cependant qu'un imposteur se prévaut d'une tête sans langue pour se prétendre le vainqueur du monstre. Démasqué comme meurtrier du Morhoult, alors que tout exsangue encore il prend son bain, Iseut lève sur lui sa propre épée pour venger son oncle. Le lecteur d'aujourd'hui ne peut pas ne pas évoquer alors une scène historique qui fait partie de l'imagerie française : 1793, Charlotte Corday poignardant Marat dans sa baignoire. Quel rapport, dira-t-on ? L'image est la même, le motif est également politique. Mais surtout les deux scènes illustrent vivement le thème de l'homme réduit à l'impuissance — couché nu dans l'eau chaude — devant une femme debout et habillée, armée et animée d'une fureur vengeresse.

Or cette passivité de Tristan n'est pas épisodique. D'un bout à l'autre de cette histoire, cet éternel dolent est poussé aux épaules par un destin qui s'incarne généralement dans des femmes, un quatuor de femmes. A elles quatre, elles paraissent épuiser les grands rôles dévolus aux femmes sur la scène et dans le monde. La reine d'Irlande, mère aveugle et catastrophique dans son étroite bonne volonté, ne voit que le bonheur de sa fille, et la condamne, par le philtre qu'elle prépare derrière son dos, à la plus inhumaine des passions. Brangien, c'est la suivante, d'un dévouement sans limite, bonne à tout faire, y compris à se faire dépuceler par le roi Marc le soir de ses noces, aux lieu et place de sa maîtresse. Mais sa servilité sera payée d'ingratitude. Iseut aux blanches mains assume le lourd destin de l'épouse injustement délaissée et bafouée, dont la jalousie empoisonne le cœur et qui se venge par traîtrise criminelle. Quant à l'autre Iseut, elle appartient tout entière à sa passion. Elle marche sans baisser les yeux sur l'honneur du roi Marc, sur la vie de Brangien, sur sa propre sécurité — sans parler de son avenir de reine couronnée —, et même le sort de Tristan paraît peser de peu de poids en face d'une aussi terrible exigence. Les femmes d'aujourd'hui se révoltent assez contre l'image de la femme-objet répandue par nos mass media, précieuse, passive, déshabillée, maquillée, photographiée, vendue en effigie ou en chair et en os. Le mythe de Tristan fait de l'homme un objet aussi, sans cesse ballotté, endommagé et raccommodé par des mains de femme. Nous y reviendrons.

Mais nous voudrions nous attarder auparavant à la figure du roi Marc — première victime d'une aventure qui sera fatale à tous — à laquelle il est juste de rendre hommage. Le moins qu'on puisse dire, c'est que le rôle que lui assigne la légende n'est ni gai ni facile. Disons-le franchement : d'un certain point de vue, c'est celui de cocu de comédie. Lorsqu'on nous le montre perché dans les branches d'un laurier pour épier, la nuit, un rendez-vous de Tristan et d'Iseut, nous songeons irrésistiblement à Orgon, caché sous une table pour surprendre Tartuffe qui tente de séduire sa femme. Et certes le personnage est classique et classiquement ingrat, mais il est cependant susceptible de toutes sortes de nuances. Nous voudrions en évoquer deux situées aux extrêmes du genre, malgré une analogie évidente.

Dans *Amphitryon*, comédie de Plaute (vers 206 avant J.-C.), le général thébain éponyme se voyait embarqué dans une effarante et hilarante mésaventure, trouvant, retour de guerre, sa maison et son lit occupés par un autre lui-même, tandis que son valet Sosie était rossé et terrorisé par un autre Sosie. C'est que Jupiter, amoureux d'Alcmène, avait pour la séduire revêtu l'apparence de son mari Amphitryon, secondé par Mercure, déguisé lui-même en Sosie.

Or un peu plus de deux siècles plus tard, un charpentier nazaréen du nom de Joseph devait connaître des doutes torturants au sujet d'une très jeune fille appelée Marie qu'il avait épousée, et qui se trouvait enceinte avant que le mariage fût consommé. On ne saurait être plus éloigné d'une farce de tréteaux. Pourtant les deux histoires coïncident point par point, et il est facile d'apparier Amphitryon et Joseph, Jupiter et le Saint-Esprit, Alcmène et Marie, Mercure et Gabriel, enfin surtout Hercule et Jésus, issus tous deux d'un croisement divino-humain, sauveurs de l'humanité, à laquelle ils se sacrifient. Lorsqu'un dieu s'avise de s'insérer dans le tricot des générations humaines, il faut bien qu'il fasse sauter une maille et se substitue plus ou moins adroitement à elle. Amphitryon et Joseph se présentent ainsi comme des prototypes d'un genre fortement ambigu, à la fois bafoués et honorés, ridicules et admirables, puisque maris trompés, mais choisis par Dieu pour servir au salut de l'humanité.

C'est indiscutablement à cette sorte de cocu métaphysique qu'appartient le roi Marc, à ceci près que ce n'est pas un dieu personnel qui s'acharne sur lui, mais la force obscure et anonyme d'un indéchiffrable destin. Sa mésaventure n'est plus justifiée en outre par la naissance d'un sauveur, puisque bien évidemment le couple Tristan-Iseut est condamné à rester stérile, et elle débouche, non sur un avenir régénéré, mais sur la mort pure et simple de tous ses protagonistes. Le roi Marc est sacrifié non au miraculeux bonheur des élus, mais à un processus impersonnel et sans issue. Il y a au fond de cette légende, où la magie remplace la religion, un pessimisme schopenhauerien avant la lettre — Nietzsche et Wagner y seront sensibles — qui caractérise une société devenue athée sans pour autant avoir glissé dans le positivisme : l'absolu est toujours là, mais à l'opposé de celui adoré par le merveilleux chrétien, il n'a plus ni voix, ni visage, ni ailes.

En vérité plus on réfléchit sur cette histoire, plus on voit Marc gagner en noblesse et en importance. Car si le mot clef du mythe est le mot *fidélité,* c'est évidemment au premier abord à la fidélité infrangible de Tristan envers Iseut — et réciproquement — que l'on songe. Mais ce lien inhumain serait bien peu intéressant, s'il n'était sous-tendu par une autre fidélité qui est celle-là à la fois humaine, double et doublement trahie. Nous voulons parler de celle qui unit les deux amants au roi Marc. Car Marc n'est pas trahi seulement, ni même principalement, par sa femme. Son malheur est un peu comparable à celui d'Othello qui se croit trahi et qui l'est en effet, mais en réalité dans son amitié pour Iago et non, comme il l'imagine, dans son amour pour Desdémone. La plus amère des deux trahisons subies par Marc, c'est celle qui fait de Tristan — le fils adoptif, le jeune ami tendrement admiré

— un ingrat, un félon, un criminel, qu'en toute justice il devrait condamner à mort.

Nous ne pouvons manquer ici de rappeler les circonstances dans lesquelles Richard Wagner conçut son opéra *Tristan et Isolde.* Le 16 décembre 1854, il écrivait à Franz Liszt, son plus intime ami : « Puisque la vie m'a refusé le bonheur de l'amour, je veux au moins dresser au plus beau de tous les rêves un monument où ce bonheur trouvera son accomplissement. » Ce monument, ce sera son opéra créé à Munich en 1865. Quant à l'amour auquel il n'a pas droit, c'est celui qu'il nourrit pour Mathilde Wesendonck, et qui ne peut connaître d'accomplissement, parce qu'Otto Wesendonck — le mari —, riche industriel rhénan est l'ami, le protecteur et le bienfaiteur du compositeur. A toutes les raisons qu'a Wagner pour ne pas lui faire jouer les rois Marc s'ajoute l'habitude à laquelle Mathilde reste fidèle de rendre compte scrupuleusement à son mari de ses relations avec le compositeur. Moins sereine, l'autre épouse — car Tristan-Wagner n'est pas célibataire —, Minna Wagner, fait exploser la situation par ses scènes de jalousie, de telle sorte qu'il faut se disperser : Mathilde ne quittera pas Otto, Minna est envoyée « en cure », et Wagner se retire seul à Venise pour terminer *Tristan.*

Ces circonstances sinistres s'accordent bien avec le pessimisme schopenhauerien dont Wagner est nourri, comme aussi au désespoir proche du nihilisme de la légende bretonne. Tout l'opéra de Wagner retentit d'appels à la mort qui apaise toutes les souffrances et dénoue tous les drames. Nietzsche voyait dans cette passion qui vit sur elle-même une des formes les plus hautes de l'*amor fati :*

« Croyez-vous que Tristan et Iseut nous donnent une leçon *contre* l'adultère par le fait qu'ils en périssent tous les deux ? Ce serait bien mal comprendre les poètes qui sont — comme Shakespeare notamment — épris des passions pour elles-mêmes, et au premier chef de leur pente vers la mort, et de ces cœurs qui ne tiennent pas plus à la vie que la goutte d'eau à la surface de la vitre... Mais il n'en résulte nullement que les poètes prennent parti *contre* la vie ! Bien au contraire, ils nous disent : *cette existence émouvante, incertaine, dangereuse, âpre et souvent embrasée de soleil se situe au sommet de l'exaltation !*[1] »

*

A quoi servent Tristan et Iseut ? Et après eux, dans le panthéon imaginaire occidental, Faust, Don Juan, Robinson Crusoé, Don Quichotte ? Et derrière eux, du fond de la Thèbe antique, Œdipe ? Ces héros maudits, ces révoltés qui n'incarnent chacun un aspect de la condition humaine qu'à la façon dont un bouc émissaire se charge d'un péché, qui osera prétendre que, s'ils vivent en nous, c'est pour nous aider à mieux nous intégrer dans le corps social ? La passion adultère de Tristan et Iseut, le pacte avec le diable de Faust, le désir ardent et destructeur de Don Juan, la farouche solitude de Robinson, le rêve extravagant de Don Quichotte, autant de façons au contraire de dire *non* à la société, de briser l'ordre social. Il y a dans l'ethnologie, la sociologie et la psychanalyse un biologisme de principe qui voudrait que tous les ressorts de l'homme favorisent son intégration au corps social. C'est de là que découle directement l'aspect réducteur de la cure psychanalytique. Il est difficile de faire admettre à des esprits de formation scientifique qu'il puisse y avoir *aussi* des mécanismes propres à sauvegarder une certaine *inadaptation* de l'individu dans la société. Or s'il est facile de définir l'estomac normal, le foie en bonne santé, le poumon fonctionnant de façon satisfaisante, il n'en va pas de même du comportement ou de l'esprit. L'homme n'est pas l'animal. Il a la faculté de regimber contre son milieu et de le modifier

1. Nietzsche : *Aurore*.

pour le plier à ses exigences, au lieu de se plier lui-même aux siennes. Ainsi la fonction des grandes figures mythologiques n'est sûrement pas de nous soumettre aux « raisons d'État » que l'éducation, le pouvoir, la police dressent contre l'individu, mais tout au contraire de nous fournir des armes contre elles. Le mythe n'est pas un rappel à l'ordre, mais bien plutôt un rappel au désordre [1]. La société ne dispose que de trop de contraintes pour niveler les aspirations divergentes de ses membres. Un danger mortel la menace : celui de glisser vers l'organisation massive et figée de la ruche ou de la fourmilière. Ce danger n'est pas théorique. Il est facile de citer dans le passé et dans le présent nombre de nations où un ordre tyrannique a écrasé tout jaillissement créateur individuel. Et il ne faudrait pas croire que cette discipline bestiale se rachète par une efficacité, une productivité supérieures. Les esclaves sont de mauvais travailleurs, le labeur servile se signale par son rendement désastreux, tous ceux qui l'ont utilisé — depuis l'Antiquité jusqu'à l'ère coloniale — le savent d'expérience. L'homme est ainsi constitué que, si on lui retire sa faculté de dire non et de s'en aller, il ne fait plus rien de bon. Les grands mythes sont là, croyons-nous, pour l'aider à dire non à une organisation étouffante. Bien loin d'assurer son assujettissement à l'ordre établi, ils le contestent, chacun selon un angle d'attaque qui lui est propre.

Or, de toutes les ruptures du contrat social dont la mythologie nous offre le catalogue, celle qu'incarnent Tristan et Iseut est sûrement l'une des plus profondes et des plus paradoxales. Il suffit pour s'en convaincre de comparer ces deux mythes si proches et si diamétralement antithétiques : celui de Tristan et celui de Don Juan. Qu'est-ce que Don Juan ? C'est le refus de la soumission

1. Le carnaval, avec son grand chambardement des hiérarchies, est une autre forme de « rappel au désordre ».

du sexe à l'ordre, à tous les ordres, conjugal, social, politique, religieux. Don Juan n'hésite pas pour affirmer sa liberté érotique à accumuler toutes les condamnations sur sa tête. Il sera adultère, parjure, blasphémateur, assassin. La société de son temps — l'Espagne du XVIIe siècle — ne lui laisse pas le choix. Et il va de soi que de toutes les vertus, la fidélité est celle qu'il bafoue le plus ardemment. Don Juan, c'est la révolte de la liberté contre la fidélité, liberté de l'homme de plaisir contre la fidélité conjugale. Or l'étonnant paradoxe de Tristan et Iseut, c'est de se révolter eux aussi contre la fidélité conjugale. Mais ils le font, non pas au nom de la liberté, mais au nom d'une fidélité plus profonde, plus durable, celle de la passion fatidique.

Liberté, fidélité. Ce que nous allons écrire maintenant risque de faire crier certains tenants d'un féminisme radical. Ce n'est pas un parti pris de notre part — après tout que nous importe ? —, c'est une constatation assez générale que nous faisons, et qui tolère toutes les exceptions qu'on voudra. Dans la plupart des cas où la mésentente s'installe entre l'homme et la femme, *il* revendique sa liberté, *elle* invoque la fidélité. A un niveau beaucoup plus modestement prosaïque, l'homme va plus vite, se montre plus pressé que la femme. Dans la recherche et la conquête du plaisir, il a souvent fini, alors qu'elle n'a pas encore commencé. Prendre son plaisir et s'en aller. C'est une idée d'homme, un programme d'homme, que la prostitution réalise, laquelle est un enfer pour la femme, bafouée dans ses plus constantes aspirations. C'est d'ailleurs le rôle du proxénète de répondre à l'incoercible besoin de fidélité de la femme, fût-elle prostituée. Ainsi j'oserai avancer que Don Juan est un mythe d'homme, Tristan un mythe de femme. Tandis que Don Juan domine et bafoue un vaste troupeau de femmes — le fameux « catalogue » récité par Leporello —, Tristan est la proie d'une cohorte féminine qui ne lui laisse aucune chance d'évasion. La reine d'Irlande qui broie le vin d'herbe, Brangien qui le lui fait boire, Iseut la blonde, l'autre Iseut, ces femmes forment autour du preux chevalier — sans cesse blessé, empoisonné, soigné — comme les quatre murs d'une mouvante prison. Les liens du mariage que propose l'ordre social sont trop lâches et incertains pour leur soif de fidélité. Le mariage s'inscrit dans le temps. Il implique la fécondité, les enfants, la fatigue, le vieillissement, d'éventuelles trahisons, un possible divorce. Le philtre écarte d'un coup toutes ces vicissitudes. Le couple qu'il a uni restera stérile, éternellement jeune, voire même peut-être chaste, mais soudé à tout jamais. Ce couple minéralisé, comme s'il sortait de la fontaine pétrifiante de Saint-Allyre, c'est assurément un beau rêve. Mais un rêve de femme. Pour l'homme, c'est un cauchemar. Contre Tristan, l'amant venu du Nord, dolent et pesant, il en appellera au vif et gai Don Juan, l'amant venu du Sud, l'épée à la main, toujours prêt à enjamber, pour fuir, le corps de la femme qu'il vient de posséder, ou celui du mari qu'il a tué.

Notre cœur et notre chair n'ont pas fini d'invoquer dans leurs incertitudes ces deux figures également persuasives, l'une par sa stabilité marmoréenne et lunaire, l'autre par sa vibration pétillante et solaire.

Barbe-Bleue
ou le secret du conte

Remontons à une source précise, ponctuelle, très particulière, mais somme toute indiscutable : Charles Perrault, et l'un de ses chefs-d'œuvre, *la Barbe Bleue.*

Dans la préface de son recueil, Perrault amorce des distinctions tout à fait fondamentales à l'intérieur du genre littéraire des histoires courtes. Il évoque d'abord les fables grecques et latines pour discuter la valeur plus ou moins édifiante de leur « morale ». Puis il fait une place à part aux « nouvelles », c'est-à-dire aux récits de choses qui peuvent être arrivées, et qui n'ont rien qui « blesse absolument la vraisemblance ». Parmi les récits de son recueil, *Grisélidis* est ainsi, selon lui, non un conte, mais une nouvelle. Plus loin, il aborde « les contes que nos aïeux ont inventés pour leurs enfants », soulignant par là l'origine populaire du conte. Ces contes, nous dit-il, contiennent « des instructions cachées... Ce sont des semences qu'on jette, qui ne produisent d'abord que des mouvements de joie et de tristesse, mais dont il ne manque pas d'éclore des bonnes inclinations ».

Nous voici donc placé en face de trois types d'histoires courtes : le conte et son « instruction cachée », la nouvelle qui se recommande par sa vraisemblance, et la fable avec sa morale. On peut dire que trois siècles de littérature européenne n'ont fait que confirmer, en la radicalisant, l'analyse de Perrault.

Considérons d'abord la nouvelle. Son critère — sa fidélité au réel — s'accorde avec la connotation journalistique du mot. Les « nouvelles », cela se lit dans la presse du jour, de préférence sous le rubrique des faits divers. L'auteur de nouvelles — Maupassant, Tchekhov, Sartre — se réclame d'un strict et gris réalisme. Il veut coller à la vérité, et nous en donner une vision dont la tristesse, le désenchantement et la cruauté lui paraissent des gages de fidélité. De son lecteur, il attend cette exclamation : « Tout cela est bien déprimant et bien laid, mais comme c'est vrai ! » En dehors de cette constatation morose, la nouvelle se veut dépourvue de toute signification, moralité ou autre message plus ou moins idéal ou idéologique. Son horizontalité austère exclut tout au-delà, toute transcendance.

Tout opposée est la fable. Ici la « moralité » est manifeste, souvent même formulée noir sur blanc. On songe évidemment à La Fontaine : « On a souvent besoin d'un plus petit que soi » — « Tout flatteur vit aux dépens de celui qui l'écoute ». L'apologue qui suit ou qui précède est étroitement solidaire de cette morale qu'il illustre. La querelle que Rousseau a cherchée à La Fontaine est fort instructive. Il l'accuse tout simplement de pervertir la jeunesse en lui enseignant non la morale, mais l'immoralité. Par exemple, la fable *le Corbeau et le Renard* met en présence un imbécile et un fourbe. Elle nous montre comment le fourbe gruge et ridiculise l'imbécile. Ce sera donc tout naturellement au fourbe que l'enfant voudra ressembler, parce que des deux, c'est celui qui a le rôle le plus prestigieux et le plus avantageux. On peut imaginer une première réponse de La Fontaine : « Je n'enseigne pas, je constate. Ce n'est pas ma faute si la réalité est triste. » Or cette phrase ne peut être celle d'un fabuliste, c'est celle d'un auteur de nouvelles. Car si un auteur de nouvelles peut revendiquer à juste titre une attitude de neutralité lucide face à un fait divers affligeant, un auteur de fable se doit de tirer une « morale » de son apologue, et ne peut, lui, s'enfermer dans un simple rôle de témoin. On ne peut fabuler sans enseigner. Il faut donc prêter un autre argument de défense à La Fontaine : « Mes fables n'enseignent pas la morale, mais la sagesse. Or si la morale est un ensemble de préceptes purs et limpides — mais qui demeurent abstraits et comme loin de la vie —, la sagesse intimement associée à la vie de tous les jours est un très impur mélange d'intelligence, de ruse, d'expérience ancienne, de courage lucide et de calculs à court terme, bref un compromis entre l'âme et la dure réalité. » Ce discours, La Fontaine n'aurait pu le tenir, il est vrai, parce que, né un siècle avant Kant, il ne connaissait que la sagesse et ne pouvait soupçonner la rigueur diamantine de l'impératif catégorique ; et Rousseau ne l'aurait pas accepté, parce qu'il fut au contraire le père spirituel de Kant, et contribua comme personne à disqualifier l'antique sagesse encore florissante avec Spinoza.

A mi-chemin de l'opacité brutale de la nouvelle et de la transparence cristalline de la fable, le conte — d'origine à la fois orientale et populaire — se présente comme un milieu translucide, mais non transparent, comme une épaisseur glauque dans laquelle le lecteur voit se dessiner des figures qu'il ne parvient jamais à saisir tout à fait. Ce n'est pas un hasard si le conte fantastique du XIXe siècle fait intervenir des fantômes avec prédilection. Le fantôme personnifie assez bien en effet la philosophie du conte, noyée dans la masse de l'affabulation et donc indéchiffrable. Le conte est une nouvelle hantée. Hantée par une signification fantomatique qui nous touche, nous enrichit, mais ne nous éclaire pas, exactement ce que voulait dire Perrault avec ses « semences » ne produisant dans l'immédiat que « des mouvements de joie et de tristesse ». Or le mécanisme même de ces mouvements de joie et de tristesse nous intéresse, et nous sommes curieux de les voir à l'œuvre dans l'exemple précis de *la Barbe Bleue.*

Ce titre même est à lui seul révélateur. Voilà donc un puissant seigneur, riche et mystérieux, affligé d'une barbe si noire qu'elle tourne au bleu aile-de-corbeau. En vertu d'une « logique » à coup sûr irrationnelle, sinon absurde, cette horrible histoire ne pouvait en effet s'accommoder d'un héros blond, rose, joufflu et imberbe. C'est que l'homme à la barbe bleu-noir n'est pas un homme ordinaire. C'est une sorte de surhomme. Sa force et sa virilité trouvent dans cette barbe une expression à la fois repoussante et séduisante, surtout pour la jeune fille qu'il prétend épouser. Dès l'abord, Perrault nous vise ainsi au-dessous de la ceinture, et fait appel en nous à des processus psychologiques affectifs, archétypiques, aussi puissants qu'irrationnels [1].

La jeune fille cède finalement et accepte de devenir Mme Barbe-Bleue. Un mois ne s'écoule pas sans que le comportement de l'étrange bonhomme ne devienne tout à fait surprenant. Il annonce à sa femme qu'il a un voyage à faire. Avant de partir, il lui confie toutes les clefs de la maison, non sans attirer son attention sur l'une d'elles qui ouvre un certain cabinet noir. Il lui interdit de s'en servir, faute de quoi « il n'y a rien, lui dit-il, que vous ne deviez attendre de ma colère ». Comportement extravagant qui, dans le contexte d'une nouvelle, aurait ruiné toute sa crédibilité. Mais il s'agit d'un conte. Est-ce à dire que là toutes les invraisemblances sont autorisées ? Certes non, mais les règles du jeu sont différentes. Dans le conte, tout est permis à la seule condition que la complicité du lecteur soit acquise à l'auteur. Or le fait est que dans ce comportement de Barbe-Bleue, nous l'acceptons sans

1. On se souvient néanmoins que les deux plus célèbres tueurs de femmes des annales du crime français, Landru et Petiot, portaient une barbe noire.

objection. Pourquoi cette docilité ? En vertu d'un mécanisme analogue à celui qui nous a prévenus d'entrée de jeu qu'il y avait tout à craindre d'un homme à la barbe bleue : un mécanisme archétypique. Car ce comportement extravagant de Barbe-Bleue évoque obscurément en nous celui d'un autre personnage autrement ancien et vénérable — mais peut-être tout aussi barbu —, celui de Jéhovah quittant le Paradis terrestre après avoir interdit à Adam et Ève de manger le fruit d'un certain arbre, l'arbre qui confère la connaissance du Bien et du Mal. Il y a donc là un phénomène de souvenir vague et insaisissable, exactement de *réminiscence* — laquelle selon Joubert est « comme l'ombre du souvenir ». Nous retrouvons ici notre fantôme.

On connaît la suite. Comme Adam et Ève, Mme Barbe-Bleue se dépêche d'enfreindre l'interdit. Elle ouvre le cabinet, découvre les cadavres putréfiés des six premières femmes de son mari. De saisissement, elle laisse tomber par terre la clef qui se souille de sang, une tache qui accepte bien de disparaître quand on la frotte, mais pour reparaître aussitôt à une autre place. (C'est là le seul élément « féerique » du conte qui empêche Perrault de le qualifier de « nouvelle » comme *Grisélidis*.) Voilà encore un détail rationnellement inacceptable, et que nous acceptons cependant sans protester, parce qu'il est doué d'une force persuasive mystérieuse et impérative. Pourquoi ? Réminiscence encore, moins univoque sans doute que celle du fruit défendu, où il y a du péché originel, du dépucelage, et aussi un rappel de la petite main ensanglantée de lady Macbeth que « toutes les essences de l'Orient ne pourraient laver ».

Barbe-Bleue revient, découvre la désobéissance de sa femme, la traîne par les cheveux avant de l'égorger. Heureusement les deux frères sont attendus, mais arriveront-ils à temps ? Sa sœur Anne guette leur survenue du haut du donjon. Et c'est alors que retentit la question rituelle, bouleversante, que nous ne pouvons entendre sans frémir car elle trouve un écho jusque dans notre plus tendre enfance : « Anne, ma sœur Anne, ne vois-tu rien venir ? » Plainte douloureuse qui s'élève de génération en génération depuis des millénaires, et qui nous touche au cœur parce que nous reconnaissons obscurément la voix de Mme Bovary agonisant d'ennui dans sa pluvieuse campagne normande, celle de Samuel Beckett dans *Godot*, et parce qu'elle n'est peut-être que la version enfantine du cri de Jésus avant de mourir sur la croix. La réponse d'Anne n'est pas moins chargée de mystère et de sombre poésie : « Je ne vois rien que le soleil qui poudroie et l'herbe qui verdoie. »

Parvenu au terme de son récit le bon Perrault se livre à une plaisanterie bien instructive. Il fait semblant d'avoir écrit une fable, et en cherche dès lors la morale. La morale de cette histoire, c'est que... Là, on l'imagine la plume en l'air, pris au piège du conte qui nous fait sans cesse soupçonner une signification, mais se refuse toujours à passer aux aveux. La morale de cette histoire ? Eh bien, nous dit Perrault, c'est que la curiosité est un vilain défaut ! Évidemment il se moque de nous, il se moque de lui-même, mais il souligne en même temps la nature même du conte : translucide mais pas transparente !

Archétypes noyés dans l'épaisseur d'une affabulation puérile, grands mythes travestis et brisés qui ne prêtent pas moins leur puissante magie à une historiette populaire, tel est sans doute le secret du conte, qu'il soit oriental, féerique ou fantastique, et il serait sans doute facile de dégager les mêmes ressorts dans son avatar contemporain, la science-fiction. S'agit-il d'un mythe tombé en poussière, ou au contraire en voie de formation ? Le conte est-il un vestige archéologique, ou au contraire une nébuleuse où se cherche l'avenir ? L'alternative est peut-être trop tranchée. Il n'est pas sûr qu'à ce niveau de profondeur le passé et le futur se distinguent aussi clairement l'un de l'autre.

L'étrange et mortel « déplaisir » d'Henri de Campion

Les idées qui régnaient en Europe sous l'Ancien Régime au sujet des enfants partaient d'une confiance absolue en la bonté de la civilisation. L'enfance faisait partie avec la « nature » et « l'état sauvage » de la moitié d'ombre des choses et des êtres, celle que n'ont pas touchée — pas encore ? — la raison, la religion, la culture, l'éducation. Il en résultait à l'égard de l'enfant un mépris et un pessimisme de principe. Aucun des caractères de l'enfant qui le rendent à nos yeux séduisant, aimable, charmant, etc., ne paraît avoir été remarqué par les hommes de l'Ancien Régime. Ils ne veulent voir en lui que faiblesse, ignorance, saleté, vice, imbécillité — au double sens du mot. La misère physique et intellectuelle de l'enfant ne fait que traduire sa bassesse morale. Bossuet est péremptoire : « L'enfance est la vie d'une bête. » Bérulle va plus loin encore s'il est possible : « L'état de l'enfance est le plus vil et le plus abject de la nature humaine après celui de la mort. » Quant à Pascal, il justifie par le raisonnement — esprit de finesse ou esprit de géométrie ? — l'horreur de la condition enfantine : « Il est aussi impossible à la justice divine de punir et de faire endurer le mal sans qu'on ait péché, que de ne punir point les coupables ; puisque les enfants souffrent tous les jours, il faut nécessairement qu'ils aient quelque péché qui n'est autre que l'originel seulement ; les peines que les enfants endurent en cette vie sont les peines du péché originel. » On est en droit de se demander quelle vertu ce grand chrétien reconnaissait au baptême, comme sacrement rédempteur du péché originel... Du moins pourrait-on croire que le culte de l'Enfant Jésus va atténuer cette rigueur. Nullement, car l'enfance du Christ ne trouvera sa poésie que grâce au romantisme. Pour les classiques, le mot de Jésus « Laissez venir à moi les petits enfants... » ne fait qu'ajouter à la liste des êtres méprisés et méprisables — publicain, prostituée, femme adultère — auxquels Jésus fait paradoxalement bon accueil. Qu'il ait voulu lui-même être un enfant, c'est la preuve que, non content de mourir, il a voulu s'abaisser aussi à cet autre pôle d'abjection de la condition humaine.

Ce mépris de l'enfance passe, bien entendu, dans les mœurs du temps. Dès sa naissance, l'enfant est envoyé au loin, en nourrice, comme si ses parents voulaient s'épargner un spectacle pénible. Ceux qui en ont la charge le garrottent dans des langes qui lui interdisent tout mouvement et qui retiennent toutes ses parties, « de peur, dit un contemporain, qu'il n'y en ait quelqu'une qui se disloque », car il va de soi que son corps n'est qu'un paquet de chairs molles. Dès qu'il est capable de courir et de se mêler à la vie des adultes, on l'abandonne à lui-même, c'est-à-dire aux gens des cuisines et des écuries, et il n'est rien qui paraisse aux adultes de nature à le blesser moralement ou à le souiller. Aucun spectacle ne lui est épargné, et lorsqu'on roue un malandrin ou brûle une prétendue sorcière, les premiers rangs des spectateurs sont formés d'enfants.

Contrairement à ce que l'on a pu croire ou écrire, le taux élevé que connaissait la mortalité infantile à cette époque ne contribue nullement à donner du prix aux survivants du massacre. Bien évidemment au contraire, il importe de considérer l'enfant avec détachement, si l'on ne veut pas trop souffrir de sa disparition. On connaît le mot de Montaigne : « J'ai perdu deux ou trois enfants en nourrice, non sans regret, mais sans fâcherie. » Dans *la Ruelle des caquets de l'accouchée,* on voit une voisine calmer les craintes d'une femme enceinte, qui se plaint d'avoir déjà « cinq petites canailles » pendues à ses basques, en lui disant : « Auparavant qu'ils soient en état de te donner beaucoup de peine, tu en auras perdu la moitié ou peut-être tout... »

Mais on rencontre des exceptions. Ce qu'il y a d'admirable dans l'ordre des sentiments et des idées, c'est que la richesse inépuisable des différences individuelles déborde toujours infiniment les stéréotypes de la société considérée. Ces singularités font figure d'anomalies, presque de scandales, et soulignent par contraste ce qu'était l'esprit du temps. La passion et la mort d'Henri de Campion sont de celles-ci.

Né en 1613, Henri de Campion était le deuxième garçon d'une famille de petite noblesse normande, et voué comme tel au destin de « cadet », c'est-à-dire à une carrière des armes qui ne devait lui apporter ni honneurs ni fortune. Il fait diverses campagnes dans les armées de Louis XIII et de Richelieu, puis, la Fronde éclatant, il est mêlé à un complot dont l'âme est le duc de Beaufort, chef du parti aristocratique qui vise à l'élimination physique de Mazarin. L'échec du complot l'oblige à s'exiler deux années, après lesquelles il reprend du service dans les armées... de Mazarin. Personnage mesuré et conventionnel, il a laissé des mémoires qu'il destinait à l'usage exclusif de ses descendants[1]. Rien ne paraissait le vouer à une passion, qu'on devine torturante à travers les allusions lucides et parcimonieuses qu'il y fait, et qui devait le tuer à cinquante ans.

Tout commence à Rouen, le 2 mai 1649. « Ma femme accoucha de son premier enfant qui fut une fille appelée

1. *Mémoires* de Henri de Campion (Mercure de France éd., « Le Temps retrouvé »).

Louise-Anne, si belle et si agréable que dès le moment de sa naissance, je l'aimai avec une tendresse que je ne puis exprimer. » En effet, cet homme simple et qu'on pourrait croire froid à en juger par ses écrits étrangers à toute littérature, ne trouvera jamais de mots pour exprimer la passion insolite, incompréhensible, presque scandaleuse qu'il nourrit pour un bébé. Dès lors Louise-Anne va reparaître de loin en loin dans le récit d'une vie agitée, mais il semble bientôt que Campion éprouve le besoin d'excuser la place exorbitante qu'elle y occupe :

« Je passai le temps chez moi avec une grande douceur, avec ma femme et mes voisins, avec qui j'ai toujours été bien, m'occupant une partie du temps à la lecture, ou à jouer avec ma fille, qui, malgré son bas âge, était si divertissante que ceux qui la voyaient y prenaient un plaisir extrême, et moi plus que tous ensemble. Je ne parlerais pas de ces choses, que beaucoup trouveront indignes d'être écrites, si la perte que j'en ai faite depuis, et dont j'ai pensé mourir de déplaisir, ne me faisait chercher cette consolation que l'on ne doit point envier. Si l'on croit que c'est par innocence que j'ai des sentiments si tendres, peut-être me fait-on tort ; mais je cherche si peu à présent l'approbation générale, que je ne me donnerai pas la peine d'ôter cette impression à ceux qui la voudront prendre, et ne laisserai pas de parler à ma mode de ce que j'ai eu et aurai toujours de plus cher. »

La guerre fait rage en France. Mazarin vacille, fuit et revient. Campion est au plus épais de la mêlée, mais sa grande affaire est ailleurs. Avec quelle fierté il note que sa fille est déjà plus intelligente que lui-même ! « J'allai passer un jour avec ma femme et mes enfants, et trouvai mon aimable fille si jolie, si spirituelle et si avancée, quoiqu'elle n'eût pas encore quatre ans, que ses raisonnements passaient les miens. » Et puis il lui vient de sombres pressentiments qui annoncent le drame :

« Je retournai à Sens établir notre garnison, d'où étant

revenu chez moi aussitôt, j'y fus deux mois avec tout sujet de satisfaction, et néanmoins avec une mélancolie qui était le pressentiment de l'extrême affliction qui était prête de m'arriver. Cela m'alarmait, me souvenant que Dieu m'avait toujours averti de mes malheurs par songes, présages ou sentiments intérieurs... Je n'ai nulle superstition, mais je crois que Dieu a tant de bonté qu'il veut bien quelquefois avertir les hommes des malheurs qui leur doivent arriver, soit afin qu'ils les évitent, soit pour leur faire connaître, après qu'ils sont arrivés, que ce sont des effets de sa volonté immuable, résolus de toute éternité, pour que, s'y soumettant plus facilement, ils ne murmurent pas contre sa Providence.

» J'étais dans cette situation pénible que je viens de décrire, le disant souvent à ma femme, sans que cela m'empêchât de me divertir en apparence avec elle, mes amis, et surtout ma fille, lorsqu'un jour ayant mené le sieur du Pars, mon oncle, qui avait passé quelques jours chez moi, dîner chez un de mes voisins, d'où il partit pour retourner chez lui, je revins au Boscferei, rêvant à des choses tout à fait funestes sur le sujet de ma chère fille, mais repoussant néanmoins ces pensées comme ridicules. En arrivant, je la trouvai attaquée d'une fièvre violente. Bientôt la rougeole se déclara. Un médecin, que j'envoyai chercher, ordonna des remèdes convenables, mais le matin du cinquième jour, la rougeole rentra, et ma chère fille mourut le 10 mai 1653. Le lendemain, je lui fis rendre les derniers devoirs à la principale place du chœur de ma paroisse du Thuitsignol[1], et ordonnai qu'on lui taillât une tombe, où l'on écrivit mon affliction : elle fut telle que je n'ai pas eu depuis de véritable joie. Je m'étais si bien mis en esprit que ma fille serait la consolation de mes dernières années, et j'avais si bien commencé à l'associer

1. Dans le canton d'Amfreville-la-Campagne, arrondissement de Louviers, département de l'Eure.

à toutes choses avec moi, que je crois que c'est lui voler son bien que de prendre plaisir à quelque chose sans elle... »

Campion est parfaitement conscient de ce que son chagrin a d'incongru pour ses contemporains. Il en parle comme un homme d'aujourd'hui qui se verrait avec stupéfaction perdre le goût de vivre pour avoir vu mourir un hamster ou une souris blanche.

« Je sais que beaucoup me taxeront de faiblesse, et d'avoir manqué de constance dans un accident qu'ils ne tiendront pas des plus fâcheux... J'avoue que je jouerais le personnage d'une femme si j'importunais le monde de mes plaintes ; mais chérir toujours ce que j'ai le plus aimé, y penser continuellement en éprouvant le désir de m'y rejoindre, je crois que c'est le sentiment d'un homme qui sait aimer, et qui, ayant une ferme croyance en l'immortalité de l'âme, pense que l'éloignement de sa chère fille est une absence pour un temps, et non une séparation éternelle. Que si l'on dit que ces vifs attachements peuvent être excusables pour des personnes faites, et non pour des enfants, je réponds que ma fille ayant incontestablement beaucoup plus de perfections que l'on n'en avait jamais eu à son âge, personne ne peut avec raison me blâmer de croire qu'elle eût été toujours de bien en mieux, et qu'ainsi je n'ai pas seulement perdu une aimable fille de quatre ans, mais une amie telle qu'on peut se la figurer dans son âge de perfection. Quoi qu'il en soit, mon déplaisir m'ôta tous les soins que j'avais d'élever ma maison, mon principal but ayant été en cela l'intérêt de ma fille... Je ne songeais plus qu'à mener une vie sombre et retirée, contre mes premiers goûts et ceux de la plupart des affligés qui cherchent à voyager pour se distraire. »

Pourtant ses responsabilités l'obligent à se secouer. Il commande le régiment du duc de Longueville, et doit solliciter un long mois à Paris le paiement de son quartier d'hiver. Mais, dès son retour au cantonnement, il s'effondre. « Je tombai malade d'affliction dans le camp. Pendant cinq à six jours, je ne voulus point quitter ma tente ; mais, mon mal augmentant, on me porta en brancard à Ham, d'où nous n'étions qu'à une lieue. J'y eus encore une fièvre très violente pendant huit jours, au bout desquels elle me quitta en me laissant d'une faiblesse extrême. » Dès lors il va végéter jusqu'à sa mort prématurée, dans le seul souci de ne « rien témoigner de ma mélancolie à mes proches parents et voisins, mais toujours dans le ressentiment de la perte de ma chère fille Louise-Anne, pouvant assurer que je n'ai pas encore été une heure sans y penser ». Il n'aspire plus qu'à « sortir du monde... pour rejoindre ma fille chérie » afin que son corps soit enterré près du sien.

On songe à deux siècles de distance à la mort de Léopoldine Hugo, et il n'est pas sûr que les *Stances à Villequier* soient plus émouvantes que ces notes pudiques et modestes du père de Louise-Anne. Faut-il voir en Campion un homme du XIXe siècle égaré en plein XVIIe ? Peut-être, mais il faut alors souligner le grand paradoxe de ce cœur : *seulement en ce qui concerne sa petite Louise-Anne.* Car nous avons la surprise, au détour d'une phrase de cette déchirante confession, d'apprendre qu'il avait eu six autres enfants dont deux filles étaient mortes, comme Louise-Anne, dans leur petite enfance. De ces quatre enfants vivants, de ces deux petites mortes, Campion en véritable honnête homme de son temps parle avec un détachement qui ne paraît pas feint.

Seule Louise-Anne, mystérieusement, avait su faire naître en cet homme des sentiments qu'il faut bien qualifier d'*intempestifs* au double sens du mot.

L'exemple d'Henri de Campion doit nous faire mesurer la relativité de l'histoire des idées et des sentiments. Il est bien vrai que chaque siècle, chaque génération possède sa vision du monde et son système de valeurs. Mais, à tout moment et en tout lieu, il faut s'attendre à rencontrer l'original, qui pense ou qui sent dans son coin à contre-courant de tous les autres, avec parfois la conscience angoissante d'être un monstre, et le risque encouru de persécutions. Il est admis que jusqu'au début du XVIe siècle, on croyait la Terre au centre du monde, et qu'il fallut attendre le Polonais Copernic pour rendre au soleil ce rôle central qui lui revenait. Pourtant 250 ans avant J.-C., le Grec Aristarque de Samos était accusé d'impiété pour avoir accompli — avec plus de dix-huit siècles d'avance — cette « révolution copernicienne ».

On pourrait risquer une hypothèse, d'allure assez leibnizienne, qui trouverait sans doute d'innombrables illustrations à défaut de démonstration. Ce serait qu'à tout moment et en toute société, toutes les idées et tous les sentiments sont là, présents sous une forme au moins embryonnaire, vécus par un nombre plus ou moins grand d'individus. Mais il y a en outre, et coiffant cette rumeur individuelle, « ce qui est admis », jugé vrai et convenable par le corps social — au sujet des femmes, de la patrie, des dieux, des enfants, de la maladie, de la mort, etc. C'est cette pensée stéréotypée qui évolue, s'emparant successivement au cours des siècles de telle idée, puis de telle autre, de sorte que les individus porteurs de ces idées deviennent soudain conformes à « ce qui se pense » pour être ensuite rejetés dans la marginalité des « excentriques ».

A défaut de sentir comme Campion, tout le monde comprendrait aujourd'hui son mortel « déplaisir ». On l'approuverait, on le plaindrait avec sympathie. Il y a trois siècles, sa sensibilité était celle d'un maniaque et, dans son naïf bon sens, il était le premier à s'en étonner, derrière tous les beaux raisonnements par lesquels il tentait de la justifier.

Vue de Versailles

En marge des *Mémoires* de Saint-Simon

Versailles... Je laisse s'épanouir dans sa plénitude ce mot de deux syllabes où il y a de la verdure, du soleil et de la royauté. Un mot vert et or. Orgueil enrubanné. Alceste, l'homme aux rubans verts, cambré, hautain, le bras tendu, posé sur la canne plantée loin de lui.

Espaces immenses, salles miroitantes dont les parquets de chêne ciré reflètent les plafonds peints et les révérences des dames et des courtisans.

Exprimons goutte à goutte le suc de ce fruit splendide.

Historiquement Versailles est né d'une double et amère obsession du roi.

Premièrement, la Fronde, qui avait choqué sa petite enfance, lui avait laissé une méfiance invétérée pour le peuple et les bourgeois de Paris. Fuir le Louvre, palais sinistre, assiégé par la populace, empuanti par les remous de la Seine et les taudis environnants !

Deuxièmement, attirer la noblesse provinciale autour d'un centre où elle sera neutralisée, paralysée, voire asservie, bafouée, ridiculisée. Ravaler le hobereau fier de ses ancêtres et jaloux de ses prérogatives au rôle de courtisan porte-coton, déraciné de ses terres, affolé par l'ordre des préséances et les chinoiseries de l'Étiquette.

Ainsi Versailles se situe au confluent mystérieux d'un courant centrifuge et d'un courant centripète, l'un et l'autre nourris par une méfiance historique. De cette origine négative, hétéroclite et peu glorieuse, on pouvait attendre le pire : ce fut une merveille qui surgit, des pierres, des eaux, des frondaisons composées ensemble comme les armoiries d'une civilisation parvenue à son zénith.

Observons maintenant cette société poudrée, emperruquée, parfumée, couverte de dentelles et de colifichets : elle aurait dû être à l'opposé de toute nature, elle aurait dû sentir furieusement le renfermé et le moisi. Il n'en est rien cependant, car nous sommes ici aux antipodes de l'enfermement bourgeois du XIXe siècle. A la cour de Louis le Grand, la nature avait délégué au moins deux plénipotentiaires qui y tenaient une place majeure : l'arbre et le cheval.

L'arbre, la forêt, la masse moutonnante des frondaisons, une splendeur sylvestre dont nous n'avons sans doute pas l'idée, constituaient l'horizon royal par excellence. A l'intérieur du château, des troncs entiers brûlant dans des cheminées monumentales étaient ce qu'il y avait de plus chaud et de plus lumineux dans l'entourage du roi.

Quant aux chevaux — si typiques et comme mythologiques avec leur col de cygne et leur croupe gonflée de muscles en boules —, je veux croire que Louis contribua plus qu'aucun autre à faire de ce moyen de transport obligé un objet de luxe, travaillé, recréé par l'homme, et ainsi profondément incorporé à sa civilisation, à laquelle il apportait en échange la naïve vérité de sa chair nerveuse et chaude, de ses instincts puérils, de sa sueur et de son crottin.

Mais l'image la plus magique que je garde de la lecture des Mémoires du duc de Saint-Simon se situe à l'un des jours les plus longs de l'année 1722, le 15 juin exactement.

Sept ans auparavant, la mort de Louis XIV avait paru sonner le glas du beau château qu'il n'avait cessé d'embellir pendant tout son règne. Le duc d'Orléans, nouveau régent, ne nourrissait aucune tendresse pour des lieux où il n'avait subi que des avanies. Il décida avec l'aide de médecins parisiens que l'air de Versailles ne valait rien au futur Louis XV — qui avait cinq ans — et il l'installa d'autorité à Vincennes.

Aussitôt la ville se vida de toute une population d'officiers, de gentilshommes, d'artisans et de commerçants qui ne se justifiait que par la présence de la cour. Versailles, ville artificielle, disparaissait comme elle s'était créée. L'exode fut tel qu'il fallut prendre des mesures pour dédommager ceux qui restaient et se trouvaient ruinés.

La roue tourne. Le régent perd du terrain. Le cardinal Dubois — favorable à Versailles — gagne en autorité. Dès le printemps 1722, le retour de la cour dans le beau château est chose décidée. Louis — qui a maintenant douze ans — est ravi de ce changement qui le ramène sur les lieux de son enfance. Ce 15 juin, le parc rayonne de gloire estivale. Le cortège envahit la cour d'honneur. L'enfant-roi se jette hors du carrosse fleurdelysé, entraînant avec lui une bande de gamins de son âge auxquels il veut tout montrer, les bassins, les parterres, les bois épais, les serres, les bosquets d'une fraîcheur odorante, son paradis retrouvé. On le perd de vue. On le cherche à grands cris. Le roi a disparu ! On le retrouve...

Épuisé par le voyage et sa cavalcade, Louis s'est endormi, couché sur le parquet de la Grande Galerie, en regardant le plafond de Lebrun. Son costume de soie blanche fait une tache claire sur le sombre plancher de l'immense salle.

Kant
et la critique littéraire

Critique. La racine étymologique grecque veut dire *distinction*, un beau substantif en vérité, où il y a de la lumière et de l'élégance. Pourtant critique évoque aussi du blâme, de la férule, du pion, une corporation mal aimée, moquée, taxée de stérilité grincheuse.

Mais il y a autre chose encore sous ce mot, immense celle-là, et, pour cette raison sans doute, jamais encore envisagée, à ma connaissance du moins. *Critiques* sont intitulés les trois principaux ouvrages d'Emmanuel Kant [1] dont la philosophie est également appelée *criticisme*. Il serait bien surprenant tout de même qu'aucune lumière ne tombât de l'imposant édifice kantien sur les multiples taupinières soulevées çà et là par les critiques littéraires.

Il faut partir du plus simple, et notamment des notions d'*a priori* et d'*a posteriori*, tout à fait fondamentales dans le système kantien. Un jugement *a priori* découle des seules facultés de la raison, et se pose *avant* toute expérience. Au contraire une constatation expérimentale ou empirique est un jugement *a posteriori*.

Un jugement *a posteriori* n'est ni nécessaire, ni universel. Si, à l'aide d'une casserole, d'un réchaud et d'un

1. *Critique de la raison pure* (1781), *Critique de la raison pratique* (1788), *Critique du jugement* (1790).

thermomètre, je constate que l'eau bout à 100 degrés, cette constatation empirique *a posteriori* n'aura rien en elle-même qui la mette à l'abri d'un démenti ultérieur (et, en effet, l'expérience refaite à 3 000 mètres d'altitude donnera un résultat différent). En revanche, le jugement *a priori* selon lequel la somme des angles d'un triangle est égale à deux droits s'affirme en dehors de toute contingence de temps et de lieu : il est nécessaire et universel, c'est-à-dire doué d'un pouvoir contraignant sur tout esprit normalement constitué.

Dès ce stade élémentaire, le criticisme kantien n'est pas sans éclairer le problème de la critique littéraire. C'est qu'on peut, en effet, distinguer deux types de critique littéraire, l'une *a priori,* l'autre *a posteriori.*

Les prétentions de la critique littéraire *a priori* peuvent paraître exorbitantes. C'est celle qui s'exprime d'autorité *avant* que l'écrivain se soit mis au travail, et s'arroge la compétence de lui dicter ce qu'il doit faire ou éviter pour produire une œuvre valable. Le prototype de cette esthétique est la fameuse « règle des trois unités », étroit corset de la tragédie classique. Malherbe, Vaugelas et, plus près de nous, Paul Léautaud furent ses représentants. Moi-même affirmant ici même [1] que Romain Gary ne pouvait pas être l'auteur des œuvres d'Émile Ajar, j'ai commis ce crime de lèse-liberté créatrice, et j'en ai été puni. Car toute l'histoire des lettres s'inscrit en faux contre cette tyrannie, démontrant par les faits que la création est par essence inattendue, surprenante, inconcevable, contraire à ce qu'on croyait auparavant pouvoir et devoir faire. Il y a nécessairement dans la novation créatrice une transgression des règles reçues. Respecter scrupuleusement ces règles, cela s'appelle académisme. Et pourtant, au moment précis où j'écris ces mots, je tombe à nouveau dans le travers de cette même critique *a priori* en édictant une

1. Voir p. 343 et p. 352.

règle — *a priori,* justement — à laquelle devrait consentir tout artiste avant même de se mettre au travail : n'espère pas, lui dis-je, faire autre chose qu'académisme si tu respectes les règles reçues. Et aussitôt je vois surgir l'exemple contraire de J.-S. Bach qui multiplia les chefs-d'œuvre en se pliant docilement aux exigences traditionnelles de l'art de la fugue ! Contradiction *in adjecto* de ces deux impératifs : il est interdit d'interdire ; il est obligatoire de désobéir.

L'autre critique — la critique *a posteriori* — a la sagesse de se taire aussi longtemps que l'œuvre n'est pas terminée et livrée. Alors seulement, elle la reçoit, l'examine, la goûte, puis s'exprime à son sujet. Que dit-elle ? Elle explique, élucide, enrichit, fait apparaître des beautés, des structures intimes qui auraient pu échapper à toute autre lecture, si bien que tout se passe comme si, ces richesses, la critique les créait en les découvrant dans l'œuvre. Nous retrouvons ici l'admirable ambiguïté du mot *inventer* qui veut dire couramment créer de toutes pièces, et, juridiquement, découvrir ce qui existait auparavant à l'état dissimulé (le code civil parle de « l'inventeur d'un trésor »).

Il s'en faut pourtant que cette distinction résolve tous les problèmes. Tout d'abord la critique *a posteriori* ne se fera jamais faute de rejeter une œuvre malvenue — ne fût-ce qu'en évitant d'en parler, ce qui n'est qu'un faux-fuyant. Si maintenant elle explicite ses griefs et justifie sa condamnation, elle ressemblera fort à la critique *a priori,* une certaine arrogance en moins. Il est vrai qu'elle dispose de deux avantages décisifs sur la critique *a priori.* Le premier, c'est de pouvoir s'appliquer à des œuvres suffisamment anciennes et reconnues pour que personne ne puisse leur contester le titre de chefs-d'œuvre classiques. Dès lors, la valeur absolue de ces œuvres étant sous-entendue, la critique va s'attacher à en faire l'analyse et à dégager les raisons de l'admiration qu'elles suscitent.

Bien, mais là encore, la critique *a priori* montre le bout de l'oreille, car si j'explicite en quoi *Britannicus* et *la Jeune Parque* sont admirables, pourquoi me priverais-je ensuite d'ériger cette analyse en règle valable pour toute poésie présente ou future, promettant succès à ceux qui l'imitent et échec à ceux qui s'en écartent ? L'esprit va tout naturellement d'une réussite constatée et expliquée à une réussite promise et concertée. C'est encore J.-S. Bach qui nous fournit la formulation la plus forte — parce que la plus naïve — de ce passage au futur, lorsqu'il dit : « Quiconque s'appliquerait autant que moi ferait tout aussi bien. » *S'appliquerait,* c'est-à-dire appliquerait avec autant de rigueur que moi les règles auxquelles j'ai astreint mon travail.

L'autre avantage de la critique *a posteriori* est la constante possibilité d'un repli sur le goût ou le dégoût personnel de l'auteur de la critique, ce qui s'appelle *critique d'humeur.* J'aime, je n'aime pas, j'adore, je déteste. Personne n'est obligé de me suivre, c'est affaire personnelle. Cela permet de dire sans vergogne qu'on préfère *la Chartreuse de Parme* à *le Rouge et le Noir,* ou que si Verlaine m'arrache à tout coup des larmes d'émotion, Courteline ne m'a jamais fait rire. Question de goût encore une fois, et, comme chacun sait, des goûts et des couleurs on ne discute pas...

Or là aussi il est facile de détecter une arrière-pensée, et comme un dogmatisme sournois. Sournois, parce que démonté en deux pièces, lesquelles, séparément inoffensives, se révèlent redoutables quand on les assemble. C'est d'abord le caractère absolu, inébranlable de ces goûts et dégoûts (« on ne discute pas »). Sans doute, dira-t-on, mais c'est qu'il s'agit de réactions purement subjectives auxquelles le lecteur n'est nullement tenu de se conformer. Est-ce bien sûr ? Car tout l'art du critique va viser à s'assurer la complicité du lecteur, et à le rallier au jugement qu'il exprime. Me voilà donc, lecteur, gagné à une certaine façon de voir et de juger, bien qu'elle soit subjective. Mais justement parce que subjective, cette façon de voir possède le poids et l'opacité du roc.

Voici donc comment la critique *a posteriori* n'est peut-être sous d'aimables déguisements qu'une tyrannie aussi contraignante et contraire à la liberté créatrice que l'autre critique.

Mais peut-être ces ambiguïtés et ces incertitudes ont-elles une origine plus radicale et plus essentielle que la foi — bonne ou mauvaise —, que l'humeur — gaie ou atrabilaire — d'un certain lecteur. Peut-être ne sont-elles que le reflet d'une fatalité inhérente à la notion même de beauté — littéraire, picturale, musicale, etc. Et c'est là que le criticisme kantien va nous venir en aide, certes pas pour lever les contradictions et faire régner la paix dans un domaine — le jugement esthétique — où la contestation est essentielle, mais pour mettre en pleine lumière au contraire la nature fondamentalement contradictoire du beau et des réactions qu'il suscite en nous. En vérité jamais on n'est allé aussi loin dans l'élucidation esthétique que n'a réussi à le faire Kant avec son « quadruple paradoxe du beau » énoncé dans la *Critique du jugement,* et son analyse — également contradictoire — du sublime.

Le beau est un plaisir désintéressé. Première définition kantienne et première contradiction. En effet, tout plaisir traduit une sorte d'approbation de ma nature et de mon organisme en présence d'un objet utile et bienfaisant, de même que la douleur m'éloigne d'une source de destruction. Cela revient à dire que le plaisir a une utilité biologique, à tel point que, s'il fonctionne mal — plaisir de l'intoxiqué, du masochiste, etc. —, l'organisme va rapidement à sa perte.

Or justement le beau, qui provoque en moi un plaisir évident — si intense qu'il peut l'emporter à mes yeux sur tous les autres plaisirs de la vie —, le beau ne sert à rien, et le plaisir qu'il donne n'a aucune valeur biologique. Ce n'est pas le plaisir sain de l'homme assoiffé qui boit un verre d'eau, ni le plaisir pervers de l'alcoolique prenant sa première cuite de la journée : biologiquement, ce n'est rien. Inutile et indispensable, disait Jean Cocteau de la poésie. Innombrables sont les conséquences qui découlent pour l'artiste créateur et l'écrivain de ce statut contradictoire : honoré, adulé, fêté, il est aussi secrètement méprisé, à la fois comme un parasite et comme un charlatan. Tous des saltimbanques, les musiciens, romanciers, auteurs dramatiques et autres poètes ! La contradiction se retrouve sur le plan économique : que vaut une œuvre ? Comment et combien l'artiste doit-il être payé ? Qui doit en hériter après la mort de l'auteur [1] ? A ces questions, il n'y a que deux réponses acceptables : zéro et l'infini. Comment « payer » Shakespeare, Balzac, Valéry ? Jamais on ne pourra chiffrer les « services » qu'ils ont rendus à leurs « clients », et donc, comme on ne peut pas tout leur donner, la meilleure solution, s'ils revenaient parmi nous, ce serait sans doute de ne rien leur donner du tout. Leur « travail » n'est-il pas par définition désintéressé ?

Le beau est une nécessité subjective. Nouvelle contradiction. Si je dis « j'adore les haricots, je déteste la couleur violette », je sais que j'énonce un jugement de goût personnel, subjectif, tout à fait arbitraire et contingent. A moins d'être enragé, je n'attaquerai personne disant le contraire, car je n'oublie pas que « des goûts et des couleurs, on ne discute pas ». En revanche, l'équation 5 + 7 = 12 est une vérité mathématique qui se donne

1. Selon la loi française, les droits d'auteur « tombent » dans le domaine public cinquante ans après la mort de l'auteur. Rien de comparable évidemment pour les autres éléments — les éléments « sérieux » — du patrimoine.

comme contraignante, impossible à contredire sans absurdité. C'est une nécessité objective.

Mais considérons cet autre jugement : « Jean-Sébastien Bach est un plus grand compositeur que Jules Massenet. » Il me paraît nécessaire en ce sens que toute contradiction m'indignera. Et qu'on ne vienne pas m'opposer l'adage « des goûts et des couleurs... ». C'est qu'il ne s'agit pas ici d'une préférence contingente et arbitraire. La beauté s'affirme avec une force voisine de l'intolérance : quiconque préfère Massenet à Bach n'est qu'un âne ! S'agit-il donc d'une vérité objectivement nécessaire du type mathématique ou physique ? Il y aurait de la mauvaise foi à le prétendre. En toute bonne foi, je suis hors d'état d'opposer à mon éventuel contradicteur la moindre démonstration, le plus petit commencement de preuve. Cette « nécessité » du jugement esthétique jointe à cette impossibilité de rien démontrer, c'est précisément le moteur inépuisable du discours esthétique, sa vanité et son charme.

Le beau est un universel sans concept. C'est le lieu de faire un sort définitif à l'idée selon laquelle les personnages des romans, des comédies, etc., nous touchent parce que nous y reconnaissons un « type » humain ayant une valeur universelle. Certes il y a valeur universelle, mais le « type » — Kant dirait le concept — n'existe pas. Même lorsque la comédie proche de la farce met en scène un personnage apparemment stéréotypé — l'avare, le valet fripon, la soubrette impertinente, le vieux beau amoureux, la coquette, l'ingénue, etc. —, il est facile de voir que, sous cette étiquette vague et commode, perce un caractère extraordinairement particulier, tellement qu'il ne ressemble à personne d'autre. Alceste n'est pas *le* misanthrope, c'est une personnalité absolument unique et sans exemple. S'il en allait autrement, si la fonction conventionnelle épuisait le personnage, c'est qu'on aurait affaire à un théâtre d'assez fruste niveau, celui du guignol lyonnais ou des marionnettes siciliennes par exemple.

C'est encore plus vrai des romans classiques, lesquels peuvent sans doute se ramener à une grande idée, tout en la débordant de toutes parts. On dira : *Lady Chatterley* de D.-H. Lawrence, c'est la force anarchique de la chair triomphant des castes sociales. *L'Immoraliste* de Gide, c'est la libération d'un homme par la découverte d'un climat physique et moral — celui du Maghreb — et au prix de la vie d'une femme. *Le Diable au corps* de Radiguet, c'est la jeunesse bafouant une mythologie tyrannique, celle du patriotisme de 14-18. *La Montagne magique* de Thomas Mann, c'est la maladie — la tuberculose pulmonaire — devenue armature sociale, norme d'un groupe fermé, franc-maçonnerie cosmopolite. *Vipère au poing* d'Hervé Bazin, c'est la révolte d'un enfant contre un milieu familial verrouillé et confit en bonne conscience, etc. Il serait certes possible de donner ainsi en une définition abstraite la ligne de chaque grand roman. Mais il va de soi que cette définition n'en rendrait compte que d'une façon infime, car il s'agirait d'un cadre vide, dont seul le contenu importe vraiment. « Ce n'est rien de concevoir un roman, disait François Mauriac, il faut le faire ! » Or « le faire », cela consiste à enrichir, ligne par ligne, de déterminations et de précisions chacun des personnages du roman. Qu'est-ce que *Madame Bovary ?* C'est, de la première page à la dernière, une opération de « particularisation » des êtres humains qui s'agitent dans cette histoire et du principal d'entre eux, Emma.

Or il faut admettre que cette opération, éminemment positive en ce qui concerne le personnage, est destructrice à l'égard de son « concept ». Un concept en effet n'existe que par sa généralité. Plus sa compréhension augmente, plus son extension diminue, moins il est maniable, pensable, « concevable ». A la limite un être concret, possédant une compréhension infinie — car ses déterminations sont innombrables — et une extension égale à un, n'est pas un objet de pensée conceptuelle. C'est tout au plus l'expérience d'une rencontre et de relations humaines dont je puis conserver un souvenir plus ou moins vague, plus ou moins riche.

Mais le personnage de roman ou de théâtre, bien que dénué de concept, est doué cependant d'universalité. Hamlet, Harpagon et Faust parlent aux Eskimos et aux Bantous un langage qu'ils comprennent. La trilogie marseillaise de Marcel Pagnol se joue avec succès à Tokyo. On dirait que, par un paradoxe incroyable, chaque trait nouveau qui rend un personnage plus particulier, au lieu de me le rendre étranger (qu'y a-t-il de commun entre lui et moi ?) contribue à le rapprocher de mon cœur et à le rendre universel.

Le beau est une finalité sans fin. Toute œuvre d'art se compose d'éléments qui restent pour la plupart reconnaissables. Il n'y a pas d'art de l'homogène[1]. C'est pourquoi la parfumerie et la cuisine sont contestées comme disciplines esthétiques : les « composants » d'un parfum ou d'un mets sont par trop noyés dans la sensation qu'ils font naître. L'art a besoin d'un milieu homogène — espace (peinture) ou temps (musique) — pour déployer les pièces et les morceaux de ses créations. Mais le paradoxe, c'est que cet agencement de pièces et de morceaux, visiblement commandé par un plan d'ensemble, ne sert à rien. Un tableau, un quatuor, une sculpture, un sonnet sont des machines qui tournent à vide. On songe évidemment à Jean Tinguely, à ses « métamécaniques », ses « metamatics » et ses machines délirantes, qui fournissent l'illustration la plus frappante et la plus drôle de ce quatrième paradoxe kantien. Mais le Parthénon et la Joconde sont aussi des

1. Les *monochromies* d'Yves Klein ne sont pas des tableaux. Ce sont plutôt des antitableaux qui n'ont de valeur que de provocation.

machines délirantes. « Ce qu'il y aurait de plus beau au monde, disait Zola, ce serait une locomotive en diamant. » Roulerait-elle ? L'auteur de *la Bête humaine* se garde de soulever cette question qui ferait apparaître l'aspect contradictoire de son rêve.

*

A l'époque où il écrivait, Kant ne pouvait ignorer les problèmes particuliers soulevés par la notion de *sublime.* Le préromantisme de Rousseau, Bernardin de Saint-Pierre et Chateaubriand, avec la célébration des montagnes, de la mer et du désert comme « objets d'art », rendait urgente une analyse de ce « sublime » et de ses relations avec le « beau ».

Sans doute le romantisme n'a pas inventé le sublime. Le théâtre grec, l'Ancien Testament, et, plus près de nous, la tragédie classique et l'éloquence religieuse en débordent. Mais cette simple énumération montre assez que le sublime restait d'ordre purement moral, c'est-à-dire humain ou divin. Trouver du sublime dans la nature brute, et de surcroît dans une nature réputée jusque-là horrible, parce qu'inhospitalière, inhumaine et figurant une sorte d'enfer terrestre — mer, montagne, désert —, cette révolution du goût était réservée aux préromantiques.

Ouvrons une parenthèse à seule fin d'enrichir la connotation du mot *sublime* par le simple recours au dictionnaire Littré. Nous allons de surprise en surprise.

Premier sens : « Muscles sublimes : muscles superficiels par opposition aux muscles profonds. Respiration sublime : celle qui est grande, accompagnée de mouvements des ailes du nez et d'élévation du thorax. » Dernier sens : « Dans l'argot des ouvriers parisiens, sublime, nom que se donnent certains ouvriers qui ne font rien d'utile, mais se livrent à la boisson, contractent des dettes qu'ils ne paient pas, et se font gloire de leurs vices et de leur paresse. On a créé, par surcroît, le mot *sublimisme* pour désigner ce type. »

Ajoutons à cet étrange catalogue qu'un corps se sublime quand il passe de l'état solide à l'état gazeux sans passer par l'état liquide.

Dans un opuscule de 1766 *(Observation sur le sentiment du beau et du sublime),* Kant a tenté une première approche de ce qui formera, vingt-quatre ans plus tard, le noyau de la *Critique du jugement.* Presque tout y est déjà, avec, en plus, des affirmations d'une originalité inattendue. Certes, nous nous doutions qu'une prairie émaillée de fleurs est *belle,* tandis qu'une tempête furieuse soulevant la mer est *sublime.* On suit encore le philosophe lorsqu'il pose que le jour est *beau,* la nuit *sublime.* Mais cela devient plus difficile quand il affirme que « le teint brun et les yeux noirs ont plus d'affinité avec le sublime, des yeux bleus et un teint clair plus d'affinité avec le beau ».

Ces amusettes ne se retrouvent pas dans la *Critique du jugement* où l'on tombe en revanche sur cette définition d'une simplicité géniale : « *J'appelle sublime ce qui est absolument grand.* » Intuition d'une merveilleuse intelligibilité qui a le mérite supplémentaire de mettre en évidence le caractère tout aussi contradictoire du sublime que l'est celui du beau. En effet la grandeur est par essence relative, toute grandeur pouvant être dépassée par une autre. *Absolument grand,* contradiction terrible et exaltante qui s'impose à moi en face du ciel nocturne étoilé, de la mer en furie, de Dieu sans doute...

Quant aux caractères qui opposent le sublime au beau, ils sont, comme les paradoxes du beau, au nombre de quatre. Le beau est par définition fini, équilibré, harmonieux. Le sublime est infini ; il nous place au bord d'un déséquilibre vertigineux. Le beau a sur notre âme un effet apaisant, rassurant. Le sublime nous plonge dans une émotion où se mêlent étrangement le plaisir et la terreur. Le beau relève de la qualité, le sublime de la quantité.

Enfin le beau invite au jeu, à la divine gratuité d'un paradis sans obligation ni sanction, tandis que le sérieux du sublime renvoie à des notions théologico-morales, comme celles de prière et de péché, de salut et de damnation[1].

Et il faudrait analyser aussi ce que Kant appelle le *jugement réflexif* et le *jugement théologique*, mais comment rendre justice en quelques lignes à un livre aussi complexe et profond que cette *Critique du jugement ?*

A titre d'application exemplaire de ces idées sur le sublime, nous voudrions plutôt conclure à une querelle qu'a faite Paul Valéry à Blaise Pascal, par-dessus la tête, dirait-on, de Kant et dans l'ignorance de ses théories.

Rappelons que, toute sa vie, l'auteur de *La Jeune Parque* a été obsédé par Pascal qu'il considérait à la fois avec horreur et admiration, et dans lequel il voyait un ennemi à abattre qui fût digne de lui.

Le silence éternel de ces espaces infinis m'effraie.

A cette brève phrase — l'une des plus célèbres de toute la littérature française —, Paul Valéry s'enflamme[2]. Elle lui donne un prurit qui ne lui laissera, des années durant, aucun répit. Dans une longue analyse datant de 1930, *Variation sur une pensée,* il s'acharne à lui dénier toute valeur théorique. Ce n'est pas une « pensée », c'est, nous explique-t-il, un poème. « Car Éternel et Infini sont des symboles de non-pensée. Leur valeur est tout affective. Ils n'agissent que sur une certaine sensibilité. Ils provoquent la sensation particulière de l'impuissance d'imaginer.

1. La plupart des opéras de Wagner sont des variations sur ces caractéristiques du sublime.

2. Comme on fait une moustache à la Joconde, il en viendra même à la retourner mot pour mot. Cela devient : *Le vacarme intermittent du petit coin me rassure.*

Pascal introduit dans la littérature l'usage ou l'abus de ces termes, très bons pour la poésie, et qui ne sont bons que pour elle. »

Or il est clair que la « pensée » en question relève typiquement du sublime tel que le définit Kant. On peut même dire que la lecture que nous en faisons — nourris comme nous le sommes par un siècle de romantisme — est à coup sûr totalement anachronique par rapport à Pascal. Après Chateaubriand et Hugo, impossible de lire cette phrase avec les yeux de l'homme du XVIIe siècle qu'était Pascal. Il en va tout de même d'un vers célèbre de la *Bérénice* de Racine, que nous imprégnons malgré nous, malgré lui, d'un romantisme abusif :

Dans l'Orient désert quel devint mon ennui[1] *!*

Ainsi cette valeur exclusivement poétique que Valéry consent à reconnaître à la phrase de Pascal est un anachronisme. Il cherche un anti-Pascal. A défaut de Paul Valéry, il cite à la barre le précurseur qu'il s'est choisi, un certain Léonard de Vinci.

« Il ne connaît pas le moins du monde cette opposition si grosse et si mal définie, que devait, trois demi-siècles après lui, dénoncer entre l'esprit de finesse et celui de géométrie, un homme entièrement insensible aux arts, qui ne pouvait s'imaginer cette jonction délicate, mais naturelle de dons distincts ; qui pensait que la peinture est vanité ; que la vraie éloquence se moque de l'éloquence ; qui nous embarque dans un pari où il engloutit toute finesse et toute géométrie ; et qui, ayant changé sa neuve

1. Contresens en cascade, car au XVIIe siècle l'Orient, et moins encore le désert, ne possédaient pas la charge imaginaire qu'ils prendront plus tard. De même *ennui* signifiait *chagrin violent*, et ne connotait pas le vide, la nostalgie, le spleen dont joueront avec bonheur Baudelaire et quelques autres.

lampe contre une vieille, se perd à coudre des papiers dans ses poches, quand c'est l'heure de donner à la France la gloire du calcul de l'infini... Pas de révélations pour Léonard. Pas d'abîme ouvert à sa droite. Un abîme le ferait songer à un pont. Un abîme pourrait servir aux essais de quelque grand oiseau mécanique... »[1]

Soit, mais pont ou oiseau mécanique, que devient le poème ? Que devient le sublime ? Il y a certes dans Léonard de Vinci un côté Jules Verne auquel Paul Valéry est fort sensible, mais auquel on peut préférer le mystérieux sourire de son saint Jean-Baptiste levant l'index vers le ciel. On ne peut certes reprocher ni à Léonard de Vinci, ni à Pascal de n'avoir pas lu la *Critique du jugement* de Kant. Paul Valéry a moins d'excuses. Et lorsqu'il écrit encore à propos de Pascal : « S'il y a vraiment un esprit de géométrie et un esprit de finesse, le seul devoir est de les joindre[2] », il est clair que Kant opère précisément cette jonction par ses analyses du beau et du sublime, qui relèvent de la seule logique rationnelle, mais respectent en même temps les mystérieuses contradictions des réalités esthétiques.

1. *Note et digression* (1919), Œuvres, tome I, p. 1210, « Bibliothèque de la Pléiade ».
2. *Cahiers*, t. II, p. 994 (« Péiade », Gallimard éd.).

Novalis et Sophia

Il y a d'abord ces deux dates : 1772-1801. La première — année de la naissance de Novalis — illustre de façon éclatante l'importance qu'Albert Thibaudet nous a appris à attacher au rythme des générations. Car cette génération de 1770 est l'une des plus formidables de toute l'histoire humaine. Saint-Just, Chateaubriand, Bonaparte, Beethoven, Hölderlin, Hegel, Metternich... En moins de trois ou quatre ans, ils arrivent tous — dans un mouchoir, comme on dit aux courses —, tous ceux qui feront la charnière de deux siècles, de deux mondes, et qui fourniront aux hommes leurs modèles politiques, philosophiques, poétiques, presque toute l'action partant d'un côté du Rhin, presque tout l'esprit s'accumulant de l'autre côté. La seconde date — celle de la mort de Novalis — nous apprend que ce penseur qui nourrissait l'ambition d'embrasser toutes les connaissances de son temps pour forger la bible de l'humanité future est mort à vingt-huit ans sur le seuil du XIXe siècle, comme Moïse à la frontière de la Terre Promise.

Novalis représente-t-il le romantisme sous sa forme la plus pure parce qu'à l'état naissant, ou n'est-ce qu'un précurseur, un homme du XVIIIe siècle qui a beaucoup pressenti, rien accompli ? C'est tout cela à la fois. Son ami Tieck nous le décrit long, maigre, un peu embarrassé de grandes mains assez grossières qui contrastaient avec un visage d'ange. (Ne dirait-on pas Rimbaud tel que Mallarmé le verra cent ans plus tard ?) Il ajoute qu'il ressemblait de façon frappante au saint Jean des *Quatre Évangélistes* de Dürer, et cela nous surprend un peu, parce que nous l'imaginons moins viril, moins mûr que le personnage qui nous regarde sévèrement et de biais à la Pinacothèque de Munich. La vivacité de sa conversation, son appétit d'apprendre, son insatiable curiosité, l'espèce d'avidité avec laquelle il interrogeait, nous dit encore Tieck, les gens les plus médiocres, persuadé qu'il finirait bien par en tirer quelque chose, autant de traits qui l'éloignent du héros romantique cultivant l'ennui de vivre, la *morbidezza*, le mal du siècle, le vertige suicidaire devant le vide des choses et des êtres. Par là Novalis était du XVIIIe siècle, plus proche à coup sûr de Diderot que de Byron. Ce fils du directeur des salines de Saxe, lui-même ingénieur des mines, n'a pas en face des nouvelles acquisitions des sciences et des techniques le réflexe de dégoût et de rejet des romantiques. Non seulement il partage l'émerveillement de l'*Aufklärung* devant les richesses de la nature, mais son grand dessein est de le porter au degré de l'incandescence mystique. Il prétend tout conserver, tout embrasser, et dans un effort de génie synthétique transcender le savoir rationnel, l'illuminer d'intuitions métaphysiques, le transfigurer. La grande œuvre de sa vie devait être une encyclopédie dont nous possédons les matériaux, et qui ressemble à du d'Alembert réécrit avec la plume de Swedenborg — mort l'année de la naissance de Novalis et cristallographe comme lui.

Le génie transfigurateur de Novalis s'est exercé avec prédilection sur deux « objets », Sophie sa petite fiancée, et le monde minéral. Bachelard qui a été l'un des meilleurs lecteurs de Novalis — peut-être parce qu'il avait abordé lui-même la philosophie par la chimie — cite avec admiration ce *Fragment :* « Si l'univers est un précipité de la nature humaine, le monde des dieux en est la sublimation. Les deux se font *uno actu.* » où il va de soi que *sublimation* doit être pris dans son sens chimique de passage d'un solide à l'état gazeux sans transition liquide. Novalis était, toujours selon Bachelard, l'un des plus grands rêveurs de la verticalité. La profondeur est la dimension essentielle de la mine qui devient comme le sanctuaire du monde. D'ailleurs les gemmes sont les étoiles de la terre et les mineurs des « astronomes inversés ».

Sophie von Kühn mourut à quinze ans le 17 mars 1797. Novalis l'avait rencontrée pour la première fois au manoir de Grüningen le 17 novembre 1794. On s'est interrogé, bien en vain il me semble, sur l'intelligence ou autres qualités de cette petite fille. Était-ce une enfant prodige, une oie blanche, une idiote ? Ses lettres assez puériles, pleines de fautes d'orthographe, ne permettent guère de juger. Et qu'importe en regard de l'extraordinaire cristallisation que son cristallographe de fiancé allait lui faire subir ? Il ne s'agit pas là d'un simple jeu de mots — stendhalien avant la lettre — ou plutôt nous sommes déjà avec Novalis dans ce courant qui dure encore (Heidegger) et pour lequel le calembour a valeur d'intuition métaphysique. Toutes les relations de Novalis et de sa fiancée tiennent dans cet aveu : « Je suis philosophe parce que j'aime Sophie. » Ou dans cette autre déclaration : « Toute philosophie commence par un premier baiser. » C'est que Sophie pour lui c'est *sophia,* le savoir qui est aussi sagesse, et donc Sophie, selon l'expression d'Armel Guerne, devient la Porte de l'Absolu. Sa mort ne fera que consacrer cette idéalisation, et le mariage de Novalis un an plus tard avec Julie von Charpentier, fille d'un officier du génie — on ne sort pas de la corporation — prouve simplement que ses relations avec la petite défunte ne sont plus d'ordre terrestre — si elles l'ont jamais été.

On ne peut parler du grand roman de Novalis *Henri*

d'Ofterdingen sans faire référence à celui de Goethe *les Années d'apprentissage de Wilhelm Meister.* Si l'on compare les dates, on s'aperçoit que Novalis, né vingt-trois ans après Goethe, est mort trente et un ans avant lui, de telle sorte que sa vie est contenue en quelque sorte dans celle de Goethe, comme un noyau dans un fruit. Cet investissement, Novalis l'a profondément ressenti, et ses écrits débordent de déclarations tantôt d'amour, tantôt de guerre à l'égard de l'auteur de *Werther.* Son admiration pour Goethe, c'est essentiellement au naturaliste qu'elle va — un aspect trop oublié de l'œuvre de Goethe, à ses réflexions sur les minéraux, les plantes, la lumière, les couleurs. Mais toute cette nature physique, il déplore que Goethe n'ait pas su l'intégrer à son œuvre poétique et littéraire, sinon comme un décor extérieur et passif. Dès qu'il s'agissait d'*Henri d'Ofterdingen* et de son opposition à *Wilhelm Meister,* Novalis se sentait délibérément un anti-Goethe. Ce parti pris allait si loin qu'il exprima le vœu que son roman fût imprimé dans le format et les caractères du *Wilhelm Meister.* C'est qu'aux yeux de Novalis, l'itinéraire du héros de Goethe est celui d'une contre-initiation. Goethe nous montre en effet comment les rêves de l'adolescence doivent céder le pas aux réalités de l'âge mûr. Wilhelm Meister ne rêvait que théâtre : il sera chirurgien. Cet atterrissage brutal ne pouvait faire qu'horreur à Novalis. Lui aussi respecte le postulat du roman d'éducation. Henri, comme Wilhelm, est un jeune homme sans génie évident, une page blanche, une cire vierge, et son initiation consiste pour lui à se soumettre à un ordre supérieur. Mais, tandis que Wilhelm se sacrifie aux exigences prosaïques de la société bourgeoise, Henri apprend à participer à un ordre cosmique supérieur.

Supérieur, mais non extérieur, car il faut toujours tenir compte avec Novalis du mouvement naturel de son esprit qui se fait constamment dans le sens d'une *intériorisation.* Charles Du Bos a très justement opposé le piétisme de

Novalis au jansénisme de Pascal. Pour Pascal, Dieu est un être extérieur, transcendant, redoutable, dont la présence au cœur ne peut être qu'un don gratuit, rare et imprévisible. Il fond sur le cœur, l'emplit, le comble, puis il le déserte et l'abandonne — pour toujours peut-être — à sa déréliction. L'immanentisme de Novalis tient au contraire dans deux citations. L'une de saint Augustin : « Mais toi, tu étais plus intérieur à moi que mon fond le plus intime », l'autre de maître Eckhart disant que Dieu gît dans le cœur de l'homme comme le trésor dans le champ de la parabole évangélique.

Le génie de Novalis, c'est certainement dans sa prodigieuse faculté de synthèse qu'il réside. Il jeta pêle-mêle dans le même creuset sa philosophie, sa poésie — trop menée sans doute par les idées, alors que son contemporain Hölderlin savait, lui, laisser les mots jouer leur jeu divin —, son métier d'ingénieur des mines, son amour pour une petite fille, sa religion piétiste. Le temps ne lui a pas été donné de forger le lingot massif et rutilant qu'un Hegel tirera d'une alchimie analogue.

Goethe
et les affinités électives

Peu d'œuvres ont autant de racines que ces *Affinités électives.* C'est ce qui fait leur difficulté et leur intérêt. Goethe approche de la soixantaine. Jamais son horizon n'a été aussi vaste. Friedrich Gundolf observe qu'il s'intéresse moins aux grands personnages mythologiques — Prométhée, Iphigénie, Torquato, Faust — et davantage aux sciences de la nature et à la vie quotidienne de son temps. Il s'agit plutôt en fait d'une sorte d'alternance pendulaire, car on ne peut oublier que trente-cinq ans plus tôt il concevait *Werther* — roman domestique et contemporain — et que les derniers mois de sa vie seront consacrés à l'achèvement du *Second Faust,* œuvre typiquement allégorique. Mais s'il est clair que *les Affinités électives* appartiennent à la veine inaugurée par *Werther,* il y a entre ces deux romans d'amour toute la différence qui sépare une œuvre de jeunesse jaillie du cœur d'un auteur réduit à la solitude, et celle d'un homme mûr et célèbre qui veut rassembler toute son expérience et le spectacle de sa société dans un panorama, en prenant le risque qu'il paraisse parfois un peu composite.

Nous venons de citer *Werther.* On a voulu rapprocher excessivement ces deux romans en accordant une importance sans doute démesurée à la rencontre de Goethe avec la jeune Minna Herzlieb. Comme il s'était à vingt-trois ans

« débarrassé » de sa passion malheureuse pour Charlotte Buff en écrivant *Werther*, Goethe aurait à soixante ans « liquidé » un élan vers Minna Herzlieb en écrivant les *Affinités*. Minna Herzlieb était la nièce et la fille adoptive de Mme Frommann, l'épouse du libraire éditeur de Iéna auquel Goethe va confier les *Affinités électives*. Elle a dix-huit ans, elle habite chez les Frommann, elle est belle, timide et mystérieuse. On lui attribue le mérite d'avoir inspiré dix-sept sonnets écrits à l'époque par Goethe. De là à supposer qu'une passion pour la jeune fille réchauffa et ravagea le vieux cœur du poète… André François-Poncet dans la belle étude qu'il a consacrée aux *Affinités*[1] examine et finalement rejette cette hypothèse. Les sonnets en question n'étaient qu'un jeu de société qui agrémentait les soirées des Frommann, et auquel tout le monde participait. Rien dans la vie et les lettres de Minna ne prouve qu'elle ait éprouvé pour Goethe autre chose qu'une affection respectueuse. Goethe adorait les jeunes filles, toutes les jeunes filles. L'âge et la sagesse venant, il se livrait avec elles à un badinage sentimental, auquel se mêlait sans doute un peu d'amertume. Ce fut certainement le cas avec Minna. L'ayant revue après son mariage avec un M. Pfund, il écrit à sa femme : « J'ai vu avec plaisir M. Pfund, j'ai commencé à aimer sa fiancée quand elle était une enfant de huit ans, et dans sa seizième année, je l'ai aimée plus que de raison. Tu pourras donc, si elle vient parmi vous, te montrer particulièrement aimable avec elle. » Peu de temps après ses soirées chez les Frommann, il s'empresse autour d'un autre tendron, Sylvie de Ziegesar, puis autour d'un troisième, Pauline Gotter, laquelle écrit à ce sujet : « Goethe est avec moi comme un père, et comme un maître, et souvent aussi comme un amoureux ; il est le seul qui me comprenne, même dans mes moments de

1. André François-Poncet, *les Affinités électives de Goethe* (Félix Alcan éd., 1910).

mélancolie. » L'image de ce vieux beau, environné de gloire, et qui a tant de mal à vieillir, entouré d'un cortège de jeunes filles qu'il aime toutes et qui toutes le font un peu souffrir — mais sans excès, juste ce qu'il faut pour se sentir un cœur —, cette image est touchante et sans doute vraie. Elle remet à sa juste place la rencontre avec Minna, et le rôle — réel mais modeste — qu'elle joua dans la genèse des *Affinités.*

Il semble qu'il se soit mis au travail en avril 1808. D'après son *Journal,* la première partie est écrite dès la fin de juillet. C'est le moment où il part habituellement prendre les eaux de Carlsbad. L'hôtel des Trois Maures où il descend n'est rien moins qu'un lieu de recueillement. Venu sans son épouse, le vieil et célèbre poète s'entoure d'un essaim de jeunes filles gaies et admiratives. Lorsqu'il regagne Weimar le 30 août, on peut craindre que l'œuvre en gestation tourne court. Le 13 septembre, il perd sa mère. Le 2 octobre se situe la fameuse rencontre d'Erfurt avec Napoléon (« Vous êtes un homme, Monsieur Göt ! » Je m'inclinai. Il demande : « Quel âge avez-vous ? » — « Soixante ans. » — « Vous êtes bien conservé ! »), suivie de deux autres entrevues à Weimar les 6 et 10 octobre. Puis c'est la visite d'Alexandre de Russie à Weimar. Le Geheimrat du duc Karl August ne peut se dérober à ses obligations protocolaires. Lorsque le calme lui est rendu au printemps de 1809, les *Affinités électives* risquent de ne pas reprendre vie. Il faut qu'une lecture de la première partie faite à la duchesse de Weimar confère au projet une sorte de poids mondain pour que Goethe se remette au travail. Ces détails sont édifiants. Ils illustrent assez bien la misère de l'écrivain devenu personnalité officielle, haut personnage, voire « grande figure » : c'en est fait de sa force créatrice. Le 30 mai, il écrit avec un ridicule pathétique à sa femme Christiane : « Empêche autant que possible pendant les huit prochains jours que rien ne vienne me déranger. Je suis en ce moment absorbé par mon travail comme je n'ai pas réussi à l'être depuis un an. Si on me dérangeait maintenant, je perdrais ce que je vois tout proche et que je pourrai atteindre à bref délai. » Cette année-là, il renonce à sa cure à Carlsbad et s'installe dès le 23 juillet à Iéna pour prendre part à la fabrication du roman chez Frommann. Le travail se prolonge jusqu'au 4 octobre. Le 1er, il écrit à Reinhard : « Je me vois dans l'état d'une femme enceinte dont l'unique désir est de mettre l'enfant au monde, quitte à produire n'importe quoi. » On notera qu'il ne reste aucune trace, ni de manuscrit, ni des diverses versions, ni des épreuves corrigées. Goethe a sans doute pris soin de tout détruire. Le roman est livré au public avant la fin de l'année 1809.

Réduite à un simple schéma, l'action du roman tient en quelques lignes. Édouard et Charlotte forment un couple d'aristocrates qui vivent leur seconde jeunesse en exploitant un vaste domaine. Ils couvent cependant chacun un projet qu'il s'agit de faire accepter à l'autre, ce qui se fera par une sorte de négociation à l'amiable. Édouard voudrait faire venir un sien ami — le « capitaine » —, homme de grandes capacités, mais momentanément disponible. Il l'aiderait à réorganiser et à gérer son domaine. De son côté, Charlotte se fait du souci pour sa nièce Odile qui vit en pension avec sa fille Lucienne. Or si cette dernière prospère et s'épanouit à la grande satisfaction de ses maîtres, Odile au contraire végète et leur donne de graves inquiétudes. De même qu'Édouard souhaite la compagnie du capitaine, Charlotte aimerait recueillir Odile. Chacun fait des objections, puis des concessions, si bien que le capitaine et Odile débarquent au château à quelques jours d'intervalle. Le capitaine va changer la vie extérieure de ses amis, Odile va bouleverser leur vie intérieure. Total : trois morts au moins...

Le livre se présente donc sous un triple aspect : un titre, une histoire d'amour, le tableau d'une société. Commençons par ce dernier.

L'aristocratie d'une principauté allemande du début du XIXe siècle, tel est le milieu que le roman embrasse, et le critique Karl-Wilhelm-Friedrich Solger pourra écrire : « Comme dans l'épopée antique, tout ce que l'époque a de singulier et d'important est contenu dans ce roman, et, d'ici quelques siècles, on pourra d'après lui se faire une image complète de ce que fut notre vie quotidienne. » Rappelons donc quelques-uns des traits « d'époque » que les *Affinités* illustrent :

LE MARIAGE. Germaine de Staël avait noté dans son enquête sur l'Allemagne que la société protestante allemande connaissait alors une crise du mariage. Goethe très hostile au mariage avait lui-même attendu l'âge canonique de cinquante-sept ans (1806) pour s'y résoudre. Il ne lui avait pas fallu moins que la bataille de Iéna où il avait failli laisser sa vie : *Journal.* « 14 octobre. A cinq heures les boulets de canon percent la toiture. A cinq heures et demie, irruption des chasseurs. A sept heures, incendie, pillage. Nuit horrible. » Et deux jours plus tard : « J'ai décidé de reconnaître entièrement et légalement comme mienne ma petite compagne qui a tant fait pour moi et qui a vécu à mes côtés ces heures d'épreuves. » Cependant les drames sentimentaux ne manquent pas dans le voisinage immédiat de l'écrivain. Il assiste au déchirement du ménage de Schlegel dont la femme Caroline divorce pour vivre avec le philosophe Schelling, et surtout au suicide de la belle, tragique et géniale Caroline von Günderode. En 1811, la fin du couple Kleist-Vogel qui accumule meurtre, suicide et adultère soulève un énorme scandale. Certains y voient la fin de la société prussienne. Ils pensent sans doute comme Mittler, cet ancien pasteur, tout d'une pièce malgré son nom (*Mittler* = intermédiaire, entremetteur), habitué à faire la morale aux paysans, qui dans les *Affinités* se fait l'ardent défenseur des liens sacrés du mariage. L'opposition à Mittler s'incarne dans un couple irrégulier — ceux qu'on désigne comme « le comte et la baronne » — et la théorie qu'ils exposent d'une sorte de mariage à l'essai, conclu pour cinq ans, renouvelable tacitement, mais pouvant également s'effacer devant une nouvelle union. Seule la troisième expérience conjugale serait définitive. Or il ne s'agit pas seulement d'une théorie. Édouard — dont Charlotte est la seconde épouse — ne demande qu'à divorcer pour épouser Odile, et Charlotte se laisserait sans doute convaincre si les mœurs étaient plus favorables à ce genre de chassé-croisé.

LE « PAYSAGISME ». Le jardin à la française, symbole de l'Ancien Régime, recule devant le « jardin anglais ». Ce ne sont plus qu'allées tortueuses, grottes, buttes, cascades, ruines, labyrinthes, tonnelles et pavillons orientaux. Là le romantisme accueille avec empressement l'héritage du XVIIIe siècle. Le « capitaine » va prendre en main les opérations et y apporter une rigueur rationnelle qui corrigera les tâtonnements de ses amis.

LA VIE MONDAINE. Nous voyons nos aristocrates jouer de la musique et se faire la lecture à haute voix. Mais l'irruption de Lucienne, la fille de Charlotte, venue présenter son fiancé à sa mère, va nous apprendre ce qu'est la vraie vie de société. C'est un tourbillon de calèches et de valets, de toilettes et de festins, de rires et de chansons qui envahit soudain le château. Le portrait que fait Goethe de cette ravissante et irrésistible Lucienne, qui veut soumettre tout le monde à la loi de ses plaisirs, est par trop malveillant pour qu'on puisse retenir l'hypothèse selon laquelle Bettina von Arnim ou Germaine de Staël lui auraient servi de modèle. Certes ces deux brillantes mondaines l'avaient agacé par leur agitation brouillonne et vaine, mais il restait sensible au charme enfantin de Bettina et à la puissante personnalité de la grande Germaine. Lucienne, c'est plus simplement l'anti-Odile, comédienne, égoïste, superficielle, médisante, à laquelle Goethe donne le singe comme animal totem.

On sillonne le domaine et toute la campagne environnante à cheval. On danse, on se déguise, on monte des pièces de théâtre, des pantomimes, et surtout on se livre à un jeu dont le succès extraordinaire à cette époque nous paraît aujourd'hui inconcevable : les tableaux vivants. On figure ainsi le *Bélisaire* de Van Dyck, *Esther devant Assuérus* de Poussin, *la Remontrance paternelle* de Terbourg, des scènes d'auberge et de foires hollandaises. Goethe rend compte sans la moindre ironie de ces divertissements, sans songer, comme cela nous paraît évident, qu'ils bafouaient la peinture en n'en retenant, à l'exclusion de tout autre, que l'élément bassement pittoresque et anecdotique. Mais il y aurait beaucoup à dire sur les idées de Goethe en matière de peinture...

LA FRANC-MAÇONNERIE. L'anniversaire de Charlotte est marqué par la pose de la première pierre d'une villa qui va être construite selon les plans du capitaine. Cela donne lieu à une petite cérémonie au cours de laquelle « un maçon en habit de fête, tenant la truelle d'une main et le marteau de l'autre, débita un agréable discours en vers ». Ce maçon orateur et versificateur a été tourné en ridicule par nombre de critiques. Il serait bien incongru en effet si tout ne dénotait une parenthèse maçonnique à laquelle Goethe devait tenir. Déjà le *Wilhelm Meister* contient plus d'une allusion à la franc-maçonnerie. Rappelons que c'est sur l'initiative de Goethe que la loge Amalia de Weimar reprend vie en 1808, après vingt-six ans de sommeil.

L'ART RELIGIEUX. La deuxième partie du roman s'ouvre sur l'arrivée d'un jeune architecte qui va être prétexte à des discussions sur le culte des morts et l'art chrétien. S'agissant des morts, on notera seulement qu'à cette époque Goethe perd sa mère et n'envisage pas de se rendre à son enterrement qui a lieu à Francfort. Quand il se rend dans cette ville quelques années plus tard, son journal ne mentionne aucune visite au cimetière. Quant à la restauration de l'église — à laquelle il est visible que l'auteur s'associe de tout cœur, comme à tout ce que dit ou entreprend ce jeune architecte si sympathique —, elle illustre l'influence du romantisme sur Goethe avec un retour au catholicisme et au Moyen Age. Certains critiques contemporains furent quelque peu éberlués de voir Odile transformée en Vierge Marie dans une crèche vivante — réplique pieuse des tableaux vivants de Lucienne — et franchement choqués quand, à la fin du récit, la pécheresse morte bénéficie d'une sorte de canonisation populaire, et devient le but de véritables pèlerinages.

LA PÉDAGOGIE. Venant de la pension où Lucienne et Odile ont fait leurs études, un professeur arrive à son tour au château. Il va être le porte-parole de Goethe sur un sujet très à la mode, l'éducation des enfants. C'est évidemment Jean-Jacques Rousseau qui, avec son *Émile*, a placé le sujet au premier rang des préoccupations de la nouvelle société. Jean-Bernard Basedow a tenté de mettre en pratique les idées de J.-J. Rousseau dans son Institut philanthropique de Dessau. Georg Hermès dans *le Voyage de Sophie* défend l'idée qu'on est mal élevé avant d'être malfaiteur. Mais c'est surtout au Suisse Jean-Henri Pestalozzi (1746-1827) que répond Goethe. En 1776, Pestalozzi avait rassemblé des enfants pauvres pour exploiter ses terres avec lui à Neuhof. En même temps, il les élevait et les instruisait. L'œuvre fait faillite, mais il répand ses idées dans ses livres *(les Soirées d'un solitaire, Gertrude)*. Goethe s'oppose à Pestalozzi, auquel il reproche de donner une place excessive aux mathématiques, et de négliger l'observation de la nature. Il se rapproche au contraire des principes de François-Joseph Molitor qui dirige l'Institut philanthropique d'éducation de Francfort, et qu'il connaît par Bettina Brentano. A l'opposé de l'éducation uniforme de Pestalozzi, Molitor s'efforce de diversifier l'éducation, en fonction de ce que la vie demandera à l'enfant, et donc en fonction du sexe et de la condition sociale. Quant à la poésie, à l'histoire, à la botanique, elles ne doivent pas être sacrifiées aux sciences abstraites.

Ces exposés et ces discussions sur des sujets à l'ordre du jour prennent place dans une vaste parenthèse qui englobe les onze premiers chapitres de la seconde partie du roman. Édouard et le capitaine ont disparu. Du pays extérieur, nous ne voyons plus rien. Il s'agit visiblement d'une période de gestation dont doit sortir une action qui sera d'autant plus précipitée qu'elle aura été plus attendue. Or gestation est bien le mot qui convient, car Charlotte étant enceinte des œuvres d'Édouard — nous avons assisté à la scène au chapitre onze de la première partie —, il faut attendre la naissance du bébé pour que le récit reprenne son cours.

Mais on dirait que Goethe n'a pas fini de se jouer de nous. La naissance du petit Othon devrait en principe remettre à flot l'affabulation romanesque. Elle prend au demeurant une dimension fantastique quand Odile s'aperçoit que le bébé possède ses propres yeux — de même qu'elle-même avait inconsciemment adopté l'écriture d'Édouard. Pourquoi ces yeux, sinon parce que son père ne pensait qu'à Odile en serrant Charlotte dans ses bras ? La mort subite du brave curé qui administrait l'eau bénite et le sel à l'enfant fait présager le pire. A coup sûr les événements vont se précipiter. Pas avant toutefois qu'une parenthèse — une de plus — n'ait été ouverte et refermée.

Donc voici venir deux nouveaux visiteurs. Il s'agit d'un lord anglais, fortuné mais d'humeur vagabonde, flanqué d'un jeune compagnon. Ce dernier va lire à haute voix une « anecdote de sa collection », et voilà le roman enrichi — et à nouveau retardé — par l'insertion d'une nouvelle, *l'Étrange Histoire des deux jeunes voisins,* dont le lien avec les personnages que nous connaissons relève de la pure gageure. En effet le jeune héros de cette anecdote ne serait autre que… le capitaine lui-même. Ce qu'il faut retenir de cette « étrange histoire », c'est qu'une aversion virulente éprouvée par une petite fille à l'égard d'un jeune garçon avec lequel elle a passé son enfance, recouvre en vérité, en l'inversant, une passion inconsciente et irrésistible. Après des années de séparation, remise en présence de son ancien compagnon de jeu, elle comprend tout à coup qu'elle l'aime d'une façon absolue et désespérée. Ce sera lui ou la mort !

On le voit, cette brève histoire n'est pas sans « affinité » avec le drame où se débattent les quatre châtelains. Elle prouve, elle aussi, que le cœur obéit à des lois profondes auxquelles nous ne pouvons rien comprendre ni changer.

Ce serait une preuve de plus — s'il en était besoin — que tout ce qui apparaît comme digression plus ou moins arbitraire dans ce récit se rattache en profondeur au thème central défini par le titre. Il y a en vérité deux niveaux extrêmes dans ce roman, un niveau panoramique et un niveau chimique. Le premier a l'envergure de l'esprit de Goethe parvenu à l'épanouissement de sa maturité. Le second donne à tout le roman son unité et sa profondeur.

On ne saurait attacher trop d'importance à ce titre — *les Affinités électives* — qui dérouta les contemporains, et continue à exercer un charme énigmatique sur les lecteurs d'aujourd'hui. C'est à coup sûr l'un des plus beaux titres de roman qui soient — plus encore peut-être dans sa traduction française qu'en allemand. Sa connotation chimique jette un pont entre le roman social et sentimental et l'expérimentation de laboratoire. Goethe a pu rencontrer par deux fois l'expression « affinités électives ». En 1785 parut la traduction en allemand d'un ouvrage du chimiste suédois Torbern Bergman sous le titre *Die Wahlverwandt-*

schaften. On y trouve l'essentiel des expériences que le capitaine décrit à Charlotte. Ensuite dans le *Dictionnaire de physique* de J. S. T. Gehler, à l'article « affinités », on découvre des cas de « quadrilles » *(attractio electiva duplex)* particulièrement suggestifs pour le romancier ou l'auteur dramatique. Il est établi que Goethe eut ces deux ouvrages entre les mains. Encore fallait-il que le terrain fût préparé.

Ce terrain, plusieurs circonstances le préparaient en effet à nourrir cette entreprise romanesque hybride. Goethe a publié *la Métamorphose des animaux* en 1806. Il s'apprête à donner une version définitive de sa *Théorie des couleurs* (1810). Or l'œuvre goethéenne dans le domaine scientifique vise à lutter contre la dislocation du savoir humain devenue menaçante — et sans doute inéluctable — depuis Lavoisier et Newton. De plus en plus, en effet, il apparaît que la vieille sagesse, héritée de la Grèce antique et qui avait connu un nouveau et dernier sommet avec Spinoza, va se décomposer sous le coup du schisme des sciences exactes. Il y aura désormais le domaine abstrait, loin de la vie, commandé par la nécessité, des mathématiques et de leurs deux filles aînées, l'astronomie et la physique et, d'autre part, le monde concret et chaleureux — mais livré à l'empirisme pour ne pas dire à l'à-peu-près — de la poésie, de l'histoire, de la philosophie. Auguste Comte cherchera à ressouder ces deux domaines par un impérialisme de la science dont la sociologie serait le Cheval de Troie introduit dans les sciences humaines. Avant lui, Goethe s'efforce — sur le point précis de l'évolutionnisme et de la théorie des couleurs — de fournir de ces deux phénomènes des interprétations qui les placent de plain-pied avec la littérature et les beaux-arts. C'est ainsi qu'à la théorie des couleurs de Newton — inintelligible et inutilisable pour les peintres — il oppose la sienne, fondée sur la donnée qualitative, la perception irréductible, et qui doit normalement déboucher sur une esthétique.

Cette tentative de Goethe n'est pas isolée. On se passionne autour de lui pour le magnétisme, le mesmérisme, le galvanisme, le sidérisme qui mêlent la matière et l'esprit dans des fluides, des rayonnements, des actions à distance. Odile, personnage central des *Affinités,* est le type même de la jeune fille un peu bizarre, anorexique et un rien hystérique, qui fait les parfaits médiums des séances de spiritisme. Plus précisément, Goethe lit et fréquente le philosophe Schelling qui vient le voir à Weimar et enseigne à Iéna sa philosophie de la nature et sa théorie de la *Weltseele* (l'âme du monde). Selon un témoignage, il est vrai isolé, Goethe aurait dit devoir à Schelling l'idée de son roman.

Mais on ne peut indéfiniment éluder une question qui nous hante à la lecture des *Affinités,* et qui met en cause tout ce que l'on peut écrire à leur sujet. Quelle est la portée de cette histoire d'amour ? Faut-il écarter tous les feux croisés qui convergent sur elle — et dont nous avons essayé de rendre compte — pour n'y voir qu'un banal conflit entre le devoir conjugal et l'amour adultère ? Il ne s'agit que de cela pour beaucoup de lecteurs obnubilés par l'opposition entre le traditionaliste Mittler et le couple « libertin » du comte et de la baronne. Mais c'est par trop simplifier que de ne voir ici qu'un pour ou contre le mariage. Il ne faut pas perdre de vue l'infrastructure chimique de l'amour en question. Oui, il s'agit d'un roman chimique (et non *alchimique,* comme on l'a écrit[1], car en vérité ces deux lettres de trop brouillent les pistes et les idées), et il convient d'ajouter qu'il n'est pas le premier du genre. Car il a un illustre et lointain ancêtre, *Tristan et Iseut,* dont certains critiques se sont demandé pourquoi il

1. *Une alchimie du malheur,* préface d'Henri Thomas à l'édition 10/18 des *Affinités électives.*

fallait que les deux protagonistes eussent absorbé un philtre pour s'aimer. N'est-il pas plus « humain » de s'aimer comme cela, sans drogue, spontanément ? Mais justement, c'est que l'amour de Tristan et Iseut, comme celui des quatre des *Affinités*, n'est pas un amour humain, je veux dire seulement humain. Ayant bu le « vin d'herbe » Tristan et Iseut sont possédés par une passion en face de laquelle le mariage d'Iseut et du roi Marc ne pèse rien. Ce conflit est simple dans leur cas. Les *Affinités* le portent au carré puisque deux couples y sont en présence. Mais dans l'un et l'autre cas, c'est l'amour-fatalité qui mène le jeu, répand le malheur et jonche la scène de cadavres, sans que la volonté délibérée des intéressés intervienne. Ils sont l'enjeu et les victimes d'un conflit qui les dépasse, celui de la nature et de la culture. Dans *Tristan*, les tristes amants n'apprennent qu'à la fin le pourquoi de leur terrible passion. Non sans un raffinement assez cruel, Goethe révèle aux quatre protagonistes dès le début de son récit ce qui va leur arriver : ils ne comprennent pas. La parabole chimique du chapitre quatre ressemble ainsi à l'oracle qui dévoile à Laïos, roi de Thèbes, que son fils Œdipe le tuerait et épouserait la reine Jocaste, sa mère. Malgré les précautions prises par Laïos, cette épouvantable prédiction se réalise, mais Œdipe lui-même n'en avait jamais eu connaissance. Moins excusables, les quatre des *Affinités* ne font jamais le rapprochement entre ce qui leur arrive et l'apologue chimique promulgué pourtant par l'un d'entre eux. C'est aussi qu'ils ne connaissent pas le titre du roman à l'intérieur duquel ils vivent et meurent. Le lecteur, lui, le connaît, et il n'a pas d'excuse s'il ne voit dans les *Affinités* que l'histoire d'un conflit mariage-adultère, et plus encore s'il s'indigne d'y trouver une apologie de l'adultère. S'il y a une « thèse » dans ce roman, c'est que la nature tout entière obéit aux mêmes lois, et qu'il existe d'inexorables correspondances entre les mouvements des molécules et ceux des cœurs amoureux. Quant à la culture, elle constitue une superstructure élaborée au cours des siècles, qui s'efforce avec plus ou moins de bonheur de soumettre la nature à son ordre.

Mais qu'est-ce que la nature, qu'est-ce que la culture ? La nature, c'est évidemment la matière chimique et la mécanique moléculaire. Mais ce peut être aussi un niveau de culture primaire, plus fruste qu'une culture secondaire venue se superposer à lui au cours des siècles. Chaque culture peut ainsi passer pour « nature » par rapport à une culture plus élaborée qui s'efforce de la maîtriser. C'est ainsi je pense qu'il faut comprendre le texte fondamental — et cependant assez paradoxal — de Goethe sur ce grand thème :

« L'entretien se porta sur l'amour grec. Goethe développa l'idée que cette aberration provenait en fait de ce que d'un point de vue purement esthétique l'homme est évidemment beaucoup plus beau, avantagé et parfait que la femme. Mais celui qui est possédé par cette évidence peut facilement basculer ensuite dans le bestial et la grossière matérialité. L'amour des garçons, dit-il, est aussi vieux que l'humanité, et on peut donc dire qu'il est dans la nature, bien qu'il soit contre la nature.

» Ce que la culture a gagné sur la nature ne doit pas être abandonné. Il ne faut y renoncer à aucun prix. C'est ainsi que la notion de la sainteté du mariage est l'une des acquisitions culturelles du christianisme, et d'une valeur inestimable, bien que le mariage soit en fait contre nature. » (Entretien avec von Mueller, 7 avril 1830.)

Germaine Necker de Staël

PORTRAIT D'UNE FEMME

Ses contemporains nous la décrivent comme une beauté robuste, généreuse, étalant la nudité plantureuse de ses bras, de ses jambes et de son opulente poitrine, selon une mode qui culminera en France sous le Directoire avec les « merveilleuses ». Toute sa vie, elle resta d'ailleurs fidèle à l'habitude qu'avaient les aristocrates sous l'Ancien Régime de recevoir visiteurs, admirateurs et quémandeurs, dès le matin, au lit ou au cabinet de toilette. Les témoins les moins indulgents lui reconnaissaient des yeux admirables, clairs, lumineux, chaleureux, qui brillaient d'intelligence, de franchise et de courage. Mais ils lui reprochaient sa corpulence, son teint basané, ses lèvres épaisses, sa mâchoire prognathe, tout cela aggravé par une mise théâtrale, provocante — turbans, voiles, robes fendues et largement décolletées —, des gestes brusques, une allure de carnaval, la tête souvent rejetée en arrière, la bouche entrouverte, et cette curieuse manie qu'elle avait de pétrir sans cesse de menus papiers dans ses mains.

Oui mais... elle possédait un don de séduction irrésistible, et ce don, elle en usait pleinement dans l'exercice où elle trouvait tout son bonheur : la conversation. La conversation, c'était l'art suprême des salons tel que l'avaient pratiqué avant elle la marquise de Rambouillet, Mlle de Scudéry, Ninon de Lenclos, Mme du Deffand,

Mlle de Lespinasse et quelques autres. Dans chaque salon, c'était une école qui naissait, un mouvement d'idée qui se cherchait, le style inimitable d'une époque qui se définissait. Les circonstances historiques devaient faire de la petite société créée et entretenue par Germaine de Staël un foyer d'une intensité incomparable et comme le sommet insurpassable de ce phénomène social.

Il y avait eu d'abord son père, Jacques Necker, banquier d'origine genevoise, qui avait fait à Paris une fortune colossale avant de devenir ministre des finances de 1777 à 1781, puis de 1788 à 1790. Il fit décider la réunion des états généraux sans se douter évidemment qu'il appuyait ainsi sur le bouton rouge de la Révolution. C'est d'ailleurs comme cela que le jugeait Napoléon qui expliquera dix-huit ans plus tard à Albert Necker, son petit-fils : « C'est lui qui a renversé la monarchie et mené Louis XVI à l'échafaud (...) Oui, je vous le dis, Robespierre lui-même, Marat, Danton ont fait moins de mal à la France que M. Necker, c'est lui qui a fait la Révolution. » Le fait est que, destitué par le roi le 11 juillet 1789, il est rappelé sous la pression populaire le lendemain de la prise de la Bastille, et fait sa rentrée à Paris au milieu de la ferveur générale. « Des femmes se mettaient à genoux de loin dans les champs quand sa voiture passait, raconte Germaine ; les premiers citoyens des lieux que nous traversions prenaient la place des postillons pour conduire nos chevaux sur la route, et, dans les villes, les habitants les dételaient pour traîner eux-mêmes la voiture. »

Avec de pareils souvenirs, il n'est pas trop surprenant que Germaine eût développé une véritable passion pour un père aussi prestigieux. Après sa mort, elle écrivit qu'elle regrettait de ne l'avoir pas rencontré longtemps avant sa naissance, car alors elle l'aurait épousé, et c'eût été le bonheur. De l'historien Edward Gibbon, ancien amoureux de sa mère, elle disait aussi : « Quand je le vois, je me demande si je serais née de son union avec ma mère : je me réponds que non et qu'il suffisait de mon père pour que je vinsse au monde. » Il convient cependant de préciser qu'au physique comme au moral, c'était beaucoup plus à sa mère qu'à son père qu'elle ressemblait.

Germaine de Staël, c'est avant tout l'accord miraculeux d'une « nature » exceptionnelle avec une période — la Révolution et l'Empire — elle-même sans précédent. On pourrait en dire autant de deux autres protagonistes essentiels de cette même période, Napoléon et Talleyrand. Ces poissons-là étaient taillés en vérité pour nager avec vigueur et bonheur dans des eaux aussi troubles et tumultueuses que celles de l'Europe de 1790 à 1815.

On s'accorde, non sans témérité, à considérer Talleyrand (1754-1838) comme le premier amant de Germaine de Staël. Qu'il ait un temps partagé ses faveurs entre Germaine et Mme de Flahaut (qui devait faire de lui le grand-père du duc de Morny), c'est plus que probable. En 1789, le peuple de Paris transporte le buste de Necker à travers les rues pour lui montrer la prise de la Bastille. Un an plus tard, le 14 juillet 1790, Germaine, assise dans la tribune officielle de la Fête de la Fédération, regarde son amant, Talleyrand, évêque d'Autun, célébrer une messe au sommet d'une pyramide édifiée dans le Champs-de-Mars. C'est ainsi que la famille Necker s'associe aux grands événements historiques ! En juillet 1797, c'est à l'entregent et à l'infatigable démarchage de Germaine que Talleyrand doit d'être nommé par le Directoire ministre des affaires extérieures, en remplacement de l'infortuné Delacroix, dont il s'approprie du même coup la femme pour donner à la France le plus grand peintre romantique. C'était le nouveau départ d'une fabuleuse carrière. Germaine regrettera son action, et elle écrit en 1814 : « Je suis comptable et coupable envers les dieux et les hommes d'avoir contribué à introduire dans les affaires Talleyrand, c'était un crime, un crime affreux. » Car entre-temps — et depuis longtemps — le vent avait tourné. Sous ses apparences molles et souples, Talleyrand dissimulait une inflexible volonté d'indépendance et de poursuite égoïste de ses propres fins. On pouvait le servir, non l'asservir. La terrible possessivité de Germaine ne pourra rien contre son invincible nonchalance. Elle s'y était laissé prendre. Talleyrand, parce qu'il était infirme et prêtre, n'était pas tout à fait un homme. Aussi bien est-ce sous les traits d'une femme qu'elle le peint dans son roman *Delphine*. Au personnage de Madame de Vernon, elle fait dire : « Personne ne sait mieux que moi faire usage de l'indolence ; elle me sert à déjouer naturellement l'activité des autres. Je ne me suis pas donné la peine de vouloir quatre fois en ma vie ; mais quand j'ai tant fait de prendre cette fatigue, rien ne me détourne de mon but, et je l'atteins, comptez-y. » Talleyrand retourna contre Germaine l'arme dont elle usait si bien pour ensorceler les hommes : la conversation. De Mme de Vernon — alias Talleyrand — elle écrit : « Les qualités les plus intimes de l'âme peuvent seules inspirer cette délicatesse parfaite dans les discours et dans les moindres paroles, qui rend la conversation de Mme de Vernon si séduisante... Elle suivait mes impressions pour les adoucir, elle ne combattait aucun de mes sentiments, mais elle savait les modifier à mon insu ; j'étais moins triste sans savoir la cause, mais enfin auprès d'elle je l'étais moins. »

Mais avec Bonaparte ce sera bien autre chose. En même temps que Talleyrand, Germaine avait senti que dans le vide politique du Directoire, le petit général de l'armée d'Italie était la valeur d'avenir sur laquelle il fallait miser. Dès lors elle ne recula devant aucun effort pour se rapprocher de lui, l'investir, le circonvenir. Cette première période de leurs relations n'est pas dépourvue d'épisodes hautement comiques. Plus âgée et surtout plus corpulente que lui, Germaine fait songer irrésistiblement à l'imposante Putiphar poursuivant de ses assiduités le jeune et fuyard Joseph. Lors d'une de leurs premières rencontres chez Talleyrand, elle lui demande « quelle était à ses yeux la première femme du monde, morte ou vivante ». Sans hésiter, Bonaparte répond : « Celle qui a fait le plus d'enfants. » Une autre fois elle tente vainement de forcer la porte de son logement. On lui dit qu'il est dans son bain. Elle s'écrie : « Qu'importe ! Le génie n'a pas de sexe ! » Napoléon qui évoqua lui-même cette scène songea-t-il qu'elle avait eu quelques années plus tôt un tragique précédent dont Charlotte Corday et Marat avaient été les protagonistes ?

Bonaparte n'a pas la douceur trompeuse de Talleyrand. Son refus se traduit par des rebuffades de plus en plus brutales. Leur dernière rencontre se situe en 1801 chez le général Berthier. Germaine, qui avait durement intrigué pour susciter cette entrevue, avait préparé avec le plus grand soin — questions et réponses — l'entretien qu'elle espérait avoir avec celui sous lequel déjà « perçait Napoléon ». Flanqué de son frère Lucien, il s'arrêta devant elle, comme hypnotisé par la poitrine exorbitante que le décolleté de Germaine étalait. « Vous avez sans doute vous-même nourri vos enfants ? » lui demanda-t-il brusquement. Elle demeura muette de saisissement.

Ensuite c'est la guerre entre le tyran et la femme de lettres, ou, comme l'écrira Henri Heine, entre le sultan de la matière et la sultane de l'esprit. Germaine ne fait pas de politique. Mais elle incarne aux yeux du Premier Consul un îlot irréductible de refus et de résistance. Il fait espionner avec acharnement la petite société qui se réunit rue du Bac. Pas une lettre qu'elle signe ou qu'elle reçoit qui ne soit interceptée, recopiée et soumise au nouveau maître de l'Europe, jusque dans ses campagnes militaires. « Conseillez-lui de ne pas prétendre à barrer le chemin, quel qu'il soit, où il me plaira de m'engager. Sinon je la romprai, je la briserai ! Qu'elle reste tranquille, c'est le parti le plus prudent. » Effrayée, mais aussi exaltée par ces menaces, Germaine reste inflexible. « Il y a, dit-elle, comme une jouissance physique dans la résistance à un pouvoir injuste. » On dirait que pendant des années une sorte de dialogue indirect se poursuit entre ces deux « souverains » ennemis dont les armes respectives sont de nature si différente que l'épreuve de force est impossible. Bonaparte : « Elle ne parle ni de politique, ni de moi, à ce qu'on prétend, mais je ne sais comment il arrive qu'on m'aime moins quand on l'a vue. » Germaine : « Il me craint. C'est là ma jouissance, mon orgueil, et c'est là ma terreur... Je me précipite au-devant d'une proscription, et je suis mal préparée à supporter les ennuis même d'un long exil ; mon courage fléchit et non ma volonté. » Bonaparte : « L'arrivée de cette femme comme celle d'un oiseau de mauvais augure a toujours été le signal de quelque trouble. »

En 1802 Napoléon se fait donner le Consulat à vie, puis la faculté de choisir son successeur. L'Empire n'est plus loin. En décembre de cette même année, Germaine de Staël publie son roman *Delphine* dont la préface brave ouvertement le tyran. Elle y déclare notamment que l'accueil « officiel » est prévu et ne l'intéresse pas, et qu'elle ne s'adresse qu'à « la France silencieuse et éclairée ». Napoléon se transforme pour le coup en critique littéraire et met le livre en pièces dans le *Journal des Débats.* Et aussitôt le couperet tant redouté par Germaine s'abat : interdiction de résider en France excepté dans la ville de Genève (alors française). La voilà privée du terreau intellectuel parisien hors duquel elle se sent dépérir. Pendant toutes les années qui suivirent, les contemporains entendirent les cris et les supplications de l'exilée, mais jamais l'odieux interdit ne fut levé.

Si l'on devait faire un jour l'histoire des relations du pouvoir politique et des écrivains, il faudrait considérer comme un haut lieu ces rives du lac de Genève où se dressent à quelques kilomètres de distance le château de Ferney et celui de Coppet. A un quart de siècle d'intervalle, Voltaire à Ferney et Germaine de Staël à Coppet, tous deux exilés, font trembler le pouvoir parisien du bout de leur plume. Étrange pouvoir, tyrannique, arbitraire, criminel, mais qui redoute les mots lancés par des hommes et des femmes désarmés, fragiles, mais intrépides, comme un géant qui craindrait les chatouilles. Au patriarche de Ferney succédait ainsi la matriarche de Coppet, non moins active et efficace. Napoléon : « Sa demeure à Coppet était devenue un véritable arsenal contre moi ; on venait s'y faire armer chevalier. » La vérité, c'est que Germaine de Staël polarisait deux partis adverses, et également vaincus et déçus par Napoléon en qui ils avaient mis un moment leurs espoirs, les royalistes et les républicains. Pourtant jamais on ne donne prise à la police impériale en conspirant. Le tyran est d'autant plus furieux qu'il ne peut frapper. L'opposition reste littéraire, mais aucune menace, aucune promesse ne peut incliner Germaine à écrire une ligne en faveur du pouvoir.

Il y aurait toute une philosophie du pouvoir et de ses mécanismes à tirer de cette peur apparemment absurde que la plume inspire à l'épée. Que peut-on craindre d'un écrivain quand on dispose d'une police, d'une armée, de juges vendus et de prisons ? C'est sans doute que le pouvoir ne repose jamais sur la seule force matérielle, mais qu'il n'est rien sans un ensemble d'artifices psychologiques destinés à emporter le consentement moral des « sujets ». Or c'est ce consentement plus ou moins extorqué et les artifices qui l'entretiennent que l'écrivain vient ébranler par ses seuls écrits. Il réveille les « sujets » de leur sommeil servile et les fait ressembler à ce démon qui — selon la définition de Paul Valéry — n'est qu'un ange à l'esprit duquel une certaine réflexion vient de se présenter.

Contre la tyrannie française qui fait trembler l'Europe, Germaine fait flèche de tout bois, et notamment de la grande forêt allemande toute proche. Rappelons — sans y attacher une importance excessive — que si sa mère était née Curchod, de souche jurassienne, son grand-père paternel était arrivé de Custrin (Prusse) pour diriger un pensionnat anglais à Genève, et y avait été nommé professeur de droit public à l'Académie. Il n'empêche que lorsque sa berline prend la route de Metz le 26 octobre 1803, c'est pour Germaine un voyage de découverte en *terra incognita* qui commence. Elle ne sait pas un mot d'allemand. Sa connaissance de la littérature contemporaine ne dépasse pas la traduction de *Werther*. Elle s'y jette néanmoins avec son impétuosité habituelle, décidée à tout voir, tout comprendre, tout apprendre, tout assimiler dans les délais les plus brefs. Aux environs de Gotha, elle découvre le charme d'un petit instrument de musique populaire, l'harmonica. Aussitôt elle se procure instrument et professeur, et elle n'a de cesse qu'elle ne parvienne à jouer elle aussi des airs folkloriques. A Weimar, elle fait la conquête du duc Charles-Auguste et de sa famille. On convoque au Palais les deux géants de l'Allemagne classique et romantique, Goethe et Schiller. Chaque jour elle prend des leçons de philosophie allemande avec un jeune disciple anglais de Schelling, Henry Crabb Robinson. Cela l'autorisera sans doute à emprisonner Fichte dans l'embrasure d'une fenêtre en le priant de lui expliquer en un quart d'heure sa théorie du Moi absolu, pour l'interrompre au bout de trois minutes en affirmant qu'elle a tout compris, cela suffit ainsi... A Berlin, grâce à une lettre de recommandation de Goethe, elle fait la connaissance d'August Wilhelm Schlegel. Fils de pasteur, il parle parfaitement le français et l'anglais, et il enseigne les langues anciennes à l'université. On lui doit une traduction monumentale des œuvres complètes de Shakespeare en allemand. Au carrefour des « Lumières » et du préromantisme, il s'était lié avec Schiller, Schelling, Novalis et Tieck, et avait fondé avec son frère Frédéric une éphémère mais très brillante revue, *Das Athenäum*.

Aussitôt Germaine décide de l'incorporer à sa suite masculine. « Il a trente-six ans, il est petit et assez laid quoique avec beaucoup d'expression dans les yeux », écrit-elle à son père. Elle l'engage à vie, lui offrant une position hybride, moitié précepteur des enfants, moitié confident et maître à penser des choses allemandes, avec, bien entendu, la faculté si le cœur lui en dit — et le coeur lui en dira — de se mourir lentement et silencieusement d'amour pour elle.

August Wilhelm Schlegel venait grossir la cohorte des hommes que Germaine retenait auprès d'elle dans une sorte d'esclavage sentimental et doré, mais auxquels elle faisait durement payer le privilège qu'elle leur accordait de vivre dans le rayonnement immédiat de son génie. Parmi les victimes de cette nouvelle Circé, on pourrait citer les noms de Narbonne, Ribbing, Sismondi, Bonstetten, mais c'est évidemment celui de Benjamin Constant qui s'impose le premier. Quinze années durant, un orage de pleurs, cris, injures et caresses enveloppera ce couple maudit, mal apparié, qui ne pouvait vivre ni ensemble, ni séparé. Devant tant d'acharnement à la fois dans la mésentente et la fidélité, on se prend à penser que cet enfer leur était nécessaire à l'un et à l'autre, et que leurs génies respectifs y trouvaient leur indispensable aliment.

Le grand voyage à l'Est qu'elle entreprit en 1812 a quelque chose de fantastique. Trompant la vigilance des policiers qui doivent l'empêcher de quitter Coppet, elle traverse la Suisse et l'Autriche, et passe la frontière russe le 14 juillet. Au même moment, Napoléon, à la tête de la Grande Armée — 400 000 hommes parlant dix langues —, ayant franchi le Niemen à Kovno, se rue dans la même direction. On pourrait croire qu'il se jette à la poursuite de son ennemie de toujours. Elle sera la dernière à visiter la vieille Moscou toute de bois enluminé puisqu'elle ne la quittera que le 8 septembre pour passer en Finlande, une semaine avant l'arrivée des Français et l'incendie de la ville[1].

Cette brève évocation d'une vie riche en accidents retentissants permet-elle de répondre à la question : qui était Germaine de Staël ? En partie peut-être, mais il reste en elle — comme en tout être — une zone d'ombre qui demeure indéchiffrable. Fille de Rousseau ? Assez peu finalement. Elle n'aimait que la société où chacun pouvait rivaliser dans l'art de la conversation. Peu de goût pour la nature, à moins qu'elle ne soit chargée d'histoire et d'art. Elle écrivit qu'elle préférait le ruisseau de la rue du Bac aux rives du lac de Genève. Romantique, elle le fut par la place qu'elle donnait dans sa vie et ses œuvres aux sentiments et à leur expression. Dès sa première jeunesse, elle voulait que sa vie fût livrée aux « passions fières et nobles ». Cela la met certes très loin de Voltaire — auquel on l'a comparée pour son action politique — et plus encore son manque d'humour et de sens du ridicule. Ridicule, elle le fut copieusement et en toute occasion. Elle ne pouvait pas l'ignorer, car ses contemporains ne se gênaient pas pour l'écrire. Elle s'en moquait. Elle savait que la grandeur et le courage d'être soi-même exigent qu'on passe outre au ridicule. Elle savait aussi pour avoir pratiqué la vieille aristocratie française — et singulièrement Talleyrand — combien le sens et la peur du ridicule peuvent dessécher le cœur et rapetisser la volonté. Mais si elle appartient déjà par là à l'âge romantique, c'est avec toutes les nuances de la première génération romantique, plutôt d'ailleurs préromantique que vraiment romantique. C'est

1. Stendhal qui fit la campagne de Russie fut le témoin de ce grandiose cataclysme. Il est très remarquable qu'il ne tira aucun parti de cette expérience unique dans ses romans, et préféra ouvrir *la Chartreuse de Parme* sur une évocation « de chiqué » de la bataille de Waterloo à laquelle il n'avait pas assisté. Il est difficile de trouver une réfutation plus radicale de la thèse qui prétend réduire les romanciers à n'être que les témoins de leur temps.

ainsi qu'elle relève du caractère primaire, tout entière plongée dans le présent, peu soucieuse du passé et de l'avenir. « Je n'ai jamais pu croire à un an de distance que comme à une idée métaphysique », écrit-elle, se posant ainsi comme l'inverse de son mélancolique contemporain, René de Chateaubriand. En vérité, par sa boulimie de connaissances, par son avidité à apprendre, à découvrir, à comprendre, c'est des Allemands qu'elle se rapproche, ces romantiques première manière que furent Herder, Novalis, Schlegel qui ne voyaient aucune contradiction entre les élans du cœur et le savoir encyclopédique. Faut-il rappeler que Novalis, ingénieur des mines, a su faire passer l'essentiel de ses connaissances professionnelles dans ses écrits mystiques ? Il appartiendra à la seconde génération romantique de prôner, jusqu'à un certain obscurantisme, l'écoute des instincts nocturnes, et de partir en guerre contre la lumière sans ombre des « Lumières ».

Vingt ans après *De l'Allemagne* de Germaine de Staël, Henri Heine éprouva le besoin d'intituler ainsi à son tour une étude qui se présente ouvertement comme une réponse au livre de Germaine de Staël, et en partie comme sa réfutation. Il était certes facile à un Allemand — surtout de la valeur de Henri Heine et possédant l'avantage que donne le recul d'une génération — de ridiculiser (une fois de plus !) les impressions et informations glanées au cours d'un unique voyage par une femme passionnée et ignorante. Heine ne se fait pas faute de malmener, voire d'écraser l'œuvre de Germaine de Staël. Il a tort, car on ne peut comparer que ce qui est comparable, et le livre de Germaine de Staël ne sort pas amoindri de l'épreuve.

Germaine de Staël a écrit son livre sous la botte d'un tyran français qui fermait après Louis XIV et Robespierre une trilogie de la violence et du crime érigés en principes politiques. En 1800, la France et l'Allemagne formaient un contraste saisissant. Du côté français la force brutale accompagnant un vide philosophique, littéraire et artistique presque complet. Du côté allemand, un vide politique presque total au sein duquel s'épanouit une prodigieuse floraison de penseurs, de poètes et de musiciens, Goethe, Schiller, Hölderlin, Hegel, Schelling, Fichte, Beethoven pour ne citer que sept noms parmi bien d'autres. Qu'à la trilogie française de la tyrannie — Louis XIV, Robespierre, Napoléon — l'histoire ait réservé comme en réponse une trilogie du même tabac avec Bismarck, Guillaume II et Hitler, Germaine de Staël était évidemment à cent lieues de le prévoir. Mais qui peut lui faire grief de n'avoir vu la tyrannie que là où elle était de son temps ? Alors que Napoléon couvrait l'Europe de charniers et de camps de concentration, elle se tourna vers l'Allemagne, comme vers la patrie de l'esprit. Il est d'ailleurs bien remarquable qu'elle n'y reçut pas, tant s'en faut, l'accueil qu'elle pouvait en espérer. Comme l'écrit admirablement Jean Christopher Herold, en cette année 1803 « l'Allemagne méprisait la civilisation française que Germaine représentait et rampait devant le pouvoir français que Germaine défiait[1] ».

Tout opposée est la situation de Henri Heine. Il s'est fixé en France en 1830 sous le coup de l'enthousiasme que lui avait inspiré les Trois Glorieuses. Sa position en Allemagne était plus intenable encore que ne l'avait été celle de Germaine de Staël sous Napoléon. Ses œuvres y étaient interdites, sa liberté physique gravement menacée. Il demande asile à la France, comme à la patrie de la tolérance et de la liberté d'expression. Il reçoit même une pension du gouvernement de Louis-Philippe pour lequel il ne tarit pas d'éloges. Au demeurant, il nourrissait depuis son enfance un véritable culte pour Napoléon. A cela vient s'ajouter qu'un instinct très sûr et comme prophétique l'avertissait des violences dont le peuple allemand pouvait se rendre capable. Son poème *Allemagne, un conte d'hiver,*

1. Jean Christopher Herold, *Germaine Necker de Staël* (Plon éd., 1961).

écrit après un séjour fait dans la mère patrie en 1840 — donc après dix ans d'absence —, se termine de façon bien étrangement scatologique. Invité par la déesse Germania à plonger la tête dans son auguste pot de chambre, il y verra, promet-elle, l'avenir de l'Allemagne. Mais il faut qu'il jure de ne rien dire de ce qu'il aura vu. Il jure et plonge. Il ne dit pas ce qu'il a vu, il dit cependant ce qu'il a senti : une épouvantable odeur de charogne.

Non, le livre de Henri Heine ne s'oppose pas à celui de Germaine de Staël comme la compétence et la lucidité s'opposent à l'ignorance et à l'illusion. Ce sont deux points de vue passionnément subjectifs, aussi partiels et partiaux l'un que l'autre, mais également intéressants et surtout merveilleusement révélateurs sur leurs auteurs respectifs.

C'est cela sans doute qui fait toute la valeur du phénomène vital et historique appelé Germaine de Staël : un point de vue passionné sur une époque passionnante. Son époque, Germaine de Staël l'a vécue avec une ardente curiosité, un appétit dévorant pour les idées, les œuvres, les pays, les hommes et même les femmes, car son amitié amoureuse pour la douce et discrète Juliette Récamier est à coup sûr l'épisode le plus touchant et, pourrait-on dire, le plus « réussi » de sa tumultueuse carrière sentimentale.

En 1816, après une fête finale à Coppet qui fut comme une apothéose et à laquelle assistait lord Byron, les insomnies dont elle souffrait s'aggravèrent au point d'aboutir à une disparition complète du sommeil. Or, la réaction de Germaine de Staël est bien remarquable. Pour la première fois depuis qu'elle brûle et s'agite en ce monde, elle connaît le vide, le temps qui traîne, l'ennui. « Cette absence de sommeil rend la vie trop longue, gémit-elle, il n'y a pas assez d'intérêt pour vingt-quatre heures. » La phrase est belle, mais comme elle ressemble peu à cette grande dévoreuse qui paraissait assez riche pour remplir plusieurs vies ! On songe à André Gide — cet autre amoureux passionné des choses et des êtres — qui découvrit un jour de sa quatre-vingt-deuxième année ce qu'était l'*anorexie,* trouble plus fréquent chez les jeunes filles chlorotiques et légèrement hystériques, qui se traduit par une disparition de tout appétit, de tout désir, de toute aspiration. Pour lui, comme pour Germaine de Staël, comme pour tous les insatiables de naissance qui ne peuvent pas connaître la sérénité de l'assouvissement, cette soudaine et monstrueuse apparition de la satiété, ce degré zéro de l'appétence, ce ne pouvait être que la fin de tout, leur fin, la mort.

Kleist
ou la mort d'un poète

DOSSIER

L'amateur de pèlerinages littéraires qui se trouve à Berlin-Ouest peut prendre la S-Bahn jusqu'à la station Wannsee, la dernière avant le terminus. Il laisse sur sa droite le Grand Wannsee, dépasse le pont et arrive au bord du Petit Wannsee. En cherchant un peu sous les arbres, il trouvera la tombe de Kleist. Rien n'indique qu'Henriette Vogel soit enterrée près de lui. Elle est là aussi sans doute, mais le scandale qui retentit dans toute l'Europe en cette fin de 1811 explique probablement l'anonymat de sa tombe. Car ce 22 novembre 1811, c'est bien un assassinat et un suicide qui secouèrent les habitants de l'auberge Stimming assoupis dans l'hiver précoce.

Toute cette histoire extraordinaire est là dans les dossiers de la police, les procès-verbaux des dépositions, les lettres saisies, les échos de la presse. Tout commentaire semble superflu.

HEINRICH VON KLEIST
A SA COUSINE MARIE VON KLEIST

Berlin, le 10 novembre 1811.

Tes lettres me brisent le cœur, ma très chère Marie, et je crois bien que si cela était encore en mon pouvoir, je renoncerais à la décision de mourir que j'ai prise. Mais je te le jure, il m'est devenu tout à fait impossible de continuer à vivre. Mon âme est si blessée, le croirais-tu, que je ne puis mettre le nez à la fenêtre sans que la lumière du jour me fasse mal. Certains diront que je suis surmené, malade, mais toi tu sais voir les choses d'un point de vue qui n'est pas le tien. Depuis ma plus tendre jeunesse, je n'ai cessé de vivre dans le commerce de la beauté et de la noblesse, et il en résulte que les moindres aspérités des choses, qui égratignent tout un chacun, me meurtrissent profondément et durablement. Ainsi, par exemple, je t'assure que je préférerais endurer dix fois la mort que de revivre ce repas familial à Francfort entre mes deux sœurs. J'ai toujours affectionné mes sœurs en raison de leur aimable personnalité et aussi pour l'amitié qu'elles me manifestaient. Bien que je n'en parle jamais, l'un de mes vœux les plus intimes et les plus ardents a toujours été de leur faire plaisir et de les honorer par mes travaux et mes œuvres. Oh certes, je reconnais que ces derniers temps ma fréquentation n'était pas de tout repos, et je ne songe pas à leur reprocher de s'être prudemment tenues à l'écart, et de n'avoir montré que peu d'empressement à partager mes angoisses. Mais je ne supporte pas de voir ainsi traité comme nul et non avenu le mérite même modeste que je peux revendiquer en toute justice. Je trouve intolérable qu'on me considère comme un membre totalement inutile de la société humaine qui ne mérite pas la moindre considération. Cette attitude ne me prive pas seulement à l'avance des joies que je pouvais attendre de l'avenir, elle empoisonne aussi mon passé à mes propres yeux. Et il n'y a pas que des problèmes d'ordre privé qui m'empêchent de vivre. L'alliance de notre roi avec les Français me répugne plus que je ne saurais le dire. Je trouvais déjà sinistres les visages des gens que je croisais dans la rue, désormais ils vont provoquer en moi une réaction physique qu'il serait malséant de nommer. Je sais bien que je n'ai pas eu davantage qu'eux la force de m'opposer au cours des choses, mais je sais aussi qu'il y a dans mon cœur une volonté qui n'existe pas dans le cœur de ceux qui me feront cette spirituelle objection. Je te le demande, que reste-t-il à faire auprès d'un roi qui vient de conclure cette alliance ? Le temps n'est pas éloigné, je le crains, où on finira au bout d'une corde, condamné pour loyalisme, fidélité, désintéressement et courage.

Heinrich von Kleist à sa cousine Marie von Kleist

Berlin, le 19 novembre 1811.

Ma très chère Marie,

Au milieu du chant triomphal qu'entonne mon âme à l'approche du dernier instant, je pense à toi plus que jamais et j'éprouve le besoin de m'ouvrir à toi autant que je le pourrai, à toi qui es le seul être dont le sentiment et le jugement m'importent. Car j'ai chassé tout le reste de mon cœur, tout ce qui est sur la terre, en détail et en bloc. Oui, c'est vrai, je t'ai trompée, ou plus exactement je me suis trompé moi-même. Et certes je t'avais juré mille fois que si je venais à te tromper, je n'y survivrais pas. Mais justement je vais mourir bientôt, et ceci est une lettre d'adieux. Pendant que tu étais à Berlin, je t'ai abandonnée pour une autre, mais si cela peut diminuer ta peine, sache que cette nouvelle amie se propose non pas de vivre, mais de mourir avec moi, et sois persuadée que si elle prétendait vivre avec moi, je lui serais aussi peu fidèle que je le suis à toi. Je ne peux t'en dire davantage sur cette jeune femme, mes relations avec elle me l'interdisent. Tout ce que je peux encore te dire, c'est qu'au simple contact de son âme, mon âme a mûri tout à coup, et qu'elle est désormais prête pour la mort. C'est que son cœur m'a fait mesurer tout à coup toute la noblesse du cœur humain ; c'est que je meurs parce qu'il ne me reste sur la terre plus rien à apprendre ni à acquérir. Adieu ! Tu es le seul être au monde que je souhaite retrouver dans l'au-delà. Ma sœur Ulrike ? Oui, non, non, oui. Cela dépend de ses propres sentiments. Elle n'a pas encore compris, il me semble, que le comble de la félicité sur la terre, et ce en quoi le ciel doit consister s'il existe, c'est le sacrifice total de soi-même à la personne qu'on aime. Adieu ! Considère également que j'ai trouvé une amie dont l'âme plane dans les hauteurs comme un jeune aigle. Elle a bien compris que ma tristesse était un mal supérieur, profondément enraciné, incurable, et elle a décidé de mourir avec moi, bien qu'elle dispose des moyens de me rendre heureux ici-bas. Elle m'a donné la joie inouïe de s'offrir à moi avec la simplicité d'une violette qu'on cueille dans les herbes. Elle abandonne pour moi un père qui l'adore, un mari assez généreux pour accepter de s'effacer devant moi, et un enfant, une petite fille belle comme le soleil du matin. Tu dois comprendre que ma seule joyeuse préoccupation n'est désormais que de trouver une tombe assez profonde pour m'y laisser glisser avec elle. Adieu pour la dernière fois !

HEINRICH VON KLEIST A SOPHIE MÜLLER

Berlin, le 20 novembre 1811.

Dieu sait, ma très, très chère amie, les sentiments étranges, mélancoliques et joyeux à la fois, qui nous poussent à vous écrire à cette minute où nos âmes s'élèvent gaiement au-dessus du monde comme deux légers aéronefs. Car il faut que vous sachiez que nous étions bien décidés à n'envoyer de faire-part à aucun de nos amis. La vérité, c'est que nous avons pensé à vous dans mille occasions heureuses, nous avons imaginé votre gentillesse et les éclats de rire que vous auriez eus si vous nous aviez vus tous les deux dans la chambre verte ou dans la chambre rouge. Eh oui, le monde est une mécanique bien surprenante ! Henriette et moi, qu'on s'accorde à juger moroses, tristes et froids, nous nous aimons tous les deux, de tout notre cœur, et la meilleure preuve en est que nous nous préparons maintenant à mourir ensemble !

Adieu, notre très chère amie, et soyez heureuse sur cette terre si cela vous est possible. Quant à nous, nous ne voulons plus des joies de ce monde, nous ne rêvons plus que d'espaces célestes et ensoleillés dans le scintillement desquels nous nous ébattrons avec de grandes ailes dans le dos. Adieu ! Un baiser de moi, qui tiens la plume, à Müller. Qu'il pense à moi de temps en temps, et qu'il demeure le rude soldat de Dieu en lutte contre la diabolique folie du monde.

HENRIETTE VOGEL A ADAM ET SOPHIE MÜLLER

Berlin, 20 novembre 1811.

Goethe a écrit : « Mais comment les choses se seront passées, je vous le dirai une autre fois, aujourd'hui je suis trop pressé. »

Adieu mes chéris ! Dans vos joies et dans vos peines, souvenez-vous de deux êtres étranges que vous aurez connus et qui vont bientôt entreprendre un vaste voyage de découverte.

HENRIETTE VOGEL A LOUIS VOGEL

Le 20 novembre 1811.

Mon Louis bien-aimé ! Je ne puis supporter plus longtemps de vivre. Une poigne de fer m'écrase le cœur.

Appelle cela maladie, faiblesse, ou comme tu voudras, je ne saurais moi-même nommer mon mal. Tout ce que je puis dire, c'est que j'envisage ma mort comme le plus grand des bonheurs. Que ne puis-je vous emmener avec moi, vous tous que j'aime ! Mais si vous pouvez bientôt me rejoindre dans la grande union éternelle, alors oui, il ne me restera plus rien à souhaiter. Kleist qui veut être mon fidèle compagnon de route dans la mort, comme il le fut dans la vie, va se charger de mon trépas. Ensuite il se tuera. Ne pleure pas, ne sois pas triste, mon excellent Vogel, car je vais mourir d'une mort dont bien peu d'humains eurent le privilège. Transportée par l'amour le plus profond, je vais échanger la félicité terrestre contre la félicité éternelle... Pardonne-moi, mon très cher Vogel, le mensonge que je t'ai fait à propos de ce voyage à Potsdam. Je tenais trop à ce que ce fût par la bouche d'un ami que tu apprennes ma mort.

Songe à la générosité de mon ami qui m'a tout sacrifié — et jusqu'à sa propre vie — et qui a consenti ce suprême sacrifice : accepter de me donner la mort de sa propre main... Il ne faut pas, vois-tu, que nos corps soient séparés après notre mort. Je sais, mon Louis chéri, que tu ne diras pas non à ma dernière volonté et que tu respecteras le pur et sacré amour qui m'unit à lui. Alors, c'est entendu, n'est-ce pas ? Tu ne permettras pas qu'il soit séparé de moi. Tu assumeras aussi tous les frais de son enterrement. Des dispositions ont été prises pour que tu sois rapidement remboursé.

Heinrich von Kleist a Ulrike von Kleist

Chez Stimming, 21 novembre 1811.

Comblé et heureux comme je le suis, je ne saurais mourir sans m'être auparavant réconcilié avec le monde entier, et surtout avec toi ma très chère sœur. Ces paroles sévères que j'ai laissées échapper dans ma lettre aux Kleist, laisse-moi les retirer. En vérité tu as fait pour me sauver non seulement tout ce qui était au pouvoir d'une sœur, mais tout ce qui était au pouvoir d'un être humain. Seulement voilà, rien sur cette terre ne pouvait me sauver. Ainsi donc adieu. Je souhaite que le ciel t'accorde une mort qui approche de moitié le bonheur et la joie sereine qui me sont donnés. C'est le vœu le plus intime et le plus ardent que je puisse former pour toi.

Ton Heinrich

Fait chez Stimming près de Potsdam, le matin de ma mort.

HENRIETTE VOGEL A MADAME MANITIUS

Le 21 novembre 1811.

Ma très chère Manitius,

Par ces quelques lignes, je te confie ce que je laisse sur la terre de plus précieux avec mon époux. Ne prends pas peur, ma chérie, en lisant que je vais mourir, que je vais mourir aujourd'hui même ! Il ne me reste plus beaucoup de temps à vivre, plus beaucoup de temps pour te supplier au nom de notre amitié de te charger de mon enfant, de mon unique enfant. Tu vas le prendre, n'est-ce pas ? Tu vas être tout à fait sa maman ? Comme je serai tranquille alors ! Quand nous nous reverrons dans l'au-delà, je te donnerai davantage d'explications sur ma mort. Adieu donc, très chère Manitius. Vogel va t'amener lui-même la petite Pauline, et il te racontera ce qu'il pourra. Monsieur von Kleist qui meurt avec moi te baise les mains tendrement et se recommande en même temps que moi auprès de ton mari. Adieu, adieu, pour l'éternité, adieu, adieu, adieu !

Kleist : adieu, adieu, adieu !

HEINRICH VON KLEIST
A SA COUSINE MARIE VON KLEIST

Auberge Stimming, 21 novembre 1811.

Si tu savais, ma très chère Marie, de quelles fleurs célestes et terrestres l'Amour et la Mort se couronnent l'un l'autre pendant ces derniers moments de ma vie, je suis sûr que tu me verrais mourir sans te révolter. Ah, je te le jure, je suis totalement bienheureux. Matin et soir, je tombe à genoux, comme je n'avais jamais pu le faire auparavant, et je prie Dieu. Maintenant, oui, je peux lui rendre grâce de cette vie — la plus tourmentée qu'un homme vécût jamais — parce que Dieu l'a compensée par la plus magnifique et la plus voluptueuse des morts. Ah que ne puis-je faire quelque chose pour adoucir l'âpre souffrance que je vais te causer ! J'avais d'abord pensé faire faire mon portrait à ton intention, et puis l'idée m'est venue que j'avais trop de torts à ton égard pour pouvoir supposer que mon image pût te donner quelque joie. Trouveras-tu quelque consolation dans ce que je vais te dire maintenant : jamais je ne t'aurais abandonnée pour suivre cette amie qui va mourir avec moi si elle n'avait aspiré qu'à vivre simplement avec moi. Je te le jure, ma très chère Marie, c'est la vérité, et ceci, je l'ai dit plusieurs fois en toute franchise à cette amie. Ah je te le jure, je t'aime tellement, tu as tant de prix à mes yeux que j'ose à peine dire que j'aime cette amie plus que toi. Mais la résolution de mourir avec moi qui s'est formée dans son âme m'a attiré dans ses bras avec une violence plus ineffable, plus irrésistible que je ne saurais le dire. Est-ce que tu te souviens que je t'ai demandé plusieurs fois si tu acceptais de mourir avec moi ? Mais tu m'as toujours répondu non. Je suis emporté par une fidélité tumultueuse que je n'avais jamais éprouvée, et je ne peux nier que la tombe de cette femme m'attire davantage que le lit de toutes les impératrices du monde.

Ah, ma très chère Marie, puisse Dieu t'appeler bientôt dans ce monde meilleur où l'amour des anges nous réunira tous dans une même étreinte ! Adieu !

Henriette Vogel a Peguilhen

Le 21 novembre 1811.

Mon très cher ami ! Votre amitié qui s'est avérée toujours si fidèle et si dévouée pour moi va se trouver mise à très rude et extraordinaire épreuve. Car il faut que vous sachiez que nous — je veux dire votre ami Kleist et moi-même — nous nous trouvons ici, sur la route de Potsdam, dans l'auberge Stimming en situation cruelle et précaire : en effet nous sommes morts tous les deux d'une balle de pistolet, et nous attendons de la bonté d'un ami bienveillant qu'il veuille bien faire mettre en terre nos fragiles dépouilles...

Tâchez si vous le pouvez, cher Peguilhen, de venir ici ce soir même, et de tout faire pour que mon pauvre Vogel ne soit pas trop épouvanté. Ce soir ou cette nuit, Louis se proposait d'envoyer sa voiture me chercher à Potsdam où j'avais dit que je voulais aller. Je vous donne cette précision afin que vous fassiez pour le mieux. Transmettez mille amitiés de ma part à votre chère femme et à votre fille, et soyez assuré, très cher ami, que la pensée de votre affection a été ma plus grande joie pendant les derniers instants de ma vie.

P.-S. — Vous trouverez à l'auberge Stimming une petite valise de cuir noir verrouillée et un coffret également fermé où se trouvent des lettres, de l'argent et de menus objets ainsi que des livres. Tout cela est destiné à Vogel. Toutefois vous prélèverez dix thalers avec lesquels vous ferez faire une tasse très belle en porcelaine gris clair. L'intérieur sera doré et le bord extérieur rehaussé d'une arabesque d'or sur fond blanc. Sur un cartouche blanc, vous ferez dessiner mon prénom dans le style le plus moderne qui soit. Vous vous adresserez pour cette commande à la manufacture de porcelaine Meves, en demandant que l'objet soit emballé et adressé pour Noël à Louis Vogel. Dépêchez-vous de vous acquitter de cette commande, sinon ce sera trop tard pour Noël. Adieu, mon ami, et merci.

HEINRICH VON KLEIST A ERNST PEGUILHEN

Chez Stimming.

Venez vite à l'auberge Stimming, mon très cher Peguilhen, pour procéder à notre inhumation. Les frais vous seront remboursés en ce qui me concerne par ma sœur Ulrike qui habite Francfort. Madame Vogel vous fait tenir ci-joint la clef qui ouvre la serrure de la valise qui se trouve à Berlin dans la chambre des bonnes et qui contient les indications de nombreuses commissions. Je crois l'avoir déjà écrit, mais elle insiste de peur d'un oubli.

Puis-je mettre encore votre amitié à contribution pour quelques menus services? J'ai oublié de régler mon barbier pour le mois courant, et je vous prie de bien vouloir lui remettre les pièces de monnaie que vous trouverez enveloppées dans un morceau de papier à l'intérieur du coffret de Madame Vogel. D'après ce qu'elle me dit, c'est vous qui ouvrirez le premier ce coffret et qui exécuterez les menues commissions qu'il contient, ceci afin que Louis Vogel n'ait pas à s'en soucier. Puis-je vous demander encore de vous charger de la petite valise noire qui m'appartient, et de l'offrir en remerciement de son hospitalité à mon logeur, le quartier-maître Müller, 53 Mauerstrasse ?

Adieu, mon cher Peguilhen, et veillez à me recommander à votre excellente épouse et à votre fille.

P.-S. — On dit ici que nous sommes le 21 novembre, mais nous ne savons pas si c'est exact.

P.-S. — Dans la valise de Madame Vogel qui se trouve dans la chambre des bonnes et dont la serrure correspond à la clef qui est dans le coffret, vous trouverez trois lettres de moi. Pourriez-vous les expédier ?

MARIE VON KLEIST
AU ROI FRÉDÉRIC-GUILLAUME III

26 décembre 1811.

Des gens qui l'ont bien connue m'écrivent que c'était une folle, une ambitieuse, une vaniteuse qui voulait être célèbre coûte que coûte. Ces gens ajoutent qu'elle avait une maladie ignoble qui la vouait à une mort répugnante. Le docteur Heim qui n'est plus son médecin depuis un an et demi, et qu'on accuse d'avoir divulgué cette circonstance — ce qu'il nie bien entendu — a dit cependant à Madame Bergen qu'il ne considérait pas cette maladie comme incurable, ce qui prouve bien qu'il en a parlé.

ERNST FRIEDRICH PEGUILHEN,
CONSEILLER MILITAIRE,
DÉPOSITION

Le 22 novembre 1811.

Depuis environ deux ans, l'ancien lieutenant de la Garde du Corps du Roi Heinrich von Kleist avait été introduit chez les Vogel par le Conseiller Adam Müller avec lequel il devait plus tard créer un journal. Monsieur von Kleist sympathisa aussitôt avec Madame Vogel qui partageait son goût pour les spéculations religieuses les plus élevées. Dès lors Monsieur von Kleist devait devenir l'un des familiers de la famille Vogel, et j'ai été témoin de soirées entières pendant lesquelles ils jouaient et chantaient ensemble au piano des chorals religieux. D'après mes observations, je pense qu'il y avait entre eux une sympathie d'âmes et un amour spirituel qui ont atteint un si haut degré d'exaltation mystique que la dissolution de leur corps leur est apparue bientôt comme une fin souhaitable.

[1812]

Madame Vogel avait tout pour devenir l'ornement de son sexe aussi bien par l'esprit que par la beauté. C'était un être merveilleux, génial, qui savait concilier les contraires les plus opposés. Son esprit, nourri de Shakespeare et de Goethe, d'Homère et de Cervantès, entretenu par le commerce d'amis distingués qu'elle dominait d'ailleurs sans difficulté, savait aussi s'abaisser aux préoccupations les plus vulgaires, sans la moindre affectation. Il m'est arrivé de voir cette femme exécuter et chanter le soir les compositions musicales les plus difficiles avec une maîtrise qui ravissait les témoins, et de la retrouver le lendemain matin occupée à trier et à ravauder le linge de la maison.

Sa curiosité n'avait vraiment aucune limite, et elle ne méprisait rien de ce qui pouvait enrichir son esprit. Elle m'a même demandé de lui apprendre à se servir d'un tour de potier, et je l'ai entendue regretter de ne pouvoir prendre des leçons d'escrime. Kleist lui avait enseigné les éléments de la stratégie et de la tactique militaires.

Elle souffrait d'une maladie incurable. Elle avait peu de répit, et le bien-être sans nuage qu'elle a connu notamment au cours des derniers mois de sa vie était devenu une rare exception. Elle n'avait plus devant elle que quelques années de souffrance et une mort affreuse... De toute son âme, si ouverte à l'amitié et à l'amour, elle n'aspirait plus qu'à quitter ce monde avec un ami qu'elle aimerait. Je l'ai entendue plusieurs fois faire allusion à cette aspiration en présence de son mari et de ses amis, mais elle n'insistait pas et s'enfermait dans une retenue mélancolique en constatant leur manque d'empressement à la comprendre.

Elle avait été éclairée sur son état véritable par l'excessive franchise d'un médecin, et c'est de cette révélation que date sans doute sa ferme décision de quitter une vie qui ne lui promettait plus que des souffrances. Son projet funeste prit corps probablement lorsqu'elle rencontra Kleist pour qui son moindre désir était un ordre, qui ne vivait que par elle, qui était suspendu à son regard et avait abandonné toute volonté entre ses mains. Non seulement il approuva ce projet qui répondait d'ailleurs à ses aspirations, mais il l'encouragea et se consacra fiévreusement à son exécution.

Je ne dis pas que Kleist eut connaissance de l'état de Madame Vogel dès le début de leurs relations. L'inverse est beaucoup plus probable, et sa passion a dû naître avant cette révélation. Il n'en reste pas moins que ses sentiments résistèrent à cette révélation et revêtirent dès lors un caractère plus pur et pour ainsi dire religieux, pour s'exaspérer enfin jusqu'à la folie. Kleist ne savait pas envisager un objet, une personne ou une situation sous tous ses aspects. Oubliant tout le reste, il ne voyait qu'une seule chose, transfigurée par son enthousiasme, et cette chose c'était une jeune femme qui l'aimait, qui était vouée à la mort, et qui aspirait de toutes ses forces à recevoir cette mort de sa main.

ÉDOUARD VON BÜLOW[1]

[1848]

On ne saurait parler d'une quelconque passion entre elle et lui. Le médecin d'Henriette, John Benjamin Erhard, pourrait en témoigner. Des lettres de Kleist prouvent même le contraire de la tendresse pour Henriette. Ce qui les rapprochait et devait faire de Kleist un familier d'Henriette, c'était les sentiments mélancoliques et troubles qui leur étaient communs, et leur amour de la musique. Ils jouaient du piano et chantaient ensemble, principalement de vieux psaumes. Un jour qu'elle avait particulièrement bien chanté, il lui vint aux lèvres, dans son enthousiasme, une expression du jargon des étudiants : « C'était beau, s'écria-t-il, à se loger une balle dans le cœur ! » En entendant ce juron d'étudiant assez vulgaire, Henriette le fixa un instant en silence, puis elle parla d'autre chose. Mais plus tard, alors qu'ils étaient en tête à tête, elle lui rappela son exclamation, puis elle lui demanda s'il se souvenait également de la promesse qu'il lui avait faite de ne jamais se dérober au service qu'elle pourrait avoir à lui demander, quoi qu'il lui en coûtât. Bien entendu, il réitéra sa promesse avec l'enthousiasme d'un fidèle chevalier servant. « Alors, lui dit-elle, vous me tuerez ! » Ses souffrances ne lui laissaient plus de répit, elle ne pouvait plus supporter l'existence. Mais elle doutait qu'il lui

1. Jeune ami et disciple de Kleist.

rendrait jamais ce service suprême, car, disait-elle, il n'y avait plus d'hommes dignes de ce nom aujourd'hui. Kleist l'avait interrompue avec feu disant que lui était un homme, et qu'il saurait tenir sa promesse.

DÉPOSITIONS

Je soussigné *Johann Frédéric Stimming, aubergiste,* déclare ce qui suit :

Le mercredi 20 novembre, entre deux et trois heures de l'après-midi, deux personnes que je ne connaissais pas — un monsieur et une dame — sont arrivées en voiture de louage en provenance de Berlin, et sont descendues chez moi.

A leur demande nous leur avons préparé deux chambres à l'étage supérieur de la maison. Ils nous dirent attendre d'autres personnes. Ils commandèrent du café, le burent, puis ils sortirent ensemble, apparemment pour se promener. Ils prirent la direction de Berlin par le Pont Guillaume, mais je ne peux préciser où ils allèrent. Ils payèrent le cocher et le congédièrent. Il repartit vers Berlin. Son nom et celui du propriétaire de la voiture me sont inconnus.

Ensuite ils demandèrent à dîner, ils dînèrent, puis ils se retirèrent dans leurs chambres respectives. Je ne sais pas s'ils se rejoignirent ou s'ils restèrent toute la nuit chacun dans sa chambre, mais je crois bien qu'ils ont veillé toute la nuit. Le soir ils avaient demandé une provision de bougies et de quoi écrire. Mes gens et moi-même nous les avons entendus très tard dans la nuit aller et venir dans leurs chambres. A quatre heures du matin — c'était donc jeudi —, ils demandèrent du café, et une fois encore à sept heures. Ils furent servis. Après cela ils ont dû se reposer, et peu après ma servante a dû aider la dame à se rhabiller.

La servante. Le jeudi 21 novembre entre trois et quatre heures du matin, à la demande de la dame, je lui ai apporté du café. Je l'ai trouvée dans sa chambre, habillée comme elle était quand elle est arrivée la veille. Mais quand je lui ai apporté du café pour la seconde fois à sept heures, elle était déshabillée, et elle m'a demandé de l'aider à se lacer. Elle se trouvait seule dans la chambre. Le verrou de la porte de communication avec la chambre du monsieur était fermé, et quand il a frappé, elle a répondu qu'il ne pouvait pas entrer. Ensuite je n'ai plus parlé avec elle, et je n'ai pas entendu ce qu'ils disaient entre eux.

L'aubergiste Stimming... on arrive comme ça vers les neuf heures. La dame demande à la servante de mettre de l'ordre dans ses affaires et de brosser ses vêtements. Je lui demande si elle déjeunerait. Elle me répond qu'elle-même et le monsieur, ils prendraient seulement du bouillon, et qu'ils en seraient quittes pour dîner plus copieusement. Ils ont demandé leur note et ils l'ont payée. Ils ont voulu avoir une quittance.

Ensuite ils ont exigé qu'on envoie quelqu'un à Berlin porter une lettre. Le commis est parti vers midi. J'ai demandé au monsieur ce qu'il voulait pour le dîner. Il m'a répondu : « Nous attendons ce soir des invités. Il faut qu'ils mangent bien. » La dame est alors intervenue. Elle a dit : « Mais non, pourquoi ? Laissons cela. Ils se contenteront d'une omelette, comme nous. » — « Eh bien soit, a dit alors le monsieur, nous n'en mangerons que mieux demain midi. » Et ils répétèrent qu'ils attendaient des visiteurs qui devaient venir ce soir-là.

Après ils se sont promenés autour de la maison, puis entre deux et trois heures ils ont bavardé aimablement avec moi. Ils n'avaient pas l'air du tout inquiets, angoissés ni tristes. Ils m'ont posé un tas de questions sur les environs, sur l'île aux paons, si on pouvait atteindre l'île la plus proche, si elle était habitée, etc. Je leur ai donné tous ces renseignements, et je leur ai dit comment faire pour aller dans l'île. Mais ils ont dit qu'ils n'avaient pas l'intention de faire cette promenade. Ils ont demandé du café, et ils m'ont demandé à plusieurs reprises si, à mon avis, le commis était déjà arrivé à Berlin avec la lettre. Il était trois heures, et je leur ai dit qu'à mon avis le commis arriverait certainement à Berlin entre trois et quatre heures.

La femme de l'aubergiste. Dans le jardin, ils se sont livrés à toutes sortes de plaisanteries. Par exemple le monsieur s'est amusé à courir en équilibre sur les planches de la piste du jeu de quilles. Il a invité la dame à en faire autant, mais elle a refusé. En général ils paraissaient avoir des relations très affectueuses, tantôt ils se disaient *tu*, tantôt ils se disaient *vous*, et le monsieur paraissait guetter toutes les occasions de manifester sa courtoisie à l'égard de la dame.

L'aubergiste. Finalement ils sont entrés tous les deux dans la cuisine et la dame a demandé à ma femme si elle pourrait faire porter le café de l'autre côté du lac. Il y avait là une prairie d'où la vue devait être très jolie. Ma femme était très étonnée, et elle leur a objecté que c'était bien loin. Mais le monsieur est intervenu très aimablement, et a promis un pourboire à mes gens pour la peine. Puis il a demandé qu'on ajoute sur le plateau pour huit groschen de rhum. Là-dessus ils ont pris ensemble le chemin de cette prairie de l'autre côté du lac. Ma femme a dit qu'elle allait pendant ce temps faire faire les chambres, mais la dame l'a priée de laisser au contraire toutes les choses en place. La dame portait au bras un petit panier recouvert d'un mouchoir. C'est là que devaient se trouver les pistolets. Ma femme était étonnée que ces messieurs-dames veuillent prendre le café dehors par une froide journée d'hiver, mais nous ne soupçonnions rien de mal. De la maison, on pouvait les voir courir au bord du lac et faire des ricochets sur l'eau avec des cailloux. Alors j'ai envoyé la femme de notre journalier les rejoindre.

Le journalier. Je soussigné Johann Friedrich Riebisch, journalier à l'auberge Stimming, déclare que le soir du 21 novembre le patron m'a ordonné de faire du feu dans deux chambres du premier étage pour un monsieur et une dame qui venaient d'arriver. Ensuite je ne les ai plus revus jusqu'au lendemain à quatre heures de l'après-midi. Je passais sur la route avec une charrette de fumier quand je les ai croisés. Le monsieur m'a demandé de déplacer ma charrette pour que la dame puisse passer. Il m'a promis et m'a donné un groschen. Je venais de passer le pont quand ma femme est venue et m'a dit : « Imagine un peu cette folie : ces messieurs-dames veulent qu'on leur serve le café au bord du lac ! » Elle portait un plateau avec du café et deux tasses. Je lui ai répondu qu'après tout, ils payaient pour ça, et j'ai continué ma route avec ma charrette. Un peu plus tard ma femme m'a appelé et m'a demandé de l'aider à porter des chaises et une table au bord du lac. C'étaient les étrangers qui voulaient ça. J'ai pris une table, ma femme a emporté deux chaises, et nous sommes allés rejoindre les étrangers qui étaient dans la prairie sur la petite colline du bord du lac. Ils avaient bu presque tout le café, sauf une tasse que le monsieur était en train de se verser quand nous sommes arrivés. Il y a ajouté le reste d'une bouteille de rhum. Il a bu devant moi, puis il m'a dit : « Grand-père, va donc trouver ton patron et demande-lui de me remplir cette bouteille à moitié avec du rhum ! » Mais la dame lui a dit : « Mon petit garçon, tu veux boire encore du rhum ? Moi je trouve que tu as assez bu pour aujourd'hui ! » Et le monsieur lui a répondu : « Eh bien, ma chère petite fille, puisque tu ne veux pas, je ne veux pas non plus. Alors, grand-père, n'en parlons plus ! »

Puis ils ont invité ma femme à boire le lait qui restait dans le petit pot, et quand elle a eu fini la dame a dit en riant beaucoup : « Regarde donc, la belle moustache de lait qu'elle s'est faite ! » Ensuite, ils ont prié ma femme d'aller leur chercher un crayon, et tandis que nous nous éloignions, nous les avons vu dévaler la colline vers le bord du lac en riant et en se poursuivant comme des enfants qui jouent au chat. Vrai, je n'ai jamais vu des gens aussi gentils que ces deux-là ! Ils s'appelaient tout le temps mon petit garçon, ma petite fille, mon cher petit enfant, et ils avait l'air vraiment heureux.

La femme du journalier. Quand je suis revenue avec le crayon, les deux étrangers sont venus à ma rencontre. Le monsieur m'a tendu une tasse où il y avait des pièces de monnaie. « Tiens, grand-mère, m'a-t-il dit, emporte cette tasse, lave-la et donne l'argent à ton patron. » Me voilà donc qui repars vers la maison. J'étais à peine sur la route quand j'entends un coup de feu. J'ai alors pensé que les étrangers s'amusaient à tirer sur le lac avec un fusil que je n'avais pas vu, et je suis allée mon chemin sans me retourner. J'avais fait environ cinquante pas quand j'ai entendu un second coup de feu. Ça ne m'a pas plus inquiétée que la première fois.

Après avoir lavé la tasse à l'auberge, je suis retournée au bord du lac, et aussitôt j'ai vu la dame qui était couchée sur le dos, toute pâle. J'ai eu très peur, et j'ai aussitôt couru vers l'auberge pour dire ce que j'avais vu à mon mari et aux patrons. Alors tous, les patrons, mon mari et la serveuse, nous sommes allés au bord du lac, là où se trouvaient les étrangers. Ils étaient assis l'un en face de l'autre, plus exactement la dame était tombée en arrière à la renverse, les mains jointes sur sa poitrine. Le monsieur était plutôt agenouillé et sa tête reposait à gauche sur un pistolet qu'il tenait des deux mains et dont le canon était introduit dans sa bouche. Mon mari, aidé par les patrons, a relevé les deux corps et les a étendus sur le dos l'un à côté de l'autre. Aucun des deux ne donnait plus signe de vie. En plus du pistolet qui était par terre, il y en avait un autre sur la table. La patronne m'a dit de les mettre dans mon tablier et de les rapporter à l'auberge, mais auparavant un

soldat qui était accouru par hasard a retiré l'amorce de celui qui était, paraît-il, chargé.
La femme de l'aubergiste. Dès que la femme du journalier m'a prévenue, j'ai essayé de pénétrer dans les chambres des étrangers. Les portes étaient fermées à clé et ils avaient bloqué la porte de derrière avec des meubles, comme s'ils avaient voulu retarder le moment où on inspecterait leurs affaires. Mais je n'y ai trouvé qu'un coffret et une valise, l'un et l'autre fermés à clé. Ensuite je suis allée rejoindre les autres à l'endroit où les étrangers s'étaient donné la mort. Les deux corps gisaient l'un près de l'autre dans une petite dépression qui se trouve en haut de la colline près du lac. Le monsieur était à genoux, la tête reposant sur le sol, tournée à gauche et recouvrant en partie le pistolet qu'il tenait encore à deux mains. A côté de lui, il y avait par terre un autre pistolet, et il y en avait un troisième sur la table. J'ai dit à la femme Riebisch de les mettre dans son tablier, et de les porter à l'auberge. Ensuite j'ai dit à son mari de fouiller les poches du monsieur. Il n'y a trouvé que les clés des chambres et un loquet qui vient aussi de chez moi.

Pas plus que mes gens, je ne me doutais des intentions des deux étrangers. Ils avaient l'air tout le temps gais et de bonne humeur, et tout à fait éloignés de leurs horribles projets.

Pour ce qui est des alcools, ils ont bu deux ou trois bouteilles de vin qu'ils avaient apportées avec eux, puis un flacon de rhum, et enfin pour huit groschen de rhum qu'ils ont acheté ici.
L'aubergiste Stimming. Comme mon travail ne me permet pas de m'éloigner de la maison, nous nous sommes relayés auprès des corps, ma femme, la serveuse et moi-même. Ensuite j'ai trouvé deux hommes que j'ai postés près des corps avec instruction de ne laisser personne y toucher avant l'arrivée de la police. Puis je suis allé alerter le commissariat de police de Potsdam.

A six heures, deux messieurs sont arrivés de Berlin, et ils ont aussitôt demandé si deux étrangers arrivés la veille étaient encore là. Je leur ai dit qu'ils n'étaient plus en vie. Ils m'ont demandé si c'était bien vrai. Je leur ai précisé qu'ils s'étaient tués avec des pistolets et qu'ils gisaient dans leur sang au bord du lac. L'un des deux est alors entré dans l'auberge, il a jeté son chapeau dans un coin, ses gants dans un autre coin, et il s'est abandonné à un violent chagrin. J'ai appris plus tard que c'était Monsieur Vogel, le mari de la défunte.

Nous avons attendu jusqu'à onze heures, et comme la police ne venait toujours pas, nous sommes allés nous coucher. Le lendemain matin, Monsieur Vogel a demandé qu'on aille lui chercher une boucle de cheveux de sa femme, puis les deux hommes ont repris la route de Berlin. A midi, le monsieur, qui accompagnait Monsieur Vogel et qui s'appelle Monsieur Peguilhen, est revenu. Il a fait creuser exactement à l'endroit où étaient les deux corps une fosse assez large pour deux cercueils, et il a expliqué qu'il avait commandé à Berlin deux cercueils qui seraient enterrés ici même, l'un à côté de l'autre.

A deux heures de l'après-midi, le commissaire de police et le médecin légiste sont arrivés. Ils ont fait porter les corps dans l'auberge. C'est là qu'ils ont procédé à l'autopsie et qu'ils ont recueilli toutes les dépositions. Ensuite les deux corps ont été placés dans les cercueils qui avaient été livrés, et ils ont été inhumés à la place prévue. A dix heures du soir, tout était fini.

Extrait des rapports d'autopsie effectuée par le Dr Felgentreu, médecin légiste, à l'auberge du Pont Frédéric-Guillaume, le 22 novembre 1811, sur réquisition du commissaire de police royale Meyer.

Les deux corps ont été trouvés dans une dépression de terrain proche du lac Wannsee, à une centaine de pas de la route, à un endroit d'où la vue s'étend d'un côté sur le lac, de l'autre sur la route de Potsdam. Cette dépression de terrain a environ un pied de profondeur et trois pieds de diamètre. Les jambes des deux corps se touchaient presque, mais les bustes étaient renversés en arrière. L'homme était vêtu d'un manteau de toile marron, d'un gilet blanc de batiste et de mousseline, d'une culotte de toile, et il était chaussé de bottes rondes à revers. Son visage n'était qu'assez peu taché de sang. La femme avait une robe de batiste blanche, un manteau de toile bleue très fine. Elle avait également aux mains des gants de peau blancs. Sous son sein gauche nous avons relevé une tache de sang large comme une pièce d'un thaler présentant également des traces de brûlure. En dehors de cela, aucun des deux corps ne présentait de traces de violence.

Nous les avons fait porter avec des égards dans l'auberge Stimming pour procéder à l'autopsie légale.

L'homme paraissait âgé d'environ trente ans[1]. Il avait des cheveux noirs, une barbe noire et des yeux bleus. Nous avons eu toutes les peines du monde à desserrer ses mâchoires. Nous avons constaté que, pas plus la langue que les dents — en excellent état — n'avaient été lésées. Il nous a paru évident que le défunt s'est tué en se tirant une balle dans la bouche. La charge de poudre du pistolet devait être trop faible, car la balle — pesant moins d'une demi-once — est restée logée dans le cerveau. Il est probable que la mort a été en grande partie causée par une asphyxie due à la poudre, comme le prouve l'état constaté du poumon droit, ainsi que du ventricule et de l'oreillette droite du cœur, et également l'état du cerveau dont nous avons parlé. Nous avons également décelé un foie dur et dilaté, une vésicule biliaire hypertrophiée et une grande quantité de bile noire. En outre la substance grise du cerveau présentait une consistance plus ferme que la normale.

1. Né en 1777, H. von Kleist avait en réalité trente-quatre ans.

En vertu des principes de la physiologie, le défunt avait donc un tempérament du type *Sanguino Cholericus* au *Summo Gradu*, et devait être sujet à des accès d'hypocondrie grave, comme nous l'ont confirmé certains de ses amis et son propre médecin. Si on ajoute à ces excentricités de tempérament une tendance marquée aux effusions religieuses, on est en droit de conclure que le défunt n'était pas dans un état mental normal.

La défunte était âgée de trente-quatre ans[1]. Son visage était légèrement grêlé. Elle avait des yeux bleus, des cheveux châtains, une peau d'une blancheur éclatante et une poitrine forte. Outre les pièces vestimentaires dont nous avons parlé, elle portait des bas de coton fin, une chemise de soie, des jarretelles de soie bleue, et des escarpins de cuir à rubans noirs.

L'autopsie a enfin confirmé que la défunte était atteinte d'un carcinome de la matrice, mal incurable qui la vouait à une mort lente et cruelle.

JOURNAL DE VOSS ET DE SPENER DES 26 ET 28 NOVEMBRE 1811

Adolphine Vogel, née Keber, et Heinrich von Kleist ont quitté ce monde le 21 novembre 1811 dans la seule aspiration à un monde meilleur.

Ils ont laissé derrière eux des amis nombreux parmi lesquels il faut compter non seulement ceux et celles qui ont eu le bonheur de vivre avec eux, mais aussi tous les esprits ayant une affinité avec eux et appartenant à tous les siècles passés, présents et futurs.

A tous ces amis j'estime de mon devoir, selon le vœu et avec le concours de l'époux inconsolable de la disparue,

1. Henriette Vogel était née en effet comme Kleist en 1777.

d'apporter quelques précisions sur la catastrophe qui mit fin à leur vie, et j'espère pouvoir le faire avant la fin de cette année.

En attendant, je supplie le public de suspendre son jugement et de ne pas condamner sans amour deux êtres qui furent l'amour et la pureté mêmes. Car ce qui est en cause, c'est un acte comme on n'en voit pas s'accomplir en un siècle, et deux êtres humains qu'on n'a pas le droit de juger selon les normes communes.

Mais je doute de pouvoir jamais satisfaire la simple curiosité de ceux qui, tel le chimiste — mais sans posséder sa science —, n'ont de cesse qu'ils n'aient vu le diamant s'évanouir en gaz et en charbon. A ceux-là je demande de s'abstenir de se procurer et de lire l'écrit en question, lequel n'est destiné qu'aux amis des disparus, et cela bien que le produit de sa vente soit promis à une œuvre de bienfaisance.

Signé : Peguilhen, exécuteur des dernières volontés des disparus.

Le Cabinet du Roi au chancelier Hardenberg

Le 27 novembre 1811.

Dans le journal d'hier, j'ai lu avec le plus grand mécontentement l'éloge public d'un meurtre et d'un suicide commis simultanément la semaine dernière. Si des gens ayant perdu tout sens moral ont désormais licence de prêcher dans une feuille pouvant tomber entre toutes les mains leurs opinions perverties, affichant ainsi un insolent mépris pour tous ceux qui pensent bien, alors tous nos efforts pour faire renaître dans le peuple la moralité et la religiosité sont voués à l'échec. J'entends que le censeur qui a laissé passer ce texte soit sévèrement réprimandé, et que l'écrit dont on annonce la prochaine diffusion ne reçoive pas le permis d'imprimer.

Peguilhen au chancelier Hardenberg

Le 2 décembre 1811.

J'apprends de source digne de foi que j'ai eu le malheur de déplaire à Votre Excellence en publiant dans la presse une annonce concernant la disparition de Madame Vogel et de Monsieur von Kleist. On m'a précisé que Votre Excellence aurait trouvé dans ces lignes un degré d'extravagance incompatible avec le sérieux d'un haut fonctionnaire de la Couronne. Autant je suis indifférent au jugement du public, autant j'attache de prix à l'estime de Votre Excellence, même si je fais abstraction du fait que l'avenir de ma carrière repose entièrement entre les mains de Votre Excellence. Que je ne mérite d'être traité ni de rêveur, ni d'excentrique, c'est ce que prouvent vingt années de travaux où l'on chercherait vainement la trace de ces défauts. L'essentiel de mes fonctions consiste actuellement en travaux de comptabilité extrêmement minutieux qui ne laissent aucune place à la moindre excentricité. Mais Votre Excellence ne saurait considérer comme les meilleurs serviteurs de l'État des hommes qui ignorent absolument l'enthousiasme et qui poursuivent imperturbablement leurs calculs, alors même que la Patrie les appelle.

Au demeurant je voudrais qu'il soit en mon pouvoir de faire en sorte que l'annonce que j'ai fait passer dans la presse n'ait jamais existé. Non pas à cause des réactions qu'elle a suscitées auprès de journalistes et d'échotiers que je méprise, mais parce qu'elle m'a fait perdre ce qui m'est le plus cher : la faveur de mon Roi. Mes amis disparus étaient bien loin de se douter de ce que me coûterait leur dernier message !

EXTRAIT DU *Moniteur*[1]

Paris, 18 décembre 1811.

Berlin, le 3 décembre. Le public continue à s'occuper de la tragique aventure de M. de Kleist et de Mme Vogel. Les bruits qui avaient d'abord couru sur les causes de ces malheureux événements ont été hautement démentis par la famille. On nie formellement que l'amour y entrât pour quelque chose. Mme Vogel, dit-on, souffrait depuis longtemps d'un mal incurable ; les médecins lui avaient annoncé une mort inévitable ; elle avait pris la résolution de mettre elle-même un terme à ses jours. M. de Kleist, poète célèbre, ami de la maison, avait aussi depuis longtemps résolu de se tuer. Les deux infortunés s'étant fait mutuellement la confidence de leur affreuse résolution, décidèrent qu'ils l'exécuteraient ensemble. Ils se rendirent à l'auberge de Wilhelmsbruck, entre Berlin et Potsdam, sur les bords du Lac Sacré. Pendant une nuit et un jour, ils se préparèrent à la mort, en faisant des prières, en chantant, et en buvant plusieurs bouteilles de vin et de rhum, surtout en prenant jusqu'à seize tasses de café. Ils écrivirent une lettre à M. Vogel pour lui annoncer le parti qu'ils avaient pris, et pour le prier de venir avec toute la promptitude possible pour avoir soin de faire enterrer leurs restes mortels. La lettre fut envoyée à Berlin par un exprès. Cela fait, ils se rendirent sur les bords du Lac Sacré, et s'assirent l'un vis-à-vis de l'autre. M. de Kleist prit le pistolet chargé et tira droit au cœur de Mme Vogel qui tomba morte : il rechargea le pistolet, et se brûla la

1. En français dans le texte. Les autres textes ont été traduits de l'allemand par M. T.

cervelle. Peu après, M. Vogel arriva et les trouva tous les deux sans vie.

Le public est loin d'admirer ou seulement d'approuver cet acte de démence. Une apologie de ce suicide, par M. Peguilhen, conseiller de guerre, a excité une indignation unanime chez tous les individus qui ont des principes de religion et de morale. On a blâmé la censure d'avoir laissé passer une annonce dans laquelle le suicide et le meurtre sont représentés comme des actions sublimes. On est allé jusqu'à exprimer le désir de voir M. Peguilhen puni par le gouvernement pour avoir osé prêcher de semblables principes, étant fonctionnaire public. Le mari a aussi été généralement blâmé pour avoir donné de l'éclat à une catastrophe sur laquelle il lui aurait mieux convenu de jeter le voile le plus épais.

HENRIETTE VOGEL A HEINRICH VON KLEIST

Berlin, novembre 1811

Mon Henri, mon harmonieux, mon parterre de jacinthes, mon aurore, mon crépuscule, mon océan de douceur, ma harpe éolienne, ma rosée, mon arc-en-ciel, mon tout petit enfant sur mes genoux, mon cœur chéri, ma joie dans la souffrance, ma renaissance, ma liberté, mon esclavage, mon Sabbat, mon calice d'or, mon atmosphère, ma chaleur, ma pensée, mon au-delà et mon ici-bas désirés, mon péché bien-aimé, la consolation de mes yeux, le plus cher de mes soucis, la plus belle de mes vertus, ma fierté, mon protecteur, ma conscience, ma forêt, ma splendeur, mon casque et mon épée, ma générosité, ma main droite, mon échelle céleste, mon saint Jean, mon chevalier, mon tendre page, mon pur poète, mon cristal, ma source de vie, mon saule pleureur, mon maître et seigneur, mon espoir et mon ferme propos, ma constellation bien-aimée, mon petit câlin, ma forteresse inébranlable, mon bonheur, ma mort, mon feu follet, ma solitude, mon beau navire, ma vallée, ma récompense, mon Werther, mon Léthé, mon berceau, mon encens et ma myrrhe, ma voix, mon juge, mon tendre rêveur, ma nostalgie, mon âme, mon miroir d'or, mon rubis, ma flûte de Pan, ma couronne d'épines, mes mille miracles, mon professeur, mon élève, je t'aime au-dessus de tout ce qui est en ma pensée. Mon âme t'appartient.

Henriette

P.-S. — Mon ombre à midi, ma source dans le désert, ma mère chérie, ma religion, ma musique intérieure, mon pauvre Henri malade, mon agneau pascal tendre et blanc, ma Porte du Ciel.

H.

Gaspard Hauser,
miroir involontaire
d'une époque

Le 26 mai 1828, lundi de la Pentecôte, fête chômée, il était quatre heures de l'après-midi quand Georges Weickmann, maître-savetier à Nuremberg, remarqua un garçon de petite taille qui descendait d'un pas hésitant la ruelle de la Montagne-aux-Ours. L'inconnu étant porteur d'une lettre adressée *A Monsieur le Capitaine du 4e Escadron*, Weickmann le mena au corps de garde de la Porte-Neuve. C'est ainsi que commença cette vie publique de Gaspard Hauser qui devait durer cinq ans et demi, étroite plage vivement éclairée entre le mystère de son enfance et celui de sa mort, et dont Jean Mistler cherche à dégager la part de légende et la part de vérité [1].

L'inconnu passa deux heures au poste de la Porte-Neuve, puis on l'envoya au domicile du capitaine von Wessenig où il fut accueilli par son domestique. Le capitaine ne rentra qu'à huit heures. Cependant Hauser l'attendait à l'écurie. Des aliments que le domestique lui proposa, il accepta l'eau et le pain, refusa la bière et la viande. Ils parlèrent. Hauser dit en pleurant qu'il ne savait pas d'où il venait. Il avait voyagé jour et nuit ; on l'avait porté quand il ne pouvait plus marcher. Il avait appris à lire et à écrire, car il allait chaque jour à l'école, là-bas, de

1. Jean Mistler, *Gaspard Hauser* (Fayard éd., 1971).

l'autre côté de la frontière. Voyant les chevaux, il déclara : « Y en avait cinq comme ça, là où j'étais. » C'est d'ailleurs pour devenir cavalier que Hauser veut voir le capitaine du 4e escadron, et la lettre dont il est porteur n'est qu'une recommandation, au demeurant anonyme, d'un énigmatique journalier, père de six enfants, qui déclare avoir adopté et élevé chrétiennement l'inconnu. Un second billet émanant de sa prétendue mère précise qu'il s'appelle Gaspard Hauser, que son père — un chevau-léger — est mort après l'avoir abandonné, qu'il est né le 30 avril 1812. Mais on ne devient pas cavalier si facilement, et le nouveau-venu est conduit à la tour du château qui sert de prison à la ville de Nuremberg. Prison assez douce au demeurant qu'il partage avec un garçon boucher. « C'est un bœuf dont on ne peut rien tirer », déclare le lendemain ce compagnon d'infortune qui doit savoir de quoi il parle. Pourtant c'est en partie ce mutisme — apparemment gros de secrets et de mystères — qui va faire la fortune de Gaspard. Comme une graine tombée sur un terrain favorable, son « cas » va prendre à merveille dans la bonne ville des jouets, puis dans la Bavière, dans toute l'Allemagne, dans toute l'Europe...

Car en dépit de sa réclusion, l'inconnu de la tour devient la curiosité, puis la coqueluche de Nuremberg. On dépose pour lui des vêtements, des friandises, des jouets. On se répète les bribes qui peu à peu constituent sa légende. Celle-ci trouve bientôt sa charte dans un *Avis au public* que le premier bourgmestre de Nuremberg fait paraître dans la feuille locale. C'est un véritable dossier qui donne le signalement physique du « pupille de Nuremberg », la description de ses vêtements, la liste des objets qu'on a trouvés sur lui, et surtout le résumé de ses diverses déclarations. « Gaspard Hauser a toujours vécu enfermé dans une petite pièce, étroite et basse, sans plancher, avec un sol de terre battue, mais dont le plafond était formé de planches jointes. Deux petites fenêtres, de forme allongée, étaient masquées par des volets de bois ne laissant filtrer qu'une faible lumière. Jamais il ne voyait le soleil. Vêtu d'une chemise et de culottes courtes soutenues par des bretelles, il restait assis par terre et jouait avec deux chevaux blancs, en bois, et un chien blanc également en bois ; il leur suspendait des petits jouets au cou et parlait avec eux, dans la mesure où la pauvreté de son vocabulaire le lui permettait... Il dit être resté longtemps dans cette prison, mais il ne sait pas combien de temps, car il n'avait pas la notion des divisions du temps... Il n'entendait aucune voix humaine, aucun chant d'oiseau, aucun cri d'animal, aucun bruit de pas. Un jour enfin, la porte de la prison s'ouvrit et l'inconnu, qui le conduirait plus tard à Nuremberg, entra, pieds nus, habillé presque aussi pauvrement que lui, se courbant pour ne pas se cogner la tête : en effet, bien qu'il fût de taille moyenne, il touchait presque le plafond du cachot... Ce personnage lui dit qu'il fallait apprendre à lire et à écrire, et qu'il le conduirait à son père qui avait été cavalier ; il deviendrait cavalier lui aussi. » Les cœurs des Nurembergeois se serrèrent au récit de cette séquestration, d'autant plus que le bourgmestre ne tarissait pas d'éloges sur le caractère angélique de la victime : « Son regard pur, franc, candide, son front large et élevé, la parfaite innocence de sa nature, qui ne connaît pas la différence des sexes et ne sait encore reconnaître les êtres humains qu'à leur costume, sa douceur inexprimable, sa cordialité envers son entourage, la bonté avec laquelle, au début, il ne pensait qu'avec des larmes à son persécuteur, tandis que maintenant il songe à lui avec indulgence... tout cela prouve que la nature l'a comblé des plus belles dispositions de l'esprit, du caractère et du cœur. » Le rapprochement de ces deux citations nous éclaire suffisamment sur la nature du mythe que Gaspard est en train d'incarner. La séquestration a fait de lui un enfant sauvage, comparable au « sauvage de l'Aveyron » décrit pas Jean Itard au début du siècle. Les témoins les plus avertis qui l'ont interrogé évaluent son âge mental entre six et douze ans. Or cette sauvagerie même fait de lui une espèce de saint, un innocent d'avant le péché originel, rayonnant de bonté et de générosité. On est en plein rousseauisme. Il n'est pas jusqu'à la survenue mystérieuse de Gaspard dans les rues de Nuremberg à l'âge de seize ans — le plus bel âge d'Émile — qui ne suggère que, tel Adam, il est sorti des mains du Créateur dans le plein épanouissement de sa jeunesse. A ces traits fabuleux va bientôt s'en ajouter un autre qui va enrichir encore son prestigieux mystère. Quelques jours après avoir publié son *Avis au public*, le bourgmestre reçut une lettre anonyme suggérant que Gaspard Hauser pourrait bien être un prince de la famille de Bade qu'on avait fait passer pour mort. C'est la première manifestation d'une rumeur qui ne va plus cesser de circuler au point de devenir pour beaucoup une certitude. C'est que la vieille race des Zähringen, ayant vu s'éteindre sa ligne masculine, avait fait place à une branche issue d'un mariage morganatique. Or cette extinction, due à la mort de deux garçons sur une famille de cinq enfants, correspond en gros à la date de naissance présumée de Gaspard. On supposait donc qu'il n'était autre que l'un de ces deux garçons — l'aîné de préférence — enlevé et donné pour mort à l'instigation de la comtesse de Hochberg, afin d'assurer le titre de margrave de Bade à son fils Léopold. Jean Mistler considère que cette hypothèse est fantaisiste. Elle joue en tout cas un rôle capital dans la légende de Gaspard Hauser, auquel elle ajoute l'éclat d'une haute noblesse, la noirceur d'un affreux complot dynastique, et fait de cet avatar du Bon Sauvage et de l'Émile une réincarnation du Masque de Fer, présumé frère jumeau de Louis XIV !

Gaspard est toujours à la charge du Bureau de bienfaisance de Nuremberg, mais ses conditions de vie ne cessent de s'améliorer. Sa renommée s'étend. Le « pupille de Nuremberg » devient « l'orphelin de l'Europe ». Il passe de sa cellule à une petite chambre propre et claire de l'appartement de son geôlier, puis il est confié au docteur Georges Daumer, magnétiseur, homéopathe, mesmérien et fin lettré qui a été un temps le précepteur des enfants de Hegel. Gaspard va au concert, au théâtre, il fréquente les salons de la ville. Mais son destin ne doit pas cesser d'être dramatique : le 17 octobre 1829, il est trouvé le visage en sang dans la cave de la maison Daumer. Il déclare avoir été attaqué par un homme grand et noir, ganté de beurre frais. L'enquête ne mène à rien, mais nous entendrons reparler de l'homme noir. Gaspard change de père adoptif, il s'installe chez un industriel, puis chez le baron von Tucher. Ensuite il se fait enlever par un riche Anglais, Lord Stanhope, qui le couvre de caresses et de bijoux, l'emmène en Hongrie, lui fait rencontrer le jeune Wagner à Bamberg, enfin le laisse bien pourvu à Ansbach. C'est là qu'a lieu le 14 décembre 1833 le dernier épisode de cette étrange aventure : Gaspard est poignardé dans le jardin public de la ville *(Hofgarten).* Il meurt trois jours plus tard, après avoir accusé à nouveau « un homme grand, à favoris et moustache noirs, en manteau » dont aucune enquête ne trouvera la moindre trace.

Gaspard Hauser a-t-il été un simulateur ? C'est l'hypothèse vers laquelle incline Jean Mistler, qui suggère que les deux attentats, dont il a été l'objet, n'ont pu être que des actes d'automutilation destinés à raviver l'intérêt du public. Sa mort serait alors en quelque sorte un suicide par accident comparable à celle de certaines starlettes en mal de publicité. Pourtant on est frappé en lisant ce dossier par la faible part qu'il semble avoir eue dans sa propre légende. Il n'est pour rien, par exemple, dans l'hypothèse qui ferait de lui l'héritier de la famille de Bade. La *mythomanie* évidente qu'on relève dans son histoire est beaucoup plus le fait de sa société que celui de ce garçon simplet, débonnaire et paresseux. Il s'est présenté au total comme une forme vide dans laquelle le monde romantique a précipité tous ses fantasmes, y compris pour finir celui de l'adolescent éternel voué à une mort prématurée, parce qu'il refuse les compromissions de l'adultat et la déchéance du vieillissement. Une étonnante malléabilité, une faculté d'accueil sans limites aux rêves et aux folies de son temps, jointes à une absence totale de rouerie, tel nous semble être l'essentiel du phénomène Gaspard Hauser.

Le Rouge et le Noir roman de confrontation

Né sous l'Ancien Régime — en 1783 — Stendhal est resté un homme du XVIIIe siècle. De Voltaire, il a la sécheresse nerveuse, sans posséder il est vrai son sens de l'humour. L'œuvre de Rousseau qu'il cite le plus volontiers, c'est son opéra *le Devin du village* — et il convient d'ajouter que Rousseau lui-même n'aurait pas été offusqué de ce choix. Mais, dans l'ordre spirituel, Stendhal est le fils de Choderlos de Laclos, mathématicien comme lui, soldat de Napoléon comme lui, qui écrit ses *Liaisons dangereuses* l'année même de la naissance de Stendhal, puis s'en va mourir à Tarente dont il commandait la défense, en cette Italie que Stendhal avait si passionnément adoptée.

La Révolution, Stendhal s'en souvient, et il y a adhéré. Il a dix ans seulement quand on guillotine Louis XVI, mais secrètement, du sein d'une famille royaliste, il a pardevers lui voté sa mort. Ensuite tout naturellement, il rallie le Premier Consul et l'Empire. Car si Bonaparte est devenu bien plus tard et à son insu, par le génie de Beethoven et de Victor Hugo, un héros romantique, il relève tout entier en réalité de l'Ancien Régime finissant par son césarisme méditerranéen et son style de pète-sec. Il écrivit au demeurant à Sainte-Hélène qu'il considérait comme son œuvre majeure ce Code civil que Stendhal prétendait justement prendre comme modèle contre le drapé un peu flou de la période romantique.

Mais il y a eu Waterloo. Pour le Victor Hugo des *Misérables* une épopée grandiose, pour le Stendhal de *la Chartreuse de Parme* un obscur chaos. Est-il besoin d'ajouter que Napoléon avait sur cette bataille un point de vue plus proche de celui de Stendhal que de celui de Victor Hugo ? La fin de l'Empire, pour Stendhal, c'est la fin de tout. Il ne sera jamais ni général ni duc d'Empire. Éternel demi-solde, il va traîner une médiocre carrière diplomatique, jusque dans le sinistre petit port italien de Civitavecchia où il pensera mourir d'ennui...

Sous l'angle littéraire, Stendhal est également un déraciné de l'intérieur, un auteur privé de public, voire même de contemporains, car on ne voit vraiment pas à quelle famille le rattacher. Dans une vue extraordinairement brillante, Albert Thibaudet lui assigne comme milieu idéal, comme société naturelle le Directoire, « cette société sans nobles ni prêtres, ni vraies femmes du monde », une humanité spirituelle, cynique, jouisseuse, superficielle et fort peu « morale ». C'est pour cette petite foule blasée et aventurière que Stendhal aurait écrit, c'est elle qu'il aurait reflétée avec bonheur dans ses livres. Mais le Directoire n'a duré qu'un déjeuner de soleil (1795-1799) et, lui disparu, Stendhal reste seul, un isolé, un opposant littéraire, l'ennemi du romantisme et de la « phrase » à une époque où pour longtemps l'un et l'autre s'installent.

Le Rouge et le Noir reste inséparable de ces circonstances. Pour Julien Sorel, pauvre, sans titre, mais intelligent, ambitieux et animé d'une énergie indomptable, la fin de l'Empire et l'avènement des hommes de la Restauration signifient un malheur irrémédiable. Napoléon lui aurait donné un cheval, une épée, du galon, et bientôt un titre. Désormais la vie ne se présente plus que sous la forme d'un duel terriblement inégal avec la société. Toutes les places sont prises, et les meilleures souvent par les hommes les plus médiocres. Le fameux *A nous deux, Paris !* de Rastignac, Julien aurait pu le prononcer, mais, partant d'un village et sans aucun appui familial (Rastignac reçoit une pension et ne se fait pas faute de « taper » sa mère et sa sœur), c'est *A nous deux la France !* qu'il aurait dû dire. Il faut donc se battre, se battre, se battre...

Et d'abord feindre. L'hypocrisie est le sentier tortueux qui mène des bas-fonds vers les hauteurs. *Son maître Tartuffe*, écrit Stendhal, ce qui n'est qu'à moitié vrai, nous verrons pourquoi.

La seconde arme, c'est la séduction. Julien se doit d'arriver par les femmes. Donc il doit séduire. Mais non par libertinage, par ambition. Rien ne ressemble moins à des parties de plaisir que les « amours » de Julien avec Mme de Rênal et Mathilde de La Mole. Sans doute aime-t-il à sa façon ces deux femmes, mais ses sentiments sont des phénomènes parasites qui ne doivent pas prendre le pas sur les sublimes calculs de l'ambition. En vérité tout le pathétique de cette histoire réside moins dans la lutte Julien-société que dans celle qui oppose Julien l'ambitieux à Julien le sensible. Car ce n'est pas sans risque de blessure et de compromission qu'on choisit le sexe à vingt ans pour s'imposer contre le mépris et l'infortune...

Cette lutte du sexe contre l'ordre établi, cette force anarchique du sexe évoque naturellement le personnage mythologique de Don Juan. Le burlador de Tirso de Molina se sert de son pénis comme d'une épée pour défier le mariage, la famille, l'ordre social, la religion, Dieu lui-même. Or Don Juan s'est incarné aux yeux de Stendhal le jour où il a rencontré Lord Byron :

« Venise, le 27 juin 1817. L'on m'a présenté au spectacle à Lord Byron. C'est une figure céleste, il est impossible d'avoir de plus beaux yeux. Ah le joli homme de génie ! Il a à peine vingt-huit ans, et c'est le premier poète de l'Angleterre et probablement du monde. Lorsqu'il écoute de la musique, c'est une figure digne de l'idéal des Grecs.

» Au reste, qu'on soit un grand poète et d'une des plus anciennes familles d'Angleterre, c'en est trop pour notre siècle ; aussi ai-je appris avec plaisir que Lord Byron est un scélérat. Quand il entrait dans le salon de Mme de Staël, à Coppet, toutes les dames anglaises en sortaient... Pour l'homme de génie au XIXe siècle, il n'y a pas d'alternative : ou c'est un sot, ou c'est un monstre... En tout cas, c'est le plus aimable monstre que j'aie jamais vu. »

Joli, génie, scélérat, monstre, Stendhal est tout prêt à appliquer ces qualificatifs à son Julien dont il fait le sosie de Byron. Au demeurant, des citations du *Don Juan* de Byron servent d'épigraphes à six chapitres du *Rouge et le Noir.* Mais rappelons-le, Don Juan n'est pas Casanova. L'Italien, le Vénitien Casanova est un sensuel, un homme de plaisir. Non seulement il prend son plaisir, mais il lui importe au plus haut point de le donner. Il est nécessaire à son accomplissement qu'il comble de joie la femme séduite, même s'il doit l'abandonner à tout jamais au petit matin.

Don Juan a d'autres visées. Il ne cherche ni l'argent comme Tartuffe, ni le plaisir comme Casanova. Son ambition se situe ailleurs, plus haut, à un niveau presque métaphysique. C'est pourquoi le châtiment effrayant qui le frappe lui fait encore honneur. Les puissances supérieures ne se seraient pas penchées pour les foudroyer sur des polissons comme Tartuffe ou Casanova.

La séduction comme *devoir.* Étrangement ce mot revient à tout moment dans ce roman. Il est du *devoir* de Julien d'obtenir que Mme de Rênal ne retire pas sa main quand il la prend (chapitre 8), de vaincre sa timidité (chapitre 9), de ne pas céder au bonheur d'avoir séduit (chapitre 15), de parler à l'évêque d'Adge (chapitre 18). Mathilde elle-même cède par devoir à Julien (chapitre 16), lequel poursuit sa liaison avec elle par devoir (chapitre 17) et s'acquitte « avec exactitude du devoir de lui dire de temps à autre quelque mot dur » (chapitre 22).

La passion quand elle va contre l'ordre social devient ainsi assez vite une affaire de morale, et prend toute l'autorité contraignante d'un impératif kantien.

Donc la relation de Julien Sorel avec la société de son temps va être un duel sans merci. L'arme principale de Julien est le sexe ; le point vulnérable de la société, les femmes. Cette arme érotique possède des avantages et des inconvénients. D'une puissance redoutable, presque absolue, elle manque de souplesse, ne se laisse pas doser, et aveugle parfois autant celui qui s'en sert que la victime contre laquelle il la tourne. C'est ce qui perd finalement Julien. Tartuffe, qui connaissait bien le désir charnel, mais ne maniait pas la foudre passionnelle, n'aurait jamais fini sur l'échafaud. En plus d'un passage Julien se donne des airs de froid calculateur. Et il est vrai qu'avec les hommes il gagne à force d'intelligence et de dissimulation. Mais ces seules armes ne l'auraient mené tout au plus qu'à des postes subalternes. Pour forcer le destin, il faut la magie de l'amour. Or cette magie peut être maléfique. Il n'y a pas que concession et convention dans la fin malheureuse du couple maudit des *Liaisons dangereuses*, Valmont-Merteuil, et les « liaisons » de Julien Sorel étaient elles aussi dangereuses.

Cet antagonisme fondamental du héros romanesque et de son milieu — milieu social, mais aussi milieu physique — définit bien une certaine catégorie de roman, le *roman de confrontation* qui a pour pendant le *roman d'éducation*, lequel obéit à une logique inverse. Cette opposition est fort bien illustrée par la définition célèbre que donne Stendhal dans *le Rouge et le Noir* justement : un roman est « un miroir qui se promène sur une grande route ». Il convient de souligner d'abord la tournure impersonnelle de la formule. Le miroir se promène tout seul, il n'y a pas, derrière, un romancier qui le tienne et regarde en même temps. Or un miroir ne retient rien. Ce qu'il reflète s'efface sans laisser en lui la moindre trace. Cela caractérise assez bien le héros stendhalien qui subit maintes aventures et mésaventures sans se laisser altérer le moins du monde. L'un des paradoxes du *Rouge et le Noir,* c'est de se présenter comme un roman d'éducation, alors que son héros est en fait *inéducable.* Le fils du charpentier de Verrières *a l'air* d'apprendre sans cesse — et même avec toute l'ardeur d'un néophyte ambitieux —, d'abord à la campagne, chez les Rênal, puis au grand séminaire de Besançon, enfin à Paris chez les La Mole. En vérité toutes ces expériences glissent sur lui sans le transformer, et sa tête tombera au dernier chapitre telle qu'elle était au premier. C'est sans doute par cette dureté inoxydable de ses jeunes héros lancés dans la vie que Stendhal se révèle le plus radicalement antiromantique.

Le roman de confrontation — ou de l'éducation impossible — est un genre plus riche qu'on ne pense. Ce sera le cas de la trilogie de Jules Vallès où le jeune Vingtras se révèle incorrigible, inentamable, indécourageable dans son opposion, sa révolte et son ardeur révolutionnaires. Mais le grand classique du genre reste le *Don Quichotte* de Cervantès. Le Quichotte n'est plus un jeune homme. Il n'a à être ni initié ni éduqué, car il l'est déjà. Il a la tête farcie de récits de chevalerie, et son aventure est jalonnée par une série de heurts entre son univers imaginaire et la dure et prosaïque réalité. Jusqu'à l'effondrement final.

Si *le Rouge et le Noir* se limitait à cette lutte à mort d'un jeune homme aux mains nues contre le corps social, il serait certes une belle épopée moderne — la dimension politique remplaçant à l'époque moderne la dimension historique et nationale de l'épopée classique — mais il lui manquerait une profondeur de vérité humaine. Julien est une superbe machine de guerre lancée contre le « système ». Il ne doit pas être que cela. Il doit connaître des trêves où il se retrouve lui-même, entouré d'un horizon serein, il doit y avoir aussi le soir de la bataille — bataille perdue, soir basculant dans la nuit sans espoir — où il peut enfin jeter sur celles qui l'ont aimé un regard pur de tout calcul.

Dans la montagne au-dessus de Verrières, il existe une grotte dominant la vallée où Julien se retire pour peu de temps. C'est pour lui un bain de solitude, de pureté, de vérité, un retour à la nature originelle et innocente, une rémission dans la lutte extérieure qui l'épuise, intérieure qui le ronge. « Pourquoi ne passerais-je pas la nuit ici ? se dit-il ; j'ai du pain et *je suis libre !*... Julien resta dans cette grotte plus heureux qu'il ne l'avait été de sa vie. » Cet épisode de la grotte est d'un très grand écrivain, parce qu'il donne une dimension nouvelle et très importante à tout le roman, et pourtant rien dans le caractère, les habitudes et les idées de Stendhal — homme de ville et de société — ne paraissait devoir le lui inspirer. On dirait que le roman lui-même a sécrété cette grotte, comme l'organe qui pouvait seul l'élever à une puissance supérieure.

Mais la grande rémission, celle qui va véritablement transfigurer Julien se situe après sa condamnation à mort, lorsque, tout étant perdu, il peut mettre bas les armes, c'est-à-dire ses calculs, son « devoir », son hypocrisie, son énergie, son ambition. Il reçoit son père et a la force de faire bonne figure devant l'ignoble cupidité que le vieil homme étale naïvement. Il reçoit également les deux femmes qu'il a aimées, et c'est pour Mme de Rênal, celle qui l'a trahi, celle à laquelle il doit sa ruine, qu'il ressent l'amour le plus vrai et le plus profond. Car il voit maintenant ce qu'il y a de forcé, de forcené dans le personnage de Mathilde. Au dernier moment, il se souvient de cette grotte où il fut libre et heureux de brefs instants, et il demande à y être inhumé. S'agissant de son exécution, on nous dit en une brève formule que « tout se passa simplement, convenablement, et de sa part sans aucune affectation ».

Cette simplicité sans affectation n'est pas le fait de Mathilde de La Mole. Au comble de l'exaltation, elle s'empare de la tête tranchée de son amant pour la baiser au front et l'inhumer de ses propres mains, refaisant le geste de Marguerite de Navarre le 30 avril 1574 pour son amant (l'ancêtre de Mathilde), Boniface de La Mole. Pour Mathilde, point de rémission.

Le Père Goriot, roman zoologique

Il y a des situations où le romancier sent lourdement tout l'avantage qu'a sur lui le critique littéraire ou le professeur de lettres. Quand il publie un roman par exemple et se voit exposé nu et sans défense au tir des juges, retranchés, eux, dans leur abstention et leur prétendue objectivité. Par un livre, un auteur se livre. Ce médiocre calembour va droit au cœur d'une vérité cruelle.

Mais si le romancier pour un moment échange sa plume contre celle du critique pour juger l'œuvre d'un confrère, voire pour commenter celle d'un grand aîné, pourra-t-il espérer une revanche ? Hélas non, car sa « qualité » de romancier lui colle à la peau, et l'expose à tous les griefs s'il se montre sévère ou risque seulement quelques réserves. Et s'il s'agit d'un grand chef-d'œuvre classique, quelle ne sera pas son intimidation ! Comment ne sera-t-il pas paralysé par la masse impressionnante et vénérable qu'il faut cerner, peser, voire évaluer !

Me voici donc en face de ce *Père Goriot,* l'une des œuvres majeures de Balzac, autant dire l'un des sommets de la littérature française.

J'en fais prudemment le tour.

Il a paru en prépublication dans *la Revue de Paris* de décembre 1834 à janvier 1835. C'est le premier roman où l'auteur applique le système des personnages communs à plusieurs œuvres. En l'écrivant Balzac a posé la première pierre de *la Comédie humaine.*

Ces considérations propres à nous écraser de respect rendent assez inattendue une constatation qui n'est pas aussi oiseuse qu'il peut paraître de prime abord. *Le Père Goriot* est un roman court, très court même comparé par exemple aux *Misérables* de Victor Hugo, au *Rouge et le Noir* de Stendhal ou à *Madame Bovary* de Flaubert. Son volume équivaut à la moitié de *Madame Bovary,* au tiers du *Rouge et le Noir,* au quart des *Misérables.* Cette relative brièveté rend encore plus imposante cette œuvre qui vaut non par son charme et sa subtilité, mais par sa puissance et sa complexité. Dans un même ordre d'idée, l'amateur de musique qui s'avise de chronométrer les symphonies de Beethoven n'est pas peu surpris de constater que la plus célèbre, la plus forte, la plus chargée d'arrière-plans métaphysiques — la Cinquième — est aussi l'une des plus brèves...

Le roman s'ouvre sur une dédicace :

Au grand et illustre Geoffroy Saint-Hilaire, comme un témoignage d'admiration de ses travaux et de son génie.

Voilà certes un génie tutélaire qu'on aurait tort d'oublier en lisant la suite. Étienne Geoffroy Saint-Hilaire (1772-1844), professeur de zoologie au Museum, se recommande à notre mémoire par plusieurs faits et découvertes remarquables. Il avait accompagné Bonaparte en Égypte, et c'est lui qui établit l'unité du monde animal, démontrant par exemple que le squelette de la tête des vertébrés supérieurs est formé d'un ensemble de vertèbres.

Mais que vient faire ce savant respectable en tête du *Père Goriot ?* Ne s'agirait-il pas d'une véritable clef ? C'est que Geoffroy Saint-Hilaire a de surcroît créé la ménagerie du Jardin des Plantes, et a su retrouver dans les formes bizarres des monstres les parties constituantes des êtres normaux. Cette dernière découverte le rapproche singulièrement de certains romanciers.

Quant à la zoologie et à la ménagerie, on ne peut nier qu'elles trouvent dans ce roman une sorte de transposition humaine. Les premiers éléments du « décor » nous sont présentés comme un véritable « biotope », auquel répond une certaine faune à son image : « Entre les buttes de Montmartre et les hauteurs de Montrouge... vallée de plâtras incessamment près de tomber et de ruisseaux noirs de boue... l'herbe croît le long des murs... les murailles y sentent la prison... » C'est au cœur de cette jungle d'un genre particulier que se trouve la pension Vauquer qui porte un écriteau semblable à celui des cages d'une ménagerie, « Pension bourgeoise des deux sexes et autres ». Quels sont ces autres sexes? La suite nous l'apprendra, car il est clair que chaque espèce animale possède son mode de reproduction et ses mœurs nuptiales. Mais quelle qu'elle soit, elle obéit à l'amour dont la statuette orne la cour de la pension avec cet avertissement :

Qui que tu sois, voici ton maître,
Il l'est, le fut, ou le doit être.

Naturellement la faune qui grouille dans ce trou présente tous les stigmates de la déchéance, de la misère et du vice. Mais il y a un point où la déchéance s'arrête, et qu'on pourrait appeler le point Geoffroy Saint-Hilaire. Car il n'y a de misère et de vice que pour l'être humain placé dans des conditions dégradantes. L'animal, au contraire, parfaitement adapté à son milieu, nous surprend par sa force et une certaine forme de bonheur.

Tels sont les habitants de la pension Vauquer, à la fois hommes et bêtes. Misérables en tant qu'hommes, leur bestialité les sauve. Après avoir détaillé les vêtements délabrés de ces hommes et de ces femmes, Balzac ajoute : « Si tels étaient les habits, presque tous montraient des corps solidement charpentés, des constitutions qui avaient résisté aux tempêtes de la vie, des faces froides, dures, effacées comme celles des écus démonétisés. Les bouches flétries étaient armées de dents avides. » Car si l'habit fait l'homme, la carcasse fait l'animal. On pourrait en dire autant de l'atmosphère morale de cette étrange ménagerie. Certes, les drames couvent, les passions dévorent les cœurs. Mais ces affectations toutes humaines se jouent à la surface d'un fond vital singulièrement robuste, insouciant, jovial, qui éclate en salves grossières, lorsque le repas réunit les fauves autour de la mangeoire commune.

Mais revenons à la force physique. Balzac s'inscrit ici dans une tradition ancienne qui a eu sa place privilégiée dans la peinture religieuse. La mauvaiseté d'un homme s'exprime par des formes athlétiques, des muscles énormes, une mâchoire de fauve. En outre, la force brutale des formes est soulignée par une couleur foncée, bistre, qui fait référence à un certain racisme, et suggère une appartenance à la terre. C'est vrai de Rubens à Gustave Doré. Parmi les apôtres, il est courant que Judas soit figuré comme le plus robuste. A l'inverse la sainteté irradie à travers un corps fluet, blanc, transparent, diaphane. Dans nombre de calvaires, le mauvais larron est plus musclé que le bon qui l'est lui-même davantage que le Christ. Bref un homme a d'autant plus de corps qu'il a moins d'âme. Convention à coup sûr arbitraire, et de surcroît dangereuse aux yeux des enfants, qui restent sensibles au prestige de la force physique et méprisent instinctivement la faiblesse du corps.

Cette force physique symbole de bestialité, nous la retrouvons chez les pires des pensionnaires de Mme Vauquer. La vieille demoiselle Michonneau a un visage (= âme) ravagé par le jeu des passions, mais son corps « conserve quelques restes de beauté ». Sous la faiblesse d'un vieillard épuisé se dissimule en Goriot une force surprenante. Rastignac la découvre comme un secret honteux en observant par le trou de la serrure le bonhomme occupé à broyer pour le vendre le vermeil d'une soupière. Or il s'acquitte de ce dur travail « avec une facilité merveilleuse » et le jeune homme s'écrie : « Il serait donc aussi fort que l'était Auguste, roi de Pologne ? »

Mais c'est Vautrin qui illustre de la façon la plus écrasante l'équation muscle = crime. Deux traits physiques le poussent plus loin que les autres dans la bestialité. A sa force colossale s'ajoutent en effet le poil et la rousseur. Il teint ses favoris, mais ses mains épaisses s'adornent à chaque phalange de « bouquets de poils touffus et d'un roux ardent ». La rousseur, encore un détail qui dans la peinture traditionnelle caractérise le mauvais, le maudit, à commencer bien entendu par Judas l'Iscariote. Comme la force de Goriot, la rousseur de Vautrin est secrète, et elle n'est dévoilée que lors de son arrestation. On lui arrache sa perruque. Apparaissent alors « des cheveux rouge brique et courts qui lui donnaient un épouvantable caractère de force mêlée de ruse ». Aussitôt ses yeux se mettent à briller « comme ceux d'un chat sauvage », il rugit comme un lion. Enfin une marque indélébile — les lettres du bagne imprimées au feu sur son épaule — authentifie tous ces attributs zoologiques et leur donne leur véritable signification. Comme Tartufe à la fin de la comédie de Molière, la nature foncièrement mauvaise de Vautrin est attestée par l'apparition du signe maudit dans sa chair.

Il convient de réfléchir à cette étrange philosophie qui relie l'homme à l'animal d'une façon encore plus sommaire et étroite que la voie plus ou moins métaphorique du *Roman de Renard* ou des *Fables* de La Fontaine. Que signifie cette sorte de zoologie humaine ?

Pour bien la comprendre, il faut remonter un peu dans l'abstrait, et jusqu'aux principes mêmes de la biologie.

L'un des débats les plus fondamentaux qui opposent les biologistes concerne la place qu'il convient d'accorder dans le comportement humain respectivement à l'hérédité et au milieu. Un être vivant, c'est une constitution héréditaire en promenade, le temps d'une vie, dans divers milieux, et rien de plus. Tout ce qui en l'homme ne vient pas de l'hérédité vient du milieu, et inversement.

Or ces deux sources de comportement sont très différentes. L'hérédité est une fatalité. Elle n'a pas été choisie, et rien — jusqu'à nouvel ordre — ne peut la modifier. Le milieu en revanche présente une plasticité bien remarquable. Non seulement on peut changer *de* milieu au cours d'une existence, mais surtout on peut changer *le* milieu où on se trouve. La supériorité de l'homme sur l'animal, c'est que l'homme adapte son milieu à ses besoins et à ses aspirations — en défrichant, plantant, bâtissant, etc. — alors que pour l'animal le milieu donné une fois pour toutes est presque aussi rigide que l'hérédité. C'est pourquoi les philosophes et les biologistes politiquement de droite, qui mettent tout sur le compte de l'hérédité, professent en même temps un pessimisme assez noir et annoncent de prochaines apocalypses. Alors qu'une pensée de gauche, parce qu'elle est faite d'optimisme et d'espérance, pose en postulat que tout l'homme se déduit du milieu où il baigne depuis sa naissance. Changez ce milieu — chose possible après une révolution politique de gauche — et l'homme lui-même sera changé.

En quoi ces considérations éclairent-elles les personnages noirs de Balzac et, au premier chef, Vautrin ? C'est que la marque du bagne, doublement cachée puisqu'il faut déshabiller Vautrin et frapper d'une claque l'emplacement idoine de son épaule pour la faire apparaître en rouge, ce stigmate infamant est comme le symbole d'un gène héréditaire fatal et ineffaçable. Le personnage de Vautrin, par ses attributs animaux et cette tache indélébile, résulte tout entier de son bagage héréditaire. D'ailleurs nous ne savons guère d'où il vient, comment il est devenu le malfaiteur invétéré que nous découvrons et qui cherche à corrompre le jeune Rastignac. Ce que nous suggère

Balzac, c'est qu'il est né comme cela, d'un bloc, comme on naît tigre ou éléphant.

Pour rendre sa mauvaiseté encore plus viscérale, Balzac fait de Vautrin un homosexuel. On nous dit qu'il n'aime pas les femmes, qu'il s'est sacrifié à un jeune malfaiteur italien très beau, on nous le montre entourant Rastignac d'une cour dangereusement séduisante. Il échoue, car le jeune homme appartient au fond à la même race que lui, celle des chasseurs, des prédateurs, et non, comme Lucien de Rubempré, à celle des proies. Mais avant de suivre les policiers qui l'arrêtent, il lui fait de tendres adieux.

Or, pour Balzac, l'homosexualité est doublement maudite : elle éloigne à la fois du ciel et de la terre. Elle fait de l'homme l'ennemi des femmes, double aberration, car d'une part les femmes incarnent l'ordre social, et c'est par elles que les jeunes provinciaux « arrivent ». Elles sont d'autre part ce qu'il y a de meilleur dans l'humanité, ce qu'il y a de plus proche des anges. Et l'on verra Madame de Mortsauf dans *le Lys dans la vallée* incarner à elle seule ces deux aspects de la femme balzacienne.

Pour comprendre la nature biologique et presque zoologique de ce Vautrin, tout entier prisonnier de sa constitution héréditaire, il suffit de le comparer à un autre célèbre forçat évadé du roman français du XIXe siècle, le Jean Valjean des *Misérables* de Victor Hugo (1862). Nous savons tout sur les origines de Valjean, et que ce « criminel » a été entièrement fabriqué par des circonstances fortuites et injustes. Orphelin, il s'était consacré à la famille de sa sœur restée veuve avec sept enfants. Un hiver, à bout de ressources, il vole un pain pour que les petits ne meurent pas de faim. Arrêté, jugé, il est condamné au bagne. Rien de mauvais en lui, au contraire ! Jeté au fond du gouffre par les circonstances, il va donc lutter avec acharnement pour retrouver sa place parmi les honnêtes gens. Valjean est ainsi le produit du milieu tout autant que Vautrin est celui de l'hérédité et, en créant ces personnages, Victor Hugo se révèle romancier de gauche, comme Balzac s'était déclaré homme de droite.

Cela nous permet de revenir sur la constatation que nous faisions au commencement, touchant la relative brièveté du *Père Goriot*. Nul doute que cette brièveté tienne en partie à cette apparition d'un bloc des personnages, surgissant armés de tous leurs attributs constitutifs, comme des météores, alors qu'un Victor Hugo se croit toujours tenu d'épuiser la somme infinie des circonstances qui expliquent ses héros.

Il ne faut, certes, rien outrer. Les personnages de Balzac ne sont des blocs héréditaires que dans la mesure où ils se recrutent au plus bas de l'échelle des valeurs humaines. Vautrin qui correspond le mieux à cette définition est également le plus noir de la vaste population balzacienne, et pour ainsi dire le Prince des Ténèbres de *la Comédie humaine*. Mais à mesure qu'on s'élève dans la pyramide sociale, le bloc s'effrite, le milieu, les circonstances, l'Histoire, l'événement, bref l'ensemble des données fortuites et contingentes de la vie prennent de l'importance dans le cours des choses, et lui apportent la possibilité du choix et de la liberté.

Vautrin, Goriot, et même des larves secondaires comme Poiret, la Michonneau ou Madame Vauquer sont entraînés sans la moindre hésitation par la fatalité de leur caractère. Et cette fatalité est telle qu'en dépit de toute leur turpitude, ils conservent une sorte d'innocence, car la responsabilité de leurs actes ne dépasse guère celle des grands fauves qui chassent et qui tuent.

En revanche, on voit bien que Delphine et Anastasie, les filles de Goriot, sont responsables des choix qu'elles font, et qu'elles auraient pu agir autrement à l'égard de leur père. Quant à Rastignac, il trouve la force de dire non au plan criminel que lui propose Vautrin, et qui aurait pourtant fait de lui l'homme riche et établi dont il rêve. L'apologue du mandarin chinois que l'on peut tuer à distance par un simple acte de volonté que lui raconte Bianchon — lequel apparaît ici comme la voix de la conscience, et une sorte d'anti-Vautrin — illustre assez cette réalité du libre arbitre. Soulignons à ce propos tout ce que Raskolnikov, le héros du roman de Dostoïevski *Crime et Châtiment*, devra, trente ans plus tard, à ces débats du jeune Rastignac, débutant comme lui dans la grande ville grâce aux sacrifices d'une mère et d'une sœur provinciales.

Il faut reconnaître l'instinct génial de Balzac devançant une vérité scientifique qui ne devait apparaître aux biologistes que près d'un siècle et demi plus tard. Nous avons vu l'importance que revêt pour la science biologique le grand débat qui oppose les tenants de l'influence du milieu et ceux qui veulent mettre tout le vivant sur le compte de l'hérédité. Or les expériences les plus récentes aboutissent à la règle de partage suivante : plus un homme est évolué, épanoui, lucide, cultivé, moins il dépend de sa constitution et de son hérédité, plus il est accessible à l'influence des milieux qu'il traverse (et qu'il a en partie choisis). Cette loi a trouvé une illustration particulièrement convaincante dans l'observation des jumeaux homozygotes.

Deux jumeaux vrais possèdent un même bagage héréditaire. Ils constituent donc un terrain privilégié pour le sujet qui nous occupe. En effet, si on les fait grandir dans des milieux différents, on peut poser sans risque d'erreur grave que tout ce qui les distinguera dans leur comportement est à mettre sur le compte du milieu, tout ce qui sera identique chez l'un comme chez l'autre découlera de leur commune hérédité. Or qu'observe-t-on ? On constate que des frères ou des sœurs homozygotes élevés séparément ont des comportements d'autant plus différents qu'ils grandissent et s'épanouissent davantage. Lorsqu'ils sont très petits les différences sont minimes, la similitude évidente. Mais à mesure qu'ils s'ouvrent à la vie, enregistrent des expériences, s'enrichissent au contact de leur entourage, construisent leur personnalité avec les matériaux qui leur viennent du dehors, ils s'affirment dans des sens différents, d'autant plus différents qu'il s'agit d'hommes ou de femmes plus sensibles, intelligents, cultivés.

Bref on ne donnerait pas une idée fausse des relations entre milieu et hérédité en disant que l'épanouissement de la personne est une conquête du milieu sur l'hérédité, du construit sur le donné, de la liberté sur la fatalité.

La vaste population de *la Comédie humaine* de Balzac — on a recensé 2 500 personnages dont 573 « reviennent » dans plusieurs romans — fournit l'illustration romanesque géniale de cette proposition.

Une mystique étouffée : *Madame Bovary*

Les historiens de la littérature s'accordent à assigner à *Madame Bovary* une origine bien déterminée. Flaubert a vingt-sept ans. Nous sommes en septembre 1848 à Croisset dans la propriété familiale où il vit avec sa mère depuis la mort, deux ans auparavant, de son père et de sa sœur Caroline. Flaubert sacrifie à une habitude bien enracinée chez les poètes et les romanciers de cette époque, mais qui paraît inconcevable aujourd'hui : il fait la lecture de son plus récent manuscrit à ses amis. Ce manuscrit, c'est la première version de *la Tentation de saint Antoine* (il y en aura deux autres). Les amis s'appellent Maxime Du Camp et Louis Bouilhet. Flaubert a en leur jugement une confiance totale. Le verdict est accablant. L'œuvre n'est qu'un salmigondis informe dans lequel l'auteur s'est laissé aller à toutes les outrances, toutes les aberrations du bas romantisme. Cela, c'est le diagnostic. Voici l'ordonnance : une cure de réalisme plat, minutieux, gris, gris poussière, gris cloporte. En somme, c'est la diète et l'eau minérale après la grande fête gastronomique. Louis Bouilhet va encore plus loin. C'est lui qui suggère à Flaubert — d'une docilité sans limite — de s'inspirer d'un fait divers proche dans le temps et l'espace, le suicide à Ris — un bourg normand — de l'épouse du médecin, une femme jeune, belle, exaltée, romanesque. « Hystérique », aurait décrété trente ans plus tard le terrible professeur Charcot dont Freud viendra suivre les cours en 1885 à la Salpêtrière.

Il est ainsi couramment admis que le plus célèbre roman de Flaubert — et peut-être de toute la littérature française — découle d'un trait de ces origines, selon une ligne qui part de l'ordonnance de Du Camp-Bouilhet, et mène à la description d'une société de cloportes en passant par un Flaubert résigné, passif, prêt à tout ce qu'on voudra. Les jugements portés ensuite sur le roman paraissent fortement influencés par ce schéma. Valéry s'avoue « peu séduit en Madame Bovary par sa vérité de médiocrité minutieusement reconstituée » et Montherlant n'hésite pas à écrire : « Flaubert manque de génie à un point incroyable... C'est un bœuf de labour avec un carnet de notes. » Il serait facile de citer d'autres réactions aussi négatives, non tant à ce livre lu d'un esprit libre qu'à l'étiquette « réaliste » dont on l'a affublé dès sa parution.

Tout cela tient-il ? La vie et l'œuvre de Flaubert sont-elles conformes à ces vues ? Nous croyons qu'il faut en douter.

D'abord la vie. Que fait Flaubert après la douche froide que ses amis viennent de lui administrer ? Va-t-il s'enfermer dans l'auberge de Yonville-l'Abbaye pour suivre sa cure de réalisme sordide ? Pas du tout. Il part au contraire pour un vaste et long voyage. En Afrique et au Moyen-Orient. Ce périple de près de deux ans (septembre 1849-juin 1851) va le mener à Venise, Alexandrie, Le Caire, Assouan, Jérusalem, Beyrouth, Damas, Constantinople, Athènes et Naples. Ce voyage ce n'est rien d'autre que *la Tentation de saint Antoine* vécue, passée directement du rêve à la réalité. Pendant ces vingt mois, il se gorge de splendeurs, d'outrances, d'orgies, de grandeurs barbares. Il ne laisse passer ni un palais ni un lupanar. De retour, est-il au moins rassasié de « bas romantisme » ? Va-t-il maintenant se mettre enfin au pain sec et à l'eau pour écrire un rapport de police sur une affaire de mœurs villageoise ? Voici ce qu'il écrit de Rome à Louis Bouilhet — l'un de ses deux « juges » — en date du 9 avril 1851 : « Je deviens fou de désirs *effrénés,* j'écris ce mot et je le souligne. Un livre que j'ai lu à Naples sur le Sahara m'a donné envie d'aller au Soudan avec les Touaregs, qui ont toujours la figure voilée comme des femmes, pour voir la chasse aux nègres et aux éléphants. Je rêve bayadères, danses *Phrénétiques,* et tous les tintamarres de la couleur. Rentré à Croisset, il est probable que je vais me fourrer dans l'Inde et dans les grands voyages d'Asie. Je boucherai mes fenêtres et je vivrai aux lumières. J'ai des besoins d'orgies poétiques... »

C'est le 26 septembre de la même année qu'il commence *Madame Bovary.* Va-t-il se vouer désormais au réalisme le plus plat ? L'œuvre lue sans préjugés répond non avec une parfaite netteté. Non, ce roman n'est pas une histoire de cloportes racontée par un entomologiste. Certes il y a du gris, il y a de la cendre. Mais sous cette cendre, quel feu ardent et secret ! Ce n'est certes pas un livre de flammes et de stridences. Flaubert sait trop ce qu'est la France, la Normandie bocagère en ce milieu du XIXe siècle. Mais le voile de médiocrité qui recouvre tout laisse paraître par de larges déchirures des abîmes noirs et dorés.

Parlons d'abord des personnages secondaires. Voici Justin, l'élève en pharmacie de Homais, un arrière-cousin pris par charité et qui sert en même temps de domestique. C'est l'ancêtre à la fois du Petit Chose de Daudet et de Poil de Carotte de Renard. Emma n'a pas un regard pour cet adolescent timide et humilié. Mais lui, il l'aime, il la boit des yeux. Ses déshabillés, dans lesquels elle se montre à lui sans retenue, le brûlent et le désespèrent. Dans le drame de la fin, il va jouer un rôle terrible et symbolique, le petit Justin. C'est à lui qu'il incombe d'ouvrir à Emma le « capharnaüm » de la pharmacie où se trouve l'arsenic. Il la voit manger la poudre blanche à pleine poignée, et il ne peut rien, il reste le complice-témoin de l'acte de mort. Sa dernière apparition nous le montre sanglotant seul, la nuit, sur la tombe d'Emma. Médiocre, froid, gris ce personnage d'adolescent ? Ardent au contraire, tragique, bouleversant !

Non moins saisissante, la silhouette du mendiant aveugle dont le masque se crève de deux orbites ensanglantées et purulentes. Il poursuit de ses chansons d'amour éraillées l'Hirondelle, la diligence qui fait la navette entre Yonville et Rouen, en troubadour hideux et grotesque de l'adultère.

Cet adultère possède son tentateur, l'homme fatal qui « profite » de la situation, souffle sur les braises et provoque la catastrophe finale. Ce diable masqué de bonhomie et de bon vouloir, c'est Lheureux, le marchand d'étoffe et de colifichets, toujours là quand on ne l'attend pas et quand Emma est prête à descendre encore une marche vers la déchéance. La férocité pateline de ce personnage, contrastant avec son innocent et frivole négoce, lui donne un relief dramatique d'auxiliaire de l'Enfer.

Mais bien entendu, c'est surtout à Homais que l'on pense lorsqu'on évoque la platitude désespérante de la faune humaine où se débat Emma Bovary. Flaubert, c'est évident, a détesté Homais qui incarnait pour lui le « frotté de science » épanoui dans ses certitudes primaires, la fleur du fumier petit-bourgeois, récompensé à la dernière ligne du roman — alors que la mort a balayé et Emma et Charles Bovary — par la dérisoire « croix d'honneur » du régime louis-philippard.

S'agissant de M. Homais, on se trouve devant le cas assez unique je pense dans les lettres d'un personnage dont il faut prendre la défense contre le parti pris hargneux de son propre auteur. (Mais n'est-ce pas vrai finalement de tout le roman, et les préventions auxquelles nous faisions allusion chez certains critiques et historiens des lettres, n'est-ce pas Flaubert lui-même qui les leur a soufflées ?)

On me pardonnera, je l'espère, d'évoquer ici un souvenir personnel et même familial. Mon grand-père a été près d'un demi-siècle pharmacien dans un village bourguignon assez comparable au total à Yonville-l'Abbaye[1]. Il détestait également Flaubert et Homais. Flaubert pour avoir rendu Homais systématiquement odieux, notamment par son anticléricalisme borné. Mon grand-père avait la foi du charbonnier et possédait son prie-Dieu à l'église de Bligny-sur-Ouche. Mais il reconnaissait en M. Homais un confrère consciencieux et respectable par sa compétence et l'ardeur avec laquelle il s'efforçait de compléter sa culture scientifique du fond de son village. Homais avait publié un mémoire sur le cidre, sa fabrication et ses effets. Il était abonné à des revues scientifiques et écrivait des articles dans *le Fanal de Rouen.* Visiblement Flaubert trouvait tout cela grotesque. On n'est pas obligé de partager son point de vue. Les hommes qui respectent le savoir et qui brûlent de s'instruire ne peuvent être ridicules. Molière se condamne lui-même en accablant M. Jourdain dont le seul crime est de prétendre à une culture d'aristocrate, alors qu'il est roturier et marchand de drap. Bouvard et Pécuchet, ces deux vieux garçons qui décident de mettre à profit les loisirs que leur donne un héritage pour acquérir une science encyclopédique, sont touchants et parfois même héroïques dans leurs efforts d'autodidactes. Flaubert s'acharne à les rabaisser.

Cette antipathie systématique qu'il manifeste à l'égard des sciences et des techniques relève d'une vieille tradition qui mérite qu'on s'y arrête. Il s'agit en somme d'un trait non pas même romantique, mais bas-romantique. Qui étaient Homais, Bouvard, Pécuchet ? Des héritiers du siècle des Lumières, des petits-fils de l'*Encyclopédie,* des épigones de Diderot et de d'Alembert. A cette ivresse conquérante qui s'empara des cerveaux dans la deuxième

1. Cf. *Le Vent Paraclet,* Gallimard éd.

moitié du XVIIIe siècle, un certain mouvement a opposé la force créatrice du sentiment, de l'irrationnel, voire de l'instinct. Ce fut, en France, Rousseau contre d'Alembert, en Allemagne, Jacobi contre Lessing. Cette tendance obscurantiste du romantisme l'a finalement emporté. Dans une curieuse préface au dictionnaire de Littré, Zola accable Victor Hugo qu'il accuse de répandre des ténèbres moyenâgeuses, alors que Littré ne croit qu'en la lumière du positivisme. (Mais il conclut assez drôlement sa diatribe par une simple constatation qui jette tout par terre : « Mais Littré, écrit-il, n'était pas un créateur. ») Or cet obscurantisme n'est pas un trait originel du romantisme. Les premiers romantiques allemands acceptaient l'héritage des Lumières en lui donnant un autre sens. Herder qui assigna deux modèles au jeune Goethe — la nature et Shakespeare — pensait trouver la clé de la philosophie dans la philologie, et celle de la poésie dans l'étude des chants et poèmes folkloriques. Mais c'est surtout Novalis le grand conciliateur de la science et de la poésie mystique. Le personnage d'Henri d'Ofterdingen est né de la fusion de son métier d'ingénieur des mines et de cette inspiration nocturne qui le faisait descendre jusqu'à la racine des choses. Plus tard le divorce entre savoir et lyrisme a été consommé par la deuxième génération romantique, celle de Byron et de Lamartine.

Malgré son refus du romantisme et par parti pris de « réalisme », Flaubert se rattache passionnément à ce courant romantique anti-scientifique. Son jugement sur le positivisme est foudroyant. Lisant l'*Essai de philosophie positive* d'Auguste Comte, il écrit : « Il y a là-dedans des mines de comique immenses, des Californies de grotesque. » (Lettre à Louis Bouilhet du 4 septembre 1850).

On trouvera d'autant plus caractéristique la façon dont il présente un véritable homme de science, le seul personnage du roman qui a droit à son respect et à toute son admiration. Il s'agit du docteur Larivière appelé en désespoir de cause au chevet d'Emma mourante. Ce pur savant baigne dans une lumière romantique qui lui donne des airs de saint, de mage, voire de mystique. « Il appartenait, nous dit Flaubert, à cette génération maintenant disparue de praticiens philosophes qui, chérissant leur art d'un amour fanatique, l'exerçaient avec exaltation et sagacité. » Une fois de plus le romantisme « rentré » se trahit sous un réalisme de surface.

Avec Charles Bovary, nous abordons le premier plan du roman. Dès les premières lignes, Flaubert n'épargne rien pour faire de lui un niais. Ses mésaventures d'écolier, sa mise, sa bêtise, sa paresse le vouent d'avance à un sort lamentable. Notons en passant une petite curiosité littéraire. Les critiques et exégètes de *Madame Bovary* n'ont pas manqué de souligner la phrase immense et articulée avec une gaucherie calculée qui décrit le dessert du banquet de noce de Charles et Emma, cette pièce montée ridicule et interminable apportée par un pâtissier d'Yvetot. Or, dès la deuxième page du roman, cette phrase-pièce-montée trouve une première ébauche dans la description de la casquette de l'écolier Charles Bovary, comme si Flaubert avait voulu se faire une première fois la main avant de réaliser le chef-d'œuvre du genre.

Donc Charles n'est qu'une nullité assez méprisable, le cocu né. Il touche le fond de l'abjection dans l'affaire du pied-bot. Cette opération du pied-bot d'Hippolyte, le valet de l'auberge du Lion d'Or, c'est une idée de Homais, et Charles s'y est laissé entraîner malgré lui. Le résultat catastrophique de l'intervention — une gangrène qui obligea un médecin du voisinage à venir amputer le malheureux Hippolyte — couvre Charles de ridicule. Emma en est encore plus humiliée que lui. Elle le hait passionnément d'être aussi médiocre, aussi nul, et sa colère, fouettée par les hurlements d'Hippolyte qu'on opère, la jette de plus belle dans les bras de son amant. Et sans doute Flaubert, fils de médecin élevé dans l'atmosphère de l'Hôtel-Dieu de Rouen, partage pleinement son mépris, lui qui n'a pas permis à Charles Bovary d'être un vrai médecin, et qui l'a fait seulement « officier de santé ».

Mais là aussi le personnage se montre à la fin plus fort que le parti pris de son propre auteur. Charles arrive à surmonter la bassesse où Flaubert s'acharne à l'enfoncer. Ce qui le sauve, c'est son amour pour Emma, un amour total, inconditionnel, absolu. Cela, Emma le sait mieux que personne, et la grandeur indiscutable, qu'un sentiment si pur et si fort confère à Charles, l'exaspère. Elle envisage de tout lui avouer, ses trahisons, la ruine où elle l'a acculé par ses folies. Mais elle ne sait que trop ce qui se passerait alors : « Ce serait un grand sanglot, puis il pleurerait abondamment, et enfin, la surprise passée, il pardonnerait...

— Oui, murmurait-elle en grinçant des dents, il me pardonnera, lui qui n'aurait pas assez d'un million à m'offrir pour que je l'excuse de m'avoir connue... Jamais, jamais !

Cette idée de la supériorité de Bovary sur elle l'exaspérait. »

Des quatre hommes qui auront aimé Madame Bovary — Charles, Justin, Rodolphe et Léon — seuls les deux premiers sont sublimes, et il est navrant qu'ils se soient ignorés et que rien ne les ait rapprochés après le drame. Quant à Charles, Flaubert s'est-il rendu compte qu'en l'accablant, en le ravalant si bas, en entourant de tant de médiocrité un cœur aussi pur et aussi ardent, il en faisait un type de héros de l'amour moins romanesque peut-être que Tristan ou Don Juan, mais à coup sûr plus universel ?

Il n'est guère possible d'aborder le personnage d'Emma indépendamment de ses deux amants, Léon et Rodolphe. C'est que les relations qu'elle entretient avec eux sont d'une extrême ambiguïté et jettent une lumière révélatrice sur sa psychologie. Notons-le en effet : la chute d'Emma est des plus paradoxales. Voici une femme qui habite un petit bourg où elle a rang de notabilité en sa qualité d'épouse du médecin. Or elle le trompe outrageusement, et non pas une fois ni deux, mais sous la forme de liaison longuement poursuivie. Elle se montre de moins en moins prudente, négligeant les précautions, les subterfuges. L'aveuglement de son mari est déjà extraordinaire, mais enfin il aime sa femme, il lui fait totalement confiance, et Flaubert n'a rien négligé pour nous persuader qu'il est stupide. On comprend moins bien celui de l'entourage, des voisins, de la famille Homais pourtant placée aux premières loges pour tout voir, tout entendre, tout comprendre. Dans ce petit bourg, aucun scandale, aucun commérage, pas un murmure. En vérité « l'inconduite » d'Emma aurait pu durer longtemps encore. Ce qui la perd, c'est autre chose, c'est l'argent. Car à l'opposé des usages — si l'on peut dire — c'est elle qui se ruine pour ses amants, et non eux pour elle. Nous avons affaire à une anti-Nana, la croqueuse de fortunes d'Émile Zola. La ruine d'Emma est un malheur d'homme. Et pas seulement sa ruine. Elle se conduit bien souvent à l'égard de ses amants comme un amant à l'égard de ses maîtresses. Certes Flaubert a eu garde d'en faire une Putiphar, une virago musclée conquérant le mâle à la force du poignet. Elle sort de ses pages fragile, nerveuse, coquette, parfumée, et jeune de surcroît, très jeune — elle doit mourir avant la trentaine. Mais enfin elle s'affiche avec une cigarette à la bouche, elle mène ses liaisons de main ferme, fait les avances, fixe les rendez-vous, court la nuit à travers champs pour faire irruption dans la chambre de l'élu, cherche vainement à enlever Rodolphe, et échoue devant sa veulerie, sa lâcheté. Et surtout, c'est elle qui paie, qui paie, qui paie sans relâche jusqu'à la culbute finale. A l'inverse, ses amants glissent sous son influence vers une sorte de féminité inconsistante, un « bovarysme » d'homme, tel Léon : « Il ne discutait pas ses idées, il acceptait tous ses goûts ; il devenait sa maîtresse plutôt qu'elle n'était la sienne. Où donc avait-elle appris cette corruption presque immatérielle à force d'être profonde et dissimulée ? »

Mieux que personne, Baudelaire semble avoir deviné cette virilité latente d'Emma, et que ce n'était qu'une illustration de plus de l'identification de Flaubert avec son héroïne. « Malgré tout son zèle de comédien, écrit Baudelaire, il n'a pas pu ne pas infuser un sang viril dans les veines de sa créature... Madame Bovary, pour ce qu'il y a en elle de plus énergique et de plus ambitieux, et aussi de plus rêveur, Madame Bovary est restée un homme. Comme la Pallas armée, sortie du cerveau de Zeus, ce bizarre Androgyne a gardé toutes les séductions d'une âme virile dans un charmant corps féminin[1]. »

C'est ici que prend tout son sens la réponse fameuse de Flaubert à qui l'on demandait où il avait pris le personnage d'Emma. « Madame Bovary, c'est moi ! » C'est lui, cela veut dire, c'est une âme ardente, mystique, éprise d'infini et de grandeur, étouffée sous le fumier d'une société mesquine et stupide. Madame Bovary, c'est Flaubert, retour de vingt mois d'ivresses africaines et orientales, rugissant de colère et pleurant de nostalgie sous le ciel bas de la pluvieuse et grasse Normandie.

Au demeurant, comment ne pas voir les échappées de feu qui jaillissent presque à chaque page de ce livre qu'on prétend uniformément gris cloporte ? Le cœur d'Emma « étant de tempérament plus sentimental qu'artiste, cherche des émotions, non des paysages ». Adolescente, elle lit Walter Scott, s'identifie à Marie Stuart, se croit un moment la vocation religieuse. D'ailleurs les références religieuses abondent tout au long de son histoire. Chacune de ses crises est suivie d'un élan mystique. Par une de ses volontés — qui n'est ni fantaisie ni blasphème gratuit (s'il y a blasphème, c'est sérieusement, et donc avec toute la foi

1. Œuvres complètes, « Bibliothèque de la Pléiade », tome II, p. 81.

religieuse que cela suppose) —, elle donne rendez-vous à Léon dans l'église Notre-Dame le jour où elle va lui céder. Suit l'épisode proprement fantastique du fiacre, cette errance hagarde de la « lourde machine » qui bringuebale, tous rideaux baissés, des heures durant, à travers les rues et les faubourgs de Rouen. On songe ici à l'éternelle et orageuse croisière de quelque vaisseau fantôme, condamné à ne jamais rentrer au port.

Oui, il y a du souffle et de la grandeur dans ce livre et, la dernière heure venue, on y voit même la sensualité la plus charnelle transfigurée par la grâce d'un rituel religieux. Je fais allusion à l'extrême-onction au cours de laquelle le prêtre oint ses yeux *qui avaient tant convoité toutes les somptuosités terrestres,* ses narines, *friandes de brises tièdes et de senteurs amoureuses,* sa bouche *qui s'était ouverte pour le mensonge, qui avait gémi d'orgueil et crié dans la luxure,* ses mains *qui se délectaient aux contacts suaves,* ses pieds, *si rapides autrefois quand elle courait à l'assouvissement de ses désirs.*

Cependant l'horrible troubadour lève ses orbites sanglantes et purulentes vers ses fenêtres en chantant ses refrains gaillards, comme un dernier et dérisoire appel.

On a voulu voir dans *Madame Bovary* la recherche d'une vérité littérale, banale, plate et triviale. Or il est bien vrai qu'une vérité s'y trouve, mais elle est éclatante et tonnante, comme dans tout grand livre, rendue seulement plus vive et plus dure par l'étroitesse du cadre provincial où elle est contrainte de passer. Flaubert avait donc le droit de dire « Ma pauvre Bovary souffre et pleure en ce moment dans vingt villages de France », et Dupanloup de voir dans ce roman « un chef-d'œuvre pour ceux qui ont confessé en province ». Et Thibaudet de reconnaître dans Homais le radical-socialiste anticlérical pressenti par une intuition géniale cinquante ans avant son apparition au premier plan de la politique française.

Mais ces révélations se sont en rien les résultats d'une

enquête patiemment poursuivie sur on ne sait quel terrain. Elles sont les retombées d'une vision profonde et violente du même ordre que celle d'où sortiront *Salammbô* et *la Légende de saint Julien l'Hospitalier.*

Nécessité et liberté dans les *Trois Contes* de Flaubert

Dernière œuvre achevée de Gustave Flaubert, ce petit livre est considéré parfois comme son chef-d'œuvre, voire, selon certains critiques, comme sa seule réussite incontestable. Compte tenu de l'importance et de l'ambition des grands romans antérieurs, ce jugement peut passer pour injuste, et il est souvent même malveillant dans son intention, au même titre que celui qui fait du *Rire* le chef-d'œuvre de Bergson, et de *Paludes* celui de Gide. On diminue hypocritement un auteur en faisant un cas excessif de la plus modeste de ses œuvres.

Il est cependant indiscutable que les *Trois Contes*, en dépit de leur dissemblance, possèdent en commun des traits qui les distinguent profondément des œuvres antérieures de Flaubert. Cette originalité est d'autant plus frappante que chacun des contes se rapproche, par son sujet et par l'époque où il se situe, de l'un des grands romans antérieurs. Il est clair que *Un cœur simple*, par son sujet contemporain et normand, se rapproche de *Madame Bovary*, cependant que *la Légende de saint Julien l'Hospitalier* fait songer à *la Tentation de saint Antoine*, et que *Hérodias* n'est pas sans affinité avec *Salammbô*. On ne dit rien — on dit même une sottise — quand on ajoute que, dans chacun de ces contes, Flaubert a eu la sagesse de se débarrasser de l'énorme documentation qui encombre le grand roman correspondant, et de réduire à une épure ce qui n'est ailleurs qu'un indigeste fatras. Le travail de reconstitution minutieuse qu'il a effectué en écrivant *Madame Bovary* ou *Salammbô* — comme d'ailleurs *l'Éducation sentimentale* — est inséparable du réalisme particulier de ces œuvres, et contribue fondamentalement à leur grandeur. Et ce n'est certainement pas un hasard si le plus fort de ces trois romans est aussi le plus « documenté », je veux parler de *Salammbô*. Mais ce n'est pas le lieu de le démontrer.

On est sans doute mieux inspiré en relevant la lueur d'espoir qui flotte sur les *Trois Contes*, et qui contraste avec le désespoir absolu des œuvres antérieures. Encore conviendrait-il — et c'est à cela que nous voudrions nous attacher — de corriger cette notion assez naïve et superficielle d'espoir qui n'autorise pas à parler d'optimisme, encore moins de *happy end*.

*

Félicité, la fidèle bonne de Mme Aubain, est revêtue comme d'une armure de diamant par la simplicité de son cœur. Contre cette armure invisible, rien ne peut prévaloir, ni le doute, ni l'ironie, ni le calcul. On le voit bien quand l'infâme Bourais ose se moquer de l'ignorance de Félicité. Son rire retombe sur lui comme un crachat, et d'ailleurs il est cruellement puni dans la suite, acculé au suicide par la découverte de ses malversations. Condamné à une mort infamante pour avoir ri de Félicité, en somme.

Mais la simplicité de Félicité n'exclut pas une évolution notable, une vraie histoire humaine, marquée comme il se doit par des crises et des renaissances. Elle aime successivement un homme, puis Virginie, la petite fille qui lui est confiée, son neveu Victor, enfin sa maîtresse — « qui cependant n'était pas une personne agréable » — mais la trahison et la mort frappent ces amours trop terrestres.

Chaque fois Félicité chancelle, pleure, se révolte, mais la vie finit par la reprendre. En vérité, c'était un amour d'une autre sorte, un amour mystique qui devait couronner cette humble vie, mais là aussi, il y a une évolution, des métamorphoses, des drames et des transfigurations.

Le perroquet Loulou ne rompt pas la continuité des amours de Félicité, car il apparaît vaguement comme la réincarnation du neveu Victor, le petit marin disparu justement en pays exotique. Puis s'instaure une période d'heureuse intimité entre la vieille fille et l'oiseau, mais ce bonheur terre à terre est brutalement interrompu par la disparition inexplicable de Loulou. Cet accident va amorcer la conversion à la transcendance des sentiments de Félicité. La recherche hagarde à laquelle elle se livre — et dont elle ne se remettra jamais — ressemble aux affres du mystique abandonné par Dieu dans la « nuit obscure ». Loulou reparaît aussi subitement qu'il avait disparu. Nouvelle crise — encore plus grave — quand il meurt. Mais après une période probatoire interminable — qu'il ne faut pas craindre de comparer à la descente aux enfers précédant et préparant la résurrection du Christ —, il revient superbement empaillé sur une branche, mordant une noix dorée. C'est le début d'une apothéose, grandement aidée par la ressemblance de Loulou et du Saint-Esprit figuré dans une image religieuse sous les espèces d'une colombe bariolée. Le triomphe de Félicité sera de faire incorporer Loulou au reposoir de la Fête-Dieu. Elle meurt pendant que la Fête-Dieu — devenue par ses soins Fête-Loulou — déroule ses fastes. Des flots d'encens montent vers l'oiseau empaillé, une foule s'agenouille pieusement devant lui...

L'empereur Hadrien ayant perdu Antinoüs, son petit favori bithynien, fonde en son honneur la ville d'Antinoopolis, lui érige un temple à Mantinée, institue des jeux en sa mémoire, couvre l'Empire de ses effigies, lui choisit une place parmi les astres. Il y a une certaine fonction de l'écriture — poésie et roman — qui n'est pas sans affinité avec cette entreprise de divinisation publique, et que l'on pourrait appeler l'*hadrianisation.* Par le poème ou le roman, l'écrivain impose à l'adoration des foules ce qu'il y a dans sa vie de plus ardent, de plus intime, et peut-être de moins avouable. L'histoire du perroquet Loulou, promu Saint-Esprit et proposé au culte des paysans et des bourgeois de Pont-L'Évêque par une vieille servante analphabète, est exemplaire à cet égard. L'œuvre de plus d'un auteur — de Maurice Scève à Jean Genet — relève de ce modèle.

*

La Légende de saint Julien l'Hospitalier est celui des trois contes qui échappe le plus au réalisme flaubertien. Dans *Un cœur simple,* l'imaginaire hante le réel avec une insistance croissante et n'en vient à bout que par le recours suprême, la mort de l'héroïne-témoin, possédée par l'obsession divine. Il n'en faut pas moins pour que Loulou déploie les ailes du Paraclet sur l'humanité en adoration. Dans *Hérodias,* au contraire, la réalité historique est de plain-pied avec la présence du Christ, et se trouve transfigurée par elle dans ses détails les plus médiocres. L'histoire de Julien en revanche se déroule tout uniment au niveau fabuleux, et, si le lecteur devait l'oublier, l'affleurement constant du merveilleux viendrait le lui rappeler. Telles ces apparitions prémonitoires — à la fois contradictoires et véridiques — qui annoncent le destin exceptionnel de Julien, ou cette atmosphère de rêve où baigne plus d'une scène (la chasse maudite), ou ces exagérations épiques (ces climats si chauds que les chevelures s'enflamment d'elles-mêmes comme des flambeaux), et surtout ce doigt de Dieu, partout à l'œuvre, qui guide la destinée de Julien.

Mais l'essentiel de la force de cette histoire vient d'un

tour particulier, unique peut-être dans l'histoire littéraire, qui consiste à emprunter son efficacité poétique et émotionnelle successivement à tel grand mythe classique, puis à tel autre, évoqué sous une forme subtilement travestie, méconnaissable, mais qui laisse néanmoins transverbérer son rayonnement. C'est ainsi que le meurtre par Julien de son père et de sa mère dans son propre lit conjugal — meurtre prédit, redouté, fui éperdument pendant des années — évoque la malédiction d'Œdipe dont il se distingue pourtant fondamentalement. De même plus tard, penché sur une fontaine, Julien se regarde et renonce à l'idée qu'il avait de se suicider, parce que le visage de vieillard qu'il voit est celui de son père. Épisode admirable qui tient à la fois de l'Anti-Narcisse et de l'Anti-Œdipe. Enfin comment ne pas voir dans la scène finale — la coucherie avec le lépreux — une fantastique inversion de l'acte sexuel, consommé dans un paroxysme de chasteté, l'amour-charité ayant brûlé jusqu'à la cendre l'amour sexuel ? Seule demeure l'extase de l'orgasme, mais à ce point sanctifiée, sublimée, transfigurée, et aussi élevée à une telle intensité, que l'on comprend que l'orgasme charnel n'est que l'ombre pâle et légère de l'étreinte mystique de l'âme par son créateur.

*

L'ordre dans lequel Flaubert a placé ses trois contes est remarquable. Pourquoi remonter le cours du temps au lieu de suivre l'ordre chronologique ? Peut-être parce qu'en se rapprochant des sources de notre civilisation, on voit diminuer régulièrement l'hiatus entre le réel et le mythe. Félicité transformant son perroquet empaillé en Saint-Esprit accomplit une démarche où il y a du ridicule et de la folie. Il n'en fallait pas moins sans doute pour être une mystique à Pont-l'Évêque au milieu du siècle dernier. Le merveilleux écrasé par une réalité pesante et bornée ne peut percer que par un coup de force héroïque.

En revanche l'histoire d'Hérodias se confond avec l'origine même du christianisme. Les lueurs de vitrail qui enveloppent la légende de saint Julien sont ici inutiles, et l'on peut s'offrir le luxe d'un réalisme minutieux — aussi prosaïque dans son détail que celui d'*Un cœur simple* — parce qu'il y a, en arrière-plan lointain et comme vue de dos, la silhouette de Jésus. Hérodias, c'est l'envers des Évangiles, l'origine de Jésus, mais du point de vue des puissants du moment et des lieux. Il s'agit, certes, du destin de saint Jean-Baptiste, mais ce destin est tout entier contenu dans la formule négative « Pour qu'il croisse, il faut que je diminue », de telle sorte qu'on ne nous montre la croissance de Jésus que sous l'angle de la décroissance de saint Jean-Baptiste.

Les traits prosaïques du troisième conte sont ainsi portés par une force mythique irrésistible, et ils prennent une valeur incomparable, comme, dans certains tableaux, des objets domestiques transfigurés par la lumière rasante d'un soupirail ou du soleil couchant. La puérile et ignorante Salomé zézaie et, sur le point de prononcer la phrase qui va sceller le destin du Baptiste, elle a oublié le nom de Iaokanann. Mais c'est sans doute dans la dernière phrase du conte — cette tête trop lourde que les trois messagers doivent porter alternativement — que retentit avec le plus de violence et d'efficacité le choc du détail trivial et de la grandeur mythique.

*

Valéry déplorait la passivité, la stérilité du saint Antoine de la *Tentation*. « Ses réactions sont d'une déconcertante faiblesse... il ne cède, ni ne résiste, il attend la fin du cauchemar pendant lequel il n'aura su que s'exclamer assez médiocrement de temps à autre. » (Il est vrai que Valéry ajoute entre parenthèses : « Peut-être est-il ainsi plus " vrai ", c'est-à-dire plus semblable à la plupart des hommes ? Ne vivons-nous pas un rêve assez effroyable et tout absurde, et que faisons-nous ? ») Mais Valéry se trompe sans doute lorsqu'il regrette que cette abominable mascarade ne tire pas d'Antoine des *réponses* qui soient à sa mesure. (Dans le cas du Christ tenté par Satan, le même déséquilibre existe, mais cette fois en sens inverse : ce sont les réponses du Christ qui sont grandioses, et les tentations qu'elles rebutent nous paraissent en comparaison bien niaises et indignes du Prince des Ténèbres.) Antoine aurait mieux à faire qu'à « répondre » à la mascarade, il pourrait s'apercevoir qu'il en est l'auteur. Ainsi à ce héros par trop passif, nous pouvons opposer des personnages qui jouent un rôle décisif dans la mascarade, ou mieux encore qui la tirent d'eux-mêmes. Dès lors, au lieu d'être ballottés et abasourdis par un carnaval étrange — pour reprendre les termes de la prière de M. Teste — ils participent, à demi conscients, à demi complices, à une tribulation qui n'est autre que leur propre destin.

C'est par cette notion de destin que les trois personnages centraux des *Contes* se distinguent des autres héros de la comédie flaubertienne. Félicité prend sur elle de métamorphoser Loulou en Saint-Esprit, saint Julien tue son père et sa mère pour forcer l'entrée d'une destinée qui s'achèvera dans les bras du Christ, Hérodias en faisant mourir Iaokanann précipite l'avènement du Messie. En comparaison Mme Bovary, saint Antoine et Salammbô sont des âmes perdues qui flottent le temps d'une vie sur un marécage d'absurdités avant de s'y engloutir. Point de sens ni d'accomplissement dans leur pitoyable histoire. S'ils disparaissent sans comprendre, ce n'est pas faute d'intelligence, c'est qu'il n'y avait rien à comprendre. On a donc raison d'écrire que dans les *Trois Contes* Flaubert avait surmonté le pessimisme de ses œuvres antérieures. Mais il ne faut pas s'arrêter à cette notion d'*espoir*, faible et au demeurant inadéquate dans ces vies tragiques où tout paraît avoir été dicté par une nécessité métaphysique. Si le pessimisme est dépassé ici, c'est parce que chacun des héros des contes est l'auteur de sa propre histoire ou le co-auteur de l'Histoire, ce qui n'exclut nullement au demeurant qu'elle le surprenne, le choque et le blesse, mais alors cette surprise, ce choc, cette blessure lui aura été infligée par lui-même et sera un peu du même ordre que le désarroi d'un jeune garçon ou d'une jeune fille face à l'épanouissement de sa puberté.

On pourrait exprimer plus brièvement la même idée en observant que la présence de Dieu est le trait commun des trois contes — au demeurant si disparates — et que le paradoxe divin, selon le mot de Hegel, n'est autre que la réconciliation de la nécessité et de la liberté.

Émile, Gavroche, Tarzan

A la charnière du XVIIe et du XVIIIe siècle s'amorce une révolution dont plus d'un trait annonce lointainement à la fois la Révolution et le romantisme. Et il n'est pas exagéré d'écrire que l'enfant est le témoin privilégié des changements qui bouleversent les idées et les mœurs. Pour comprendre d'emblée le nouveau point de vue qui va mettre un siècle à s'imposer, allons tout de suite au bout du chemin à parcourir, quitte à revenir ensuite en arrière pour en examiner les étapes. Cet aboutissement, c'est l'*Émile* de Jean-Jacques Rousseau qui est de 1762 et dont les premières lignes sont la clé de la révolution en cours : « Tout est bien sortant des mains de l'Auteur des choses, tout dégénère entre les mains de l'homme. Il force une terre à nourrir les productions d'une autre, un arbre à porter les fruits d'un autre ; il mêle et confond les climats, les éléments, les saisons ; il mutile son chien, son cheval, son esclave ; il bouleverse tout, il défigure tout, il aime la difformité, les monstres ; il ne veut rien tel que l'a fait la nature, pas même l'homme ; il le faut dresser pour lui, comme un cheval de manège ; il le faut contourner à sa mode, comme un arbre de son jardin. »

En un mot, comme nous l'avons déjà dit à propos d'Henri de Campion, pour l'esprit classique, la nature est mauvaise, et mauvais l'enfant qui représente en quelque sorte l'homme naturel, frais émoulu des mains de la nature. C'est à la société — source de toutes les valeurs — qu'il incombe de prendre en main le petit animal humain, pourri de mauvais instincts, afin d'en faire dans la patience et la douleur un homme digne de ce nom, c'est-à-dire un chrétien et un sujet du roi.

Jean-Jacques Rousseau, préparé par plusieurs générations de penseurs et de critiques, renverse les termes de ce schéma : la nature est bonne, la société est mauvaise. Donc l'enfant est bon, l'adulte, perverti par la voie sociale, est mauvais. On conçoit qu'il ne lui fallut pas moins d'un livre de six cents grandes pages pour tirer les conclusions que ce bouleversement entraînait sur le plan pédagogique.

Mais remontons aux sources de cette révolution des idées, l'une des plus radicales sans doute qu'ait connues notre société. Son ressort profond est la lente et irrésistible montée de la bourgeoisie, et le recul concomitant de l'aristocratie. Or, sur le point précis qui nous intéresse, la grande originalité du bourgeois est facile à définir : c'est un homme qui aime ses enfants et qui entend vivre avec eux. Georges Snyders [1] a rassemblé autour de cette constatation une foule de documents qui illustrent parfois plaisamment l'effarement de l'aristocratie en face de ce phénomène incompréhensible. Déjà le cardinal de Retz dans ses *Mémoires* donnait un « truc » infaillible pour se faire bien voir d'une famille bourgeoise (cela pouvait être utile pour se faire prêter de l'argent) : il faut feindre de s'intéresser aux enfants. « Je me fis donc connaître à cette sorte de gens, trois ou quatre mois durant, avec une application toute particulière, et il n'y avait point d'enfant au coin de leur feu à qui je ne donnasse toujours en mon particulier quelque bagatelle. Je connaissais Nanon et Babet. » Dans *le Roman Bourgeois*, Furetière s'indigne de

1. Georges Snyders, *la Pédagogie en France aux XVIIe et XVIIIe siècles* (P.U.F. éd.).

la complaisance des bourgeois à l'égard de leur marmots. On est en visite, et il n'y pas de raison d'interrompre l'entretien, « si ce n'eut été qu'un petit garçon vint à sa sœur Javotte demander tout haut en sa langue de petit enfant quelques pressantes nécessités. Cette conversation fut ainsi interrompue, et quand elle aurait été mille fois plus sérieuse, elle ne l'aurait pas été moins, car c'est la coutume de ces bons bourgeois d'avoir toujours leurs enfants devant les yeux, d'en faire le principal sujet de leur entretien, d'en admirer les sottises et d'en boire toutes les ordures. » Certains membres de l'aristocratie au contraire sont assez lucides pour faire l'autocritique de ses idées et de ses mœurs familiales. « Nous sommes parvenus à une trop malheureuse délicatesse, déplore Montesquieu. Tout ce qui a quelque rapport à l'éducation des enfants, aux sentiments naturels, nous paraît quelque chose de bas et peuple. Nos mœurs sont qu'un père et une mère n'élèvent plus leurs enfants, ne les voient plus, ne les nourrissent plus. Nous ne sommes plus attendris à leur vue ; ce sont des objets qu'on dérobe à tous les yeux ; une femme ne serait plus de bel air, si elle paraissait s'en soucier. » Plus passionné, Bernardin de Saint-Pierre met le doigt sur la plaie et appuie de toutes ses forces : « Si les pères battent les enfants chez nous, c'est qu'ils ne les aiment pas ; s'ils les mettent en nourrice, dès qu'ils sont venus au monde, c'est qu'ils ne les aiment pas ; s'ils les envoient, dès qu'ils grandissent, dans des pensions et des collèges, c'est qu'ils ne les aiment pas ! »

Cependant mille petits changements annoncent un bouleversement. Dans la distribution des maisons par exemple, on renonce aux immenses salles à usage indéterminé des demeures aristocratiques pour multiplier les petites pièces, plus intimes, plus chaleureuses, dont l'aménagement est personnalisé. Le thème de l'œuf, fondamental dans une psychanalyse de la maison familiale, est nettement explicité par un contemporain

(S. Mercier) : « Nos petits appartements sont tournés et distribués comme des coquilles rondes et polies, et l'on se loge avec clarté et agrément dans des espaces ci-devant perdus et gauchement obscurs. »

Plus caractéristique est la révolution qui intervient au même moment dans la façon d'habiller les enfants. L'âge classique ne sait habiller un enfant que comme un adulte. La vérité, c'est qu'il ignore qu'il y a des enfants. Il ne connaît que des petits hommes, c'est-à-dire des sous-hommes. Dans les classes sociales populaires, l'enfant est vêtu avec des effets d'adultes usagés, grossièrement retaillés à sa mesure. L'enfant aristocratique est engoncé dans des habits faits pour lui, mais en tous points identiques à ceux des adultes. Dès l'âge de sept ans, il est poudré et il porte pourpoint, manchettes, chausses, haut-de-chausses, manteau, chapeau et une mignonne épée au côté gauche. Les petites filles sont caparaçonnées dans de lourdes robes de brocart qu'aggrave dans les grandes occasions une « considération », sorte de panier de fer bourré de crin. Leurs cheveux, soigneusement disposés, se chargent d'un échafaudage de faux cheveux, chapeau, gaze, rubans, fleurs et plumes.

Les petits garçons seront les premiers à profiter des idées nouvelles. Après des tâtonnements dont il est intéressant de suivre le détail [1], on s'oriente dès le milieu du XVIIIe siècle vers le costume des gens de mer, pantalon descendant jusqu'à mi-cheville et veste courte, à quoi s'ajoutera éventuellement un bonnet napolitain. On ne saurait trop méditer les voies qui vont faire quelques décennies plus tard de ces trois pièces de vêtement enfantin l'uniforme révolutionnaire des sans-culotte : pantalon, carmagnole et bonnet phrygien. L'enfant est-il un être à ce point subversif qu'on cherche instinctivement à se

1. Georges Snyders, *op. cit.*

rapprocher de lui quand on se propose de culbuter l'ordre établi ?

Bientôt la littérature accompagne, suit et précède l'apparition de ce nouveau venu sur le théâtre social, l'enfant. Diderot s'émeut devant « la franchise, la liberté, les sauts, les cris, l'impétuosité, les cheveux ébouriffés, les vêtements déchirés ». Prenant l'exact contre-pied des idées classiques, Voltaire — pour une fois d'accord avec Rousseau — répète que l'enfant est naturellement bon, que le mal s'attrape comme une maladie, s'apprend comme une mauvaise leçon. « L'homme n'est point né méchant ; il le devient comme il devient malade. » Un mot va devenir inséparable désormais de l'idée d'enfant — et pour longtemps, pour toujours, semble-t-il — c'est celui d'innocence.

Le chantre par excellence de l'innocence enfantine en cette fin du XVIIIe siècle va être le doux Bernardin de Saint-Pierre qui nous décrit en ces termes les premières années de Paul et de Virginie :

« Ils étaient ignorants comme des créoles et ne savaient ni lire, ni écrire. Ils ne s'inquiétaient pas de ce qui s'était passé dans des temps reculés et loin d'eux : leur curiosité ne s'étendait pas au-delà de cette montagne. Ils croyaient que le monde finissait où finissait leur île ; et ils n'imaginaient rien d'aimable où ils n'étaient pas. Leur affection mutuelle et celle de leurs mères occupaient toute l'activité de leurs âmes. Jamais des sciences inutiles n'avaient fait couler leurs larmes, jamais les leçons d'une triste morale ne les avaient remplis d'ennui. Ils ne savaient pas qu'il ne faut pas dérober, tout chez eux étant commun ; ni être intempérants, ayant à discrétion des mets simples ; ni menteurs, n'ayant aucune vérité à dissimuler. On ne les avait jamais effrayés en leur disant que Dieu réserve des punitions terribles aux enfants ingrats ; chez eux l'amitié filiale était née de l'amitié maternelle. On ne leur avait appris de la religion que ce qui la fait aimer ; et s'ils n'offraient pas à l'église de longues prières, partout où ils étaient, dans la maison, dans les champs, dans les bois, ils levaient vers le ciel des mains innocentes et un cœur plein d'amour de leurs parents. »

Il ne faut pas se hâter de sourire de ce tableau, ni d'évoquer la fameuse « niaiserie alpestre » dont parle André Gide. Bernardin de Saint-Pierre n'a que le tort — assez méritoire au fond — de plonger ses « innocents » en pleine réalité, et pour ce faire de les situer dans l'île de France (île Maurice), cadre concret plausible. Le romantisme ne s'embarrassera pas de tant de scrupules, et conférera d'un coup une dimension transcendante à l'innocence, en inventant l'angélisme enfantin.

Mais il faut revenir au grand patron en toute cette affaire, à celui qui cristallisa et codifia les idées qui s'exprimaient sporadiquement depuis bientôt un demi-siècle, et qui les porta si loin que personne encore ne l'a suivi jusqu'au bout. Puisque, selon Jean-Jacques Rousseau, la société est mauvaise et l'enfant bon, l'essentiel de sa pédagogie se présente logiquement sous un aspect négatif. Il s'agit de protéger l'enfant de l'influence corruptrice de la société. « La première éducation doit donc être purement négative. Elle consiste non point à enseigner la vertu, ni la vérité, mais à garantir le cœur du vice et l'esprit de l'erreur... C'est pourquoi... je veux élever Émile à la campagne, loin de la canaille des valets, les derniers des hommes après leurs maîtres ; loin des noires mœurs des villes, que le vernis dont on les couvre rend séduisantes et contagieuses pour les enfants ; au lieu que les vices des paysans, sans apprêt et dans toute leur grossièreté, sont plus propres à rebuter qu'à séduire... »

Isoler l'enfant de la société ? Voilà qui rappelle singulièrement l'un des principes fondamentaux de l'ancienne pédagogie ! Ainsi par des voies diamétralement opposées, on aboutit à des résultats analogues. Parce que l'enfant était foncièrement mauvais, les bons pères les cloîtraient derrière des murs qui n'étaient jamais assez épais à leur gré. Parce que l'enfant est foncièrement bon, Rousseau voudrait autant que possible le mettre à l'abri des miasmes de la société. Dans l'un et l'autre cas, on débouche sur la ségrégation de l'enfant, mais il est facile de vérifier que l'*apartheid* à la Rousseau ne va cesser de croître et d'embellir à travers tout le XIXe siècle et jusqu'à nos jours, de telle sorte que par « la faute à Rousseau », comme va bientôt chanter Gavroche, on s'éloignera toujours davantage d'une intégration heureuse et sans heurt de l'enfant dans la société.

Cependant il y a dans l'*Émile* la révélation d'une découverte sensationnelle, bouleversante, plus révolutionnaire à coup sûr que le sentiment de la nature ou le contrat social : c'est celle de l'enfant lui-même. Certes, on ne manque pas de textes antérieurs ou postérieurs à l'*Émile* où l'auteur s'enchante de la beauté de l'enfant, mais tantôt on y vante le charme d'un physique indécis, tantôt on énumère les promesses d'avenir contenues dans le petit être. Ainsi Colette, et ses fameuses « éclosions », ou tous ceux qui goûtent l'acidité du fruit vert, la verdeur de la rose en bouton, la fraîcheur piquante des petits matins. D'une seule phrase, J.-J. Rousseau fait justice de ce futurisme, et inaugure une vision totalement nouvelle de l'enfance : « Chaque âge, chaque état de la vie a sa perfection convenable, sa sorte de maturité qui lui est propre. Nous avons souvent ouï parler d'un homme fait ; mais considérons un enfant fait : ce spectacle sera plus nouveau pour nous, et ne sera peut-être pas moins agréable. » Incroyable et génial paradoxe qui nous invite à admettre et à décrire cet être apparemment monstrueux : *un enfant adulte !*

La « sorte de maturité propre » à l'enfant se situe selon Rousseau vers l'âge de douze ans. L'enfant de douze ans n'est plus un faisceau de virtualités, c'est le plein épanouissement d'un être sûr de lui et fort de son parfait équilibre. Rousseau décrit longuement, et avec une complaisance évidente, les douze ans de son Émile :

« Viens ! Il arrive, et je sens à son approche un mouvement de joie que je lui vois partager. C'est son ami, son camarade, c'est le compagnon de ses jeux qu'il aborde ; il est bien sûr en me voyant qu'il ne restera pas longtemps sans amusement ; nous ne dépendons jamais l'un de l'autre, mais nous nous accordons toujours, et nous ne sommes avec personne aussi bien qu'ensemble.

» Sa figure, son port, sa contenance annoncent l'assurance et le contentement ; la santé brille sur son visage ; ses pas affermis lui donnent un air de vigueur ; son teint, délicat encore sans être fade, n'a rien d'une mollesse efféminée ; l'air et le soleil y ont déjà mis l'empreinte honorable de son sexe ; ses muscles encore arrondis, commencent à marquer quelques traits d'une physionomie naissante ; ses yeux, que le feu du sentiment n'anime point encore, ont au moins toute leur sérénité native... »

Un être aussi parfait n'a cure de l'avenir, il est tout entier dans l'instant présent. Il est, écrit Rousseau, « tout entier à son être actuel, et jouissant d'une plénitude de vie qui semble vouloir s'étendre hors de lui ». Et Rousseau va jusqu'au bout de son idée d'enfant adulte. Une fois de plus, nous rencontrons le terrible problème de la mortalité infantile. Eh bien, si Émile meurt à douze ans, nul ne pourra dire qu'il n'a pas vécu, qu'il n'a pas pu atteindre son plein épanouissement :

« Il est parvenu à la maturité de l'enfance, il a vécu la vie d'un enfant, il n'a point acheté sa perfection aux dépens de son bonheur ; au contraire, ils ont concouru l'un à l'autre. En acquérant toute la raison de son âge, il a été heureux et libre autant que sa constitution lui permettait de l'être. Si la fatale faux vient moissonner en lui la fleur de nos espérances, nous n'aurons point à pleurer à la fois sa vie et sa mort, nous n'aigrirons pas nos douleurs au souvenir de celles que nous lui aurons causées. Nous nous dirons ; au moins il a joui de son enfance ; nous ne lui avons rien fait perdre de ce que la nature lui a donné. »

Il faut que cet état de grâce dure le plus longtemps possible. L'enfant épanoui est voué fatalement à une décrépitude qui s'appelle la puberté. Mauvaise fée, la puberté transforme en citrouille le carrosse qu'elle touche de sa baguette. L'équilibre moral se brise, la grâce physique s'enfuit. A ce malheur J.-J. Rousseau, l'inventeur de l'enfant adulte, est plus qu'un autre sensible. Il redoute singulièrement la précocité qu'il maudit comme la pire des disgrâces. « La nature veut que les enfants soient enfants avant que d'être hommes. Si nous voulons pervertir cet ordre, nous produirons des fruits précoces, qui n'auront ni maturité ni saveur, et ne tarderont pas à se corrompre ; nous aurons de jeunes docteurs et de vieux enfants. » Bien entendu, une puberté précoce est le fait de l'atmosphère empoisonnée des villes. A la campagne, ou mieux dans la montagne suisse, non seulement la puberté est tardive, mais on se prend à rêver vaguement d'une puberté différée à l'infini, d'une enfance éternelle :

« Dans les villes, dit Monsieur de Buffon, et chez les gens aisés, les enfants, accoutumés à des nourritures abondantes et succulentes, arrivent plus tôt à cet état ; à la campagne et dans le pauvre peuple, les enfants sont plus tardifs, parce qu'ils sont mal et trop peu nourris ; il leur faut deux ou trois années de plus. J'admets l'observation, mais non l'explication, puisque dans le pays où le villageois se nourrit très bien et mange beaucoup, comme dans le Valais, et même en certains cantons montueux de l'Italie, comme le Frioul, l'âge de la puberté dans les deux sexes est également plus tardif qu'au sein des villes... On est étonné, dans ces montagnes, de voir de grands garçons forts comme des hommes ayant encore la voix aiguë et le menton sans barbe, et de grandes filles, d'ailleurs très formées, n'avoir aucun signe périodique de leur sexe. Différence qui me paraît venir uniquement de ce que, dans la simplicité de leurs mœurs, leur imagination, plus longtemps paisible et calme, fait plus tard fermenter leur sang, et rend leur tempérament moins précoce. »

Il faut souligner que cette idée d'un « enfant adulte » est tellement révolutionnaire qu'à l'heure où nous sommes elle est encore bien loin de s'être imposée, même et surtout chez ceux qui se prétendent les spécialistes de l'enfance. Je n'en veux pour preuve que l'affreux concept par lequel les pédagogues désignent l'enfant à l'âge précisément de ce plein épanouissement. Ils l'appellent un « préadolescent ». C'est un peu comme si on convenait d'appeler les hommes de trente ans des « prévieillards »...

*

Le courant qui traversa tout le XVIIIe siècle, pour aboutir à l'*Émile* de J.-J. Rousseau, faisait de l'enfant l'*homme de nature*, privilégié, exemplaire certes, mais dépourvu de dimension transcendante. Ne retenant de ce naturalisme de l'enfance que le mot innocence, Victor Hugo va lui donner un tout autre sens en créant délibérément un *angélisme de l'enfance*. Il renoue d'une certaine façon avec les classiques qui attribuaient volontiers à l'enfant une relation privilégiée avec le surnaturel, mais alors qu'il s'agissait d'un surnaturel négatif, diabolique, on nous parle maintenant d'un surnaturel positif, divin :

> *Nul n'ira jusqu'au fond du rire d'un enfant ;*
> *C'est l'amour, l'innocence auguste, épanouie,*
> *C'est la témérité de la grâce inouïe,*
> *La gloire d'être pur, l'orgueil d'être debout,*
> *La paix, on ne sait quoi d'ignorant qui sait tout.*
> *Ce rire, c'est le ciel prouvé, c'est Dieu visible.*

Au siècle précédent, on trouvait l'enfant gentil, amusant, mignon Victor Hugo le juge majestueux, auguste, vénérable. Être sacré, représentant Dieu sur la terre et revêtu d'une dignité incomparable dès le berceau, il foudroie le mal autour de lui. Ainsi la petite Cosette âgée seulement de quelques mois.

« L'enfant ouvrit les yeux, de grands yeux bleus comme ceux de sa mère, et regarda, quoi ? rien, tout, avec cet air sérieux et quelquefois sévère des petits enfants qui est un mystère de leur lumineuse innocence devant nos crépuscules de vertus. On dirait qu'ils se sentent anges et qu'ils nous savent hommes. »

Le plus abominable de tous les crimes est celui qui a l'enfant pour victime. Véritable déicide, il attire sur le coupable un châtiment surnaturel. Dans *l'Aigle du casque*, l'assassin, Tiphaine, est un paroxysme de virilité adulte :

Ce Tiphaine est le lord sauvage des forêts ;
Pas un loup n'oserait l'approcher de trop près ;
Il s'est fait un royaume avec une montagne ;
...
C'est Tiphaine ; et les vents et les lacs et les bois
Semblent ne prononcer son nom qu'à demi-voix...

La victime, Angus, c'est au contraire l'enfance même :

Fanfares. C'est Angus.
Un cheval d'un blanc rose
Porte un garçon doré, vermeil, sonnant du cor,
Qui semble presque femme et qu'on sent vierge encor ;
Doux être confiant comme une fleur précoce,
Il a la jambe nue à la mode d'Écosse,
Plus habillé de soie et de lin que d'acier...

Le combat est affreusement inégal. Après s'être battu vaillamment et jusqu'à la limite de ses forces, le pauvre petit,

Tourna bride, jeta sa lance et prit la fuite.

Au fond d'un ravin, Tiphaine force Angus comme un faon. D'un revers de hache, il fauche les mains jointes qui se tendent vers lui, puis, traînant l'enfant par ses cheveux blonds dans une fondrière, il l'égorge. Le châtiment est terrible. L'aigle d'airain que Tiphaine porte sur son casque s'anime tout à coup et

... ainsi qu'un piocheur fouille un champ,
Comme avec sa cognée un pâtre brise un chêne,
Il se mit à frapper à coups de bec Tiphaine ;
Il lui creva les yeux ; il lui broya les dents ;
Il lui pétrit le crâne en ses ongles ardents
Sous l'armet d'où le sang sortait comme d'un crible,
Le jeta mort à terre et s'envola, terrible.

A d'autres enfants sont réservés des hauts faits d'armes, si prodigieux qu'il faut bien qu'il s'y mêle quelque chose de miraculeux. Quand Charlemagne, retour d'Espagne où il a perdu son neveu Roland et ses douze pairs, se présente devant Narbonne, aucun de ses compagnons survivants n'ose donner l'assaut à cette place forte redoutable. Les barons et les ducs les plus coriaces se récusent en face des murailles et des tours formidables de la citadelle. Elle sera prise pourtant, mais par le plus petit, par le plus faible, par Aymerillot :

Une espèce d'enfant au teint rose, aux mains blanches,
Que d'abord les soudards, dont l'estoc bat les hanches,
Prirent pour une fille habillée en garçon,
Doux, frêle, confiant, serein, sans écusson
Et sans panache, ayant, sous ses habits de serge,
L'air grave d'un gendarme et l'œil froid d'une vierge.

On notera, comme pour Angus, la référence obligée à la virginité, attribut inséparable de l'enfance dans la mythologie hugolienne. Cependant, à l'heure où Hugo écrit ces vers, Freud est déjà né qui restituera sa sexualité à l'enfant...

En cas de révolution, de guerre civile, la puissance de l'enfant éclate, comme celle d'un ange de la paix :

Il arrive parfois dans les temps convulsifs,
Quand tout un peuple écume et bat les sourds récifs,
Qu'un enfant brusquement, dans cette haine amère,
Blond, pâle, accourt, surgit, voit son père ou sa mère,
Fait un pas, pousse un cri, tend les bras, et, soudain,
Vainqueurs pleins de courroux, vaincus pleins de dédain,
Hésitent, sont hagards, comprennent qu'ils se trompent,
Sentent une secousse obscure, et s'interrompent,
Les vainqueurs de tuer, les vaincus de mourir ;
...
Sainte intervention ! Cette tête s'émeut
Au moindre vent, elle est frissonnante, elle tremble ;
Cette joue est vermeille et délicate ; il semble
Que des souffles d'avril elle attend le baiser,
Un papillon viendrait sur ce front se poser ;
C'est charmant ; tout à coup cela devient auguste,
Et terrible...
On croit voir une fleur d'où sortirait la foudre.

Cette foudre révolutionnaire qui sort d'une fleur, elle va s'incarner dans l'enfant le plus célèbre des lettres françaises, le petit Gavroche.

Avec Gavroche, nous passons de la poésie à la prose, et nous sentons la pression chez Hugo d'un grand souci de réalisme. Mais alors, comment concilier la fantastique mythologie pédophile de Hugo et la fidélité au réel ? D'abord en situant Gavroche *hic et nunc*. Ce *hic et nunc*, ce sera Paris autour des années 1830. Au demeurant Gavroche ne sera pas seulement un enfant dans la ville, il va être l'émanation même de Paris. « Si l'on demandait à l'énorme ville : qu'est-ce que cela ? Elle répondrait : c'est mon petit. » Innovation considérable, si l'on se rappelle que, pour J.-J. Rousseau, l'enfance ne répondait pleinement à sa vocation qu'à la campagne, loin des miasmes des villes. Il est vrai que l'enfant de Rousseau, être essentiellement *naturel*, ne possédait pas cette armure invisible, d'une dureté divine qui le protège, pas plus d'ailleurs que son rayonnement universel : « Le gamin exprime Paris, et Paris exprime le monde... Paris est le plafond du genre humain. »

Donc l'enfant du pavé parisien « a de sept à treize ans, vit par bandes, bat le pavé, loge en plein air, porte un vieux pantalon de son père qui lui descend plus bas que les talons, un vieux chapeau de quelque autre père qui lui descend plus bas que les oreilles, une seule bretelle en lisière jaune, court, guette, quête, perd le temps, culotte des pipes, jure comme un damné, hante le cabaret, connaît des voleurs, tutoie des filles, parle argot, chante des chansons obscènes, et n'a rien de mauvais dans le cœur. C'est qu'il a dans le cœur une perle, l'innocence, et les perles ne se dissolvent pas dans la boue. Tant que l'homme est enfant, Dieu veut qu'il soit innocent. »

On l'a compris, l'angélisme ne sera pas sacrifié au réalisme. Si les gamins tiennent des propos graveleux, c'est sans comprendre ce qu'ils disent : « Ils chantent ingénument des chansons malpropres. » D'ailleurs le poète a une théorie toute prête pour expliquer l'innocence de Gavroche : l'air de Paris possède une vertu purificatrice unique en son genre.

« Tous les crimes de l'homme commencent au vagabondage de l'enfant. Exceptons Paris pourtant... Tandis que dans toute autre grande ville, un enfant vagabond est un homme perdu, tandis que, presque partout, l'enfant livré à lui-même est en quelque sorte abandonné à une sorte d'immersion fatale dans les vices publics qui dévore en lui l'honnêteté et la conscience, le gamin de Paris, insistons-y, si fruste et si entamé à la surface, est intérieurement à peu près intact. Chose magnifique à constater, et qui éclate dans la splendide probité de nos révolutions populaires, une certaine incorruptibilité résulte de l'idée qui est dans l'air de Paris comme du sel qui est dans l'eau de l'océan. Respirer Paris, cela conserve l'âme. »

De ces étonnantes prémisses va découler le destin de Gavroche. Lorsque éclate l'insurrection, il devient l'âme goguenarde de la grande barricade de juin 1832. Il faut croire que le rôle des enfants fut remarquable pendant les Trois Glorieuses. Trente ans avant la parution des *Misérables,* Delacroix a peint un indiscutable Gavroche qui brandit deux pistolets à côté d'une Marianne aux seins nus. Chateaubriand y fait allusion dans ses *Mémoires d'outre-tombe.* Victor Hugo nous montre son Gavroche, ivre de lyrisme argotique, armé d'un vieux pistolet d'arçon sans chien. Il ne tuera pas ; en revanche, c'est lui qui sera tiré comme un lapin par les gardes nationaux, alors qu'il glane des munitions sur les cadavres pour les insurgés.

« Il se dressa tout droit, debout, les cheveux au vent, les mains sur les hanches, l'œil fixé sur les gardes nationaux qui tiraient, et il chanta :

On est laid à Nanterre
C'est la faute à Voltaire,
Et bête à Palaiseau,
C'est la faute à Rousseau.

» Puis il ramassa son panier, y remit, sans en perdre une seule, les cartouches qui en étaient tombées, et, avançant vers la fusillade, alla dépouiller une autre giberne. Là une quatrième balle le manqua encore. Gavroche chanta :

Je ne suis pas notaire,
C'est la faute à Voltaire,

Je suis petit oiseau,
C'est la faute à Rousseau.

» Une cinquième balle ne réussit qu'à tirer de lui un troisième couplet.

Joie est mon caractère,
C'est la faute à Voltaire,
Misère est mon trousseau,
C'est la faute à Rousseau.

» Cela continua ainsi quelque temps.

» Le spectacle était épouvantable et charmant. Gavroche, fusillé, taquinait la fusillade. Il avait l'air de s'amuser beaucoup. C'était le moineau becquetant les chasseurs. Il répondait à chaque décharge par un couplet. On le visait sans cesse, on le manquait toujours. Les gardes nationaux et les soldats riaient en l'ajustant. Il se couchait, puis se redressait, s'effaçait dans un coin de porte, puis bondissait, disparaissait, reparaissait, se sauvait, revenait, ripostait à la mitraille par des pieds de nez, et cependant pillait les cartouches, vidait les gibernes et remplissait son panier. Les insurgés, haletants d'anxiété, le suivaient des yeux. La barricade tremblait ; lui, il chantait. Ce n'était pas un enfant, ce n'était pas un homme ; c'était un étrange gamin fée. On eût dit le nain invulnérable de la mêlée. Les balles couraient après lui, il était plus leste qu'elles. Il jouait on ne sait quel jeu effrayant de cache-cache avec la mort ; chaque fois que la face camarde du spectre s'approchait, le gamin lui donnait une pichenette.

» Une balle pourtant, mieux ajustée ou plus traître que les autres, finit par atteindre l'enfant feu follet. On vit Gavroche chanceler, puis il s'affaissa. Toute la barricade poussa un cri ; mais il y avait de l'Antée dans ce pygmée ; pour le gamin, toucher le pavé, c'est comme pour le géant toucher la terre ; Gavroche n'était tombé que pour se redresser ; il resta assis sur son séant, un long filet de sang rayait son visage, il éleva ses deux bras en l'air, regarda du côté d'où était venu le coup, et se mit à chanter :

Je suis tombé par terre,
C'est la faute à Voltaire,
Le nez dans le ruisseau,
C'est la faute à...

» Il n'acheva point. Une seconde balle du même tireur l'arrêta court. Cette fois il s'abattit la face contre le pavé, et ne remua plus. Cette petite grande âme venait de s'envoler. »

En somme l'innocence de Gavroche se compose de trois propositions :

1. Gavroche est sexuellement innocent (tout comme Angus ou Aymerillot).
2. Gavroche ne tue pas.
3. Gavroche est tué par les soldats.

Il est intéressant de citer maintenant ces quelques lignes de Chateaubriand qui mettent en pièces en un remarquable raccourci les trois propositions de Hugo :

« Les enfants, intrépides parce qu'ils ignorent le danger, ont joué un triste rôle dans les trois journées : à l'abri de leur faiblesse ils tiraient à bout portant sur les officiers qui se seraient crus déshonorés en les repoussant. Les armes modernes mettent la mort à la disposition de la main la plus débile. Singes laids et étiolés, libertins avant d'avoir le pouvoir de l'être, cruels et pervers, ces petits héros des trois journées se livraient à des assassinats avec tout l'abandon de l'innocence. Donnons-nous garde par des louanges imprudentes de faire naître l'émulation du mal ! »

Ne dirait-on pas que Chateaubriand prévoyait la page des *Misérables* que nous avons citée, et s'efforçait à l'avance de la réfuter point par point et d'en conjurer le charme ?

Il est malheureusement probable que, sur le plan simple et brutal des faits, Chateaubriand ait raison contre Victor Hugo. Il n'en reste pas moins que la mythologie ayant fait son œuvre depuis un siècle, nous nous sentons aujourd'hui beaucoup plus proches de l'auteur des *Misérables* que de celui des *Mémoires d'outre-tombe.* Gavroche — et derrière lui Émile — ont conquis dans nos esprits et nos cœurs une place dont aucun démenti de l'expérience ne pourra jamais les déloger. Ils ont d'ailleurs eu une descendance. La grande ville étant assimilée — selon une métaphore courante — à une sorte de jungle humaine, Gavroche est tout à fait comparable au petit Mowgli des *Livres de la Jungle* (1894-1895) de R. Kipling. Les deux enfants, n'ayant ni famille ni domicile, jouissent d'une liberté égale. Cette liberté portera ses fruits, et on attendra d'eux une force, une audace, une mobilité, des connaissances incomparablement supérieures à celles de l'enfant bourgeoisement et confortablement élevé entre son père et sa mère. Ainsi le veut la logique romantique qui valorise le loup aux dépens du chien, le sauvage aux dépens du domestique.

Sur ce point encore l'expérience s'inscrit en faux contre le rêve de Hugo, comme de Kipling. L'enfant sans foyer ne profite pas d'un surcroît quelconque de liberté. Les enfants-loups recueillis aux Indes, après avoir été élevés par des bêtes, étaient de pauvres infirmes, physiquement et psychologiquement débiles, et séparés à tout jamais de leurs semblables. Quant au petit caïd des faubourgs, loqueteux et musclé, ne craignant ni Dieu ni diable, rayonnant sur toute la ville par son audace et sa connaissance intime des hommes et des lieux, il relève de la plus charmante, mais de la plus irréelle des fictions. Le phénomène des « bandes de jeunes » le confirme : on se rassemble pour faire bloc contre un milieu qui paraît hostile. On joue les terreurs parce qu'on est au fond terrorisé. La bande est le fruit de la peur.

La liberté du mouvement mériterait une enquête menée sur une vaste échelle, et celle-ci serait d'autant plus fructueuse qu'elle aboutirait facilement à des données d'une grande précision. On pourrait croire *a priori* que l'enfant lâché dans la rue va prendre possession d'un domaine que des expéditions de plus en plus vastes vont élargir régulièrement et qui va finalement s'étendre à toute la ville. C'est ainsi que Gavroche est le vrai maître de Paris, connaissant ses moindres ruelles, ses coins les plus obscurs, et sachant tirer parti de toutes ses ressources. Induction facile, mais trompeuse. Il y aurait intérêt à mesurer exactement, sur un nombre de témoins sélectionnés, les variations de ce que l'on pourrait appeler l'*aire de pérégrination individuelle.* On constaterait sans doute qu'elle est fonction du niveau de vie. Les petites gens ne quittent guère leur quartier, qu'ils habitent comme une sorte de village. Tout autour, c'est l'inconnu, c'est la forêt de pierre. Nous avons interrogé nous-mêmes des enfants vivant dans d'innommables taudis en plein centre de Paris. Leur « foyer » étant intenable, ils habitaient la rue, mais de cette rue, ils ne s'éloignaient pas. A quatorze ans, la plupart n'avaient jamais vu la tour Eiffel, ni Notre-Dame, ni la place de la Concorde. D'ailleurs aucune curiosité ne les poussait à entreprendre des voyages d'exploration. Le principe souvent cité comme principal ressort de la psychologie juvénile : *tout beau, tout nouveau,* n'est valable qu'à partir d'un certain niveau social. Au-dessous de ce niveau, c'est le principe inverse qui s'applique : tout ce qui est nouveau et inconnu est *a priori* mauvais aux yeux de l'enfant des bidonvilles. Rien ne le tente moins que de faire des expériences. Cette répugnance face à l'inconnu prend sa plus grande force dans le domaine alimentaire, car plus son ordinaire familial est pauvre et médiocre, plus son éventail alimentaire est fermé, plus difficile il se montre chez des amis, au restaurant ou en « colo ».

En vérité, c'est à l'enfant bourgeois que la grande ville appartient. Il y a dans la vie d'un enfant qui est né et a grandi à Paris en milieu aisé, un grand moment, une heure émouvante entre toutes, c'est lorsqu'il a appris à utiliser le métro, et qu'il comprend que grâce à un modique rectangle de carton, Paris est à lui. Plus tard, sa première expérience amoureuse ne lui donnera pas une joie plus virile que celle qu'il éprouve à s'enfoncer *seul* pour la première fois dans le souterrain magique pour aller voir les Invalides ou le Musée Grévin.

Nous voilà donc bien loin de Gavroche dont le caractère mythique est au demeurant fortement souligné par sa mort héroïque. Pouvait-il finir autrement ? Pas plus que Mowgli, le petit sauvage de la jungle parisienne ne pouvait grandir sans déchoir. Faute d'un prolongement au mythe du gamin de Paris, Victor Hugo se devait de le faire mourir. Il en va autrement de Mowgli pourtant, dans la mesure où Edgar Rice Burroughs a su lui offrir un avenir éclatant en inventant le personnage de Tarzan.

Mowgli-Tarzan. Grandes sont les analogies, plus grandes encore peut-être les différences. Tandis que Mowgli est un enfant indien, Tarzan est blanc, occidental, voire d'origine anglo-saxonne et protestante. La vraisemblance y perd, mais l'appel à une identification du lecteur américain avec lui n'en est que plus fort. Mais surtout l'aventure merveilleuse de Mowgli s'arrête à la puberté. Là finit le miracle. Devenu « grand », il rejoint ses frères humains. Kipling trop réaliste, trop raisonnable, n'a pas osé tenter le coup de folie géniale d'un homme-singe adulte.

Burroughs ne s'est pas embarrassé de ces scrupules. Tarzan est un adulte, et même un super-adulte, un géant, éclatant de force, qui nage plus vite que les caïmans, et étrangle les lions de ses mains.

Hercule, alors ? Justement pas, et c'est là que se cache la ruse géniale de Burroughs. C'est en comparant le visage de Tarzan à celui d'Hercule qu'on découvre le secret profond de Burroughs. Hercule est velu, il a nécessairement une barbe. Tarzan, non. Un Tarzan barbu est absolument aberrant, inconcevable. Alors il se rase chaque matin ? Absurde ! Il ne se rase jamais, pas plus d'ailleurs qu'il ne se lave. Par sa barbe, Hercule s'apparente à l'homme préhistorique et relève du passé. Tarzan appartient au contraire à une humanité rêvée, idéale, utopique : il appartient à la science-fiction.

La vérité inouïe, c'est que Tarzan n'est un super-adulte que parce que c'est *un faux adulte.* S'il n'a ni barbe ni poils, c'est parce qu'il est trop jeune pour cela. Il a douze ans de maturité, et il n'ira jamais au-delà. C'est d'ailleurs tout le secret de sa force. « Refusez de devenir des adultes, souffle Burroughs à son jeune public, et vous serez des géants ! » C'est pourquoi les ligues puritaines américaines ont eu bien raison de s'insurger, lorsque des cinéastes imbéciles ont donné à Tarzan une femme, et lui ont fait esquisser des gestes gauchement érotiques. Tarzan doit rester éternellement vierge, parce qu'il est définitivement impubère. Quant à sa vie, c'est évidemment le rêve de bonheur d'un potache de sixième. Nous avons dit qu'il ne se lavait pas. Il ne va pas non plus à l'école. Il ne se met pas à table pour manger. Il grignote dans les arbres des choses amusantes et sucrées, puis il va jouer avec ses amies les bêtes.

Mais il faut revenir à J.-J. Rousseau. Il faut toujours revenir à Jean-Jacques. Qu'est-ce que Tarzan, sinon son rêve d'enfant-adulte jamais atteint par la puberté qu'il expose ingénument dans l'*Émile ?* Et voici que la biologie moderne apporte une caution inattendue à cet amalgame d'Émile et de Tarzan. Il s'agit de la théorie de la *néoténie,* imaginée par le biologiste allemand Louis Bolk.

Qu'est-ce que la néoténie ? Dans certains lacs mexicains, on a observé une espèce de têtard bien paradoxale. Au lieu de se transformer en grenouille à un certain stade de son développement, il poursuit sa croissance sans changer de forme. Dans un pareil cas, le stade grenouille devient inutile, et même s'identifie à une sorte de catastrophe due à la sénescence. La maturité peut être renvoyée aux calendes grecques. Louis Bolk suppose que l'invasion de la vie par une période d'enfance et d'adolescence de plus en plus prolongée est ce qui caractérise le phénomène humain, et suffit à expliquer la supériorité de l'homme sur l'animal. Ce serait donc la néoténie qui assurerait l'évolution continue de Mowgli à Tarzan, et la royauté de l'enfant-adulte-superman sur la création tout entière.

Un cœur gros comme ça : Jules Vallès

On est vallésien comme on est stendhalien : par amour de l'homme, du bonhomme, davantage encore que par admiration pour ses écrits. Ceux-ci — quelle que soit leur force, leur perfection — valent surtout parce qu'ils font retentir à nos oreilles une *voix* dont l'accent ne ressemble à aucun autre, et parce qu'ils nous obligent à interrompre à tout instant notre lecture pour regarder son visage — peint par Courbet, par exemple, ou photographié par Nadar —, ce visage de prophète, ces yeux annonciateurs d'Apocalypse, cette barbe soulevée par le vent de l'histoire, mais aussi cette douceur et cette naïveté qui entraînent irrésistiblement notre confiance et notre amitié.

Car si Vallès est indiscutablement un grand écrivain — frère aîné de Zola —, il est non moins discutable qu'il se souciait de la littérature comme d'une guigne. Ses écrits même littéraires — même la trilogie, écrite en exil et avec le recul d'une vie — se confondent pour lui avec l'action sociale. Seulement l'action sociale ne découle pas pour lui d'une idéologie, pas plus qu'elle ne débouche sur une prise de pouvoir politique. Elle part d'un fonds personnel où se mêlent un tempérament de feu et le souvenir d'une enfance malheureuse, et elle se manifeste par un réflexe immédiat, irrépressible qui en toute situation jette Vallès du côté des faibles. « Ne me parlez pas des conceptions nuageuses et humanitaires de Marx... Pas de philosophies troubles ! Je ne vais pas m'enfermer dans un bivouac quand j'ai devant moi tout le champ de bataille révolutionnaire. Je ne veux pas prendre un numéro dans la vie ! » Cet homme est un bloc où tout part d'un cœur « gros comme ça » — cœur au sens archaïque de courage, de *thumos*, fontaine d'indignation généreuse —, une force de la nature qui étouffe dans les ruelles de la politique et y cherche désespérément les grandes plaines de l'histoire pour s'y déployer.

S'agissant de son enfance et de son adolescence, qu'il nous suffise de rappeler la dédicace du premier tome de la « trilogie » :

A tous ceux qui crevèrent d'ennui au collège ou qu'on fit pleurer dans la famille, qui pendant leur enfance furent tyrannisés par leurs maîtres, ou rossés par leurs parents, je dédie ce livre.

ou celle du deuxième volume :

A ceux qui nourris de grec et de latin sont morts de faim, je dédie ce livre.

qui constituent à la fois un bilan et un règlement de compte.

Pensant diminuer ainsi la portée de l'œuvre de Vallès, certains ont voulu faire de cette enfance et de cette adolescence malheureuses la clef d'une rancune tenace, hargneuse, comme certains hommes trop petits font payer indéfiniment à leur entourage les quelques centimètres qui leur manquent. Au demeurant certains passages de son œuvre paraissent justifier cette interprétation : « Moi l'échappé des mains paternelles, ... je ne voudrais pas être méchant, mais j'ai à faire sortir les coups que j'ai reçus. » Et à propos de son action au moment de la Commune :

« Mes rancunes sont mortes — j'ai eu mon jour.

Bien d'autres enfants ont été battus comme moi, bien d'autres bacheliers ont eu faim, qui sont arrivés au cimetière sans avoir leur jeunesse vengée.

Toi, tu as rassemblé tes misères et tes peines, et tu as

amené ton peloton de recrues à cette révolte qui fut la grande fédération des douleurs.

De quoi te plains-tu ? »

Pourtant cette « réduction » de l'œuvre de Vallès à un règlement de compte est une falsification, cette clef est une fausse clef. Car Jules Vallès est le contraire d'un aigri. N'oublions pas ce qu'a écrit Spinoza sur la haine : elle nous attriste parce qu'elle diminue notre puissance de vivre. Et aussi ce théorème admirable de l'*Éthique :* la joie que nous éprouvons à voir souffrir ceux que nous haïssons n'est pas une joie pure, car il s'y mêle toujours une secrète tristesse. Cette diminution de la puissance vitale, cette joie impure, cette secrète tristesse, on en chercherait vainement la trace dans l'œuvre de Jules Vallès. Ce gros cœur dont nous parlions est certes couvert de cicatrices, beaucoup saigneront toute sa vie, aucune ne suppure... On nous pardonnera cette image... d'Épinal. Déplacée pour tout autre, elle nous paraît accordée au style naïf et criard qui fut toujours celui de Vallès, celui dont s'inspire cette conclusion à sa fuite hors d'un Paris reconquis par les Versaillais :

« Je regarde le ciel du côté où je sens Paris.

Il est d'un bleu cru avec des nuées rouges. On dirait une grande blouse inondée de sang. »

Une vie en images d'Épinal. Certes. Mais il y a aussi chez Vallès une dimension supplémentaire, rarissime chez un homme de son espèce, possédé au plus haut point par le sens cosmique de l'histoire : le sens de l'humour. Sens cosmique, sens de l'humour. Il n'est pas d'œuvre lisible, ni d'homme fréquentable qui ne possède l'un ou l'autre. Mais s'ils sont aussi rares l'un que l'autre, leur réunion est plus rare encore, car ils s'opposent comme l'eau et le feu, comme Rousseau et Voltaire. Or justement Vallès ne se départit jamais d'un humour caustique, sans cesse tourné contre lui-même et entretenant à l'égard de sa propre vie cette distance critique qui permet seule à tout instant de s'en rire et de s'en libérer. Pour en mesurer le privilège, il n'est que de comparer la prose pétillante et hilarieuse de Vallès à celle, compacte et étouffante, de ses pairs socialistes et réformateurs sociaux, Auguste Comte, Saint-Simon, Proudhon ou Marx. Seul Nietzsche, autre contemporain, autre prophète, échappe, comme Vallès, à l'alternative, mais c'était, n'est-ce pas, un « secondaire » professionnel, grand universitaire et helléniste d'envergure, familier de l'ironie socratique.

Cet humour de Vallès mériterait une longue analyse, car il est plus révélateur qu'aucun autre aspect de son œuvre. Elle abonde en scènes chaplinesques, à cela près que le personnage n'en est pas un chétif émigrant persécuté par des gendarmes et des maîtres d'hôtel obèses, mais au contraire un bon géant dont la force, la générosité et le génie ne s'expriment que par une gaucherie catastrophique.

Devenu auxiliaire à cent francs par mois à la mairie de Vaugirard, il fait des débuts remarqués au service des naissances. Dès la première heure, il est confronté avec un moutard hurlant qu'entourent une sage-femme, un charbonnier et un marchand de vin. Le chef du service achève de le décontenancer en lui lançant cet ordre effarant :

« Assurez-vous du sexe !

— M'assurer du sexe ?... et comment ?

Il rajuste ses lunettes et me fixe avec stupeur ; il semble se demander si je ne suis pas arriéré comme éducation et exagéré comme pudeur au point d'ignorer ce qui distingue les garçons des filles. »

Qu'importe. A force de bon vouloir, le voilà qui apprend à ses gros doigts à désemmailloter les bébés, au point que son tour de main devient célèbre dans l'arrondissement.

Il fallait que ce personnage ridicule, touchant et admirable, eût son roman d'amour. Cet amour, il l'aura, tombé du ciel, et son roman dépasse notre attente. Car il était fatal que cet émeutier, cet anarchiste, ce gibier de bagne, au lieu de s'éprendre de la pétroleuse à moustaches qui aurait pu partager sa chienne de vie, tombât amoureux d'une fragile petite-bourgeoise, cossue et parfumée, toute en dentelles et en velours. Ils marchent tous deux en extase dans les rues du Puy, lui le regard bien droit, la barbe grave, le front lourd de visions grandioses, elle pendue à son bras et pépiant comme un oiseau. Et puis, c'est la catastrophe, car dans le pépiement de l'oiseau, Vallès a cru entendre une phrase terrible, lourde, irréparable qui tombe sur son amour comme un couperet de guillotine.

« Je sais à quoi m'en tenir depuis l'autre matin. C'est fini pour toujours !

Nous étions allés dans un des faubourgs, où un vieux professeur ancien collègue de mon père a organisé une espèce de bureau de charité.

En revenant, elle m'a dit :

— Quand nous serons mariés, vous ne me mènerez pas dans des quartiers tristes. Moi d'abord, a-t-elle repris avec une mine de suprême dégoût, je n'aime pas les pauvres...

Ah ! caillette ! à qui j'étais capable d'enchaîner ma vie ! fille d'heureux qui avais, sans t'en douter, le mépris de celui que tu voulais pour mari ! Car lui, il a été pauvre ! Comme tu le mépriserais si tu savais qu'il a eu faim !

Elle sent bien qu'elle a fait une blessure.

Me reprenant le bras et plongeant ses yeux tendres dans la sévérité des miens :

— Vous ne m'avez pas comprise, murmure-t-elle, anxieuse d'effacer le pli qui est sur mon front.

Pardon bourgeoise ! Le mot qui est sorti de vos lèvres est bien un cri de votre cœur, et vos efforts pour réparer le mal n'ont fait qu'empoisonner la plaie.

Et j'en saigne et j'en pleure ! Car j'adorais cette femme qui était bien mise et sentait si bon !

Mais n'ayez peur, camarades de combat et de misère, je ne vous lâcherai pas ! »

Ce qu'il y a de plus étonnant dans cette vie chaotique, pleine de larmes et de rires hagards, c'est l'impression de réussite, je dirai presque de bonheur, qu'elle donne par son accord profond avec son temps. Cette deuxième moitié du XIXe siècle où l'Europe accomplissait douloureusement sa mutation industrielle en écrasant plusieurs générations de petits artisans ruinés et de paysans déracinés transformés en prolétaires, comme Jules Vallès y adhérait de toute sa peau, comme il en était bien le fils ! En dépit des malheurs qui pleuvent sur lui, pas une fois nous ne l'entendrons maudire avec le chœur de ses contemporains le « stupide XIXe siècle ». Flaubert s'évade dans l'Antiquité, Baudelaire dans la drogue, Verlaine dans l'alcool, Rimbaud en Afrique, Mallarmé dans l'hermétisme, Nietzsche dans la folie... Jamais Vallès n'imagine qu'il eût pu ne pas naître en 1832. Mieux, il est probable qu'il l'a aimée passionnément, son époque, et qu'elle a été en somme sa seule épouse, implacable et furieuse. Elle lui a d'ailleurs fait un cadeau royal, magnifique, qui a couronné sa vie et racheté d'un coup toutes ses misères, cette Commune qui lui ressemblait tellement avec sa générosité brouillonne et son génie utopique. Là vraiment, Vallès a été lui-même, à un point que peu d'êtres humains ont le bonheur de connaître, fût-ce une fois, une minute, dans leur vie. Tout le troisième volume de sa trilogie le prouve page après page, et si nous n'en citons que deux exemples ce n'est que pour rester dans les limites de cette note.

On connaît l'étonnement des historiens de la Commune en constatant la timidité avec laquelle les « insurgés » usèrent — ou n'usèrent pas — des fonds qui dormaient à leur disposition dans les caves des banques. Cette crainte respectueuse de pauvre devant l'or sacré, Vallès l'a ressentie jusqu'à la moelle.

« Il faut un million pour nos 300 000 fédérés... j'ai dix francs !

— Eh bien ! il n'y a qu'à défoncer les caisses !

— Pour qu'on nous accuse de pillage, de vol!...

Et des exclamations de frayeur, un mouvement d'hésitation, un effroi de pauvres, un tremblement de ces mains noires qui n'ont jusqu'ici touché que l'argent du travail au soir de paie, et qui ne veulent pas toucher à des billets de banques en tas, à des morceaux d'or mis sous clef ! »

Plus tard, c'est la fin. La Commune écrasée vit ses dernières heures. Les Versaillais fusillent avec la férocité aveugle que seule donne la peur verte qu'ils ont eue. Vallès est convaincu qu'il est perdu. Que va-t-il faire ? Un festin solitaire et prolongé, un festin de rêve :

« Je m'imagine que nous n'avons plus que quelques heures devant nous pour embrasser ceux que nous aimons, bâcler notre testament, si c'est la peine, et nous préparer à faire bonne figure devant le peloton d'exécution.

Corrompu comme je suis ! Je voudrais dîner royalement avant de partir ! Il m'est bien permis de me gargariser la gorge et le cœur avec un peu de vin vieux, avant qu'on me lave la tête ou qu'on me rince les entrailles avec du plomb !

La Commune ne sera pas perdue pour si peu !... Et j'aurai eu la veine de finir comme un viveur, après avoir vécu comme un meurt-de-faim !

— Madame Laveur ! une bouteille de Nuits, du boudin aux pommes, une frangipane de quarante sous — j'en emporterai ! — et des confitures de la grand-mère, de celles-là, en haut, sur l'armoire, vous savez !... Messieurs, à votre santé !

J'ai bien traîné là une heure. J'ai trouvé le Bourgogne si chaud, le boudin si gras, et la frangipane si sucrée ! »

Chaque fois qu'il m'arrive en traversant le quartier de la place Saint-André-des-Arts de voir rue Serpente l'enseigne délabrée du défunt restaurant Laveur, j'évoque ce déjeuner-testament du grand Vallès s'offrant seul dans un Paris en flammes, il y a un peu plus d'un siècle, un balthazar de petit campagnard à base de boudin aux pommes, de frangipane et de confitures.

La misère et la faim, il va les retrouver en exil, à Londres, et pour dix ans. Mais là aussi, il y a un accord profond de sa vocation et de son destin. Rien de plus exemplaire à cet égard que sa correspondance avec Arthur Arnould, son vieux compagnon de lutte, exemplaire dans le plus pur style vallésien avec tout ce qu'il implique de naïveté, de pathétique, et cette pointe de drôlerie noire qui est sa signature. Car si Vallès se morfond dans la misère d'un Londres pluvieux et embrumé, Arnould, lui, date ses lettres de Lugano et de San Remo, prisonnier lui aussi, mais de paysages de cartes postales où des palmiers et des citronniers en fleurs s'inclinent gracieusement sur des eaux de lapis-lazuli. Étonnant dialogue ! On imagine les objurgations d'Arnould pour engager Vallès à venir le rejoindre. Vallès crevé de chagrin par la mort à dix mois d'une petite fille qu'il a eue d'une liaison avec la fille d'un universitaire est ébranlé par l'insistance amicale d'Arnould. Il hésite, puis refuse. Et c'est lui finalement qui invite Arnould à venir le rejoindre, parce que des proscrits comme eux, des damnés de la terre sont plus à leur place sous le ciel de suie de la grande cité industrielle que sous le soleil doré de la Riviera :

« Quand tu auras réglé ton compte avec les paradis d'exil, file sur les cités pleines, où l'on peut cacher ses guenilles, ses ennuis, ses angoisses, sa faim, où il y a la grande franc-maçonnerie des besogneux, du crédit, de l'espace, place pour la peine — elle a ses asiles et son drapeau !... Je te conseille absolument la *Ville noire*, Londres, l'énorme Londres, avec le British Museum au milieu, je t'engage à venir, malgré le ciel de cuivre ou de plomb. »

Ce libre choix de la misère, réitéré d'année en année, c'est peut-être ce qu'il y a de plus fort et de plus constant dans la vie de Vallès.

« Si j'avais voulu n'être pas misérable, je ne l'aurais jamais été, moi, qui n'avais qu'à accepter le rôle de grand homme de province, après mes succès de collège. Je pouvais trouver à Paris même, un gagne-pain, un tremplin ; j'aurais enlevé des protections à la pointe de l'épée, grâce à ma nature bavarde et sanguine, à mon espèce de faconde et à ma verve d'audacieux... Si je suis pauvre, c'est que je l'ai bien voulu ; je n'avais qu'à vendre aux puissants ma jeunesse et ma force. »

Ce vœu de pauvreté presque religieux nous rappelle irrésistiblement un autre grand asocial de génie, frère ennemi de Vallès, nous voulons parler de Léon Bloy. « Je n'ai pas subi la misère, je l'ai épousée par amour, ayant pu choisir une autre compagne », écrit le pèlerin de l'Absolu à la même époque. Plus d'un trait rapproche d'ailleurs de Vallès cet autre intransigeant que l'odeur de l'argent faisait vomir. Mais Bloy, fou de réaction, homme de Dieu, se réclamant furieusement du Moyen Age, dressait vers le ciel le seul amour qui l'habitait. « Je ne suis pas l'ami des pauvres, mais l'ami du Pauvre, qui est Notre Seigneur Jésus-Christ. » A cet amour vertical de Bloy s'oppose l'amour horizontal de Vallès, horizontal comme ses bras ouverts à la masse prolétarienne. Car il y avait indiscutablement de la sainteté en lui, et on aimerait pouvoir invoquer la protection de ce saint patron — laïc certes et anticlérical de surcroît — comme celle d'un incomparable pasteur d'hommes. Il y a de cela dans le jugement si vrai et si frais que porta sur lui cette petite amoureuse campagnarde, Emma, quand elle lui dit : « Tiens, sais-tu pourquoi je t'aime ? Je t'aime parce que tu aurais fait un beau bouvier ! »

Émile Zola photographe

Août 1888. Émile Zola passe ses vacances à Royan. Il y a son éditeur, Charpentier, le graveur Desmoulin, des cousins de sa femme Alexandrine, laquelle a emmené sa lingère, Jeanne Rozerot, une grande fille de vingt et un ans qui ne cesse de chanter. Le maire de Royan, Victor Billaud, est de toutes les parties. C'est lui qui va initier l'écrivain à une nouvelle mode : la photographie.

Zola a quarante-huit ans, le début de la vieillesse à cette époque. Comme c'est un homme minutieux, nous n'ignorons rien de sa corpulence : cent kilos ; cent quatorze centimètres de tour de taille. C'est beaucoup pour un homme d'un mètre soixante-dix. Sa carrière littéraire qui a commencé vingt ans plus tôt avec *Thérèse Raquin*, a été marquée d'étapes triomphales qui se sont appelées *la Curée, le Ventre de Paris, l'Assommoir, Nana, Pot-Bouille, Au Bonheur des Dames, Germinal, la Terre.* Il est le premier, le numéro 1 des lettres françaises depuis la mort de Victor Hugo survenue trois ans auparavant. Il le sait.

Ce qu'il ne sait pas, c'est que la vie lui réserve encore des surprises. Il ne peut se douter — lui qui évite la politique comme la peste — que, dix ans plus tard, en publiant *J'accuse* dans *l'Aurore*, il va se jeter au plus épais de l'affaire Dreyfus, et s'attirer les pires haines. Mais en ce mois d'août de sa maturité, Jeanne Rozerot va lui réserver une autre découverte, celle de l'amour. Il a épousé dix-huit ans plus tôt une femme plus âgée que lui, Gabrielle-Alexandrine, qui ne peut avoir d'enfants. Zola qui a le culte de la fécondité en souffre silencieusement. Il a été cependant un bon mari, absorbé tout entier dans son œuvre où il déverse des ardeurs érotiques intolérables à tout un public bien-pensant. Et voici tout à coup cette Jeanne Rozerot — comme rose et comme roseau, dira-t-il — avec ses chansons, son rire et sa silhouette à la Greuze (dira-t-il encore). Or un bonheur n'arrive jamais seul. En même temps que l'amour, deux autres découvertes qui s'accordent merveilleusement avec son aventure vont rendre cet été 1888 mémorable : la bicyclette et la photographie.

Aimer Jeanne. Faire de la bicyclette avec Jeanne. Photographier Jeanne. Résultat : il perd vingt-cinq kilos. Autant dire qu'il redevient un jeune homme.

Jeanne, la bicyclette, les enfants, les amis, le beau livre publié par François-Émile Zola et Massin[1] illustre ces thèmes avec d'autres, Paris, l'Exposition de 1900, l'Angleterre (où Zola doit s'exiler de juillet 1898 à juin 1899). Au total 480 des quelque 3 000 clichés que Zola a laissés, presque autant que son œuvre écrite comporte de pages.

Bien entendu tout le Landerneau de la photographie s'est précipité sur ce livre avec dans l'esprit la question qu'on ne peut éluder : Zola est-il un grand photographe, comme il est un grand romancier ? A-t-il sa place dans l'histoire de cet art entre Nadar, Eugène Atget et Demachy ? Pour ceux qui aiment et qui connaissent la photographie, la réponse ne fait pas de doute : c'est non. Zola était devenu, avec l'esprit méthodique et l'acharnement qui le caractérisaient, un excellent technicien de la photographie. Il posséda une dizaine d'appareils — dont cinq sont encore en la possession de François-Émile Zola. Il installa

1. Denoël éd.

trois laboratoires de tirage et de développement. Certes la plupart de ses plaques sont terriblement noires, et pour avoir fait moi-même des tirages originaux de ses œuvres, je peux dire qu'il faut de la patience. Mais je pense qu'il ne surexposait pas à ce point. C'est plutôt la pellicule qui a noirci avec les années. En outre, il est indiscutable que le livre de Massin est passionnant et doit aller dans toutes les bibliothèques. D'abord parce que des images qui datent de près d'un siècle sont toujours intéressantes : tout document qui nous restitue les visages et les paysages d'un monde si proche de nous, mais à tout jamais disparu, nous est précieux. Mais surtout ces photos nous révèlent un aspect nouveau et important — bien que secondaire — de la vie d'un homme d'une importance considérable.

Il reste qu'une œuvre artistique — photographique ou autre — se doit d'être créatrice. Un grand photographe possède une vision qui lui est propre et qui constitue la signature de ses œuvres. Regardez cent photos de Weston, Brassaï, Cartier-Bresson ou Boubat. Supposez qu'on vous en apporte une cent unième que vous voyez pour la première fois. Vous la replacerez sans erreur possible dans l'œuvre de l'artiste à laquelle elle appartient. Vous aurez reconnu le monde qu'il porte en lui et qu'il projette partout où il va. J'ai voyagé avec des grands photographes. J'ai vu comment partout — au Japon, au Canada, en Afrique, en France — ils faisaient sortir du pavé des villes ou du sable des déserts des visages, des scènes, des paysages qui leur ressemblaient, qui étaient les leurs. Ils n'avaient plus qu'à appuyer sur le bouton. Chance ? Évidemment pas. On a de la chance une fois, deux fois, trois fois à la rigueur. Mais pas tous les jours, plusieurs fois par jour. Cela, c'est le mystère de la création.

Rien de semblable chez Zola. Son usage de la photographie ne relève pas de la création. Il répondait, je pense, à une double frustration qui reste à définir.

Rappelons d'abord qu'il était né à Paris en 1840, mais

qu'il avait fait toutes ses études à Aix-en-Provence. Au collège d'Aix, son esprit un peu lent et son accent « pointu » lui valent des brimades de ses camarades. Un costaud le prend sous sa protection, un dur, d'un an plus vieux, qui, lui, est bien du pays. Il s'appelle Paul Cézanne. C'est le début d'une profonde et longue amitié qui connaîtra des orages. Comme l'a écrit Armand Lanoux [1], Paul va être le Grand Meaulnes de ce chétif Alain-Fournier. Or la vocation de Cézanne est la poésie, celle de Zola le dessin. Plus tard, ils vont échanger leurs ambitions. Mais il n'est pas interdit de penser qu'il y a toujours eu un « peintre rentré » chez Zola. On s'en apercevra quand il va publier, en 1886, son roman *l'Œuvre* en s'inspirant de la vie de Cézanne. Zola ne croyait pas à la réussite de son ami. « Paul peut avoir le génie d'un grand peintre, écrit-il, il n'aura jamais le génie de le devenir. » Et plus tard : « Paul Cézanne dont on s'avise de découvrir les parties géniales de ce grand peintre avorté. » Étrange et passionnant malentendu qui s'installe entre ces deux grands prophètes du XXe siècle, et qui ira jusqu'à la rupture d'une amitié. Nul doute que Zola ait eu un compte à régler avec la peinture, et que la photographie ait profité de ce contentieux. Car les photos de Zola relèvent davantage de cet art impressionniste qu'il n'a pas pratiqué que du roman social où il est devenu maître. Zola photographe aurait pu être l'ombre de Zola romancier, et on aurait pu trouver parmi ses clichés le « dossier » en images du pays minier *(Germinal)*, des Halles *(le Ventre de Paris)*, du monde paysan *(la Terre)* ou des chemins de fer *(la Bête humaine)*. Il n'en est rien. Zola photographe n'enquête pas, il contemple, il aime. Il s'enchante de jardins, d'eaux, et surtout de visages. Pour lui, la photographie répond à une fonction de célébration.

Et c'est là qu'intervient la seconde frustration à laquelle

1. *Bonjour, Monsieur Zola* (Grasset éd.).

nous faisions allusion. Le romancier a passionnément aimé Jeanne Rozerot et les deux enfants qu'il a eus d'elle, Denise et Jacques. Mais cette tendresse ne pouvait être heureuse, car il s'agissait d'une famille adultérine. « Le partage de cette vie double que je suis forcé de vivre finit par me désespérer », écrit-il. Une photo déchirante nous le montre sur le balcon de sa villa de Médan, braquant une paire de jumelles sur Cheverchemont où il a installé ses trois bien-aimés pour l'été. Il dédicace son roman *le Docteur Pascal* à Jeanne « ...qui m'a donné le royal festin de sa jeunesse et qui m'a rendu mes trente ans en me faisant le cadeau de ma Denise et de mon Jacques ». Il y a des scènes lamentables. Avertie par une lettre anonyme, Alexandrine fait irruption dans le logement de la rue Saint-Lazare où son mari a installé Jeanne, et elle détruit les lettres de lui qu'elle y trouve. Et, bien entendu, c'est avec la plus insigne maladresse qu'elle lutte pour regagner l'infidèle. Mais reconnaissons qu'elle ne manque ni de courage, ni de générosité, puisque, Émile et Jeanne étant morts, demeurée seule avec les deux enfants, elle les adopte afin qu'ils puissent porter le nom de leur père.

A Lewis Carroll la photographie tenait lieu de contact physique avec les petites filles qui étaient sa grande passion. A Zola, elle tient lieu de vie de famille... Il photographie avec acharnement — on pourrait presque dire goulûment — une Jeanne Rozerot dont nous voyons s'épanouir la beauté un peu molle avec les années, deux enfants dont les mines parfois chagrines reflètent les fastidieuses séances de prises de vue souvent ponctuées par les grandes colères du photographe. Car ce n'était pas rien, il y a cent ans, de prendre une photo ! Et cependant l'académisme de ces portraits est flagrant. Peut-être Zola fait-il preuve d'une certaine originalité en adoptant parfois l'angle trois quarts dos pour les portraits de Jeanne, qui dégage l'oreille et met la nuque en valeur. Mais dans l'ensemble, il s'en tient au groupe frontal le plus conventionnel. C'est que la photographie n'est pas pour lui un domaine vierge à explorer et à inventer en même temps — comme l'est le domaine littéraire — mais un instrument docile pour prendre et pour retenir, en somme un œil et une mémoire. Si Zola écrit avec son cerveau et son imagination, c'est avec son cœur qu'il photographie.

Isabelle Eberhardt
ou la métamorphose accomplie

Saint-Pétersbourg sous les derniers feux du tsarisme. Le général Carlowitch von Moerder prend la décision d'engager un précepteur pour enseigner Nicolas, Nathalie et Vladimir, les trois enfants que lui a donnés son épouse Nathalie-Dorothée, née Eberhardt. Le précepteur s'appelait Alexandre Trophimowsky, Vava pour les familiers. Il avait quarante-quatre ans. C'était un pope arménien défroqué, converti au socialisme, d'une culture encyclopédique, et très porté sur la vodka. Très vite, il jugea plus intéressant de convertir Nathalie-Dorothée à ses idées que d'enseigner le grec et le latin à ses élèves. Il fit si bien qu'il la séduisit et l'enleva avec ses trois enfants, laissant à Saint-Pétersbourg sa propre femme, ses propres enfants, et le général von Moerder, qui ne comprit rien au vide créé soudain autour de lui. Il se lance néanmoins sur la trace des fuyards et parvient à les rejoindre dans un hôtel de Naples. Disputes homériques entre l'ancien pope et le mari bafoué. Magnanime, Vava — qui professait la liberté sexuelle — accorde une dernière nuit conjugale aux époux von Moerder. Après quoi, le général reprend le train pour Saint-Pétersbourg. Un an plus tard, il meurt, laissant un héritage d'ailleurs problématique qui va néanmoins permettre aux émigrants de s'établir. C'est ainsi qu'en 1872 Vava, Nathalie et les enfants — devenus quatre par la naissance d'un petit Augustin — s'installent à Meyrin, près de Genève, dans une villa aussitôt baptisée « tropicale » en raison des cactus que l'ancien pope s'efforce d'acclimater dans son jardin. En février 1877, il fait un voyage à Saint-Pétersbourg pour essayer de régler l'héritage du général. C'est en son absence que Nathalie accouche d'un cinquième enfant, une fille, qu'elle prénomme Isabelle-Wilhelmine.

De qui est-elle, cette Isabelle Eberhardt dont la vie romanesque débute ainsi sur un mystère ? Dans son livre consacré à Rimbaud[1], Pierre Arnoult n'y va pas par quatre chemins, et attribue Isabelle à l'auteur du *Bateau ivre.* Il se fonde pour cela sur trois indices, à vrai dire aussi fragiles les uns que les autres : la ressemblance physique d'Isabelle avec Rimbaud ; la présence en juin 1876 de Rimbaud dans la région du lac Léman ; enfin ces prénoms d'Isabelle-Wilhelmine choisis pour la nouvelle-née et qui sont tout à fait inexplicables côté Moerder-Trophimowsky, alors que, côté Rimbaud, ils rappellent respectivement la sœur bien-aimée de Rimbaud, et le nom de la reine de Hollande dans l'armée de laquelle Rimbaud vient de signer un engagement. A ces indices, Françoise d'Eaubonne ajoute, dans l'excellente biographie qu'elle a consacrée à Isabelle Eberhardt[2], le mot mystérieux d'Isabelle attesté par plusieurs témoins : « Je mourrai musulmane, comme mon père », aurait-elle dit. Il ne peut évidemment s'agir de Trophimowsky, et on est frappé par le tropisme qu'exerça l'Islam aussi bien sur le destin de Rimbaud que sur celui d'Isabelle Eberhardt. L'un et l'autre se convertirent en toute sincérité, et Isabelle Rimbaud a rapporté que sur son lit d'agonisant son frère récita la prière musulmane *Allah kermin.*

Il fallait évidemment mentionner cette hypothèse, d'un

1. Albin Michel éd.
2. *La Couronne de sable* (Flammarion éd.).

romantisme échevelé, formulée par Pierre Arnoult, mais l'aventureuse et géniale Isabelle Eberhardt n'a nul besoin de cette extraordinaire ascendance.

Si Trophimowski n'est pas le père d'Isabelle selon le sang, elle est vraiment sa fille spirituelle. L'ancien pope élève ses cinq enfants en russe, en français et en allemand, et les soumet à une pression spirituelle écrasante, fiévreuse, orageuse avec en arrière-fond une vaste et extravagante bibliothèque. L'atmosphère de la villa tropicale n'est certes pas de tout repos. Un jour, la fille aînée, Nathalie, s'enfuit avec un officier, poursuivie par les malédictions vociférées du père. Plus tard Vladimir, l'un des deux demi-frères d'Isabelle, se suicide au gaz. Nicolas regagne la Sainte-Russie. Isabelle reste donc seule avec son autre demi-frère Augustin auquel elle est attachée comme à son *alter ego.* A quoi ressemblait Isabelle adolescente ? Un visiteur raconte :

« On m'avait souvent vanté les fleurs merveilleuses de Trophimowsky. Je me fis donner une lettre d'introduction et j'entrai. Dans la cour se tenait un jeune garçon en train de fendre du bois. Grand, bien découplé, il paraissait âgé de seize ans. Figure ronde, un peu pleine lune, visage imberbe, cheveux noirs. C'était Isabelle Eberhardt. Mais je ne m'en doutais nullement au premier abord. " Vous avez vu ma fille ? me dit Trophimowsky. Elle s'habille en homme, c'est plus commode pour descendre en ville. " Père et fille, couple extraordinaire ! Intelligent, instruit, farouchement ennemi de toute discipline, l'ex-pope avait en horreur la Bible. " Jésus-Christ, canaille ! " proférait-il à tout propos en frappant du poing sur la table. »

En 1894, Augustin s'évade à son tour. Sa première lettre à sa sœur est datée de Sidi-bel-Abbès : le fils du général von Moerder est devenu légionnaire. Pour lui, c'est peut-être une déchéance. Pour Isabelle, c'est un appel. Depuis des années déjà, elle apprend l'arabe. Chaque lettre du frère bien-aimé fait mûrir sa décision. Seule sa mère la retient encore. En mai 1897, elle part enfin... en l'emmenant.

Les deux femmes se fixent à Bône en Algérie. Pour Isabelle, c'est l'épanouissement. Habillée en homme, elle se fond sans difficulté dans la société indigène. Mais sa mère ne supporte pas le déracinement. Elle meurt, et Trophimowsky arrive tout juste pour l'enterrer. A la même époque, André Gide écrivait *l'Immoraliste*, l'histoire d'un homme qui trouve santé morale et bonheur physique en cette même Algérie dont sa femme ne supporte pas le climat. Elle meurt à Touggourt, le laissant libre et heureux. Nous retrouverons cette affinité entre Gide et Isabelle Eberhardt.

Sa vie va être désormais un perpétuel va-et-vient entre l'Europe et l'Afrique. Elle n'aspire qu'à plonger toujours plus profondément, plus intimement dans cet Islam maghrébin, mais rien n'est facile. L'administration française voit d'un mauvais œil cette femme russe au nom allemand, habillée comme un homme et ne fréquentant que des milieux « indigènes ». Elle est en outre constamment talonnée par des problèmes matériels.

Pourtant elle poursuit sa métamorphose. Elle adopte le nom de Mahmoud Essadi. Elle reçoit l'investiture des kadryas, une secte musulmane influente. Un jour elle se joint comme « greffier » à une petite caravane chargée par les autorités tunisiennes de faire des enquêtes sommaires et de collecter les impôts. Le chef en est un jeune khalife de Monastir. Il est accompagné de deux vieux notaires arabes et d'un détachement de spahis.

Et puis, c'est le drame. Le 29 janvier 1901 à Béhim, un fanatique d'une secte ennemie — les Tidjanyas — tente de l'assassiner. Blessée de deux coups de sabre, elle est opérée et soignée à l'hôpital militaire d'El-Oued. Mais lorsque son agresseur passe devant le conseil de guerre de Constantine, Isabelle scandalise juges et témoins en prenant ardemment sa défense, et en ne cachant rien de son genre de vie et de ses croyances. Le verdict est terrible. Pour le coupable, les travaux forcés à perpétuité. Pour la victime, l'expulsion. Voilà ce que coûte une indépendance insolente vis-à-vis des usages et de l'administration militaire !

Isabelle se morfond à Marseille. Pas longtemps. Elle épouse un Algérien musulman, sous-officier de spahi. Du coup, elle partage sa nationalité française, et personne ne peut plus l'empêcher de revenir en Algérie. Mais, bien entendu, rien ne lui sera facilité par les autorités qu'elle défie.

Et sa vie errante reprend à travers le désert, les oueds, les oasis. Ce n'est certes pas le mariage qui va fixer cette nomade invétérée ! Elle cite en la soulignant cette phrase du maréchal de Saxe : « Il ne s'agit pas de vivre, mais de partir. » A nouveau, elle fait scandale, cette musulmane habillée en cavalier arabe, qui couche dans les douars, s'attable avec les journaliers, la cigarette aux lèvres, boit et jure comme un cosaque.

Cette course fiévreuse va prendre fin brutalement le 21 octobre 1904 à Aïn-Sefra qu'Isabelle aimait comme le premier ksar saharien, la vraie porte du désert. Un orage d'une violence de fin du monde transforme la rue de la ville basse en un torrent furieux de boue jaune. Les maisonnettes sont balayées avec leurs habitants. Isabelle pousse son mari dehors, revient prendre un manuscrit, veut sortir à son tour quand la maison s'effondre sur elle. On retrouve son corps enfoui sous les décombres plusieurs jours plus tard. Elle avait vingt-sept ans.

Isabelle Eberhardt n'a rien publié en librairie de son vivant. Mais ses œuvres forment un témoignage admirable sur l'Afrique blanche du début du siècle. Cette œuvre — forcément assez brève — prend place — et une des premières places — parmi celles des Occidentaux qui furent puissamment attirés par l'Islam et qui tentèrent avec plus ou moins de bonheur de s'y assimiler. On a beaucoup cité à son propos André Gide pour lequel le Maghreb a été une source de régénérescence érotique et littéraire, mais qui n'a jamais abordé sérieusement l'Islam. Pour l'auteur du *Retour de l'enfant prodigue*, le livre par excellence du désert reste la Bible. Lawrence d'Arabie a poussé beaucoup plus avant sa métamorphose. Mais elle reposait sur une base essentiellement politique, et les vicissitudes de l'histoire contemporaine ont provoqué l'avortement de sa vocation.

Le véritable frère spirituel d'Isabelle Eberhardt, c'est sans doute celui que le monde musulman vénère encore à l'heure où j'écris ces lignes sous le nom de Muhammad Asad. Il est né en 1900 sous le nom de Léopold Weiss dans le ghetto de la ville de Lwow en Galicie orientale [1]. Devenu journaliste à Berlin, il découvre l'Égypte et la Palestine pour la première fois en 1922. Dès lors sa conversion devient une nécessité inéluctable. Il sait que désormais il appartient corps et âme au monde arabe. Sa vie nouvelle commence par six années auprès d'Ibn Saoud. Elle s'achève par la création du Pakistan — partie islamique du subcontinent indien — dont il devient le premier représentant à l'O.N.U. Je l'ai connu à Tanger où il s'est retiré pour établir une nouvelle traduction anglaise commentée du Coran.

Pourtant Muhammad Asad, homme politique, mystique et théologien, n'a pas choisi la valeur littéraire comme idéal de vie. Plus proche en ce sens d'Isabelle Eberhardt se trouve un écrivain français contemporain, disparu prématurément, François Augiéras (1925-1971). Au lendemain de la dernière guerre, André Gide reçut une série de petits écrits qu'il jugea « remarquables entre tous » et qui parurent en 1954 aux Éditions de Minuit sous le titre *le Vieillard et l'enfant.* Le nom de l'auteur, Abdallah Chaamba, correspondait bien à ce récit fait à la première

1. Muhammad Asad, *le Chemin de La Mecque* (Fayard éd.).

personne par un enfant africain qui vit chez un officier français en retraite dans une oasis saharienne. Cette évocation de la misère et de la splendeur de la vie quotidienne saharienne gagne à une certaine gaucherie d'écriture un ton d'âpreté et de vérité incomparable. Le mystère qui entourait Abdallah Chaamba fut malheureusement dissipé lorsque parut en 1964 *Une adolescence au temps du Maréchal* (Bourgeois éd.), récit autobiographique extrêmement touchant et savoureux (l'épisode chez le peintre Roger Bissière, par exemple) qui faisait, comme on dit, toute la lumière sur *le Vieillard et l'enfant*. Il en ressortait notamment que les années maghrébines d'Augiéras n'avaient été qu'une aventure sans lendemain et que sa métamorphose en Abdallah Chaamba avait tourné court. C'est dommage. Il est clair que l'inspiration africaine ajoutait une dimension irremplaçable à l'œuvre de cet écrivain. Ses œuvres purement « françaises » — *l'Apprenti sorcier* notamment —, pour attachantes qu'elles soient, nous font regretter qu'il soit revenu sur ses pas.

Isabelle Eberhardt au contraire avait définitivement coupé les ponts derrière elle, si ce n'est que — pour notre bonheur — elle continua de s'exprimer en français. Son œuvre attend pourtant l'édition critique qui la sortira de l'état chaotique et du demi-oubli où elle s'enfonce. Il y a un roman *le Trimardeur*, des *Notes de route*, un recueil de chroniques co-signées par Victor Barrucand *Dans l'ombre chaude de l'Islam*, ces trois œuvres publiées chez Fasquelle, enfin *Mes journaliers* aux éditions de La Connaissance.

Cinq clefs pour André Gide

« 1933. Amusante conversation sur l'opposition de l'art *dorien* et de l'art *ionique*, qui, pour Gide, symbolisent les deux courants éternels de l'art... Parmi les doriens, il entasse pêle-mêle Rabelais, Molière, Corneille, Rude, et lui-même *(sic)*... Parmi les ioniques : Clodion, Carpeaux, Renan, etc. — Il est vrai, ajoute-t-il, qu'ils ont aussi Racine... — Et Barrès ? — Barrès ? Mais voyons, c'est le type même de l'art ionique ! Il doit à Renan beaucoup plus encore qu'à Chateaubriand... — Et Montaigne ? — Ah, Montaigne ? Embarrassant ! L'animal, je crois bien qu'il est à cheval sur les deux courants...[1] »

Oui, sans doute, il y a les doriens et les ioniques. Il y a aussi les petits et les grands, les avares et les prodigues, les bruns et les blonds, les pauvres et les riches. De cette citation de Roger Martin du Gard, on peut retenir en tout cas qu'André Gide ne répugnait pas au jeu des classifications binaires. Roger Martin du Gard, lui, visiblement n'y croit pas une seconde. Ils ont sans doute raison l'un et l'autre. La « dichotomie » ne doit pas être maniée comme une hache de bûcheron, mais nuancée au contraire, jusqu'à l'effacement. Il n'empêche que l'*alternative* — de Kierkegaard à Bergson — constitue un instrument d'ana-

1. Roger Martin du Gard, *Notes sur André Gide* (Gallimard éd.).

lyse précieux et efficace, et même dans le roman, on pourrait citer le cas exemplaire du *Ventre de Paris* d'Émile Zola, tout entier construit sur l'opposition des maigres et des gros.

Et puisque Gide lui-même paraît nous y inviter, nous voudrions essayer sur lui un trousseau de clefs binaires, qui, croyons-nous, tempérées par ce qu'il faut de scepticisme et d'esprit ludique, peuvent contribuer à éclairer l'auteur de *l'Immoraliste* aussi bien que celui de *la Porte étroite.*

Nous commencerons par la plus générale, celle qui fait apparaître dans les lettres deux grandes lignées familiales, la famille égotiste — ou faut-il dire : nombriliste ? — et la famille fictionniste.

Les premiers ne peuvent parler que d'eux-mêmes. Sous les dehors les plus divers — qu'il s'agisse de Jules César, des cours de la Bourse, de la pluie ou du beau temps —, c'est toujours d'eux-mêmes qu'ils nous entretiennent. Ils ne peuvent être vraiment romanciers, selon moi, car il n'y a de vrai roman que peuplé de personnages nombreux, différents à la fois les uns des autres et de l'auteur, et dont aucun n'occupe l'avant-scène au point d'éclipser les autres. A cette définition répondent les romans de Balzac, de Hugo, de Dumas, de Zola, et même la *Recherche* de Marcel Proust. Mais Montaigne, Rousseau, Chateaubriand, et aujourd'hui François Nourissier — qu'ils cherchent ou non à nous donner le change — ne font, eux, qu'œuvre égocentrique.

Nous avons parlé d'égotisme, ce qui fait, bien entendu, référence à Stendhal. Cas douteux pourtant — le fameux « cas à cheval » de Gide —, tout autant que celui de Flaubert, mais en un sens bien différent. Car si Stendhal est bien toujours au centre de son œuvre, c'est plutôt dans un sens centrifuge que centripète. Ce petit homme chauve, rougeaud, édenté et ventru n'écrivait en fonction de lui-même que pour se fuir, pour projeter son âme romanesque et aventureuse dans des héros à la pâleur et à la minceur adolescentes. Quant à Flaubert, contre son trop fameux « Madame Bovary, c'est moi », il convient de citer ces conseils qu'il prodigue à Louise Colet : « Refoulé à l'horizon, ton cœur t'éclairera du fond, au lieu de t'éblouir sur le premier plan » (27 mars 1852). « Tu arriveras à la plénitude de ton talent en dépouillant ton sexe, qui doit te servir comme science et non comme expansion » (2 novembre 1852). « L'artiste doit être dans son œuvre comme Dieu dans la Création, invisible et tout-puissant. Qu'on le sente partout, mais qu'on ne le voie pas » (18 mars 1857).

S'agissant d'André Gide, il ne fait pas de doute que toute son œuvre ne vise qu'à tenter d'éclaircir et d'épuiser — toujours vainement, bien entendu — le mystère de la personnalité d'André Gide. Il est vrai qu'à peine a-t-on exprimé cette constatation évidente qu'une réserve considérable doit être formulée. Car l'égotisme de Gide ne ressemble nullement à l'égoïsme frileux et calfeutré d'un Henri-Frédéric Amiel, ni à celui aventureux et brouillon de Benjamin Constant, ces deux autres grands protestants des lettres françaises, moins encore à l'enfermement bigot de Julien Green. Grand bourgeois fortuné, cultivé et esthète, André Gide n'a cessé par une série d'engagements graves de prendre des risques et de compromettre sa réputation, sa liberté et même sa vie pour des causes totalement désintéressées. Nous y reviendrons.

Mais nous allons auparavant poser une seconde alternative, qui n'est pas sans rapport au demeurant avec la précédente.

Certains écrivains ont un « physique », soit spontané, soit fabriqué, d'autres ressemblent à Monsieur-tout-le-monde et se réjouissent de se perdre dans la foule, persuadés que pour bien voir et observer, il n'est rien de tel que de n'être pas vus. Si Joseph Kessel s'était avisé de poinçonner des tickets dans le métro, il aurait provoqué un attroupement. Simenon dans la même situation passerait inaperçu. Il y a dans nos lettres une certaine tradition de dandysme qu'une famille cultive — celle de Théophile Gautier, Baudelaire, Barbey d'Aurevilly, Jean Cocteau, Louis Aragon — mais il y a aussi ceux que signale la singularité de leur silhouette. Or Gide, plus qu'aucun autre écrivain de son temps, avait un « physique », lequel avec les années ne cessa de s'accentuer. Ses familiers ne se sont pas fait faute de « croquer » un personnage aussi pittoresque. Pour nous limiter à deux témoins privilégiés, citons Roger Martin du Gard et Maria van Rysselberghe. Voici la première « découverte » d'André Gide vue par Roger Martin du Gard :

« La porte s'entrouvre. Un homme se glisse dans la boutique, à la façon d'un clochard qui vient se chauffer à l'église. Le bord du chapeau cabossé cache les yeux ; un vaste manteau-cloche lui pend des épaules. Il fait songer à un vieil acteur famélique, sans emploi ; à ces épaves de la bohème qui échouent, un soir de dèche, à l'asile de nuit ; ou bien à ces habitués de la Bibliothèque nationale, à ces copistes professionnels, au linge douteux, qui somnolent à midi sur leur in-folio après avoir déjeuné d'un croissant. Un défroqué, peut-être ? Un défroqué à mauvaise conscience ?... Mais tous s'approchent, c'est quelqu'un de la maison. Il s'est débarrassé de son manteau, de son chapeau ; son complet de voyage, avachi, ne paraît pas d'aplomb sur son corps dégingandé ; un cou de vieil oiseau s'échappe de son faux col fripé, qui bâille ; le front est dégarni ; la chevelure commence à grisonner ; elle touffe un peu sur la nuque, avec l'aspect terne des cheveux morts. Son masque de Mongol, aux arcades sourcilières obliques et saillantes, est semé de quelques verrues. Les traits sont accusés, mais mous ; le teint est grisâtre, les joues creuses, mal rasées ; les lèvres minces et serrées dessinent une longue ligne élastique et sinueuse ; le regard glisse sans franchise entre les paupières, avec de brefs éclats fuyants qu'accompagne alors un sourire un peu grimaçant, enfantin et retors, à la fois timide et apprêté.

Schlumberger le guide vers moi. Je reste confondu : c'est André Gide[1]... »

L'aspect nocturne du personnage en plein jour est surpassé en étrangeté par la tenue de nuit que lui découvre R.M.G. invité chez les Gide à la Bastide :

« J'ai découvert que, pour dormir, il s'affuble d'une sorte de lévite blanche, épaisse, cotonneuse, dont la jupe descend jusqu'aux chevilles comme un pagne de boulanger ; et il s'enroule autour de la taille, aussi serrée qu'il peut, comprimant le diaphragme, une large écharpe de trois mètres de long, en soie noire ! Il ressemble à quelque funèbre mamamouchi[2]... »

Du rire de Gide, R.M.G. nous donne enfin une description détaillée :

« Il ignore le franc fou rire. Mais, lorsqu'il conte une histoire dont la saveur ou la cocasserie le met en joie, sa voix prend un invraisemblable ton de fausset, s'élève jusqu'à un timbre suraigu, puis s'étrangle soudain dans un glou-glou mouillé ; alors, les joues se gonflent d'une salivation anormale ; la lèvre inférieure s'abaisse, pointe en avant, s'ouvre comme une petite vasque humide, tandis que, dans la fente des paupières bridées, le regard rieur, à peine visible, se fixe sur l'interlocuteur avec une expression de curiosité et de jubilation intenses[3]. »

Voici enfin trois croquis dessinés par Maria van Rysselberghe, la « petite dame » :

« J'ai déjà dit qu'il était très frileux. Dans une grosse robe de chambre qu'il enfile par-dessus ses vêtements, un chapeau mou, ses grandes lunettes de corne, les jambes entourées d'une couverture algérienne, il tient du vieil acteur et du vieux savant. Il a passé la journée les pieds

1, 2, 3. Roger Martin du Gard, *Notes sur André Gide* (Gallimard éd.).

dans le chauffe-assiettes, ou dans un panier dit “ le panier-à-chats ”. »

« ... il est entré chez moi et m'a donné le fou rire. Son aspect était formidable, très moliéresque, étrangement puissant : coiffé d'un bonnet de coton qui tient tout droit sur sa tête, un châle vert autour des épaules, et tout drapé dans un grand burnous bleu, il a l'air de je ne sais quel terrible Père Ubu. »

« Ce matin, il était inouï, assis sur une chaise basse, collé à son radiateur, les genoux au menton, tout recroquevillé, strictement boutonné dans un complet d'intérieur marron, un grand taupé noir sur la tête. Il ressemblait à un grand jouet luxueux en belle peluche, le singe à lunettes [1]. »

L'évolution de l'aspect physique de certains grands écrivains fournit une curieuse contribution au passionnant problème du donné et de l'acquis, et de leurs rapports. Souvent l'œuvre réagit lentement sur le corps, et lui imprime son reflet d'année en année plus profondément. Sur les photos successives de Victor Hugo, on suit la formation d'un masque noble et inspiré, déposé sur un visage d'une vulgarité qu'on pouvait craindre irrémédiable. Baudelaire avait lui aussi une physionomie des plus quelconques, que seuls des artifices parfois extravagants — ses cheveux teints en vert — parvenaient à rendre remarquable. Fréquemment l'aspect général évolue vers une majesté sereine qui ne s'accorde qu'à une simplicité vestimentaire poussée jusqu'à l'austérité. Exemples : Goethe, Hauptmann, Breton. C'est encore plus vrai pour Stefan George dont la beauté véritablement monstrueuse des dernières années exigeait impérieusement des allures sacerdotales. « Il est beau comme Satan », dit de lui Robert de Montesquiou, expert en la matière. Il est

1. Maria van Rysselberghe, *les Cahiers de la Petite Dame* (Gallimard éd.).

remarquable que Gide ait su échapper à cette pétrification, malgré une célébrité qui tendait à faire de lui à la fin de sa vie le pape des Lettres, voire, avec le prix Nobel, la conscience de l'Occident. Si on regarde ses derniers portraits, le mot qui s'impose le premier est celui d'*acuité*. Un visage, tout un personnage aspirés vers l'extérieur, affûtés par l'appétit et la curiosité, tels que Gide lui-même décrit Thésée adolescent :

« J'étais le vent, la vague. J'étais plante ; j'étais oiseau. Je ne m'arrêtais pas à moi-même, et tout contact avec le monde extérieur ne m'enseignait point tant mes limites qu'il n'éveillait en moi de volupté. J'ai caressé des fruits, la peau des jeunes arbres, les cailloux lisses des rivages, le pelage des chiens, des chevaux, avant de caresser les femmes. Vers tout ce que Pan, Zeus ou Thétis me présentaient de charmant, je bandais. »

Cet amour des choses et des êtres nous amène à une troisième distinction binaire, celle qui se place sous la rubrique barbare : « orexie-anorexie », mais on conviendra que l'opposition « oui ou non à la vie » signifierait à moindres frais à peu près la même chose.

L'acteur de cinéma italien Marcello Mastroianni avait à répondre récemment à l'une des questions du trop fameux questionnaire de Proust : *quel est votre principal défaut ?* Avec une lucidité et un courage qu'il faut admirer, il porta alors contre lui-même la plus terrible des accusations. Dans une formule dont l'ambiguïté augmente singulièrement la force : « Mon manque d'intérêt », répondit-il. Et d'expliquer qu'il n'ouvrait jamais un livre, ne regardait jamais un tableau, n'écoutait pas la musique, mangeait et faisait l'amour par habitude, et accomplissait son métier de comédien en pensant à autre chose. Il ne précisa pas s'il en avait été toujours ainsi pour lui, mais tout le laissait croire.

En septembre 1949, André Gide avait quatre-vingt ans. Il écrit :

« J'ai fait la connaissance d'un mot qui désigne un état

dont je souffre depuis quelques mois ; un très beau mot : anorexie. De *an*, privatif, et *oregomai*, désirer. Il signifie absence d'appétit (" qu'il ne faut pas confondre avec dégoût ", dit Littré). Ce terme n'est guère employé que par les docteurs ; n'importe ; j'en ai besoin. Que je souffre d'anorexie, c'est trop dire : le pire, c'est que je n'en souffre presque pas, mais mon inappétence physique et intellectuelle est devenue telle que parfois je ne sais plus bien ce qui me maintient encore en vie, sinon l'habitude de vivre. Il me semble que je n'aurais, pour cesser d'être, qu'à m'abandonner[1]. »

L'anorexie — qui a donc été l'état permanent de Mastroianni — désigne habituellement un trouble que les psychiatres observent chez certaines jeunes filles chlorotiques et névropathes qui semblent vouloir s'enfermer dans leur virginité. Il est clair que, ni dans leur cas ni dans celui de Mastroianni, le sens de l'anorexie ne pourrait être l'achèvement d'une vie qui a atteint l'essentiel de ses objectifs. C'est cependant celui qui convient au cas de Gide. Il est vrai qu'il ajoute quelques lignes plus loin : « Nous étions assis tous quatre sous une treille, non point si épaisse qu'on ne pût voir entre les larges feuilles de la vigne des rappels d'un azur profond. »

A-t-on jamais écrit du bonheur de façon aussi limpide, savante et communicative que par cette simple phrase qui illustre merveilleusement ce que Malraux a appelé « l'art du rinceau » ? Il n'empêche. Le « manque d'intérêt » a fait son entrée dans cette vie. Privée totalement de sommeil quelques semaines avant sa mort. Germaine de Staël — cette autre grande dévoreuse de livres, d'idées, d'êtres humains et de kilomètres — gémissait : « La vie est trop longue sans sommeil. Il n'y a pas assez d'intérêt pour vingt-quatre heures. » Peu après, elle entrait en

1. *Ainsi soit-il* (Gallimard éd.).

agonie. Gide eut un sursis de dix-huit mois après sa première rencontre avec la mauvaise fée Anorexie.

Que cette rencontre eût lieu dans l'antichambre de la mort n'est pas le fruit du hasard. Car Gide, mort d'anorexie, n'a vécu et écrit que par « orexie », un mot qu'il faudrait forger pour lui seul, et dont aucun équivalent n'existe en français. On traduira grossièrement par *appétit.* Mais l'ancienne théologie possédait déjà *concupiscence* — à laquelle Bossuet a consacré un traité — et entendait par là tout ce qui entre dans l'amour de la vie, depuis la faim charnelle et la soif de tendresse, jusqu'à la curiosité intellectuelle et la volonté d'apprendre, toutes choses notoirement condamnables, il va de soi, aux yeux de la morale catholique.

Cette orexie de Gide, il sera intéressant d'en faire le dessin, mais notons auparavant son extrême originalité parmi ses contemporains et ses pairs. Ne parlons pas de Claudel dont le point de vue sur la concupiscence rejoignait peu ou prou celui de Bossuet, et qui ne cessa, sa vie durant, d'épaissir les murs et d'aveugler les ouvertures de la forteresse dogmatique où il s'était enfermé. A la fin de sa vie, privé de souffle, de jambes, sourd et aux trois quarts aveugle, il s'étonne avec émerveillement de si bien s'accommoder de toutes ces infirmités.

Marcel Proust et Paul Valéry, plus proches d'André Gide, se barricadent eux aussi — chacun selon son génie propre — dans une solitude de plus en plus désespérée. Torturé par cet asthme — qui incarne chez lui une allergie à tout et à tous —, Proust s'isole dans une chambre tapissée de liège et ne voyage plus que dans ce temps perdu qu'il s'acharne à retrouver et à restaurer, archéologue de sa propre vie, antiquaire de lui-même. Paul Valéry, à force d'adorer l'intellect, idole qui dessine simplement en creux l'absence des mathématiques auxquelles il a toujours été réfractaire (dans sa jeunesse, il a dû pour cette raison renoncer à entrer à l'École navale), a réussi à faire autour de lui un vide nauséeux dans lequel il traîne des obsessions de suicide. Nous retrouverons ces deux contemporains de Gide.

Mais on notera au passage que ce parti pris de refus de tout — qu'il soit de style hautain, rageur ou plaintif — est aussi riche en précédents qu'il sera brillamment illustré par les générations ultérieures. En amont, Vigny, Baudelaire, Barbey d'Aurevilly, Bloy. En aval, Céline, Artaud, Sartre, Cioran. Il ne faut pas se demander la part qui revient à la sincérité et celle qui relève de la pose — le noir est toujours habillé — dans ce *non* crié à l'existence. Car au total, seule compte l'œuvre, quelle que soit la sincérité ou la duplicité de l'auteur. Il reste que le oui et le non à la vie constituent un critère assez intéressant qui définit deux familles, non seulement d'écrivains, mais d'hommes et de femmes en général. Il serait évidemment injuste et cruel de dire que chacun baigne dans le milieu qu'il mérite, mais il est clair que dans un seul et même milieu nous découpons inconsciemment une réalité que nous avons construite selon notre chiffre et que nous avons souvent la folie de considérer comme la seule authentique.

Qu'on me pardonne une parenthèse personnelle. Je me trouvais il y a quelques années à Venise, et je dînais avec René Etiemble dont j'aime et admire l'érudition, la lucidité, l'amertume. Je m'assis en face de lui et j'ouvris la bouche pour dire ceci : « J'ai passé l'après-midi sur la plage du Lido. Je suis encore ébloui par la beauté de la jeunesse que j'y ai vue. » Or il me coupa la parole à une fraction de seconde près, et déclara en dépliant sa serviette : « Ma femme et moi, nous avons passé l'après-midi sur la place du Lido. Nous avons été atterrés par la laideur des baigneurs que nous y avons vus. » La contradiction était si brutale que j'en suis encore tout interdit. Une contradiction qui se trouvait évidemment dans notre œil plus que dans les choses. Monet disait peu avant sa mort : « Je n'ai jamais rien vu qui fût laid. » Je pourrais presque reprendre son propos. Voir beau n'est d'ailleurs pas de tout repos, ni de tout bonheur. La beauté qui vous saute au visage et au cœur à chaque coin de rue vous blesse de façon souvent inguérissable. Il y a des visages, plus rarement des corps, que j'ai vus quelques secondes pour perdre aussitôt et définitivement leur trace, et dont le souvenir brûlant n'a pas cessé de me poursuivre depuis dix ans, vingt ans, parfois un demi-siècle. J'ai la lancinante certitude qu'ils ont emporté avec eux des promesses de bonheur incomparable à tout jamais perdues...

Les hommes du *oui* imaginent difficilement le monde gris et haineux du *non.* Il est peuplé par la race des antiphysiques, celle qui a en horreur le contact chaud, frémissant et généralement humide des êtres vivants. Ceux-là ne caressent jamais un animal, ils n'embrassent pas spontanément un enfant, la promiscuité du poil, de la plume, de la peau les dégoûte, et aussi tout ce qui vient du corps, salive, urine, excrément, sperme, sang. Cette attitude mentale a été érigée en morale par la société victorienne du XIXe siècle et les Eglises catholique et protestante placées à son service. Il convient d'ajouter que les théories pasteuriennes, et l'hygiénisme qui en découle, sont venues à point nommé pour lui fournir un alibi scientifique.

André Gide était l'homme du oui par excellence, un oui nombreux, foisonnant, comblé par une vie en forme de corne d'abondance. Et à propos de petits animaux, il faut rappeler la visite qu'il fit — de prix Nobel à prix Nobel — à Hermann Hesse dans son chalet de Montagnola (Tessin). On ne sait ce que se dirent les deux grands hommes, mais H. Hesse rapporte avec amusement que pendant toute sa visite, Gide, fasciné, n'eut d'yeux que pour une corbeille où la chatte de la maison se distribuait de son mieux entre ses quatre chatons. C'était certes un spectacle non moins émouvant ni moins instructif pour Gide que le grand écrivain suisse surpris dans son milieu domestique.

Ce non à la vie que certains ne cessent de prononcer ou

simplement qu'ils illustrent avec constance par leur comportement, il a trouvé aux côtés même de Gide une interprète presque caricaturale dans la personne de sa femme. L' « affaire » Madeleine Gide — puisqu'il y a eu, du fait des contemporains, des critiques, et, il faut en convenir, de Gide lui-même, toute une instruction et un procès autour de cette femme — tient en deux dates : 31 mai 1895, mort de Mme Gide mère. 17 juin, fiançailles d'André Gide et de Madeleine. Jusqu'à vingt-six ans, Gide avait tremblé devant sa mère qui incarnait la pseudo-morale puritaine et anticharnelle sous son aspect le plus repoussant. Son arrivée en février 1894 dans l'oasis de Biskra où Gide et son ami le peintre Paul-Albert Laurens sont fort occupés à s'envoyer en l'air, c'est la statue du Commandeur venant frapper d'un poing de pierre à la porte de Don Juan. Heureusement le Commandeur ne sort de terre que pour y retourner. Seize mois plus tard, on l'enterre. Gide se sent alors ivre de liberté. Il se compare « au cerf-volant dont on aurait soudain coupé la corde, à la barque en rupture d'amarre, à l'épave dont le flot et le vent vont jouer ». Ces métaphores menaçantes ne se comprennent pleinement que si on rappelle que cette même année Oscar Wilde a été broyé par la société victorienne. Disons-le simplement : Gide prend peur. Et par un acte insensé, il ressuscite sa mère en épousant sa cousine Madeleine, plus âgée que lui et tout aussi confite en dévotion que la défunte. Il est d'ailleurs sans illusions sur ce pseudo-mariage. Il n'est pas marié de trois mois qu'il écrit : « Que de fois, Madeleine étant dans sa chambre... je l'ai confondue avec ma mère. » Il n'est pas le seul à faire cette confusion. Au cours d'une excursion à Fécamp, un des garçons de l'hôtel, où ils sont descendus, vient dire à Gide : « Madame votre mère vous attend dans la voiture. » Cette identification Madeleine = mère suffit à expliquer que leur mariage n'eût jamais été consommé. Si Gide n'a jamais couché avec Madeleine, ce n'est évidemment pas parce qu'il lui « préférait » des garçons (quelle étrange psychologie qui prétend déduire du goût pour quelque chose le dégoût pour autre chose !), mais parce que, normal et sain, il n'avait aucun penchant pour l'inceste.

Si Madeleine avait eu deux sous d'esprit et de courage, elle aurait fait face à cette situation — qui n'avait en elle-même rien de dramatique — et elle aurait modelé son comportement sur le génie de son mari, jouant auprès de lui le rôle de complice affectueuse et lucide qu'assuma très exactement, beaucoup plus tard hélas, Maria van Rysselberghe. On rêve aussi au tour qu'aurait pu prendre cette histoire si une autre femme — de la génération de Madeleine, mais d'une toute autre trempe — avait été à sa place. Je songe à l'étrange et géniale Lou Andréas Salomé qui fut entre autres l'amie de Nietzsche, Rilke et Freud — quel triplé ! — et dont on a dit que chaque fois qu'un écrivain en tombait amoureux, neuf mois plus tard il accouchait d'un chef-d'œuvre. Au demeurant Lou Andréas Salomé avait une vocation évidente au platonisme et à la virginité perpétuelle, au grand dam de ses « amants » et même de son mari. Peut-être a-t-elle toute sa vie plus ou moins consciemment tenté de recréer les conditions de son enfance et de son adolescence. Il faut rappeler en effet qu'elle était la seule fille, et la plus jeune, d'une famille de cinq enfants. Sa première jeunesse s'était donc passée à l'ombre de quatre garçons plus âgés qu'elle et, bien entendu, dépourvus de visées sexuelles sur elle, la « petite sœur ». Cette petite sœur, elle a peut-être voulu continuer à l'être auprès de tous les grands intellectuels dont elle a partagé la vie ultérieurement.

Ayant épousé — après mille dérobades et avec la plus grande réticence — son cousin, bon jeune homme pieux, Madeleine s'est donc réveillée un matin aux côtés du roi Saül, femme de l'Immoraliste, compagne de Lafcadio, bref Madame André Gide, écrivain important et scandaleux. Dès leur voyage de noces qui les mène dans l'Engadine, à

Florence, Rome, Naples, Syracuse, Tunis, El-Kantara, Biskra, Touggourt, etc., elle traîne sa paresse geignarde, son incuriosité, sa peur de tout, derrière un Gide déchaîné par la passion de la découverte. Elle pèse comme un boulet blême et veule au pied de l'infatigable marcheur, de l'éternel amoureux. « Une existence pathétique, Nathanaël, plutôt que la tranquillité. » Pour Madeleine le choix inverse va de soi. Quelques années plus tard, *l'Immoraliste* raconte un semblable voyage en l'idéalisant, c'est-à-dire en enterrant l'encombrante épouse. Michel malade — malade de sa société puritaine et familiale — recouvre la santé dans le désert. Ayant constaté que Marceline au contraire ne supporte pas le climat africain, il y retourne avec elle et s'acharne en une longue marche qui ne s'achève que devant un petit tumulus du cimetière fleuri d'El-Kantara. C'est en somme un divorce « à l'africaine », « à la saharienne ». Mais, s'il est heureux qu'en « suicidant » Werther, Goethe se soit dispensé de mourir d'amour pour Charlotte, Gide, exécutant Madeleine sous l'effigie de Marceline, restait marié et empêché comme par-devant. Il y a des choses qu'il ne suffit pas de faire fictivement.

Il reste que, dans ce triste couple, c'était Gide qui menait le jeu après avoir voulu ce mariage avec acharnement. Sa mère lui avait été imposée par le destin. Madeleine, c'était son invention, sa décision personnelle. S'agissant d'un auteur aussi délibérément moraliste, il est permis, je pense, de poser son équation en termes de vice et de vertu. Mais alors rendons aux mots leur sens originel et intelligible, et appelons *vice* ce qui amoindrit un être, diminue sa force vitale, et *vertu* ce qui au contraire exalte ses facultés créatrices. La vie de Gide s'oriente entre une grande vertu et un vice lamentable. Cette vertu, c'est son *orexie* généralisée, mais au premier chef cet amour des jeunes garçons qui a été la lumière et la chaleur de sa vie, sa libération, sa joie et la source jaillissante de toute son œuvre. Son vice, ce fut ce sentiment inexplicable, inavouable et invétéré pour cette femme médiocre dont il n'a jamais eu la force de se débarrasser. Madeleine, c'était le vieil homme, le passé mort et pourrissant qu'il traîna derrière lui, comme un serpent qui par quelque aberration serait resté soudé à son ancienne peau, qu'il ne pourrait s'empêcher parfois, au plus bas de lui-même, de réintégrer. Elle n'eut qu'un seul mérite : celui de détruire de ses mains en 1918 toutes les lettres que Gide lui avait adressées — un paquet fort imposant — et qui aurait constitué à coup sûr une région assez niaise, nauséeuse et marécageuse de son œuvre. Elle a eu le courage de cette amputation. Que n'en a-t-il pas profité pour avoir celui d'une amputation plus radicale et plus nécessaire !

Ce rôle de vestige vivant que joua Madeleine auprès de Gide fait penser irrésistiblement à une autre madeleine, celle de Proust, elle aussi témoin du temps perdu. Mais les deux hommes cheminaient en sens inverse, Gide attiré passionnément vers un avenir absolu et radieux, Proust, le dos tourné au XXe siècle, reconstituant patiemment le squelette de son enfance. C'est sans doute pourquoi la Madeleine de Gide ne possédait aucun des charmes gourmands du petit gâteau douillet et doré qui fondait si délicieusement sur la langue de Proust.

Nous avons cité les noms de Paul Valéry et de Marcel Proust, il faudrait aussi évoquer Henri Ghéon, Pierre Louÿs, Oscar Wilde, les grandes figures et les moindres personnages qui animèrent le groupe si fécond dont la N.R.F. devait naître. Nous le ferons sous un angle limité, celui que nous offre une quatrième distinction binaire, celle des primaires et des secondaires.

Précisons tout d'abord que cette distinction nous vient de la caractérologie et qu'il importe pour bien la comprendre d'oublier la connotation scolaire qui risque de s'y attacher comme une mauvaise odeur.

Un secondaire vit en référence constante à son passé et

à son avenir. La nostalgie de ce qui n'est plus et l'appréhension de ce qui va arriver obnubilent son présent et dévaluent sa sensation immédiate. Son intelligence se sert du calcul plus que de l'intuition. Son espace est une chambre d'écho et un dédale de perspectives. En amour la fidélité lui importe plus que la liberté.

Le primaire s'éblouit de la jeunesse de l'éternel présent. Il peut être cérébral ou sensuel, c'est l'homme de l'évidence originelle et du premier commencement. Chaque matin est pour lui le premier jour de la Création. Il ne s'embarrasse pas de fantômes ni de chimères. Il se montre spontanément ingrat, imprévoyant, mais sans rancune. Il adhère par instinct à ce qui s'offre. Rien de plus étrange que certains couples qu'on voit se former dans l'histoire, et qui réunissent un primaire et un secondaire, à la fois attirés et rebutés l'un par l'autre, perpétuellement hésitant entre l'admiration et le mépris, l'amour et la haine. Tels furent par exemple Voltaire-le-primaire et le secondaire Rousseau qui se querellèrent des années, mais qui moururent à quelques semaines d'intervalle, comme s'ils ne pouvaient vivre l'un sans l'autre. Un peu plus tard l'histoire française était dominée par un autre couple comparable : Talleyrand-Napoléon. Les premières lettres de Talleyrand au général Bonaparte pendant ses campagnes d'Italie et d'Égypte sont d'amour, purement et simplement. Pour le diplomate déjà mûr et passablement compromis, demeuré obstinément enraciné dans l'Ancien Régime — son exclamation fameuse « qui n'a pas vécu sous l'Ancien Régime ne sait pas ce qu'est la douceur de vivre » est une profession de foi secondaire —, ce général d'origine obscure, brillant de génie juvénile, incarne un héros, romantique avant l'heure, d'une dimension presque mythologique. La séduction est réciproque. Aux yeux du jeune ambitieux corse — à l'accent et à l'allure ridicules —, ce représentant d'une des plus anciennes familles de l'aristocratie, parfait connaisseur de toutes les cours d'Europe, c'est un père idéal, guide et tuteur indispensable pour accéder au pouvoir. Peu à peu les relations se dégradent, mais les griefs restent dans la ligne définie : primarité contre secondarité. Pour Napoléon, dans ses pires moments, Talleyrand est un marécage (« Vous êtes de la merde dans un bas de soie »). Pour Talleyrand, Napoléon est une brute impulsive. Ils se quittent, se regrettent, se retrouvent.

Pour le jeune lecteur de Baudelaire qui s'abandonne avec délice au charme vénéneux des *Fleurs du mal,* la dédicace du livre reste énigmatique « Au poète impeccable... Théophile Gautier ». Comment ! Quel rapport peut-il y avoir entre les limpides évidences, les éclats froids d'*Émaux et Camées,* et les vertiges fiévreux des *Fleurs du mal ?* Aucun justement, si ce n'est d'antithèse. De même cette épithète *impeccable* choisie à dessein par le plus « peccamineux » des poètes. Oui le secondaire Baudelaire — dont toute la poésie est faite de retentissements, de pressentiments, de souvenirs défunts — admire douloureusement la lumière de midi, sans veille ni lendemain, qui baigne cette poésie. Ajoutons que Théophile Gautier allait être suivi d'une forte progéniture primaire avec Leconte de Lisle, Heredia, Valéry et Saint-John Perse. La lignée solaire en quelque sorte, celle des anti-Baudelaire.

A la dédicace de Baudelaire à Gautier va répondre un demi-siècle plus tard la dédicace de *la Jeune Parque* (1917) de Paul Valéry à André Gide, hommage du primaire au secondaire[1]. Mais tandis que l'épithète *impeccable* soulignait sous la plume de Baudelaire la primarité de son dédicataire, Paul Valéry dans sa dédicace souligne sa propre primarité en qualifiant son poème d' « exercice », ce qui veut dire qu'il le considère comme une opération où l'acte même compte seul, le résultat de cet acte — le

1. *A André Gide. Depuis bien des années j'avais laissé l'art des vers : essayant de m'y astreindre encore, j'ai fait cet exercice que je te dédie.*

poème — étant traité en résidu négligeable. C'est le culte du présent poussé à son extrême limite.

Revenons un instant à Proust, car son œuvre équilibre celle de Valéry, et ces deux œuvres sont également fortes dans leur violent contraste. Proust creuse des galeries, s'enveloppe de clairs-obscurs, éveille des échos lointains. La nostalgie, la jalousie, le remords travaillent son cœur comme un levain. Chez Valéry au contraire, la grande lumière méditerranéenne dissipe souverainement les humeurs lymphatiques et la pénombre de la vie intérieure. C'est le triomphe de l'architecture apollinienne sur fond d'azur serein. Entre ces deux cadets dont la vie fut immobile et somme toute accidentelle par rapport à leur œuvre — seule essentielle —, André Gide apparaît comme un voyageur dont chacune des étapes engendre un livre à son image. Son dynamisme contraste avec leur stabilité. Il est légitime de définir son mouvement en fonction de ces deux pôles qui ne cessèrent de le hanter. Dans le *Journal* de Gide, Proust est cité vingt-deux fois, et presque toujours avec réserve ; Paul Valéry soixante-dix-neuf fois, et toujours sur le ton de l'amitié la plus admirative. Né à Paris, comme Proust, Gide y meurt comme lui. Il ne faudrait exagérer la valeur de cette image, mais on peut représenter le voyage de Gide comme un effort constant pour s'éloigner d'une secondarité incarnée par Proust, et se rapprocher de la primarité d'un Paul Valéry ou d'un Henri Ghéon.

Entre les origines de Proust et celles de Gide, les analogies sont nombreuses et souvent antithétiques. Gide avait onze ans quand il perdit son père atteint de tuberculose. Dès lors il devient la proie de sa mère, revêche, puritaine, abusive. Sa situation vis-à-vis de ses parents est donc l'inverse de celle de Proust vis-à-vis des siens. Gide idéalise son père et prétend lui ressembler. Il livre une lutte acharnée à cette mère qui est, selon Jean Delay, « la cornélienne des classiques, la mère virile des psychanalystes ». Or il est clair que Gide — moraliste dévoué, jusqu'au risque mortel, à une cause lorsqu'il la croit juste — tenait en vérité beaucoup plus de sa mère que de son père, sans doute assez falot personnage. Toute sa force, sa virilité, c'est paradoxalement à sa mère qu'il les doit. Il aurait pu inverser les vers fameux de Goethe disant qu'il possédait de son père « la haute stature », de sa mère « la gaie nature, le goût de la fabulation ». En attendant il passe son enfance et son adolescence sous des jupes de femmes en forme d'éteignoir. Un mot paraît résumer l'enfance de Gide, et ce mot est proustien : introversion. Égoïste, renfermé, secret, ce fils unique ne s'intéressait dans la vie qu'à lui-même, selon le mot de son ami Albert Démarest, alors même que, malheureusement, il ne pouvait rien y trouver de bien intéressant. De cette indigence d'une enfance ingrate à l'épigraphe biblique de *l'Immoraliste :* « Je te loue, ô mon Dieu, de ce que tu m'as fait créature si admirable ! », il y a une longue évolution, une marche interminable dont on ne peut fixer que l'orientation géographique : vers le Sud, vers l'Afrique. Mais il y a aussi le courage, le désintéressement, la ferveur, l'exaltation du sacrifice. Prenant le contre-pied du *Traité de la concupiscence* de Bossuet auquel nous faisions allusion, il crée un art de vivre où se fondent dans un même élan le plaisir, la beauté, le dévouement, l'ascétisme, la sensualité. Premier écrivain « engagé » de son temps — et le seul si on compare les risques qu'il assuma au confort dont s'entourèrent toujours les Aragon, Malraux, Camus et autres Sartre —, il s'acharne à se compromettre pour une suite de causes qu'il estime justes. Il commence avec *Corydon* par s'attaquer à la tyrannie hétérosexualiste, persuadé qu'il allait subir le sort d'Oscar Wilde, assassiné par la société victorienne. Puis il s'engage au côté des communistes. Puis il rompt avec eux, ayant découvert la réalité du stalinisme — alors que Louis Guilloux qui a fait le même voyage avec lui s'enferme dans un lâche silence. En 1912, il s'impose de siéger comme juré à la cour d'assises pour pouvoir critiquer la justice française en connaissance de cause. En 1925 il entreprend un voyage de dix mois au Congo et au Tchad dans des conditions si dangereuses que Claudel évoque — avec jubilation — l'éventualité d'une issue catastrophique. (« Il part pour l'Afrique équatoriale française avec l'idée que peut-être il n'en reviendra pas. » Plus tard il ajoute cette précision révélatrice : « Cette lettre est de 1925. C'est la dernière entrevue que j'aie eue avec ce malheureux. ») Et naturellement il rapporte de ce voyage un dossier incendiaire contre la colonisation.

L'une des constances de cette vie c'est l'inconfort sans cesse affronté et le consentement à se faire des ennemis de tous les côtés à la fois. Or l'étonnant paradoxe de ces combats, c'est le fond de bonheur et même de sensualité qu'ils recouvrent, et même qu'ils servent. Gide n'a rien du militant jacobin braqué sur son idée fixe et piétinant — sans même s'en apercevoir — toutes les richesses de la terre. Son génie incomparable, c'est d'avoir par deux fois au moins converti à la recherche fervente du bonheur les armes qui lui avaient été données et qui paraissaient vouées à un tout autre usage. Ce sont d'abord les « vertus » de sa mère — l'énergie, le désintéressement, le courage —, dont elle avait usé principalement pour dévaster sa propre vie et celle des siens, mais que Gide sut transformer en cornes d'abondance. Gide et sa mère, c'est le cas exemplaire d'une liberté s'exerçant sur un patrimoine héréditaire. Hérédité détestable et détestée qu'il ne surmonte ni ne supprime, mais à laquelle il fait subir une inversion bénigne.

Mais c'est surtout sa double lecture de la Bible qui nous émerveille. Né dans la servitude de la cité calviniste, il étouffe sous le poids du livre sacré dont ses maîtres ne savent tirer qu'une morale cadavérique. Puis il découvre l'Afrique, le soleil africain, l'explosion de ses sens et de sa chair. Et il s'aperçoit alors que la Bible et les Évangiles sont *aussi* des livres du désert, des arts de vivre dans les sables, les pierres et les palmeraies aux eaux vives et chantantes. Il n'a donc rien à rejeter de l'essentiel de son viatique. Il n'y aura pas fracture de sa ligne de vie. Entre *les Cahiers d'André Walter* — truffés de citations bibliques — et *Saül* ou *le Retour de l'Enfant prodigue*, l'Écriture sainte assure une continuité sans faille. Il n'y a que le climat qui change : d'un côté la froide et pluvieuse Normandie, de l'autre l'ardente et pure sécheresse du désert. Cette question de climat ne cessera sous des formes diverses de le préoccuper, tout comme elle a préoccupé Nietzsche dont les voyages continuels n'avaient pas d'autre motif. Assez drôlement, Gide en viendra à s'en prendre à la montagne et au sapin comme symbole de l'antimorale de son enfance.

« Andermatt, 27 janvier 1912.

Me voici de nouveau dans ce pays " que Dieu a fait pour être horrible " (Montesquieu). L'admiration de la montagne est une invention du protestantisme. Étrange confusion des cerveaux incapables d'art, entre l'altier et le beau ! La Suisse : admirable réservoir d'énergie ; il faut descendre de combien ? pour retrouver l'abandon et la grâce, la paresse et la volupté, sans lesquels l'art, non plus que le vin, n'est possible. Si de l'arbre la montagne fait le sapin, on juge ce qu'elle peut faire de l'homme. Esthétique et moralité de conifères.

Le sapin et le palmier : ces deux extrêmes. »

Or il est clair que géographiquement et climatiquement la Bible est plus proche du palmier que du sapin, malgré qu'en aient les calvinistes. Toute l'œuvre de Gide aura consisté à arracher les Écritures aux sapins pour les rendre aux palmiers.

Comme nous l'avons indiqué, Paul Valéry a été le premier « phare » qui a orienté la conquête de la primarité de l'itinéraire gidien. Mais cette orientation est demeurée de principe et comme formelle. C'est qu'il y avait par ailleurs « l'anorexie » systématique de Valéry — à laquelle nous avons fait déjà allusion. Ainsi deux dichotomies se chevauchent et se corrigent. Le « culte de l'intellect » définit en Valéry un primaire du type cérébral. Sa Méditerranée lui inspire la philosophie nihiliste du *Cimetière marin* qui est le contraire de la quête gourmande des *Nourritures terrestres* (« ton petit Baedecker », disait-il à Gide). Gide ne cesse par conséquent de se défendre contre la corrosion à laquelle le cerveau de Valéry soumet tout ce qui tombe en son pouvoir.

« Charmante visite [de Valéry] mais qui me laisse fourbu. »

...

« Hier, j'ai passé avec lui près de trois heures. Plus rien ne restait debout dans mon esprit... Après une telle " conversation " je retrouve tout saccagé dans ma tête... Du reste je ne discute jamais avec lui ; simplement, il m'étrangle et je me débats. »

...

« Quoi d'étonnant si, après avoir désenchanté le monde autour de lui, après s'être ingénié à se désintéresser de tant de choses, il s'ennuie ! »

...

« Il est de plus en plus incapable d'écouter autrui et de tenir compte de ce qui interromprait sa pensée. Son parler est de plus en plus vite et indistinct... Il reparle de son taedium vitae qui devient par instants une souffrance physique, une angoisse nerveuse et musculaire insupportable. Que dis-je par instants ! C'est un état où il se trouve, dit-il, neuf jours sur dix. »

...

« Il me répète que depuis nombres d'années, il n'a rien écrit que sur commande et que pressé par le besoin d'argent.

— C'est-à-dire que, depuis longtemps, tu n'as rien écrit pour ton plaisir ?

— Pour mon plaisir ? reprend-il. Mais mon plaisir est précisément de ne *rien* écrire. J'aurais fait autre chose que d'écrire pour mon plaisir. Non, non, je n'ai rien écrit, et je n'écris rien que contraint, forcé et en pestant. »

...

« Par des chemins tout différents, il est vrai, je le rejoins sans cesse et adhère à presque tout ce qu'il écrit, et pour quoi je n'éprouve le plus souvent qu'une admiration sans limites. »

...

« Le système de Valéry comporte une sorte d'austérité (et c'est ce qui le rend à mes yeux si admirable) et de renoncement dont je ne me sens point capable. »

...

« Je n'éprouve que de la joie à sentir sa supériorité incontestable et son rayonnement que sait tempérer l'aménité la plus exquise. Je ne m'estime que bien peu de chose auprès de lui, mais sais à présent ne plus en souffrir. Il ne me gêne plus ; j'ai fait mon œuvre sur un plan différent du sien — que je comprends trop bien et admire trop pour ne point admettre que cette œuvre mienne ne puisse figurer dans son système et n'ait pas de valeur à ses yeux [1]. »

On pourrait, il est vrai, se demander si la grande faiblesse de Valéry n'était pas justement de se trouver sans ressource en face de l'œuvre de Gide, et en face de combien d'autres ? La raison d'être d'un « système » n'est-ce pas de tout englober et de pouvoir rendre compte de tout ? Le fait est que la primarité formelle et purement cérébrale de Valéry, si elle donnait à Gide une sorte de « leçon » exaltante et sévère, ne pouvait répondre aux exigences de sa sensualité et de ses appétits. Ce n'était pas

1. Citations extraites du *Journal* (1889-1939) de Gide (« Pléiade », Gallimard éd.).

les « primaires » au demeurant qui manquaient dans l'entourage du jeune Gide. Parmi les secondaires de sa petite société, outre le nom évidemment majeur de Proust, on ne relève guère que celui de Charles Du Bos, personnage touchant, mais fréquemment tourné en dérision. En revanche de quel prestige ne brillaient pas les primaires Pierre Louÿs et Oscar Wilde ! Pourtant, c'est à un troisième ami que Gide va demander complicité, ferveur, exemple d'une formidable soif devant la vie — tout ce qui demeurait totalement étranger à Valéry —, je veux parler d'Henri Ghéon. Henri Ghéon, c'est le primaire vital, sentimental, viscéral, charnel. Celui-là, c'était sa naïveté, sa franchise, son exubérance joviale, son côté « force de la nature » qu'aimait Gide. « Un faune éperdu de sympathie », dira-t-il de lui. C'est une sorte de Barbe-Bleue hilare : « Deux yeux qui flambent dans une face épanouie ; une barbe carrée, sombre, courte et drue ; les pommettes rubicondes ; un crâne luisant. Il darde sur moi un regard tendre, cruel et jovial. Il m'accable d'éloges excessifs. En parlant, il gesticule, postillonne, et pousse à tous propos des hennissements stridents. On le sent perpétuellement ivre d'exister. » Tel est le portrait que trace de lui Roger Martin du Gard. Pour Gide, c'est un vivant encouragement à l'acceptation joyeuse des autres et de soi-même. « La franchise de Ghéon me console de toutes mes hypocrisies. Il est d'une force, d'une santé admirables. » Au printemps de 1899, ayant commis la faute typiquement « secondaire » d'un voyage-pèlerinage en Afrique du Nord sur les lieux de ses anciens bonheurs, il écrit à Ghéon : « Mon erreur est de courir après une émotion morte, de chercher à revivre les minutes passées, de réchauffer une ancienne ferveur. » En 1902, *l'Immoraliste* paraît avec cette dédicace, *A Henri Ghéon, mon franc camarade.* Pour la troisième fois, nous nous trouvons en face de la dédicace d'une œuvre importante qui constitue un hommage à la primarité. Un « franc camarade », c'est exactement ce que va être Ghéon pour Gide pendant des années. Ils voyagent ensemble, en Italie, en Afrique. Ils se découvrent des traits communs, le don des larmes par exemple : « ... toute très vive émotion d'art s'arrose aussitôt de mes pleurs, écrit Gide, à la grande stupeur de mes voisins si je suis au musée ou au concert : je me souviens du fou rire qui prit de jeunes Anglaises, au couvent de Saint-Marc, à Florence, à me voir ruisseler devant la grande fresque de l'Angelico ; mon ami Ghéon m'accompagnait alors qui pleurait de conserve ; et je consens que le spectacle de nos deux averses pût être en effet très risible ! »

Mais c'est surtout dans la chasse aux garçons qu'ils se retrouvent. Ensemble ils se lancent dans des expéditions nocturnes autour des Halles, sur les boulevards, ils draguent les piscines, les plages normandes. Gide initie Ghéon à l'Afrique du Nord. Leur correspondance déborde de confidences et de récits épiques au point que Ghéon s'effare en rigolant à l'idée qu'elle pourrait être un jour publiée : « Ne crains pas pour ta lettre ; elle sera enfouie comme les suivantes ; fais de même pour les miennes : hein ! plus tard quand on publiera notre correspondance secrète ! » Ce sera fait en 1976.

Mais il y a le temps et ses vicissitudes, l'usure lente, les agressions brutales. Le bon Ghéon ne saura pas surmonter l'épreuve des années. La guerre de 14-18, qu'il fait comme médecin, le prend au dépourvu et assomme son bel appétit de vie et de chair. Ce qu'il voit, ce qu'il entend, ce qu'il fait, le bistouri à la main, assombrit à tout jamais le « satyre barbu » et étrangle son grand rire rabelaisien. Il tourne au catholicisme le plus cagot et s'éloigne de son ancien « franc camarade ». En 1917, il rend visite à Gide qui note dans son *Journal :* « Ghéon a pris un air de ressemblance avec le brave curé de Cuverville... Mêmes intonations, même attention un peu distraite et bienveillante ; mêmes approbations provisoires ; même retraits :

même indéfinissable absence... Je me raidis contre le chagrin, mais il m'apparaît par instants que Ghéon est pour moi plus perdu que s'il était mort. Il n'est ni changé ni absent, il est confisqué. »

Peut-on ajouter aux quatre dichotomies que nous avons essayées sur le « cas Gide », une cinquième clef binaire qui les recouvre et les éclaire ? Peut-être. On ne peut se défendre en suivant le cours de la vie de Gide d'un sentiment d'admiration. Une vie réussie : c'est l'image qui s'impose absolument. Peu de faux pas — ou alors chargés de signification fatidique, comme son mariage avec Madeleine Rondeaux. Une trajectoire harmonieuse. Et aussi, naturellement, une vie longue dont la vieillesse ne trahit aucun signe de décrépitude, et qui impose aux témoins le beau mot mystérieux de sagesse. C'est pourquoi il convient de juger avec indulgence les épigones de Gide qu'une mort prématurée et accidentelle a privés de cette dimension essentielle. Je veux parler d'Antoine de Saint-Exupéry et d'Albert Camus, morts respectivement à quarante-quatre et quarante-sept ans, et qui font un peu figure de progéniture anémique et hétérosexuelle du grand ancêtre. Pour autant qu'on en puisse juger par ce qu'ils ont laissé, ils auraient probablement bien vieilli, car leur œuvre possède la vertu qui fait justement la grandeur de Gide : une sorte de consubstantialité avec le temps qui passe. A l'opposé de Proust tournant le dos au présent pour mieux plonger dans son archéologie familiale, ou de Paul Valéry crispé sur l'extase de l'éternel instant, Gide a su mettre le temps dans son jeu. Et sans doute s'agit-il là de cette cinquième dichotomie dont les quatre autres sont des expressions. Intimisme, orexie, primarité lentement conquise sur une secondarité originelle, aspect physique se modelant sur l'œuvre avec les années, autant d'aspects divers d'un parti pris qui consiste à se faire le complice du temps, au lieu de vouloir le vaincre ou lui échapper.

Ce parti pris trouve son expression la plus pure dans le dialogue qui termine *Thésée*, la dernière œuvre d'André Gide, Thésée qui incarne le héros ayant su intégrer le temps à son œuvre et qui se trouve en face d'Œdipe, noble et prestigieuse épave.

« En Œdipe, dit Thésée, je reconnaissais une noblesse égale à la mienne ; ses malheurs ne pouvaient que grandir encore à mes yeux ce vaincu. Sans doute j'avais triomphé partout et toujours ; mais c'était sur un plan qui, près d'Œdipe, m'apparaissait tout humain et comme inférieur... Comment alors, pourquoi avait-il accepté sa défaite ? En se crevant les yeux, même n'y avait-il pas contribué ? Il y avait dans cet affreux attentat contre lui-même, quelque chose que je ne parvenais pas à comprendre. »

« Il faut cesser de voir le monde pour voir Dieu. » C'est finalement par cette profession de foi qu'Œdipe justifie son acte. Contre elle se récrie le sensuel Thésée, et derrière lui toute l'œuvre de Gide s'inscrit en faux, à commencer bien entendu par *les Nourritures terrestres* qui s'ouvrent sur cette injonction : « Ne souhaite pas, Nathanaël, trouver Dieu ailleurs que partout. »

Toute l'œuvre de Gide est une célébration de la lumière à l'encontre de tous les faux prophètes aux yeux crevés.

Colette
ou le Premier Couvert

Colette fut élue en 1945 membre de l'Académie Goncourt où elle succéda au premier « couvert » à Jean de Lavarende, démissionnaire. Elle présida l'Académie de 1949 jusqu'à sa mort, en 1954.

Ces précisions qui appartiennent à sa carrière plutôt qu'à sa vie, peuvent passer pour futiles, Colette ayant été bien davantage la femme d'une vie que celle d'une carrière. Mais on peut aussi s'en servir comme d'une clef assez commode pour situer son œuvre.

On s'imagine parfois qu'il faut avoir eu le prix Goncourt pour pouvoir être élu membre de l'Académie Goncourt. Il n'en est rien, bien au contraire. Au moment où j'écris ces lignes — juin 1979 — l'Académie Goncourt ne compte que deux prix Goncourt — Armand Lanoux et Michel Tournier —, tandis que l'Académie française en compte cinq (Maurice Genevoix, Henri Troyat, Maurice Druon, Jean-Jacques Gautier et Félicien Marceau). Les qualités de lauréat et de membre répondent à des critères tout à fait distincts. Il est indispensable de connaître personnellement des membres de l'Académie Goncourt pour être invité à s'asseoir parmi eux (car c'est un « copain » — au sens propre du mot — qu'on élit place Gaillon), alors que des relations avec ces messieurs-dames de chez Drouant ne peuvent qu'engendrer gêne et suspicion lors de l'attribution du Prix. D'autre part, tandis que l'appartenance du lauréat à telle ou telle maison d'édition ne doit en principe n'être d'aucun poids dans la balance (et précisément *pour* que cette appartenance ne soit d'aucun poids), elle joue un rôle capital dans l'élection d'un nouveau membre, car on cherchera autant que possible à éviter la prépondérance d'un éditeur dans la compagnie.

Colette dont les romans n'ont jamais eu une voix pour le prix Goncourt a été très tôt envisagée comme membre souhaitable de la compagnie. Elle avait eu des voix en effet en 1924 (élection de Pol Neveux), en 1926 (élection de Gaston Chérau), en 1929 (élection de Roland Dorgelès) et en 1937 (élection de Francis Carco). Lorsqu'elle est élue enfin, elle est la seconde femme de la compagnie (la première fut Judith Gautier, élue en remplacement de son père Théophile), et on compte aujourd'hui un membre féminin dans la personne de Françoise Mallet-Joris, ce qui prouve que l'Académie Goncourt n'est pas misogyne, comme l'Académie française, bien qu'elle paraisse attachée au principe de la monogamie [1].

Lors de son élection, Colette déclare : « J'ai beau me poser en vieux garçon, c'est encore un plaisir très féminin que je goûte à être la seule femme des Goncourt, entourée d'un aréopage d'hommes. »

Son premier vote va au premier auteur féminin qui reçut le prix Goncourt, à Elsa Triolet pour *Le dernier accroc coûte deux cents francs.*

En 1948, elle contribue à écarter *Vipère au poing* d'Hervé Bazin en disant : « Jamais la fille de Sido ne donnera sa voix au fils de Folcoche. » Et c'est Maurice Druon qui l'emporte avec *les Grandes Familles.*

En 1949, Robert Merle est couronné pour *Week-end à*

1. Écrit avant l'élection de Marguerite Yourcenar à l'Académie française.

Zuydcoote, et quand on demande son vote à Colette, elle chantonne *Merle, joli merle, ton œil vif est une perle.*

En 1950, elle essaie de réparer son vote de 1948 en défendant *la Mort du petit cheval* d'Hervé Bazin. Mais c'est trop tard. *Les Jeux sauvages* de Paul Colin l'emportent, et Hervé Bazin, pas plus que Colette, n'aura jamais le Prix, mais il s'en consolera en devenant, comme elle, président de l'Académie.

En 1953, double anniversaire. Colette a quatre-vingts ans. L'Académie fête elle-même son demi-siècle. Mais Colette ne peut plus se déplacer. Le 28 janvier, le déjeuner du mois a lieu chez elle. Ses neuf confrères, précédés par les serveurs de Drouant, envahissent le vieil immeuble 9 rue de Beaujolais, au Palais-Royal, avec un gâteau d'anniversaire sur lequel flambent 80 bougies. En revanche elle ne paraîtra pas le 7 décembre au déjeuner du cinquantenaire auquel sont invités les trente lauréats survivants du prix Goncourt. Six se récusent : Claude Farrère, Francis de Miomandre, Henri Béraud, Guillaume Bedel, Henri Pourrat et Julien Gracq.

En 1954, Colette ne vote pas. Elle n'est plus. Le couvert n° 1 est passé à Jean Giono.

On devine en quoi cette étroite lucarne Goncourt ouverte sur la vie combien plus riche de Colette peut cependant nous aider à en saisir l'un des fils conducteurs. C'est d'abord la présence d'Alphonse Daudet à l'origine de ce premier couvert. Nous lui devons l'image la plus forte et la plus touchante du provincial — provençal — à Paris. Son plus grand roman, *Sapho,* dédié *à mes fils quand ils auront vingt ans,* se veut une mise en garde à l'adresse des naïfs et purs petits gars venus de la province contre les femmes perverses qui battent le pavé parisien. J'ai un peu honte, je l'avoue, de ravaler à cette définition louis-philipparde l'un des romans français où le goût de la chair — où l'odeur de la peau — est célébrée avec la force la plus enivrante. C'est qu'il y a les deux dans ce chef-d'œuvre incomparable : l'emportement maniaque et physique d'un homme jeune, et les effarouchements victoriens d'un père noble. Et au demeurant, ces deux traits ne se retrouvent-ils pas parfois en filigrane dans telle ou telle page de Colette ? Elle rapporte avec une admiration un peu envieuse, un peu scandalisée, ce cri de son amie Polaire que son amant venait de quitter : « Ah, le salaud ! Qu'est-ce qu'il sentait bon ! » Certes, Colette était trop fine et trop contrôlée pour laisser échapper elle-même une plainte aussi grossière. Mais comme elle la comprenait !

Et puis il y a aux origines de sa carrière le déniaisement brutal d'une petite paysanne par un vieux Parisien assez corrompu. Willy dira d'elle qu'avant leur mariage, elle était « aussi ingénue qu'une Tahitienne avant l'arrivée du missionnaire ». Étrange missionnaire en vérité qui va l'immerger d'un coup dans les milieux parisiens les plus « avancés ». Mais il convient de rendre justice à cet homme que l'on accable trop volontiers. Sa malchance, c'est d'avoir signé à la place de Colette ceux de ses livres — les *Claudine* — où il avait la moindre part, et qu'il n'avait sans doute qu'abîmés en y touchant. En revanche, il est certain que le reste de l'œuvre de Colette — à commencer par son livre majeur *le Pur et l'Impur* — ne serait pas ce qu'il est sans la rude initiation de Willy. Qu'aurait été Colette sans le contact avec toute cette faune humaine malsaine et raffinée que lui imposa Willy ? Une version féminine d'Henri Pourrat, d'Henri Bosco ou d'Henri Vincenot — pour nous en tenir aux Henri —, écrivains que j'aime et que j'admire, mais qui n'ont pas la dimension de Colette ? Il lui aurait manqué d'illustrer le mot fameux de Gide, selon lequel on ne fait pas de bonne littérature avec de bons sentiments.

Le Pur et l'Impur, c'est l'amour tel qu'on le fait à Paris, tel qu'on le voit faire par l'avant-garde parisienne. On songe à une exposition tératologique. Voici Charlotte, la simulatrice. Elle reste froide comme marbre dans les bras de son amant, mais par amour pour lui, elle joue à la perfection les transports de la plus délirante volupté. Cette bonne volonté sans défaillance n'a-t-elle pas finalement une valeur plus probante que d'authentiques transports ?

Voici Damien, Don Juan excédé, forçat du plaisir qui remplit sa tâche en gémissant, comme les Danaïdes leur tonneau sans fond : « Ah, les garces, soupire-t-il, il n'y en a pas une qui m'ait fait grâce d'une étreinte ! » Et on songe aussitôt à l'image grotesque que Federico Fellini a donnée de Casanova. Ce qu'il mesure surtout, ce Damien, c'est l'infériorité du plaisir masculin en face de la terrible et longue brûlure de la volupté féminine. « Être leur maître dans le plaisir, mais jamais leur égal... Voilà ce que je ne leur pardonne pas. » Il doit se rendre à l'évidence que « l'homme est moins destiné à la femme que la femme n'est faite pour l'homme », ce qui par *a contrario* augmente les chances de l'homosexualité masculine et diminue celles de l'homosexualité féminine.

Car assez paradoxalement ce maître-traité de l'amour se consacre pour sa plus grande partie aux deux formes de l'homosexualité, et à leur confrontation, à tel point qu'il aurait pu s'intituler *Sodome et Gomorrhe, étude comparée.*

On notera au passage cette indication assez savoureuse, et qui viendrait du duc de Morny via *Journal* des Goncourt. Le célèbre « viveur » du Second Empire aurait défendu l'idée que rien ne vaut, pour parfaire l'éducation amoureuse d'une femme, le passage par une liaison féminine. Eh oui ! Comme le diamant s'affine frotté avec de la poudre de diamant, la femme polit la femme de façon incomparable, et il n'est, pour l'homme expert en volupté, rien de tel qu'une maîtresse sortant d'un stage saphique...

Mais n'est-ce pas jeter d'entrée de jeu un doute sur l'autonomie et l'authenticité de Gomorrhe ? J'ai dans mon roman *les Météores* placé dans la bouche de l'homosexuel Alexandre une phrase qui m'a été reprochée ensuite par des lectrices appartenant à « l'autre bord » : *Intacte, énorme, éternelle, Sodome contemple de haut sa chétive contrefaçon.* J'ai eu beau jeu de leur révéler quelle main féminine, experte en la matière, avait tracé ces lignes. Sur ce point Colette est formelle : « N'en déplaise à l'imagination ou l'erreur de Marcel Proust, il n'y a pas de Gomorrhe. » Non, certes, que l'homosexualité féminine n'existe pas, mais sa vocation n'est pas — selon Colette — de créer une franc-maçonnerie, des milieux, une cité où l'homme n'aurait pas accès. Cela, c'est le privilège de Sodome.

Privilège non sans contrepartie, car l'atomisation de l'homosexualité féminine recouvre une force secrète. Si la cité saphique n'existe pas, c'est qu'elle s'efface devant la réalité du simple couple, et là, l'homosexualité féminine regagne tous ses atouts en face de la masculine. Rien n'illustre mieux cette vérité que la touchante, édifiante et scandaleuse histoire de ces deux aristocrates galloises, Eleonor Butler et Sarah Ponsonby. Après avoir défié en plein XVIIIe siècle la société de leur temps, elles n'eurent de cesse qu'on ne les laisse vivre tranquilles dans un pur et idyllique tête-à-tête. Elles s'enfuient ensemble en mai 1778, et se cloîtrent dans la solitude d'un cottage du Yorkshire pendant cinquante-trois années, revendiquant le droit — non à la différence comme certains après elles — mais à l'*indifférence*, ce qui est encore plus difficile à obtenir. Durant ce demi-siècle fertile en guerres, révolutions et autres bouleversements, l'aînée, Eleonor, tient un journal où il n'est question que des faits et gestes de l'autre, qu'elle appelle tour à tour sa Bien-aimée, sa Meilleure moitié ou les Délices de son cœur. « Ma Bien-aimée et moi, nous nous sommes promenées devant notre cottage. » Devant la désarmante simplicité de cette note, Colette est comme prise de vertige. Oui, il y a des absolus si enfantins qu'ils confinent à la sainteté.

Comme il se devait, la plus jeune mourut la première.

Eleonor ne lui survécut que deux ans, mourant à son tour en 1831.

Fidélité. Ce mot inscrit en filigrane d'un bout à l'autre de ces vies mêlées n'apparaît qu'une fois sous la plume de Colette. Mais c'est cette vertu cardinale qu'elle évoque encore quand elle écrit : « Le libertinage saphique est le seul qui soit inacceptable. » Peut-on sans malhonnêteté systématiser sa pensée ? Si Sodome existe — et si Gomorrhe n'existe pas —, c'est que l'homosexuel vit sous le signe de la liberté, l'homosexuelle sous celui de la fidélité. Le couple masculin est la rencontre fugitive et furtive de deux libertés. A cette instabilité, la Cité maudite apporte la compensation de ses murs et de ses aires complices. Le couple féminin trouve en lui-même assez de ressources pour se passer de toute communauté.

Évoquant cette galerie de portraits que nous offre *le Pur et l'Impur,* nous avons écrit le mot tératologie. Il convient maintenant de le corriger, voire de l'effacer. Car Colette n'est pas Daudet — lequel avait délibérément écrit avec *Sapho* un roman tératologique. Certes, l'amour tel qu'elle le découvre dans les milieux que lui révèle Willy ne ressemble en rien à ce que pouvait imaginer l'écolière de Saint-Sauveur-en-Puisaye. Mais l'approche de Colette n'est jamais dépourvue d'une complicité qui s'enveloppe de tendresse et de générosité. A l'opposé de tant d'écrivains-censeurs, elle ne faillit pas une seule fois à la règle d'or qui nous commande de ne jamais parler d'amour sans amour. Certes, elle est animée d'une ardente curiosité pour toutes les choses de la vie, mais elle en pèse et en respecte la gravité, et elle n'évoque jamais à la légère ces « plaisirs », fussent-ils physiques.

Chaque page de ce livre dénonce au demeurant l'imposture victorienne qui prétend distinguer deux sortes d'amour, le haut et le bas, le spirituel et le physique, le céleste et l'infernal. Imposture qui remonte loin — jusqu'à Platon peut-être — et contre laquelle s'inscrit en faux toute l'œuvre de Colette, laquelle offre l'exemple d'un degré de fusion rarement atteint entre la chair et le cœur. Contre la tradition louis-philipparde d'un corps méprisé — et méritant ce mépris par sa paresse, sa pudibonderie, sa cellulite et ses gilets de flanelle —, Colette en appelle à la sagesse immanente de la peau et du muscle. « Le cœur vaut moins que sa réputation, il est commode, accepte tout. Le corps, lui, a fine gueule. Il sait ce qu'il veut. » Don Juan s'engage physiquement dans chacune de ses conquêtes, et il se doit d'être un athlète : « " Je peux affirmer, sur mon honneur, n'avoir jamais fait don, ou prêt, ou échange, que... de cela... " Il se servit de ses deux mains pour se désigner d'un geste compliqué qui effleurait en voltigeant sa poitrine, sa bouche, son sexe, son flanc. »

Il n'est pas jusqu'à la jalousie qui relève des viscères, et se traite par eux. « Cher ami, il y a donc une jalousie qui n'est pas physique ? » Et plus loin : « On n'a pas le temps de s'ennuyer avec la jalousie, a-t-on seulement celui de vieillir ?... Ce n'est pas l'enfer, c'est un purgatoire gymnique où s'entraînent tour à tour tous les sens, et morose comme tous les temples de l'entraînement. » Elle savait ce dont elle parlait, la jeune épouse de Willy, trompée, bafouée et saignant de l'être, qui soignait son désespoir en prenant des leçons de gymnastique et de mime pour se produire sur scène.

Ce refus de l'angélisme victorien lui vaudra de solides inimitiés, et plus encore des coups insidieusement empoisonnés. François Mauriac a toujours usé avec une diabolique habileté de la métaphore animale. Passe encore lorsqu'il se demande : « Où a-t-elle été se fourrer, cette grosse abeille ? » Mais lorsqu'il écrit : « Colette, le nez collé à la terre, c'est peu de dire qu'elle ne quitte jamais la nature d'un pas », il est clair qu'il nous oriente hypocritement vers la soue à cochons.

Or il a tort, et ses effarouchements sont hors de saison

en face, je le répète, de l'extrême gravité que Colette mettait dans son regard. J'ai entendu un homme justifier sa conduite, où l'on pouvait ne voir que la quête effrénée d'un vice impérieux, par ces mots, à la réflexion tout à fait convaincants : « Non, il ne s'agit pas d'un vice, car c'est la chose qui compte le plus dans ma vie, et je pourrais même dire que c'est là toute ma vie. » Le mot va assez loin. Il nous rappelle qu'il n'y a de vice ou d'aberration qu'*accidentels.* Or le génie de Colette, c'est de n'avoir jamais rien retenu dans son œuvre qui fût seulement accidentel. La petite écolière bourguignonne débarquant à Paris avait le cœur assez gros pour y faire entrer la totalité de la faune qu'elle devait y rencontrer, celle des salons, des cafés, des boîtes de nuit, des fumeries, des salles de rédaction, comme celle de poil, de plume ou d'écaille qu'elle va voir au Jardin d'acclimatation ou dans le vivarium du Jardin des Plantes, un cœur en vérité grand comme l'Arche de Noé. Dès lors le travesti et l'androgyne font partie d'elle-même tout comme l'iguane et le caméléon. Les mépriser, les insulter, c'est la mépriser, l'insulter elle-même.

Il serait temps en vérité de rendre à l'art animalier l'hommage qu'il mérite. De quoi s'agit-il en effet ? D'accorder aux êtres qui sont le plus éloignés de nous l'attention et la patience qu'ils exigent pour être décrits et compris. De Buffon à Maurice Genevoix, rares sont les écrivains qui paient le prix d'abnégation, d'exigence et de talent demandé pour « rendre » avec une précision impeccable le vol de l'outarde, le cri de la rainette ou la démarche du blaireau. Ce sont là des exercices de style autrement ardus que la peinture des mondains et des semi-intellectuels qui nous entourent. Mais aussi quelle école d'écriture admirable, et comme le regard aiguisé de l'entomologiste devient révélateur, lorsqu'il se détourne du lépidoptère pour se poser sur le fêtard ou le gigolo, et dessiner son profil !

Savoir étendre sa sympathie divinatrice aux êtres les

plus éloignés d'elle-même. Colette nous fournit l'exemple de cette faculté dans ses relations avec Proust. Peut-on imaginer un être plus éloigné de Colette que celui qu'un souffle printanier chargé de pollen suffisait à plonger dans une crise d'asthme meurtrière ? Le contraste avec elle confine à la caricature. Et pourtant qui donc mieux qu'elle a su voir l'auteur de la *Recherche ?*

« A deux heures du matin, quand les convives de Proust le quittèrent, c'est lui qui voulut les suivre. Un vieux coupé de cercle rêvait sur la place Vendôme, et Marcel Proust entendait le payer pour nous reconduire tous, nous n'étions guère que quatre ou cinq. Puis il exigea de nous accompagner jusqu'à nos domiciles. Mais j'habitais le fond d'Auteuil, ni le cocher ni le cheval n'étaient d'âge à voyager si loin par nuit de guerre. J'empêchai Proust de se lamenter sur mon sort en lui contant que, pourvue d'yeux médiocres, il m'arrivait, rentrant tard, de me déchausser sous un des réverbères bleus de la place de la Concorde. Souliers et bas noués en baluchon, je faisais confiance, entre le Cours-la-Reine et le boulevard Suchet, à mes pieds nus et divinateurs.

» Notre hôte m'écoutait devant le péristyle du Ritz. Le silence nocturne, la brume qui fermait la vue de la place, entouraient Proust du halo qui convenait le mieux à son déclin, à son prestige. Le haut-de-forme en arrière, une grande mèche de cheveux couvrant son front, il ressemblait, cérémonieux et désordonné, à un garçon d'honneur ivre. La lumière étouffée qui venait du hall, un blanc reflet théâtral montant du plastron cassé, sculptaient son menton et ses arcades sourcilières. Il se plut beaucoup à ma petite histoire de va-nu-pieds, et quand il se récria : " Non, mais vraiment ? " je ne sais quel sourire, quel jeune étonnement remanièrent ses traits. Comme enfin nous le quittions, il recula, nous salua de la main, et l'ombre de nouveau creusa ses profondes orbites et combla de cendre l'ovale noir de sa bouche, ouverte pour chercher l'air[1]. »

Mais Colette peut aller plus loin encore. Un ami pédéraste m'a signalé un jour quelques lignes comme les plus violemment érotiques *à son sens* qu'il ait jamais lues. Or si une femme peut *mutatis mutandis* comprendre quelque peu l'homosexualité masculine, la vraie pédérastie lui demeure pratiquement tout à fait fermée... sauf, apparemment, quand elle s'appelle Colette. Voici ces lignes :

« Le meneur de la mule avait dix-sept ans d'âge environ, et il était pareil aux adolescents qu'on voit sur les miniatures persanes entrer par le toit, descendre auprès d'une jeune femme dont le vieux mari dort dans sa barbe. Qu'eût été son sourire ? Mais il ne souriait pas. Ce que voyant, l'intendant marocain lui prit d'une main le menton, appuya son autre main sur le front, et ouvrit l'adolescent comme on ouvre un fruit pourpre à pépins blancs, pour nous montrer qu'il était beau jusqu'au fond, jusqu'aux molaires inattaquables, jusqu'au gosier rouge comme la gorge d'un glaïeul. Il vient de loin ce geste de marchand d'éphèbes, mais il n'a pas perdu sa sensualité maquignonne, son habileté à troubler le spectateur[2]. »

Pour moi, des textes comme ceux-là relèvent de l'art animalier poussé jusqu'au génie. Mais ce génie ne se ramène-t-il pas finalement au simple amour de la vie, et plus encore à l'amour de l'amour ?

La littérature répond à deux fonctions solidaires — comme le noir est solidaire du blanc — mais inégalement remplies par les uns et par les autres. Une fonction critique, subversive, contestataire qui trouve sa meilleure arme dans l'humour. Et une fonction d'éloge. Dissolution et célébration. Les deux plus grands romanciers français du XXe siècle — Marcel Proust et Louis-Ferdinand Céline

1. Colette, *Mes Cahiers* (Flammarion éd.).
2. Colette, *Journal à rebours* (Fayard éd.).

— mettent le meilleur de leur vocation dans une description nauséeuse de la société qui les entoure. Aussi éloignés qu'ils soient l'un de l'autre, ils se rejoignent dans une égale haine de la vie, une haine qui s'exprime par l'asthme du premier — un asthme qui n'est au fond qu'une allergie généralisée — et par l'antisémitisme de l'autre — lequel n'a aucune signification raciste et n'est qu'une façon de dire merde à toute l'humanité.

Il y en a d'autres, et il serait facile de caractériser Paul Valéry et Jean-Paul Sartre par le talent qu'ils mettent à dire non à la vie.

Mais il y a l'autre famille. Celle des gourmands, des gros cœurs, des émerveillés de l'existence. Il y a Colette. Et avant elle André Gide, et après elle Jean Giono, son successeur au premier couvert. Maurice Goudeket a raconté une visite impromptue que fit Gide à Colette, et comment cette tardive rencontre a tourné court. Cela, certes, ne prouve rien. Plus probant me paraît le rapprochement de deux témoignages. Voici d'abord ce que Roger Martin du Gard écrit de Gide en vacances à Porquerolles :

« Juillet 1922. Iles de Porquerolles. Ce matin à l'aube, il était levé et parti à l'aventure, parcourant l'île comme un sauvage, ivre, à moitié nu... Il a reparu à midi, a passé dans la salle à manger de l'hôtel avec du sable dans les oreilles et du varech collé sur tout le corps, riant, l'œil fou, saoulé de lumière, de chaleur et de joie. »

Voici le second témoignage, il est de Maurice Goudeket, et concerne bien entendu Colette :

« Sa prise de contact avec les choses se faisait par tous les sens. Elle ne se contentait pas de les regarder, il fallait qu'elle les flairât, qu'elle les goutât. Quand elle entrait dans un jardin inconnu, je lui disais : " Tu vas encore le manger ! " Et c'était extraordinaire de la voir se mettre à l'œuvre. Elle y apportait de la hâte et de l'avidité. Il n'y avait pas de tâche plus urgente que de connaître ce jardin. Elle écartait les sépales des fleurs, les scrutait, les flairait longuement, elle froissait des feuilles, les mâchait, léchait des baies vénéneuses, des champignons mortels, réfléchissant intensément sur ce qu'elle avait senti, goûté. Les insectes n'étaient guère traités différemment, palpés, écoutés, interrogés. Elle attirait les abeilles, les guêpes, les laissait se poser sur ses mains et leur grattait le dos. “ Elles aiment ça ”, prétendait-elle.

» Enfin elle quittait le jardin, récupérait écharpe, chapeau, souliers, bas, chienne et mari l'un après l'autre abandonnés. Le nez et le front tachés de pollen jaune, les cheveux en désordre et piqués de brindilles, une bosse par-ci, une écorchure par-là, le visage dépoudré et le cou moite, la démarche titubante et le souffle court, elle était tout pareille à une bacchante après des libations [1]. »

Et puis il y a l'écho qu'à trois ans d'intervalle se renvoient leurs adieux à la vie.

Gide ne veut pas que la beauté du monde se trouve obscurcie par sa mort : « Ma propre position dans le ciel, par rapport au soleil, ne doit pas me faire trouver l'aurore moins belle. »

Et Colette termine son œuvre sur le mot le plus apaisant de la langue française : « Rien ne dépérit, c'est moi qui m'éloigne, rassurons-nous. »

1. Maurice Goudeket, *Près de Colette* (Flammarion éd.).

Utopie et exotisme

A propos de *la Mère* de Pearl Buck

Il faudrait écrire une histoire de l'exotisme et de ses diverses fonctions dans le roman moderne. Au premier degré, on n'y trouverait qu'une simple variante de la relation de voyage. *Le livre de Marco Polo* par exemple est indistinctement un récit autobiographique et le plus fantastique des romans d'aventures. Il ne faut pas s'étonner si le grand problème qu'il soulève est celui de sa véracité. Ce sont sans doute des hommes comme Marco Polo qui ont inspiré à leurs compatriotes éblouis — et pourtant les Vénitiens du XIXe siècle devaient s'y connaître en voyages et en voyageurs ! — le proverbe désabusé *A beau mentir qui vient de loin.* C'est que personne en effet ne peut empêcher la mémoire et l'imagination de se mêler inextricablement, et cela d'autant plus que des espaces plus vastes et des durées plus longues s'intercalent entre les faits et leur relation. Pourtant ce type d'exotisme primaire reste caractérisé par l'affirmation réitérée de l'auteur qu'il est fidèle, véridique et sincère.

Dans un autre type de roman au contraire, l'exotisme n'est qu'un prétexte à utopie. On chercherait en vain par exemple dans *les Aventures de Robinson Crusoé* de Daniel Defoe des informations consistantes sur les Indiens des Caraïbes, non plus que soixante ans plus tard on ne trouvera dans *Paul et Virginie* de Bernardin de Saint-Pierre un tableau fidèle de la vie et des mœurs des indigènes de l'île Maurice. Pour ces auteurs, la terre lointaine — une île de préférence — n'est que le terrain où va se dérouler une expérience intéressante entièrement inventée et dont les protagonistes sont généralement des Occidentaux. Ainsi un chimiste organise-t-il des réactions expérimentales dans son laboratoire. C'est la survie d'un naufragé dans une île déserte pour Daniel Defoe, une histoire d'amour parfaitement idyllique pour Bernardin de Saint-Pierre.

Un troisième usage de l'exotisme consiste à plonger un personnage occidental dans l'atmosphère d'une société lointaine afin d'observer ses réactions et les modifications de son comportement sous son influence. *Kim*, le héros du roman homonyme de Kipling, est né à Lahore, dans le Pendjab occidental, d'un père irlandais. Devenu un disciple d'un lama thibétain, il est déchiré entre son attachement à cette terre prodigieuse et son hérédité symbolisée par la mainmise du Service secret britannique sur lui. Les romans exotiques de Pierre Loti relèvent du même procédé, inauguré peut-être par l'*Atala* de Chateaubriand (1801), héroïne partagée entre ses origines espagnole et catholique et sa famille indienne.

Ces divers « traitements » de l'exotisme font bien ressortir par comparaison l'originalité extraordinaire de *la Mère* de Pearl Buck. Peut-être faut-il rappeler tout d'abord que Pearl Buck, née en 1892 à Hillsboro, dans l'État de Virginie aux U.S.A., fut aussitôt emmenée en Chine par ses parents et qu'elle y parla le chinois en même temps que l'anglais. Revenue aux U.S.A. pour achever ses études, elle retourna en Chine où elle se maria et enseigna l'anglais. C'est la révolution évoquée dans ce roman qui l'obligera à se fixer finalement aux U.S.A. Ces indispensables précisions ne nous apprennent cependant pas pourquoi l'Occident est complètement absent de ce livre. Dans tous les autres exemples que nous avons cités, l'homme occidental apparaît généralement comme le héros ou l'un des héros du récit ou pour le moins comme le témoin de ce qui est évoqué. L'homme blanc est aussi absent de *la Mère* que l'homme du XXe siècle des romans historiques de Walter Scott ou préhistoriques de Rosny aîné.

Autre trait original, le milieu où se déroule ce roman est complètement fermé. Ces paysans sont, comme la plupart de leurs semblables du monde entier, des sédentaires qui meurent là même où ils sont nés et qui n'envisagent le voyage qu'avec appréhension. Ce qui se passe à l'extérieur ne leur parvient que sous la forme d'échos lointains, naturellement gros de menace. La révolution couve. On écrase dans le sang ses premières manifestations, et nous assistons à l'exécution du fils cadet de la famille. Ce bref épisode pourrait faire de ce roman, paru quelques mois plus tard que *la Condition humaine,* comme la face intime, domestique, apolitique du chef-d'œuvre d'André Malraux. Au demeurant, ce titre *la Condition humaine* lui conviendrait tout autant, et mieux encore dans la mesure où il y a plus d'humanité dans une mère paysanne que dans un terroriste révolutionnaire.

Quel est le résultat de cet exotisme *absolu,* je veux dire sans lien de référence avec l'Occident ? C'est d'abord tout naturellement l'absence totale de « pittoresque », et pour ainsi dire la disparition de l'exotisme lui-même, l'un et l'autre ne pouvant se passer pour exister du regard étonné et admiratif du voyageur occidental. Est-ce à dire que cette femme dont nous suivons le destin n'est chinoise que par hasard et pourrait être, à peine retouchée, africaine, cinghalaise ou russe ? Sans doute en un sens. L'étonnant paradoxe de ce livre, c'est que la femme y apparaît sous des traits que nous ne pouvons en aucun cas rejeter sur le compte de je ne sais quelle « chinoiserie », des traits qui sont « nôtres » sans la moindre réserve, mais qui pourtant vont totalement à l'encontre de l'image de la femme la plus couramment admise dans les pays occidentaux.

Premier point qui relève d'une coutume chinoise,

fondamental à coup sûr, mais qui n'a en lui-même rien d'exotique : l'épouse est normalement plus âgée que le mari. Cette coutume répond à une observation courante et universelle, la plus grande longévité des femmes. Si une femme vit en moyenne dix pour cent de plus qu'un homme, l'usage occidental qui veut que le mari soit plus âgé que sa femme aggrave encore cette inégalité et contribue à augmenter le nombre des veuves par rapport à celui des veufs. En faisant traditionnellement de l'épouse l'aînée du mari, on contribue au contraire à corriger ce déséquilibre.

Mais si les Occidentaux veulent que la femme soit plus jeune que son mari, c'est en vertu d'une image de la femme qui remonte aux origines mêmes de notre civilisation latine. Le droit romain en effet assimilait la femme à l'un des enfants de la famille en vertu de l'adage *Uxor loco filiae.* Cette disposition, qui fait de la femme mariée une mineure à vie, a largement inspiré le Code Napoléon, et le code civil actuel ne se débarrasse que lentement et, dirait-on, de mauvais gré, de toutes ses implications.

C'est que le statut légal n'est ici que secondaire. Il découle de l'image archétypique de la femme occidentale. La femme-enfant reste sans doute l'un des fantasmes les plus tenaces de la mythologie occidentale. La femme-enfant, la femme-oiseau, avec tous ses attributs, la grâce, la légèreté, la gaieté, certes, mais aussi la coquetterie, la frivolité, et finalement une certaine débilité mentale. Ainsi doit être la compagne de l'homme dans une société foncièrement patriarcale et phallocratique.

Or que voyons-nous dans le livre de Pearl Buck ? Non seulement le mari est plus jeune que sa femme, mais il est plus joli (à elle la beauté forte, intéressante), moins patient, moins résistant à la fatigue et à la souffrance, plus frivole. Il aime avant tout s'amuser. La monotonie du travail et de la vie familiale l'accablent : « Quand il rentrait et se retrouvait en face de cette femme qui enfantait des êtres qu'il devait nourrir par son travail, un effroi lui venait à l'idée que tant qu'il vivrait, il ne pourrait s'attendre à autre chose. » En vérité il faudrait changer peu de mots à cette phrase pour l'appliquer à Madame Bovary, abreuvée de rêves romanesques et écœurée par la vie sans horizon de son mari. C'est que « la mère » n'est pas seulement plus âgée que lui. Elle est plus solide. Dans les disputes, elle a toujours le dessus. Au besoin, elle le bat. Car il aime un peu trop la compagnie, les bijoux et le jeu. D'ailleurs il y réussit, il gagne. Quelle façon élégante et amusante de gagner sa vie, s'il n'y avait pas cette femme et ses enfants !

Finalement nous voyons reparaître le précepte du droit romain auquel nous faisions allusion, mais bien entendu inversé. Le mari n'est qu'un des enfants de la mère. Après une dispute violente, elle s'apaise : « Elle comprit qu'il n'était lui aussi qu'un enfant qui dépendait d'elle comme le reste de la maisonnée. » Cette prédominance souveraine de la mère trouve son expression la plus haute et la plus touchante dans cette croyance de l'ancienne Chine que l'auteur mentionne : quand un vieillard a atteint l'extrême limite de la faiblesse et du repli sur lui-même, seul le lait d'une femme peut encore le nourrir et prolonger sa vie. Retomber en enfance. Cette expression, qui n'évoque pour nous que gâtisme et avilissement, reçoit ici une signification d'une étrange noblesse.

Indiscutablement ce portrait du mari avoisine la caricature. Nous sommes ainsi avertis que sous le puissant réalisme de ce récit se prépare une entreprise de subversion dont le sens et l'ampleur n'apparaissent que dans le personnage central de la mère. Le portrait qu'en donne Pearl Buck est vraiment magistral. Aucune mièvrerie, aucune idéalisation banale, rien de convenu et d'artificiel, des traits originaux, forts et profonds au contraire qui dessinent une figure inoubliable possédant une dimension métaphysique.

Et d'abord sa vocation *nocturne.* Les disputes, criailleries, irritations ne sont que des vicissitudes de la journée. La mère n'est pas pleinement elle-même sous sa condition diurne. La nuit seule est son véritable royaume. Dans la chaude et inquiète obscurité de la maison, la mère n'est plus que tendresse. Il lui faut le calme nocturne et le sommeil des siens pour recouvrer son inépuisable dévouement et son pouvoir apaisant. Il n'est pas jusqu'aux bêtes qu'elle sait rassurer avec une douce autorité, quand elles viennent à s'effrayer des fantômes de la nuit.

Mais plus tard, beaucoup plus tard, lorsque devenue vieille, elle aura cédé sa belle chambre et son lit conjugal à son fils et à sa bru — cette belle-fille mal acceptée qui ne sait même pas cuire le riz convenablement ! —, c'est aussi la nuit qu'elle prendra douloureusement conscience de sa déchéance. Dans l'agitation de la journée, elle peut encore se donner l'illusion de tenir bravement sa partie. Elle va et vient dans toute la maison — comme s'il s'agissait encore de *sa* maison —, mais lorsque tout dort, elle seule éveillée dans le coin où on l'a reléguée, elle sent peser sur elle la tristesse de son exil.

Si l'homme s'ennuie et rêve d'évasion, la mère trouve pleinement son compte au contraire dans l'apparente monotonie de la vie. C'est qu'elle n'a pas la même façon que lui de vivre le temps. Pour l'homme, la vie est une route qui fuit sans retour vers un horizon mystérieux et prometteur. Toute la saveur de l'existence se trouve dans l'attente, l'espoir, le rêve et la surprise de l'événement inattendu. Tout ce qui contrarie cet élan n'est que piétinement et morne rabâchage. Le père trompe son impatience dans le jeu et l'alcool. Le fils cadet s'engagera dans un mouvement révolutionnaire qui lui apportera le sacrifice suprême à défaut de lendemains radieux.

La mère reste à l'écart de ces dangereuses frénésies. Le temps s'inscrit pour elle sans surprise possible dans la course du soleil autour de la terre et la ronde des saisons qui rythment les travaux, les peines et les joies. Cette durée calme et imperturbable peut évidemment être recouverte par les entreprises folles et vaines des hommes pendant les heures de la journée. Mais le soir venu, la mère reprend ses droits, elle règne seule, débordante de tendre sollicitude pour les siens et les êtres du voisinage. Elle entend alors dans l'ombre silencieuse l'herbe qui croît, l'agneau qui mue et l'enfant qui grandit.

Pearl Buck pousse ainsi son portrait de la femme parfaitement femme jusqu'aux limites de l'utopie, et même au-delà de ces limites. Car il y a pour l'homme une faille dans le cycle des générations. L'homme désire la femme, et elle seule. S'il veut être aussi père, ce souhait se situe ailleurs que dans son désir même. C'est un vœu, un projet, une ambition qui met en jeu son imagination, sa raison, mais qui se juxtapose à sa faim charnelle sans jamais se mêler à elle. L'homme désire la femme, et l'enfant lui est donné de surcroît, par ruse, par surprise, une surprise qui n'est pas toujours bonne.

Selon Pearl Buck, il en va tout autrement de la femme. « L'homme ne lui suffisait pas. Il lui fallait concevoir par lui et sentir un enfant prendre vie et forme dans sa chair. Alors seulement l'acte serait complet... elle circulait, éblouie de bonheur. » Une telle adéquation entre les aspirations individuelles d'une femme et l'ordre de la nature existe-t-elle ? Y a-t-il des femmes comme celle-ci pour qui le désir de l'homme et le désir de l'enfant ne font qu'un ? Sans doute, sans doute, mais il faut reconnaître qu'elles se font rares en notre Occident de cette fin de siècle placée sous le signe de la pilule contraceptive et de l'avortement...

Mais ce n'est pas encore assez. Notre auteur va faire un pas de plus. Elle nous montre son héroïne encore jeune fille émue sexuellement, éveillée à la vie érotique par la présence non d'un homme, mais d'un bébé qu'elle fait semblant d'allaiter. Cette fois l'homme est complètement éliminé du cycle reproductif. Par la grâce de notre auteur, ces paysannes chinoises paraissent pleinement réaliser le rêve d'une parthénogenèse qui permettrait à la femme d'accéder aux joies de la maternité en faisant l'économie du mâle, ce gros bourdon bruyant et paresseux. Nous touchons ici au seuil d'un monde exclusivement féminin et maternel.

Pourtant cette sphère matriarcale close n'est pas un milieu abstrait, placé artificiellement à l'abri des vicissitudes de l'existence, baigné par une atmosphère inaltérablement idyllique. Le réalisme le plus rude garde ses droits. Ces femmes souffrent et saignent, mais sans jamais sortir des limites de leur matriarcat. Emma Bovary, étouffée par la société de son temps et de sa province, tentait une évasion, échouait, restait prisonnière de Yonville-l'Abbaye, et finalement se suicidait. Au contraire pour nos paysannes chinoises, le mal vient du dehors, et ce sont les hommes qui l'introduisent de vive force dans la sphère matriarcale. La mère a failli. Elle a cédé à l'homme riche et puissant qui collecte l'argent et les produits du métayage. Elle a eu son salaire. Mais elle a ensuite cruellement payé cette intrusion de l'homme détestable dans son monde féminin. C'est d'abord un avortement qui la met à deux doigts de la mort. Mais c'est surtout la cécité de sa fille, pauvrette injustement frappée parce qu'elle est femme elle aussi. Or ce malheur supporté conjointement par la mère et la fille ne fait que souligner l'intolérance de la citadelle matriarcale aux impuretés que les mâles peuvent parfois y faire pénétrer.

Revenons maintenant à la banale réalité. Pearl Buck, américaine et divorcée, n'ignore rien naturellement de la société occidentale moderne, ni de la femme que cette société a fabriquée. Une femme de plus en plus amante, de moins en moins mère, que menace une stérilité dans laquelle notre belle civilisation trouvera son point final. Dès lors on peut se demander si cette femme, inventée par Pearl Buck dans son roman et située en Chine il y a des lustres, n'est pas simplement une utopie dessinée trait pour trait en prenant le contre-pied de la femme occidentale tout entière conçue et réalisée en fonction des hommes et de leur désir ?

Et c'est là qu'éclate la réussite géniale de ce roman. Utopie, construction entièrement obtenue, invention pure, sans doute. Et pourtant tout y paraît parfaitement vrai, photographié, consigné sur place par l'observatrice la plus diligente et la plus scrupuleuse. C'est à la fois de la science-fiction et du reportage. Et la fusion entre un naturalisme à la Zola qui nous fait plonger dans la vie quotidienne d'une famille de paysans chinois et le rêve utopique d'une société d'amazones, cette fusion est si bien faite qu'il est impossible de trouver des lignes de suture et de faire le départ entre ce qui relève de la notation ethnographique et ce qui ressortit à l'imaginaire le plus délibéré.

Pearl Buck s'effaçant devant sa Chine paysanne et traditionnelle laisse les faits les plus humbles parler d'eux-mêmes. Et, par un miracle dont elle possède le secret, voici qu'ils expriment, comme leur simple vérité, les choses les plus folles et les plus admirables.

Archibald Joseph Cronin ou *la Citadelle* perdue et retrouvée

En octobre 1924, André Manson débarque à Blaenelly, cité charbonnière de la Galles du Sud. Son diplôme de médecine fraîchement en poche, il a répondu à une petite annonce demandant un assistant pour le docteur Page, l'un des médecins du dispensaire de la mine. Ce que l'annonce ne précisait pas, c'était que le docteur Page, cloué définitivement au lit par une attaque cérébrale, ne s'intéressait plus qu'aux oiseaux migrateurs, rêvait d'une retraite à Capri, et laissait la totalité du travail à son assistant. Peu importe. André Manson a toutes les qualités d'un grand médecin. Il ne lui manque que l'expérience — laquelle va lui être prodiguée sans ménagement sur le tas, expression particulièrement indiquée dans ce morne paysage de terrils.

Il s'agit donc de la version médicale d'un *roman d'éducation.* Les deux règles principales du genre sont respectées : le héros est jeune et vierge, c'est-à-dire au total assez impersonnel. C'est un pur témoin, une page blanche sur laquelle les expériences vont s'inscrire. Tels sont aussi le Simplicius de Grimmelshausen, le Gil Blas de Lesage, le Wilhelm Meister de Goethe, le Hans Castorp de *la Montagne magique* de Thomas Mann. A ce type de roman s'oppose le roman de confrontation, celui où un certain *a priori* — un savoir, un caractère, une foi — se mesure aux vicissitudes de la vie concrète, soit pour les vaincre, soit pour les épouser, soit pour être vaincu par elles. Le héros de ce type de roman est un homme mûr et porteur d'un savoir. C'est Don Quichotte s'efforçant de faire passer dans les faits la mythologie chevaleresque dont il a la tête farcie ; c'est Phileas Fogg du *Tour du Monde en quatre-vingts jours* de Jules Verne confrontant victorieusement les horaires des bateaux et des trains qu'il sait par cœur avec les incertitudes d'un voyage réel ; c'est *Monsieur Teste* de Paul Valéry dont le cerveau énorme extrait un distillat paradoxal et parcimonieux des spectacles dérisoires que lui offre la vie.

Comme le veut également le roman d'éducation, André Manson pèche lourdement au début par excès d'optimisme. Il croit que la société est assez bien faite pour que le mérite paie — et lui seul —, que le travail mène à tout — richesses et honneurs —, et que toutes les vérités sont bonnes à dire. Il a de son métier une conception puritaine, élevée, apostolique et au total assez peu rassurante.

Il y a plus grave, et c'est tout le sujet du roman. Élevé pauvrement, nourri à la vache enragée, André Manson offre une âme sans défense aux tentations et aux poisons de l'argent. Là aussi il pèche par naïf optimisme, en croyant que l'argent, signe et récompense de réussite, est toujours bon à prendre. Passant du dispensaire de la mine galloise aux beaux quartiers de Londres, d'une clientèle pauvre à une clientèle riche, il comprend trop tard qu'il trahit sa vocation et se détourne de la seule valeur authentique, la recherche médicale désintéressée. Heureusement aidé par sa femme, la vaillante et modeste Christine, il saura à temps s'arracher à l'enlisement doré et retrouver sa voie de chercheur incorruptible. Le lecteur retiendra difficilement un sourire peu charitable en lisant les circonstances de la mort de Christine. Son œuvre de sauvetage accomplie, elle se fait écraser par un autobus en courant chercher un morceau de ce fromage allemand dont

André était si friand. Cette leçon de pureté valait bien un fromage, sans doute...

Telles sont les grandes lignes de ce beau et fort récit qu'il n'est interdit à personne de lire au premier degré en jouissant pleinement de ses qualités humaines et de sa richesse documentaire. Ce sont là choses vues et puissamment rendues. Mais on peut aussi aller plus loin. Le médecin, la médecine, la maladie, la relation du soignant et du soigné, c'est l'un des plus grands sujets littéraires de tous les temps et de tous les pays. Rabelais, Molière, Jules Romains — pour ne citer que des auteurs français — y ont apporté leur contribution. Le roman de Cronin s'inscrit dans une vénérable et très vivace tradition.

Bien entendu, cette relation soignant-soigné peut être envisagée selon l'un ou l'autre point de vue. Pour la masse des non-médecins — patients actuels ou virtuels —, le médecin n'est pas un homme comme les autres. Rien ne justifierait plus que cette profession le port d'un uniforme ou pour le moins d'un insigne distinctif évident. C'est que nous avons tout lieu de nous plaindre du regard si indiscrètement révélateur qu'un médecin en liberté pose sur nous à notre insu. La roseur de nos pommettes ou la jauneur de notre sclérotique, le tremblement de notre main ou l'intonation de notre toux lui en apprennent sur notre capital physiologique, sur nos excès ou nos manques, plus que nous n'en savons nous-mêmes. Qu'est-ce à dire si nous « consultons » ! Il n'est pas de pudeur ni de honte qui tienne devant sa prétention de tout savoir, tout voir, tout palper, qui résiste à son éternel « Déshabillez-vous », lequel doit être entendu au sens moral comme au sens physique. A y bien réfléchir, un médecin est un homme proprement infréquentable. Comment une maîtresse de maison pourrait-elle accueillir de sang-froid parmi ses invités ce monsieur qui, sous une apparence trompeusement inoffensive, partage ses secrets plus intimement que son confesseur ou son mari ?

Mais considérons cette relation médecin-patient du point de vue du médecin, celui adopté par Cronin dans sa *Citadelle.* Cette mainmise abusive sur la vie privée du patient, le médecin la corrige par un effort d'abstraction et de conceptualisation qu'il accomplit automatiquement face à la maladie. Dès lors, il n'a plus affaire à M. Durand ou à Mme Dupont, mais à une hépatite virale ou à une thrombose coronaire mal surmontée. Cette opération d'abstraction trouve son achèvement dans le milieu aseptisé de l'hôpital. Là, le malade retiré de la circulation, nettoyé de toutes ses implications domestiques ou sentimentales, n'existe plus comme individu personnel et privé ! Il aurait grand tort de se plaindre d'être traité comme un « cas », comme un « numéro ». Cette schématisation en même temps qu'elle aide le traitement met sa personne concrète entre parenthèses, à l'abri de l'intrusion médicale. Ici le « déshabillez-vous » n'a plus à être prononcé. Il est promulgué de façon générale et comme atmosphérique. Ce n'est plus un ordre incongru, c'est un statut permanent.

Entre la situation du médecin mondain immergé dans la société, corrompu par elle, mais trouvant sa revanche dans le regard inquisitorial qu'il porte sur elle, et le chef de clinique ne connaissant que des lits numérotés, habités provisoirement par des maladies cataloguées, toutes les variantes sont possibles. On peut imaginer par exemple qu'un médecin donne libre cours à sa volonté de puissance sans recourir à la schématisation hospitalière, en laissant au contraire ses « malades » baigner dans leur milieu familier et quotidien. Que se passerait-il ? C'est l'expérience illustrée par Jules Romains dans son *Docteur Knock.* Son héros se garde d'envoyer à l'hôpital les habitants du bourg où il exerce. Il les laisse chez eux, mais leur impose une « présence » médicale aussi pesante qu'en milieu hospitalier. Bref il transforme toute la ville en hôpital, et de directeur d'hôpital qu'il devrait être, il devient une sorte d'odieux et ridicule dictateur. C'est le cas de parler de « pouvoir médical », comme on parle de pouvoir exécutif, législatif ou judiciaire, avec la nuance péjorative qui accompagne habituellement cette expression.

Tout différent est le tableau que nous propose Thomas Mann dans sa *Montagne magique.* Le propre du sanatorium international de Davos, c'est de réunir des malades atteints tous de la même affection, en l'occurrence la tuberculose pulmonaire. Le jeu romanesque se développe dès lors entre deux pôles contradictoires qui sont 1) le disparate de cette société où se mêlent âges, sexes, nationalités, mentalités, etc. 2) la maladie commune qui unit tous ces gens en une sorte de franc-maçonnerie ayant son jargon, ses rites, sa morale. On retrouve ces deux traits dans d'autres œuvres, par exemple *la Doulou* où Alphonse Daudet a recueilli ses notes sur les tabétiques de Lamalou-les-Bains.

La Citadelle a sa place dans ce cadre. Le titre même — assez énigmatique — évoque à lui seul un milieu fermé, défendu contre le monde extérieur par un esprit de caste. Pourtant citadelle n'est pas forteresse, ni château fort. C'est une petite cité — de l'italien *citadella* —, ayant donc des habitants. Nous ne sommes pas si loin du sanatorium de *la Montagne magique,* d'autant plus que les mineurs qui constituent l'essentiel de la clientèle du médecin de Blaenelly sont eux aussi réunis par une commune affection pulmonaire, cette silicose des mines de charbon ou anthracose. André Manson ne souhaite que de s'enfermer dans sa citadelle charbonnière avec ses silicosés pour devenir le grand spécialiste de cette maladie encore peu connue, et il peste quand un appel l'oblige à sortir, à aller dans la vallée, comme le jour où une vieille lui fait faire deux milles pour lui demander de lui couper ses cors.

La citadelle perdue est retrouvée, tel pourrait être le titre de ce roman, car André Manson ne parviendra pas à se maintenir au cœur de Blaenelly-l'Anthracosée, comme il l'avait rêvé. La jalousie de ses confrères et l'absurde rigidité de l'organisation de la profession médicale le rejettent vers la société extérieure, la mondanité et l'argent. Tout le reste ne sera qu'un effort longtemps différé, longtemps tenu en échec pour réintégrer un milieu médicalement fermé, pur et sans compromission.

Il est admis que *la Citadelle* est un roman largement autobiographique. On sait en effet qu'Archibald Joseph Cronin, né en 1896 à Levenford (Écosse), fut médecin dans les mines du Pays de Galles, puis inspecteur du travail, avant de se créer à Londres une clientèle importante. La vie de l'auteur et celle du héros paraissent assez bien coïncider jusque-là. Où les destins divergent, c'est quand Cronin, mis au repos forcé par la maladie, écrivit son premier roman *le Chapelier et son château* (1931) et fut définitivement perdu pour la médecine par le succès littéraire considérable et inattendu que trouva ce livre.

La bifurcation de la médecine vers les lettres — classique dans la vie réelle — trouve son antithèse dans *la Citadelle,* qui a peut-être pour Cronin une signification expiatoire. La condamnation explicite de la littérature est prononcée par Manson : « Il entendit citer les noms de Tolstoï, Tchekhov, Tourgueniev, Pouchkine en grinçant des dents. Niaiseries, se disait-il rageusement, ridicules niaiseries que tout cela... Je voudrais bien le voir faire une trachéotomie dans une arrière-cuisine, il n'irait pas loin avec son Pouchkine ! »

Manson et Cronin ont obéi à des vocations opposées. En devenant écrivain, Cronin prenait pour objet la totalité du monde avec les hommes qui y évoluent. La richesse pittoresque, chaleureuse et inépuisable de son point de vue a pour corollaire l'impossibilité de l'action. Regarder sans rien faire, tout voir sans toucher à rien, telle est la condition du romancier. A l'opposé, l'acte médical n'atteint toute son efficacité que dans l'atmosphère pure et aseptisée du bloc opératoire. Un moment prisonnier de la société riche et corrompue, Manson aurait pu — comme Cronin — renoncer à la médecine et en devenir le Saint-Simon, le Marcel Proust. Il a préféré la médecine. Qu'ayant suivi la voie inverse, Cronin ait écrit ce livre prouve sans doute qu'il y avait en lui un regret, une nostalgie, plus douloureusement peut-être, un remords.

Hermann Hesse
et *le Jeu des perles de verre*

Né à Calw (Wurtemberg), le 2 juillet 1877, Hermann Hesse appartient à cette extraordinaire génération qui compte notamment côté germanophone Thomas Mann (1875), Rilke (1875), Robert Musil (1880), Franz Kafka (1883), et du côté français André Gide (1869), Paul Valéry (1871), Marcel Proust (1871), une génération qui devait connaître la fin d'une certaine Europe, se mesurer avec l'œuvre et l'influence d'un grand aîné, Sigmund Freud (1856), et qui paraît n'être née au XIXe siècle que pour mieux couvrir de son ombre et de sa lumière tout le XXe siècle.

Les parents d'Hermann Hesse s'étaient connus sous les auspices les plus édifiants. Son grand-père maternel, Hermann Gundert, et son père, Johannes Hesse, avaient été l'un et l'autre missionnaires aux Indes, mais c'était à Calw, où Gundert dirigeait une maison d'édition religieuse, qu'ils devaient se rencontrer. Johannes Hesse devient le collaborateur de Gundert, puis en 1874 il épouse sa fille Marie, veuve et mère de deux garçons. Six enfants naissent de ce second mariage. Hermann arrive au monde en numéro deux, après sa sœur Adèle, de deux ans son aînée. « Bien des univers différents croisaient leurs feux dans notre famille, a écrit plus tard Hermann Hesse. On y priait beaucoup, on y lisait la Bible. On y cultivait la philologie indienne et on y faisait de la musique. Nous entendions chaque jour parler de Bouddha et de Lao Tseu. Des visiteurs nous arrivaient du monde entier. On y nourrissait des pauvres, on y célébrait des fêtes... C'était un milieu riche et divers, mais ordonné et rigoureusement centré. »

De 1881 à 1886, la famille s'installe à Bâle, premier contact de Hermann Hesse avec un pays auquel le rattachait une partie de sa famille maternelle. En 1891, il est envoyé au grand séminaire luthérien de Maulbronn. Mais il ne supporte pas le poids de la tradition et de la discipline de cet établissement célèbre dans l'Allemagne de ce temps. En plein hiver, il fait une fugue de vingt-quatre heures, et doit être finalement rapatrié à Calw après moins de six mois d'internat. L'expérience aura été brève, mais elle l'aura marqué profondément, et ni le couvent de Mariabronn dans *Narcisse et Goldmund*, ni surtout la maison Kastalien dans *le Jeu des perles de verre* ne seraient concevables sans le souvenir de Maulbronn.

En attendant, les études du jeune Hermann donnent les pires soucis à ses parents. Il n'y a apparemment rien à tirer de cet adolescent qui ne leur épargne même pas une tentative de suicide. Finalement on renonce à toute ambition pour lui, et on le place comme apprenti mécanicien chez un horloger de Calw spécialisé dans les horloges de clocher, de telle sorte qu'Hermann passera une partie de son temps perché dans les clochers de la région. Notons en passant que le nom de son patron — Heinrich Perrot — deviendra celui de l'inventeur du mécanisme des « perles de verre ».

Cette cure de travail manuel qui dure de juin 1894 à septembre 1895 permet au jeune homme de recouvrer son équilibre moral, et s'achève sur un appétit de lecture insatiable. Il dévore des bibliothèques et ne veut plus envisager de travail que dans une librairie. Répondant à une petite annonce du *Mercure souabe*, il entre avec un contrat de trois ans comme commis dans la librairie Heckenhauer à Tübingen.

Le voici donc qui débarque le 17 octobre 1895 — il a dix-huit ans — dans ce petit bourg de style purement médiéval, étagé au bord du Neckar. Le destin a voulu que soixante ans plus tard j'habite à mon tour cette même maison dont le rez-de-chaussée abrite toujours la librairie Heckenhauer. L'atmosphère était demeurée chargée d'une magie extraordinaire. Venant de la gare, on traverse le Neckar par le pont Eberhard qui enjambe l'Ile aux platanes. A gauche, les vieilles maisons à pignons, aux toits pointus, toutes un peu de guingois, aux façades peintes, surplombent le fleuve comme un décor de théâtre. La plus remarquable pousse sur l'eau une tourelle que caresse un saule pleureur. C'est celle du menuisier Zimmer chez qui Hölderlin vécut trente ans plongé dans les ténèbres de la folie. Après le pont, on prend à gauche une ruelle en pente et on arrive au chevet de l'église du Stift. C'est là. La chambre la plus élevée de la maison Heckenhauer est dominée par le balcon du clocher où, chaque dimanche matin, un petit orchestre à vent vient s'installer et régale toute la ville d'un concert spirituel. Penché par cette fenêtre au-dessus de la cascade des vieux toits à lucarnes, béni par cette musique tombée du ciel, le Français ne peut s'empêcher de penser devant un romantisme aussi obstiné : « Non, vraiment, ces Allemands exagèrent [1] ! »

C'est donc là que le jeune Hermann Hesse vit de dix-huit à vingt-deux ans dans une solitude dont il souffre, tout en sachant reconnaître la part qu'il y a lui-même : « Étrange comme j'ai toujours été condamné depuis mes années d'école, écrit-il, à une solitude qui a fini par devenir mon amie ! Je n'ai pas un camarade, sans doute

1. S'il fait l'ascension du clocher de l'église, il peut constater que la grosse horloge est signée Heinrich Perrot.

parce que je suis trop orgueilleux pour faire les premiers pas, et depuis trois ans, j'ai pris l'habitude de penser seul, de chanter seul. »

C'est en 1896 qu'il publie pour la première fois. Il s'agit d'un poème qui paraît dans une revue viennoise. Plus tard, en 1899, un éditeur de Dresde publie son premier recueil sous le titre *Chansons romantiques.* Quels sont ses maîtres en cette aube de son talent ? Maeterlinck dans l'ordre littéraire, Chopin dans l'absolu. « Ce que Wagner a été pour Nietzsche, Chopin l'est pour moi, et plus encore sans doute », écrit-il à cette époque. Mais lucide et raisonnable, il reconnaît le danger que ces influences lui font courir en aggravant sa tendance à l'introversion et à une culture subtile, morbide et artificielle.

L'automne de l'année 1899 le retrouve à Bâle, exerçant le métier de libraire qu'il a appris à Tübingen. Pourquoi Bâle ? Parce qu'à ses yeux, c'est là que Nietzsche a enseigné de 1869 à 1879 — et nous savons que Nietzsche en proie à la démence depuis 1889 meurt quelques mois plus tard, le 25 août 1900, à Weimar. Mais il n'y a pas que ce souvenir dans cette ville. Le grand humaniste et spécialiste de la Renaissance italienne, Jacob Burckhardt, y est né, il y est mort et il y a donné le plus clair de son enseignement. Hesse se nourrit avidement à cette source pure et riche, et il lui demande l'essentiel de sa culture occidentale (le reste lui viendra de la Chine et de l'Inde). Et lorsqu'en mars 1901, il accomplit son premier pèlerinage en Italie, c'est au grand savant bâlois qu'il demande les clefs de Florence. Dans *le Jeu des perles de verre,* Jacob Burckhardt revit sous les traits de Pater Jakobus, l'historien pour qui l'histoire n'est pas seulement objet de science, mais source de sagesse.

En 1904 paraît son premier roman *Peter Camenzind* salué par un succès et un prix littéraire qui le surprennent au point de l'effrayer. Cette même année, il épouse une jeune femme de Bâle descendante de la célèbre famille de mathématiciens Bernoulli. Ils s'installent près du village de Gaienhofen, sur le lac de Constance, dans une vieille ferme abandonnée, inaccessible et dépourvue de tout confort. Ils y restent trois années, puis font construire à proximité une maison plus habitable où ils demeurent jusqu'en 1912. Ils ont trois fils, Bruno, Heiner et Martin. Hesse collabore à plusieurs revues littéraires, notamment à la revue *März* où il fait connaître S. Lagerlöf, Strindberg, Shaw et surtout le poète souabe Eduard Mörike avec lequel il se sent une étroite affinité. En septembre 1911, il fait aux Indes un voyage qui l'impressionne profondément. Au retour il s'installe dans la banlieue de Berne. C'est là que va le surprendre le coup de tonnerre de la guerre. Il publie dans la *Neue Züricher Zeitung* un appel à l'humanité et à la raison contre la folie nationaliste qui fait rage à l'Est comme à l'Ouest. Toute la presse allemande l'accuse de trahison. Seule une courte lettre signée d'un inconnu — Romain Rolland — lui apporte amitié, réconfort et la preuve qu'il n'est pas seul.

Pendant les années 1914-1918, il prend en main une organisation suisse dont la fonction est d'envoyer des livres aux prisonniers allemands détenus en France et ailleurs. Il y a là une bonne volonté naïve et inoffensive qui peut faire sourire. On songe à un épisode de *la Grande Illusion,* le célèbre film de Jean Renoir. Les prisonniers de la citadelle où se déroule l'action reçoivent une caisse provenant d'une bienfaitrice russe. Ils rêvent aussitôt caviar, vodka, etc. On ouvre fiévreusement la caisse : des livres, des livres et encore des livres. La déception tourne à l'émeute. On brûle la caisse et son contenu à grands cris.

Rappelant cette anecdote avec l'idée qu'elle ridiculise quelque peu les idéalistes de bibliothèque, je m'aperçois aussitôt qu'elle éveille, avec ces livres qui brûlent, le souvenir d'épisodes historiques et politiques récents et même actuels d'une assez sinistre portée. Il y aura toujours dans le monde deux sortes d'hommes : ceux qui servent les livres — écrivains, bibliothécaires, savants de tout poil, tous naïfs, idéalistes et un rien ridicules — et ceux qui brûlent les livres — imbéciles ou tyrans. Quand on appartient à la première espèce, il vaut mieux en être fier...

Aux angoisses de la situation internationale et des attaques dont il est l'objet s'ajoutent la mort de son père, une grave maladie de son fils le plus jeune et une crise de dépression de sa femme qui nécessite son internement. Lui-même se soumet à une analyse chez le docteur Bernhard Lang, un disciple de Jung. Mais le privilège des écrivains est de trouver dans l'écriture, dans la création littéraire, le chemin d'une guérison par l'esprit. Hesse tente avec *Demian* qui paraît en 1919 une élucidation de lui-même et de sa vie. De ce petit livre Thomas Mann a dit plus tard : « Inoubliable reste le choc presque électrique qu'il produisit en paraissant immédiatement après la guerre sous la signature d'un mystérieux Sinclair. Avec une redoutable précision, il touchait le nerf de notre époque, et il enthousiasma de gratitude toute une jeunesse persuadée qu'un scrutateur de sa vie la plus profonde venait de sortir de ses rangs (alors que c'était un homme de quarante-deux ans qui venait de lui donner ce qu'elle attendait). » On ne peut lire ces lignes sans songer à la renaissance inattendue que les livres de Hermann Hesse connaissent depuis quelques années dans la jeunesse marginale américaine. Il est vrai que les communautés hippies d'aujourd'hui font revivre (avec la drogue en plus) les mouvements des *Wandervögel* qui couvrirent l'Allemagne des années 1920.

Cette immédiate après-guerre trouve Hesse totalement isolé. Sa femme guérie ne veut pas reprendre la vie commune avec lui. Ses enfants sont placés chez des parents ou en pension. Son œuvre d'assistance spirituelle aux prisonniers de guerre n'a plus de raison d'être. Il quitte Berne et, reprenant sa lente migration vers le Sud, il se fixe dans le Tessin à Montagnola, petit village situé à une heure à pied de Lugano. Il s'installe en mai 1919 dans la Casa Camuzzi, un étrange pavillon de chasse baroque qu'il va habiter jusqu'en 1931.

En 1923 il adopte la nationalité suisse qu'il avait déjà eue dans son enfance. « Voyant au cours des années d'après-guerre comment presque toute l'Allemagne s'accordait à saboter sa république, et n'avait strictement rien appris, il me fut facile d'adopter la nationalité suisse, ce que je n'aurais pas pu faire pendant la guerre, bien que j'aie condamné la politique d'hégémonie de l'Allemagne. »

Il se remarie, mais pour peu de temps. Trois ans plus tard, c'est à nouveau la séparation. Son troisième mariage a lieu en 1931. Il épouse Ninon Dolbin, autrichienne, historienne d'art, avec laquelle il est depuis longtemps en relations épistolaires. Elle ne le quittera plus. Il va rester désormais tout aussi fidèle à sa nouvelle maison que Hans C. Bodmer — ami, admirateur et mécène — fait construire à Montagnola selon ses plans et qu'il met à sa disposition pour la durée de sa vie. Cette maison est située au-dessus de Montagnola, au milieu des arbres, et domine le lac de Lugano dont on voit jusqu'à la rive italienne. Cette double fidélité durera jusqu'au 9 août 1962, jour de sa mort.

Politiquement sa position de non-violent est fixée depuis la première guerre mondiale, et elle n'a jamais varié. Il écrit en 1932 : « La façon dont les Allemands repoussent mensongèrement toute responsabilité dans la guerre, la façon dont ils rendent responsables les " ennemis " et le Traité de Versailles de tout ce qui ne va pas chez eux, caractérisent, selon moi, une atmosphère de bêtise politique, de tromperie et d'immaturité qui contribuera beaucoup à l'explosion d'une prochaine guerre. »

Parvenus au pouvoir, les nazis commencent par l'ignorer. Il ne fait partie ni des auteurs recommandés à la jeunesse, ni de ceux dont les livres ont été brûlés en place publique. En 1933, il résume sa position dans les termes suivants : « J'ai suivi la guerre de 1914-1918 avec une passion douloureuse et jusqu'à l'agonie, et je sais depuis, d'une certitude absolue et inébranlable, que personnellement, je condamne tout changement apporté dans le monde par la violence, et que je ne soutiendrai jamais un tel changement, même socialiste, même s'il va apparemment dans le sens souhaitable et juste. Car on se trompe toujours de victime, et même si on ne se trompait pas : je ne crois pas à l'efficacité bienfaisante et rédemptrice de la mort violente... Plutôt être abattu par les fascistes que d'être fasciste. Plutôt être abattu par les communistes que d'être communiste. »

Un dictionnaire littéraire publié en Allemagne sous le régime nazi le présente comme un esthète délicat, dégénéré, enfermé dans sa tour d'ivoire et sans contact avec le devenir allemand (entendez : avec le mouvement national-socialiste). Ce jugement est contredit par le chiffre de vente de ses livres en Allemagne. De 1933 à 1945 : 481 000 exemplaires, cependant qu'il s'en vendait 35 000 en Suisse [1]. Il est vrai que les choses se gâtèrent entre les nazis et lui lorsqu'il ne fit pas mystère de sa solidarité avec les auteurs « maudits » : Thomas Mann, Kafka, Bloch, Zweig, etc. « Il faut montrer dans les écoles par l'exemple de Hermann Hesse, comment la juiverie peut empoisonner l'âme allemande », écrit un commentateur nazi.

Cet itinéraire biographique, géographique et politique a été naturellement jalonné par la parution d'une œuvre importante. A *Peter Camenzind* (1904) succédèrent *Rosshalde* (1914), *Demian* (1919), *Siddharta* (1922), *le Loup des steppes* (1927), *Narcisse et Goldmund* (1930) pour ne citer que les principaux titres. Le sens de cet itinéraire semble clair. C'est un lent et méditatif cheminement à la fois vers le Sud (mais il s'arrêtera face à la terre italienne contemplée de la terrasse de Montagnola, comme une terre

1. Chiffres empruntés à *Hermann Hesse* de Bernhard Zeller (Rowohlt éd.).

promise, mais interdite), vers l'intérieur, loin des centres mondains et politiques. C'est la lutte d'un homme fragile et menacé pour construire un équilibre spirituel, avec la certitude — qui anime et justifie toute vie monastique — que ce retrait du monde doit finalement profiter à tout le monde, et qu'il n'y a ni stérilité, ni égoïsme dans la réclusion de l'écrivain, comme dans celle du moine.

Le Jeu des perles de verre a entièrement rempli une période allant de 1931 à 1942. Dès 1935, Hermann Hesse définit cette œuvre comme la somme de sa vie et de sa création. Il la termine au plus noir de la guerre, le 29 avril 1942. Le livre paraît d'abord en Suisse et ne connaît jusqu'à la fin de la guerre qu'une diffusion forcément limitée. Thomas Mann en reçoit néanmoins un exemplaire en Californie où il vit en exil. Il est plongé dans la rédaction du *Docteur Faustus,* commencé le dimanche 23 mai 1943, précise-t-il lui-même dans *le Journal du Docteur Faustus.* Il avait pu lire un extrait du *Jeu* prépublié dans la *Neue Rundschau.*

« J'ai souvent eu l'occasion de dire que cette prose m'était si proche qu'il me semblait qu'elle fût comme une part de moi-même, écrit-il dans *le Journal.* Maintenant que tout le roman se trouve sous mes yeux, je suis presque effrayé de sa proche parenté avec ce qui me préoccupe actuellement. C'est la même idée d'une pseudo-biographie avec tous les traits parodiques que cette formule implique. La même relation étroite avec la musique. La même critique de notre culture et de notre époque, bien que chez Hesse il s'agisse plus d'une utopie de culture, d'un rêve de philosophie que d'une explosion douloureuse et passionnée en face de notre tragédie. Il y a suffisamment de points communs pour me stupéfier et me rappeler cette constatation de mon journal : " Il est toujours désagréable d'être rappelé au fait que l'on n'est pas seul au monde. " C'est sous une autre forme la question que pose Goethe dans le *Divan :* " Vit-on vraiment quand d'autres vivent ? " et cela rappelle aussi certaines observations de Saül Fitelberg concernant le peu d'empressement de l'artiste à reconnaître l'existence des autres artistes, observation que je ne pensais pas pouvoir s'appliquer à moi-même... Mon roman est sans doute plus mordant, ardent, dramatique (parce que dialectique), plus proche de notre temps et plus immédiatement prenant. Le sien plus tendre, rêveur, méditatif, romantique et enjoué (au sens le plus élevé du mot). Son point de vue sur la musique est celui d'un pieux antiquaire : après Purcell, plus rien de noble [1]. Plaisirs et douleurs d'amour sont totalement exclus et d'ailleurs inconcevables dans cette atmosphère. Beaucoup d'ironie dans le style biographique et le choix des noms. Je lui écris précisément sur cet aspect humoristique de son livre, et il se montre satisfait que j'y ai été sensible [2]. »

Cette analyse rapide de l'œuvre de Hermann Hesse par opposition à celle de Thomas Mann constitue un précieux point de départ. Alors que le *Docteur Faustus* se situe principalement pendant les années maudites de l'Allemagne — nazisme et guerre de 1939-1945 —, *le Jeu des perles de verre* se distancie de notre présent en l'intégrant à une période de l'histoire assez curieusement désignée et condamnée sous le nom de « feuilletonisme ». Il faut entendre sous ce mot de « feuilleton » un ensemble désordonné fait de polémiques, d'une littérature d'anecdotes, de libertés débridées et de violences consécutives à une dévalorisation du langage. Pendant cette période, une personnalité ne peut se distinguer et s'épanouir que dans l'anomalie, c'est-à-dire en opposition avec la société. Il y a en période feuilletoniste une affinité inéluctable entre le génie et la criminalité.

1. Rappelons que le *Docteur Faustus* fait une large place à la musique atonale à laquelle Thomas Mann a été initié par son voisin d'exil, Theodor Adorno.

2. Thomas Mann, *Journal du Docteur Faustus* (Plon éd.).

Puis une réaction à ce déclin de la civilisation occidentale s'est dessinée. Il y a eu d'abord une renaissance de la musicologie inaugurée par la découverte des onze manuscrits de Jean-Sébastien Bach perdus par son fils Friedemann. Il faut ensuite citer l'influence de l'Union des Pèlerins de l'Orient qui devaient annoncer le jeu des perles de verre sous son aspect contemplatif. L'histoire de la vie de Josef Knecht, maître du *jeu (Ludi Magister),* se situe donc dans un avenir lointain et indéterminé. On sait seulement que le pape s'appelle Pie XV, et qu'il fut avant son couronnement un grand virtuose du *jeu.* Il convient d'ajouter que par l'élimination systématique de toute référence à la vie moderne, par un rappel constant de mœurs et de valeurs historiquement situables, le récit de Hesse paraît se dérouler en plein Moyen Age. Il mêle ainsi étroitement roman historique médiéval et science-fiction.

L'ère nouvelle se définit d'abord, à la différence de notre temps (feuilletoniste), par l'harmonie non seulement possible mais nécessaire entre la norme et le génie. L'homme de génie ne saurait être ni un anormal, ni moins encore un monstre. Au contraire, il se distingue du commun par une adaptation plus complète à la société de son temps. L'homme suradapté d'aujourd'hui en est diminué dans ses facultés novatrices et créatrices. Nous ne pouvons créer qu'en détruisant, ou pour le moins en perturbant. Au contraire, la société décrite par Hermann Hesse est suffisamment souple, mobile, vivante pour accueillir le créateur et même l'aider à s'épanouir. Ici la passion, qui est friction avec le milieu, se solde par une pure déperdition. De même aussi un grand homme disparaît d'autant plus qu'il est plus célèbre — à l'opposé de ce qui se passe à l'âge (feuilletoniste) de la publicité et des mass media. On pourrait même peut-être soupçonner la nouvelle société « hessienne » de faciliter excessivement les choses au créateur, au point de se charger de créer à sa place, ou tout au moins de lui mettre entre les mains une machine — le jeu des perles de verre, justement — qui canalise et absorbe totalement ses forces créatrices, et ce dans des voies purement formelles.

Qu'est-ce donc que le jeu des perles de verre ? On peut le définir comme le plein épanouissement, la réussite utopique d'un projet qui revient sans cesse dans l'œuvre et les lettres de Leibniz (1646-1716) sous le nom de *caractéristique universelle.* Il s'agit en somme de *trouver un langage qui permette une extension des opérations mathématiques à tous les domaines du savoir et même de la création artistique.* Leibniz écrit à ce propos : « Si je trouve un jour assez de loisir, je veux achever mes méditations sur la caractéristique générale ou manière de calcul universel qui doit servir dans les autres sciences comme dans les mathématiques. J'en ai déjà de beaux essais ; j'ai des définitions, axiomes, théorèmes et problèmes fort remarquables de la coïncidence, de la détermination, de la similitude, de la relation en général, de la puissance ou cause, de la substance, et partout je procède par lettres d'une manière précise et rigoureuse, comme dans l'algèbre. J'en ai même quelques essais dans la jurisprudence, et on peut dire en vérité qu'il n'y a point d'auteurs dont le style approche davantage de celui des géomètres que le style des jurisconsultes dans les Digestes. Mais comment, me direz-vous, peut-on appliquer ce calcul aux matières conjecturales ? Je réponds que c'est comme MM. Pascal, Huyghens et autres ont donné des démonstrations *de alea.* Car on peut toujours déterminer le plus probable et le plus sûr autant qu'il est possible de connaître *ex datis.* » (Lettre à Arnauld du 14 janvier 1688.)

Ce qui n'était qu'un projet limité pour Leibniz devient dans *le Jeu* une réalité qui assume le rôle fondamental de cerveau de la société. L'utopie de base imaginée par Hermann Hesse, c'est l'homogénéité complète non seulement de toutes les disciplines scientifiques — ce qui implique par exemple la dissolution sans reste de la spécificité chimique ou biologique dans la mathématique ou la physique — mais de toutes les recherches théologiques, historiques, philologiques, etc., de toutes les créations littéraires ou artistiques. A la base du jeu, il place deux domaines dont il supprime l'irréductibilité absolue : la musique et les mathématiques. Le tableau des disciplines tel qu'il ressort du roman serait à peu près le suivant : mathématiques, astronomie, physique, musique, linguistique, esthétique. On note aussitôt l'absence des sciences « concrètes », où l'observation et l'expérimentation dominent, et qui sont riches en applications pratiques, comme la chimie, la biologie et la médecine. Hesse semble admettre, sans l'exprimer nulle part, le principe selon lequel un savoir a d'autant plus de valeur intrinsèque qu'il est plus inutile. L'hypothèse de l'homogénéité des disciplines permet la récupération et donc la justification des travaux apparemment les plus saugrenus, comme par exemple un mémoire sur la prononciation du latin dans l'Italie méridionale du XVIe siècle. Le *jeu* — qui est capable de mettre en rapport les métaphores et inversions d'un poème de Gongora et la trajectoire de la planète Vesta — place toutes les époques sur le même pied et ne considère aucune spéculation comme aberrante. La mythologie crétoise, la logique aristotélicienne, l'alchimie, la physique quantique sont équivalentes et s'éclairent mutuellement. C'est qu'il s'agit de systèmes clos communiquant entre eux, mais pas de « vérités » renvoyant à une réalité extérieure considérée comme l'ultime critère. Le jeu, nous dit-on, enveloppe le joueur comme la circonférence son centre, et lui donne la conscience d'un milieu où tout est harmonie et symétrie.

Ce paradis spirituel et intellectuel dans lequel la réalité n'entre que sous la forme d'un symbolisme exsangue appelle plusieurs observations.

On est d'abord frappé par son analogie *a contrario* avec l'univers d'un écrivain contemporain de Hermann Hesse, Franz Kafka (1883-1924), qu'il connaissait d'ailleurs bien et qu'il a appelé « le roi secret de la prose allemande ». La parenté est d'ailleurs littérale puisque le héros du *Château* de Kafka s'appelle *K*, celui du *Procès* Joseph *K*, celui du *Jeu des perles de verre* Joseph *K*necht[1]. Mais bien entendu la situation des *K* de Kafka se définit comme l'opposée de celle du *K* de Hermann Hesse. Les héros de Kafka se trouvent rejetés à l'extérieur de la circonférence dont nous parlions. Ils s'acharnent à y entrer, mais finalement elle les écrase. Josef Knecht nourri dans le sérail, élu parmi les élus, ne connaîtra qu'un problème : sortir du monde clos et artificiel du *Jeu* dont il a épuisé les ressources, et s'aventurer au-dehors où il ne sait sans doute pas que la mort le guette. S'il meurt noyé, c'est peut-être pour avoir déserté ce club très jaloux et fermé du Jeu des perles de verre ?

Le roman s'achève sur trois autobiographies imaginaires, exercices demandés aux élèves sortant de l'école de Waldzell qui forme les joueurs. Ces vies imaginaires sont replacées dans des temps et des lieux reculés, comme autant d'essais de métempsycose. La première, *le Faiseur de pluie*, n'est pas sans un certain parfum kafkaïen. Le héros en effet — Josef Knecht —, sorcier de la tribu, se montrant incapable d'incliner la météorologie dans un sens favorable à la communauté, fait l'objet d'un procès et d'une condamnation à mort, sorte de sacrifice humain qui doit fléchir le ciel. On remarquera toutefois que cette exécution est pleine de sens, s'apparente au fond à la mort de Jésus pour le salut de l'humanité, et n'a rien du

1. J. K. ce sont aussi les initiales de John Kennedy, ce président des U.S.A. dont on a dit que l'assassinat découlait fatalement d'une société américaine qui ne pouvait pas se reconnaître en lui.

caractère monstrueusement absurde des condamnations auxquelles on assiste dans les romans de Kafka.

Le problème majeur qui se pose aux membres de la confrérie du Jeu n'en reste pas moins celui de leurs rapports avec le monde réel et le reste de l'humanité. Le milieu où ils vivent est rendu entièrement idyllique par l'élimination des trois grands facteurs de trouble : le pouvoir, le sexe et l'argent. Il n'empêche que ces forces existent dans le monde, et qu'on ne peut les ignorer sans mauvaise foi. A plus d'un titre la communauté du Jeu est comparée à un ordre religieux, notamment à l'occasion du séjour que fait Joseph Knecht dans le couvent bénédictin de Mariafels. C'est l'occasion pour l'auteur de souligner les différences qui distinguent ces deux milieux. Comparé à Kastalien, le couvent est moins actif, moins influençable, mais « agile ». C'est, nous dit-on dans une formule saisissante, qu'au cours des siècles l'esprit y est devenu nature. Ouverte vers le ciel, la communauté religieuse l'est aussi vers la terre, alors que le Jeu reste fermé sur lui-même et n'a de prolongements ni transcendants, ni immanents. Les pensionnaires de Waldzell — capitale du Jeu — sont mis en garde contre l'utilisation à des fins métaphysiques de l'instrument qu'on met entre leurs mains : « Respectez le sens du Jeu, mais ne prétendez pas l'enseigner... Enseignez les moyens, non les fins. » Ces recommandations vont de pair avec une condamnation de la philosophie de l'histoire qui a conduit aux pires désordres pendant la période feuilletoniste — sans doute sous l'impulsion de Hegel et de Marx dont les noms, il est vrai, ne sont pas prononcés. Cette idéologie restrictive s'oppose à la passion avec laquelle le Père Jakobus de Mariafels — dans lequel Hermann Hesse fait revivre son maître bâlois Jacob Burckhard — s'adonne à des recherches historiques, disant : « Faire de l'histoire, c'est plonger dans le chaos sans perdre la foi en l'ordre. » C'est lui qui sert d'intermédiaire entre Waldzell et le Saint-Siège pour négocier un rapprochement difficile. On notera ce trait caractéristique : parmi tous les États souverains, seul le Vatican paraît pouvoir être envisagé comme interlocuteur par les maîtres du jeu.

L'un des thèmes principaux du roman de Hermann Hesse reste l'assaut que sous mainte et mainte forme le monde extérieur fait subir à l'intégrité de la petite communauté du Jeu, et les défenses que cette communauté lui oppose. Parmi les élèves qui auraient pu entrer dans le cénacle avec tous les avantages et tous les renoncements que cela implique, beaucoup s'en vont et se tournent vers des carrières de médecin, d'ingénieur, d'homme politique, devenant de surcroît amants, maris, pères de famille. Pour les autres, les fidèles, dont J. K. fait partie, la question se pose douloureusement : qui a pris le parti du courage, de la générosité, de l'amour de la vie ? Les déserteurs ou ceux qui sont restés ?

Cette question majeure — l'alternative entre la vie retirée et le don de soi à la société — est l'une de celles qui tourmentent le plus Hermann Hesse et son héros Josef Knecht. Après avoir payé sa dette à ses éducateurs et à ses maîtres en ayant assumé avec un dévouement total la charge de Maître du Jeu *(Ludi Magister)*, Josef Knecht voudrait se dévouer à nouveau, mais désormais à un être humain unique, individuel, qui aurait besoin de lui. Cet être humain, ce sera le fils d'un de ses anciens condisciples, Plinio Designori. Le jeune Tito donne des soucis à ses parents. L'autorité tendre et intelligente d'un éducateur lui fera du bien. Knecht se consacre avec une abnégation totale à sa nouvelle tâche. Son but ultime : amener progressivement son élève à ce sommet auquel le Jeu faisait accéder d'emblée ses tenants, ce mélange de sérénité et de gaieté que l'Allemand désigne d'un mot difficilement traduisible en français, la *Heiterkeit*. Il perdra la vie à ce nouveau jeu, mais tout sera bien ainsi, car il convient qu'un maître du nom de Knecht (valet, serviteur) achève sa carrière par un don total.

Hermann Hesse, grâce à son rayonnement, disposait d'une autre réponse. Nous avons suivi à travers sa biographie ce mouvement progressif de lente retraite vers la Suisse, vers le Sud, vers la solitude et la réclusion volontaire après des expériences qui le révèlent peu doué pour le rôle de mari et de père. N'y avait-il pas dans cette pente une part de stérilité, de paresse, de lâcheté, d'égoïsme ? La réponse à cette question, les lecteurs de ses livres la lui apportèrent avec une abondance et une chaleur qui paraissent croître à mesure que lui-même se retire du monde. Celui qui par ses livres apporte la paix, la joie et la richesse spirituelles à d'innombrables hommes et femmes, celui-là peut bien se claquemurer dans le Tessin ou ailleurs, il reste le compagnon fraternel de tous.

Thomas Mann
ou l'initiation morbide

De *la Montagne magique* au *Docteur Faustus*

« Mon père... c'était le contact chatouillant d'une moustache, une odeur mêlant le cigare, l'eau de Cologne et le linge frais, un sourire pensif et distrait, un toussotement sec, un regard à la fois absent et pénétrant. Mon père... c'était une voix sonore et amicale, les longues rangées des livres du bureau — cette pièce solennelle, environnée pour nous de prestiges mystérieux —, la table parfaitement rangée avec le lourd encrier de bronze et le léger porte-plume de liège, une statuette égyptienne, un portrait-miniature de Savonarole, la musique assourdie du piano montant de l'ombre de la pièce. »

C'est ainsi que Klaus Mann, le fils aîné de Thomas Mann, évoque le souvenir de son père. Thomas Mann lui-même, faisant revivre dans son premier roman les Buddenbrook, la figure sévère et mélancolique de son propre père, le consul Mann, patricien de la ville hanséatique de Lübeck, se sert de termes analogues. C'est le même personnage fragile, ironique, timide, assez fin de race, dont on se dit en le voyant qu'il saura au moins mourir avec distinction, même s'il ne lui reste que cette élégance-là. Mais les derniers rejetons des grandes familles disposent d'une autre ressource, inattendue, parfois scandaleuse, qui se nourrit des ruines du passé, l'œuvre littéraire. De son deuxième grand roman *la Montagne magique,* Thomas Mann a dit que c'était le chant du cygne de la grande bourgeoisie européenne. Mais les *Buddenbrook*, c'était déjà un chant du cygne, celui des lignées commerçantes hanséatiques, et le chef-d'œuvre des dernières années, le *Docteur Faustus*, c'est le chant du cygne de l'Allemagne. Presque toute l'œuvre de Thomas Mann, envisagée sous un angle socio-historique, peut être interprétée comme l'épitaphe d'une certaine société. Mais si elle n'était que cela, elle ne serait presque rien — l'ombre d'elle-même. Ce versant nord du massif mannien n'est que l'envers d'une face — non certes riante et ensoleillée mais lumineuse à coup sûr, baignée par l'éclat de l'intelligence créatrice.

En 1912 Katia Mann dut passer six mois en sanatorium à Davos pour soigner une affection pulmonaire. Il faut croire que la cure réussit, puisqu'elle devait vivre jusqu'à quatre-vingt-seize ans [1]. Son mari, Thomas Mann, qui était resté à Munich avec les enfants, monta la rejoindre au printemps, et passa à Davos les mois de mai et de juin. Le temps fut exécrable, et l'écrivain, victime d'une bronchite, se fit tout naturellement ausculter par l'un des médecins de l'établissement. Le diagnostic fut formel : son état pulmonaire était loin d'être brillant, et on ne pouvait que lui conseiller un séjour d'au moins six mois au sanatorium. « Je n'ai pas suivi ce conseil, dira plus tard Thomas Mann, j'ai préféré écrire *la Montagne magique*. Qui sait le tour qu'aurait pris mon destin si j'avais cédé à la tentation de

1. Elle publia un petit livre de souvenirs où elle raconte notamment sa première rencontre avec Thomas Mann. Ils habitaient chacun à un bout de l'Allemagne, elle à Munich, lui à Lübeck. Il faudra qu'après la mort du consul Mann, sa veuve — d'origine brésilienne — aille se fixer à Munich pour que les jeunes gens fassent connaissance. Mais cette rencontre avait eu un étrange et charmant prélude. Katia avait cinq ans — et Thomas quatorze — lorsque le peintre mondain Kaulbach la représente déguisée en Pierrette avec ses quatre frères déguisés en Pierrots. Le tableau eut un succès énorme et ses reproductions inondèrent toute l'Allemagne... y compris Lübeck et la maison des Mann. Thomas vécut ainsi ses années d'adolescence en présence du portrait d'une petite fille inconnue qu'il devait épouser.

rester avec “ ceux d'en haut ” ? » On peut s'en faire une idée en lisant le roman, car son héros, Hans Castorp, venu lui aussi en visite pour quelques semaines au Berghof, resta sept ans prisonnier de la montagne magique, et seule l'explosion de la guerre en 1914 put l'arracher à son sommeil enchanté. Or Thomas Mann a sans doute eu tort de « redescendre » parmi « ceux d'en bas », parce qu'il apparaît bien vite au lecteur de *la Montagne magique* que le jeune Castorp a bénéficié d'une initiation — qui fut certes longue et pénible mais riche et féconde en enseignement et en sagesse.

A l'origine, *la Montagne magique* ne devait être qu'une nouvelle apportant à *la Mort à Venise* une sorte de pendant comique. *La Mort à Venise* a gardé les dimensions d'une assez longue nouvelle. *La Montagne magique* est l'un des romans les plus volumineux du XXe siècle. Le rapprochement n'en reste pas moins hautement instructif. La société cossue et cosmopolite est la même ici et là. La mort rôde à Venise comme à Davos, et le voyage initiatique de Castorp jusqu'au Berghof est somme toute comparable à celui d'Aschenbach dans la cité des doges. Mais est-ce l'influence des sommets alpins, dont l'atmosphère pure et raréfiée est l'exacte antithèse des miasmes pestilentiels de la lagune ? Castorp trouve au terme de ses épreuves une sorte de santé supérieure, alors qu'Aschenbach est puni par la déchéance et la mort pour avoir contemplé face à face la Beauté dans la personne du petit Tadziu.

L'initiation de Hans Castorp dure sept années, au cours desquelles il s'assoit successivement aux sept tables de la salle à manger du Berghof — et chacune des tables est occupée par une famille d'esprits différente. D'abord extérieur à la société tuberculeuse du Berghof — la « confrérie de la tache humide » — (il est venu en visite voir son cousin Joachim, il se porte bien, lui, etc.), il s'y intègre le jour où il prend pour la première fois sa température (à table, rires étouffés, chuchotements, questions insidieuses « Et qu'a dit Mercure ? »). Dès lors le piège s'est refermé sur lui, il « en est », il fait même partie de ces quelques fanatiques qui ne veulent plus accepter l'idée de guérir un jour et de « redescendre parmi ceux d'en bas ». C'est que bien vite il est ressorti du cercle de la confrérie, mais ressorti de l'autre côté, ayant dépassé ce premier stade de l'initiation. Poussé en avant par quelques mentors — l'humaniste italien Settembrini, le juif russe Naphta, le royal et rayonnant Mynheer Peeperkorn — il « trahit » ses coreligionnaires, par exemple en refusant de se détourner des malades condamnés, mourants, en s'occupant des agonisants, alors que toute la communauté se détourne avec horreur de ces pestiférés qui restaurent l'alternative vie-mort dans un milieu — celui de la maladie — dont la raison d'être est justement d'échapper à cet horrible choix.

Tel Moïse au Sinaï, Hans Castorp doit donc gravir la Montagne magique pour y devenir le dépositaire d'une vérité sacrée. « Ce qu'il a appris, dira plus tard Thomas Mann dans sa célèbre conférence de Princeton, c'est que pour accéder à une santé supérieure, il faut avoir traversé l'expérience profonde de la maladie et de la mort, de même que la connaissance du péché est la condition première de la rédemption. » — « Deux voies mènent à la vie, dit encore Castorp à Claudia Chauchat. La première est la voie directe, banale et honnête *(brav)*. L'autre est une voie mauvaise, elle traverse la mort, c'est la voie du génie... »

Cette voie mauvaise mais géniale, menant à une santé supérieure, le gentil Castorp l'a ouverte, mais rappelé brutalement chez « ceux d'en bas » par la mobilisation de 1914, il n'a pas eu le temps d'en tirer les fruits. Restait donc à écrire la vie d'un créateur de génie. Ce sera *Docteur Faustus : la vie du compositeur allemand Adrien Leverkühn, racontée par un ami* (1949), couronnement d'une œuvre immense, à laquelle Thomas Mann n'ajoutera avant sa mort, survenue le 12 août 1955, que deux autres romans de moindre ambition, *l'Élu*, un conte baroque d'esprit néo-gothique, et *les Confessions du chevalier d'industrie Felix Krull*, roman picaresque qui reprend et développe une nouvelle datant de 1922.

Cette année 1949 marque un tournant dans la vie de l'auteur. Il revient en Allemagne pour la première fois après un exil de seize ans qui l'aura mené de France en Suisse, puis aux U.S.A. Retrouvailles sans joie, assombries encore par le suicide de son fils aîné Klaus. « J'éprouve comme une horreur irrationnelle, écrit-il, à l'idée de reposer un jour dans cette terre allemande qui ne m'a rien donné et rien demandé. L'Allemagne m'est devenue totalement étrangère. » Ces lignes amères n'étonneraient pas sous la plume, par exemple, d'Henri Heine, juif d'humeur cosmopolite, orienté vers la France par sa culture, ses idées politiques, ses amours. Mais Thomas Mann, rejeton d'une ancienne lignée de grands bourgeois de Lübeck, nationaliste passionné pendant la guerre de 1914-1918, auteur d'une œuvre qui, par sa « germanicité » foncière, souffre, hélas, d'être traduite en quelque langue étrangère que ce soit [1], par quelle suite de

1. La prose mannienne se refuse de mille façons au traducteur. L'une des difficultés insolubles qu'elle lui oppose tient à l'usage du latin dont des mots, des bribes, des citations émaillent le texte de *la Montagne magique* et du *Docteur Faustus*, et dont Thomas Mann tire des effets étonnants. Il y aurait beaucoup à dire sur la tonalité particulière que prend le latin immergé dans un texte allemand. L'effet est étrange, d'une sonorité grave — car la prononciation du latin « à l'allemande » s'impose évidemment au lecteur — et donne une impression de profondeur classique, un peu comme la silhouette d'une église romane dans un paysage d'Ile-de-France. Mais, bien entendu, ce même latin fera tout autre figure dans la traduction française du texte allemand. La filiation étroite du latin et du français, l'usage du latin en français dans de nombreux contextes comiques, sa ridicule prononciation « à la française » détruisent toute sa force incantatoire. Ainsi, par exemple, dans *la Montagne magique*, version française, les citations latines des médecins du Berghof perdent toute leur étrange et inquiétante beauté pour devenir galimatias moliéresque.

vicissitudes a-t-il pu se retrouver ainsi au ban de sa propre patrie ? La réponse est facile, immédiate, trop peut-être : le nazisme. Et, certes, l'incompatibilité absolue d'un écrivain de grande classe avec l'idéologie national-socialiste, comme avec les contraintes de tout régime totalitaire, est dans la nature des choses, et, en tout état de cause, Thomas Mann n'aurait pu se plier à la tyrannie nazie. Mais rappelons que son exil — dont il avait pris le parti dès la nomination d'Hitler le 30 janvier 1933 au poste suprême de chancelier du Reich — fut rendu plus amer encore par ce qu'on pourrait appeler « l'affaire Wagner ».

En février, Thomas Mann avait fait une tournée de conférences sur Wagner, notamment à Munich, Amsterdam et Bruxelles, à l'occasion du cinquantième anniversaire de sa mort. La presse nazie leur avait fait un écho particulièrement menaçant. Parce qu'il ne sacrifiait pas au rite d'une hagiographie sans nuance, on l'accusait de diminuer l'une des plus pures gloires de l'Allemagne éternelle. Mais ce n'était rien encore, rien d'imprévu ni de profondément blessant en tout cas. Avec une habileté diabolique, les nazis devaient parvenir à envenimer la douleur de l'exilé grâce à une pétition revêtue de quarante-cinq signatures émanant du monde des lettres et des arts, parmi lesquelles celles du chef d'orchestre Knappertbusch et du compositeur Richard Strauss. Ce texte devait donner le signal d'une campagne de presse d'une extrême violence contre lui. Pourtant la question mérite d'être posée : le nazisme n'a-t-il pas seulement porté à son comble une incompatibilité profonde entre l'Allemagne et lui ? Déjà la parution en 1901 de son premier grand roman, *les Buddenbrook*, avait provoqué un scandale. Lübeck, sa ville natale où se situe l'action, s'était crue outragée, et on avait rappelé le dicton paysan selon lequel un oiseau ne souille jamais son nid. En vérité l'Allemand Thomas Mann n'a jamais cessé, selon son expression, « d'avoir mal à l'Allemagne ». De cette douleur, son exil de 1933 fut l'expression historique, son grand roman *Docteur Faustus* l'expression littéraire et une tentative de guérison par l'écriture.

Le 23 mai 1943, Thomas Mann, alors en exil près de Los Angeles, commence la rédaction du chef-d'œuvre de ses dernières années. Le même jour à Freising-sur-Isar, Serenus Zeitblom commence le récit de la vie de son ami, le compositeur allemand Adrien Leverkühn, mort deux ans auparavant. Que l'imaginaire Zeitblom et le très réel Thomas Mann ne fassent qu'un, c'est partiellement vrai, comme pour toute identification romanesque. En revanche le parallélisme temporel — Zeitblom enregistrant au cours de sa rédaction les événements qui jalonnent le déclin et l'effondrement du IIIe Reich — est maintenu scrupuleusement, jusqu'à la date du 29 janvier 1947 où Serenus Mann et Thomas Zeitblom posent en même temps leur plume après avoir écrit le mot FIN au bas du même récit. Ce récit est affecté en outre d'un décalage décroissant dans le temps, puisque son héros Leverkühn, né en 1885, est mort le 25 août 1940, alors que « l'Allemagne, les joues en feu, titubait au sommet de triomphes sauvages et s'apprêtait à conquérir le reste du monde en vertu d'un pacte qu'elle avait signé avec son sang ». Or c'est précisément l'histoire d'un pacte avec le Diable qui est au centre du roman.

Comme tous les êtres élus et maudits, Adrien Leverkühn se signale dès ses plus jeunes années par son intelligence brillante, sa froideur et son humour. Au collège, c'était un très mauvais élève, à cela près qu'il était premier partout. Il commence des études de musique, les abandonne pour se consacrer à la théologie — c'est alors qu'il fait connaissance *in abstracto* avec le Diable —, revient enfin à la musique où se manifeste son génie créateur. Ses œuvres relèvent de l'école dodécaphonique.

Thomas Mann avait en Californie comme compagnon

d'exil le théoricien et musicologue Theodor Adorno. C'est à lui qu'il dut une connaissance approfondie et sans défaillance de la musique dite atonale, sérielle ou dodécaphonique. Le roman profite-t-il de cette érudition ou en est-il alourdi ? Les relations entre érudition et roman — ou même poésie — sont très anciennes, parfois idylliques, parfois orageuses. Un certain romantisme — à la Byron, à la Musset — se définit contre le positivisme des Lumières et des encyclopédistes par un rejet en bloc des sciences et des techniques au profit d'un certain obscurantisme simili-médiéval. Il n'en allait pas de même des romantiques de la première génération. Novalis — pour ne citer que lui — entendait bien englober dans ses aspirations à l'Absolu, à l'Infini, ses connaissances cristallographiques et son métier d'ingénieur des mines. Thomas Mann se rattache certainement à cette aspiration totalisante qui ne veut rien laisser échapper des richesses du savoir humain. Tel de ses romans côtoyant une discipline scientifique quelconque, il n'esquive pas le massif, il s'y plonge au contraire et n'a de cesse qu'il ne l'ait épuisé — au risque d'épuiser du même coup certains de ses lecteurs. La médecine pulmonaire dans *la Montagne magique*, la théologie et l'archéologie biblique dans *Joseph et ses frères*, la musique dodécaphonique dans *Docteur Faustus* sont inventoriées de fond en comble, et si consciencieusement que le spécialiste le plus pointilleux n'y trouve rien à redire.

Il n'en va pas de même de certains critiques. André Gide écrit à propos de *Joseph* (mais la même réflexion aurait pu lui être inspirée par *Docteur Faustus*) : « Enfin achevé le fastidieux roman de Thomas Mann. Fort remarquable assurément, mais ressortissant à une esthétique wagnérienne qui me paraît aux antipodes de l'art... Son orchestration est savante, il fait appel à tous les instruments et développe patiemment, inlassablement chaque thème... Le résultat est d'une pesanteur que l'on est en droit de trouver admirable, mais combien me paraît beau au regard de cette indigestion germanique tout le *latent* des vers de Racine. » *(Carnets d'Égypte.)* Pourtant on ne peut laisser passer sans le dénoncer le lieu commun qui prétend opposer la « grâce racinienne » (française) à la « lourdeur wagnérienne » (allemande). Car si le roman massif et inépuisable, du type encyclopédique, est de tradition séculaire, c'est bien dans la littérature française où l'illustrèrent entre autres Rabelais, Cyrano de Bergerac, Balzac, Flaubert, Zola, etc. En vérité les familles d'esprits se moquent des frontières nationales. Hölderlin se rattache par son vocabulaire exsangue à la tradition racinienne, et Thomas Mann n'a jamais fait mystère de ce que son *Joseph* devait à la *Salammbô* de Flaubert. Tout est une question d'estomac et singulièrement de suc digestif propre à décomposer, assimiler, détruire la charge encyclopédique afin qu'elle ne flotte pas sur les eaux du roman, comme un iceberg indigeste. Or pour réduire le savoir à ses fins romanesques, Thomas Mann disposait d'un agent dissolvant auquel il est surprenant que Gide n'ait pas été plus sensible : l'humour. Les fous rires diaboliques du jeune Adrien Leverkühn, lors des leçons de physique de son père, répondent aux trouvailles macabres qui émaillent *la Montagne magique* — les cadavres des malades décédés évacués par la piste du bobsleigh, les sifflements facétieux que telle malade tire de son pneumothorax, Hans Castorp couvrant de baisers la « photographie intérieure » de la femme qu'il aime, à savoir la radiographie de ses poumons tuberculeux, etc. Au demeurant le rire est partout, mais inégalement réparti dans cette œuvre, et c'est paradoxalement dans les romans les plus légers, les moins dramatiques qu'il retentit le plus rarement, *Altesse royale, l'Élu, Félix Krull.* Ici le sourire suffit, et cela devrait nous alerter sur le sens profondément destructeur du rire mannien. « Plus je ris, moins je plaisante », pourrait dire l'auteur de *Docteur Faustus.*

La présence de la musique dodécaphonique au centre

du roman donna lieu d'ailleurs à un épilogue comique, mais involontaire cette fois. Pendant les années de guerre, Arnold Schönberg partageait l'exil de Thomas Mann et de Theodor Adorno en Californie. Stupeur et indignation quand il lit *Docteur Faustus* : non seulement l'invention de la musique sérielle ne lui est pas reconnue, mais elle est plus ou moins subordonnée à une affection syphilitique ! Thomas Mann croit l'apaiser en ajoutant à la dernière page de son roman une note rappelant que la musique dite sérielle ou dodécaphonique est « l'invention du compositeur et théoricien contemporain Arnold Schönberg ». Nouvelle explosion de Schönberg : « Contemporain ? écrit-il. L'avenir dira lequel des deux était le contemporain de l'autre ! »

*

Qui est Adrien Leverkühn ? C'est un peu Schönberg évidemment. C'est aussi Nietzsche — dont le nom n'est pas mentionné une seule fois dans tout le livre, mais à la vie duquel sont empruntés les épisodes de la maison close, de la prostituée et de la maladie vénérienne. C'est également Hugo Wolf, compositeur autrichien, mort fou après avoir composé notamment d'admirables lieder. Mais c'est bien entendu l'Allemagne, folle et géniale, capable du meilleur et du pire. Son pacte avec le Diable, Adrien Leverkühn l'a signé dans une maison close en contractant volontairement la syphilis avec une prostituée, Esmeralda. En vérité cette fille-maladie, le Diable l'a envoyée à Leverkühn pour lui apporter l'illumination, l'aphrodisiaque du cerveau, l'étincelle créatrice. Au demeurant l'une de ses compositions majeures aura pour thème *h e ae es (hetaera esmeralda).*

« Je n'ai aimé aucun de mes personnages autant que celui-là », a écrit Thomas Mann dans son journal. Surprenante confidence si l'on considère la personnalité distante et ironique de Leverkühn. Mais peut-être y a-t-il un mouvement de pitié dans cette tendresse, un mélange de pitié et d'admiration ? Lorsqu'on parle des grandes passions humaines, on oublie trop souvent l'admiration, un sentiment fort, qui peut même devenir impérieux et réduire celui qui en est possédé à une sorte d'esclavage pour le pire, ou au contraire l'élever à l'abnégation la plus haute pour le meilleur. Le contrat qu'Adrien Leverkühn a signé avec le Diable, s'il lui apporte le génie, a pour contrepartie une irrémédiable solitude. Quand Leverkühn cherche à se faire soigner, il s'adresse successivement à deux médecins : l'un meurt subitement, l'autre est jeté en prison. Quant au seul être qu'il ait passionnément aimé, son neveu Nepomuk, il est foudroyé par une méningite — et on peut voir dans cet épisode l'image inversée de *la Mort à Venise :* ici, c'est le jeune garçon qui meurt, laissant le créateur à sa féconde, mais désespérante solitude.

L'artiste est le frère du fou et du criminel. Cette idée redoutable inscrite en filigrane dans les premiers écrits de Thomas Mann *(Tonio Kröger)* est formulée dans toute sa brutalité par le Diable en personne à la fin de *Docteur Faustus.* Si le mot frère avait le sens d'une pure et simple identification, l'asile et la prison réservés aux écrivains dans les régimes totalitaires seraient entièrement justifiés. Pourtant il existe une différence entre l'artiste et le fou ou le criminel : sa création, car le fou et le criminel ne créent pas. S'il n'était pas vain de vouloir ramener à une formule l'œuvre immense de Thomas Mann, on pourrait dire qu'elle consiste en un effort de réflexion sur cette différence, c'est-à-dire sur elle-même.

Reste la solitude. Pour chaque homme la solitude porte un nom différent. Celle de Thomas Mann s'est appelée l'exil, un exil qui fut intérieur avant de devenir effectif. Il n'avait jamais guéri de son enfance à Lübeck dans l'une des familles les plus honorables de la ville. Il se souvenait d'avoir salué en 1885, dans son uniforme d'écolier, le vieil empereur Guillaume Ier de passage à la gare dans son train spécial. « En tant que fils de commerçant, j'ai le sens de la qualité », laissera-t-il échapper un jour. Et lorsque les nazis le dépossèdent de tous ses biens, il remarque qu'il a l'âge de son père lorsqu'il fit faillite. Nul doute qu'il n'y ait dans ce mari modèle, bon père de six enfants, l'âme d'un patricien conservateur. Aussi le scandale soulevé à Lübeck par la parution des *Buddenbrook* marque-t-il dans sa vie une douloureuse rupture, que l'exil de 1933 ne fera que consommer.

Après la guerre il se rend plusieurs fois en Allemagne, submergé partout où il va à la fois d'honneurs et d'injures. Il renonce finalement à s'y fixer, et choisit Zurich, grande ville germanophone qui est allemande sans être allemande, et d'où partirent le mouvement dadaïste et, en 1917, les hommes de la révolution bolchevique. Sa dernière visite à Lübeck au début de 1955, quelques mois avant sa mort, a quelque chose de ridicule et de déchirant. Lui qui est né dans cette ville, qui y a grandi, qui l'a rendue célèbre dans le monde entier, voilà qu'à l'occasion de son quatre-vingtième anniversaire, on se met en devoir de lui en conférer la citoyenneté d'honneur ! Il accepte avec émotion, avec gratitude, se prête à toutes les cérémonies, et finalement il se fait photographier avec sa femme Katia devant sa maison natale, dont la façade aux fenêtres murées ne dissimule que le vide et les ruines.

Aucune image ne symbolise mieux le destin de ce grand bourgeois qui, en vertu d'on ne sait quel pacte avec le Diable, fut aussi l'un des plus grands écrivains de son temps, c'est-à-dire, selon son propre aveu, le frère d'un fou et d'un criminel.

Le *Méphisto* de Klaus Mann ou la difficulté d'être fils

Dans ses Mémoires, Katia Mann raconte qu'Arnold Schönberg, réfugié comme les Mann aux U.S.A., rencontra un jour un groupe d'étudiants américains. Les jeunes gens l'ayant reconnu se poussaient du coude et chuchotaient entre eux. Au moment où il les croisait, le célèbre compositeur entendit l'un d'eux murmurer : « C'est le père de Schönberg. » Il se souvint alors que son fils venait de remporter un championnat universitaire de tennis.

La mère de Klaus Mann ne rapporte rien de semblable concernant son fils aîné. Non, toute sa vie Klaus Mann fut le fils de Thomas Mann. Il l'a écrit lui-même avec une amertume résignée : la présence d'un père célèbre aide la carrière d'un jeune écrivain. Pendant les six premiers mois. Ensuite, et pour toujours, elle constitue un lourd handicap.

Ce ne serait rien encore s'il ne s'agissait que de carrière littéraire. Mais l'ombre d'un père génial n'a pas qu'une incidence sociale. Elle peut aussi peser sur la chair, le cœur, l'esprit du fils, et incliner son destin. Nous avons beau faire. Nous ne pouvons pas ne pas tenter de déchiffrer Klaus à la lumière de Thomas…

Quand on parcourt la vie de Thomas Mann — vie privée ou publique, peu importe, car la célébrité efface cette distinction —, on est impressionné par la désespérante honorabilité de ce grand bourgeois. Sa vie est un modèle irréprochable, qu'on l'aborde sous l'angle professionnel, politique ou familial. Ce descendant d'une grande lignée patricienne de Lübeck n'avait qu'une « tare » aux yeux de ses concitoyens : sa mère était originaire d'Amérique du Sud. Moins audacieux que son propre père, il épousa lui-même toutefois une Bavaroise et se fixa à Munich. On conviendra que pour un écrivain de génie, ces infidélités à la ligne de la bourgeoisie hanséatique sont bien timides. Peut-être faut-il être sain comme l'œil, mari fidèle, bon père de six enfants et citoyen intègre pour accoucher d'un monde romanesque où grouillent l'inceste, l'homosexualité, le suicide, l'assassinat, et toutes les plaies du corps — tuberculose, cancer et syphilis. Mais n'y a-t-il pas là une économie très calculée, un délicat équilibre qui risque de se rompre sur la tête du « fils » pour peu qu'il appartienne lui aussi à la race des écrivains ?

Soit, par exemple, le thème de l'inceste fraternel. Il ne cessa de hanter Thomas Mann qui l'aborde en 1905 dans sa nouvelle *Sang réservé*, et le traite longuement dans son roman *l'Élu* paru en 1951. Rien dans la vie de l'auteur ne paraît s'y rattacher. Pourtant sa femme Katia Mann avait un frère jumeau qui s'appelait Klaus et auquel — à en juger par les photos dont nous disposons — son neveu Klaus ressemblait de façon frappante. Le couple Katia-Klaus était si notoirement inséparable que la parution de *Sang réservé* provoqua un scandale, et qu'il fallut retirer de la circulation les exemplaires de la revue *Neue Rundschau* où cette nouvelle avait été publiée. Deux années séparaient Klaus de sa sœur Erika. Pourtant une tournée triomphale de conférences faite en commun aux U.S.A. en 1927 les fit connaître comme « les jumeaux Mann ». Ce voyage trouva sa relation dans un livre signé en commun *Rundherum* qui déborde de joie de vivre, de voir, de découvrir et d'apprendre. On ne peut le lire sans envier tant de bonheur partagé, tant de juvénile intelligence. Un couple béni, ces « jumeaux Mann » !

Mais le ver était dans le fruit... Peu avant cet étrange voyage de noces fraternelles, Erika avait épousé l'acteur Gustav Gründgens déjà célèbre pour son interprétation de Méphisto dans le *Faust* de Goethe. Ce mariage ne pouvait que blesser profondément Klaus, et il serait facile de ne voir dans son roman *Méphisto* écrit en exil en 1936 qu'un règlement de compte avec son rival détesté.

Hendrik Höfgen est-il Gustav Gründgens, le mari d'Erika ? J'ai posé la question à Golo Mann, le frère de Klaus. Dans une lettre datée du 28 avril 1973, il m'a répondu :

Je ne souhaite nullement que ce livre passe en France pour un roman à clés. Que Höfgen soit identifié purement et simplement avec Gründgens. Ce n'est certainement pas le cas. Et : l'héritier de G. Gründgens a réussi à faire interdire le livre en R.F.A., car il est, selon lui, diffamatoire à l'égard de son père adoptif. Malheureusement le tribunal lui a donné raison. Pendant quelques années, il n'y aura rien à faire. Plus tard, on pourra demander la révision du jugement, et alors il ne faudrait pas que l'héritier puisse citer des coupures de presse françaises. Évidemment le personnage a été inspiré par Gründgens.

La vérité, c'est que ma sœur Erika a été mariée avec lui, mais seulement de 1927 à 1929. La véritable rupture eut lieu plus tard, en 1933, quand l'attitude de Gründgens à l'égard du nouveau régime n'a plus fait de doute.

Je ne crois pas d'ailleurs qu'il soit bon de se demander quels détails sont « vrais », quels détails ne le sont pas. Par exemple, ma grand-mère n'était pas femme de général. Mon père n'était pas un chirurgien célèbre, ou quelque chose de ce genre, comme dans le roman. Les tendances érotiques de Gründgens étaient, comme on dit « anormales », mais pas de la façon décrite dans le roman, etc.

En ce qui concerne les relations de mon frère et de ma

sœur Erika, elles étaient en effet très étroites. Jusqu'où cela allait, je n'en sais rien et je ne veux pas le savoir. Qu'ils aient inspiré à Jean Cocteau ses Enfants Terribles *me paraît peu vraisemblable.*

S'agissant de l'érotisme de Gründgens, il donna lieu à un épisode tragi-comique. En 1936, le manuscrit de Klaus Mann était presque terminé, quand arriva la seule nouvelle qui pouvait rendre sa publication impossible : Gründgens était tombé en disgrâce et était allé grossir les rangs des émigrés ! Que s'était-il passé ? En même temps qu'aux Juifs, les nazis donnaient la chasse aux homosexuels, lesquels étaient soumis dans les camps de concentration à un régime particulièrement expéditif. Or l'organe officiel nazi *Der Völkische Beobachter* venait de publier un réquisitoire sanglant sur G. Gründgens en raison de ses « mœurs ». Pris d'une juste panique, le comédien était immédiatement passé en Suisse. C'est à Bâle que l'atteignit un appel téléphonique personnel de Göring. Il s'agissait d'un malentendu. Le rédacteur du *Völkischer Beobachter* était sous les verrous. Qu'il rentre immédiatement. Le maréchal se portait garant sur l'honneur de sa sécurité. Il lui conférait d'ailleurs le titre de Staatsrat (conseiller d'État). Un Staatsrat ne pouvait être arrêté sans l'accord de Goring. Gründgens revint donc au bercail. Son exil avait duré vingt-quatre heures.

Mais revenons à l'identification Höfgen = Gründgens. Golo Mann a raison d'écrire qu'elle fait bon marché de la création littéraire. Le regard qu'un romancier pose sur ses contemporains, a dit Thomas Mann, est d'une qualité particulière et paradoxale : froid et passionné à la fois. C'est qu'il y a de l'anthropophage dans le romancier, mais justement le cannibalisme ne va pas sans un bon estomac qui brasse, broie, dissout, digère, assimile et métamorphose. Qu'il y ait du Gründgens dans Höfgen, c'est indéniable. Mais le personnage créé par Klaus Mann déborde infiniment ce cas particulier.

Qu'on me pardonne une incidente personnelle. J'ai vu Gründgens à la scène, je ne l'ai pas connu personnellement. En revanche j'ai pratiqué de près un autre homme de spectacle de sa génération, beaucoup plus compromis que lui avec le IIIe Reich, le cinéaste Veit Harlan auquel on doit notamment *le Juif Süss* et *la Ville dorée.* Or c'est à lui que je ne cesse de penser quand je relis *Méphisto.* Je retrouve dans le personnage de Höfgen sa vitalité, sa séduction, sa naïveté plus ou moins roublarde, ce curieux mariage d'une personnalité éclatante et d'un caractère assez faible, et dans la dernière phrase du roman, je crois entendre les exclamations de Veit Harlan revendiquant, lors de son procès comme criminel de guerre, l'impunité du bouffon de cour.

Plus encore qu'une page d'histoire — le drame des intellectuels allemands face à la dictature nazie —, ce livre est le portrait magistral d'un comédien. Hendrik Höfgen possède tous les traits de cette race à part, douée d'une vie à deux faces, les hommes de spectacle. Génies imposants sur une scène, un pied dans le monde imaginaire créé par Shakespeare, Molière, Goethe et quelques autres, la bouche pleine de citations retentissantes, mais soudain désarmés quand la rampe s'éteint, et surtout sans défense devant cette autre race, tout aussi illusionniste, mais combien plus redoutable, celle des hommes politiques. Il y aurait un livre à écrire sur les relations entre les hommes du pouvoir et les hommes du théâtre, et la couverture pourrait reproduire cette caricature d'époque où l'on voyait Talma apprenant à Bonaparte — devenu Napoléon Ier — comment marche un empereur.

Situé à la charnière grinçante du réel (politique) et de l'imaginaire (théâtral), ce roman rejoint la relation subtile et dangereuse de la vie et de l'œuvre de l'écrivain à laquelle nous faisions allusion. Parce qu'il sut garder l'allure et la réserve d'un grand bourgeois nordique, Thomas Mann put laisser libre cours dans son œuvre à tous les démons de la chair et de l'esprit. Klaus Mann n'avait pas son génie, et son œuvre multiple, abondante, brillante, relève plus du témoignage que de la création. Mais on peut imaginer que sa vie éclatée, déchirée, haletante, était une réponse à celle par trop maîtrisée de son père. Thomas Mann n'avait jamais été jeune. Il incombait peut-être à Klaus Mann de ne pas pouvoir vieillir. Le suicide à quarante-deux ans de cet éternel adolescent balance étrangement la terrible et efficace maturité de son père.

Note : Dans une lettre datée du 5 mai 1949, l'éditeur de Klaus Mann lui fait part de ses hésitations touchant l'opportunité de la publication en Allemagne de son *Méphisto.* Klaus Mann répond le 12 mai par une rupture de leurs relations. Neuf jours plus tard, il se suicide. Dès lors ce sera sa sœur Erika qui s'occupera de son œuvre. Elle fait tout ce qui est en son pouvoir pour que le roman paraisse. De son côté Gustav Gründgens agit en sens inverse. Les avocats de l'éditeur conseillent de renoncer. Enfin le livre paraît, mais en Allemagne de l'Est. Il est vrai que des exemplaires franchissent en grand nombre le rideau de fer. Gründgens meurt en octobre 1963. Son fils adoptif, le metteur en scène Peter Gorski, poursuit la lutte contre la parution du roman. Il fait un procès à l'éditeur Nymphenburg qui annonçait cette parution dans le cadre des œuvres complètes de Klaus Mann. En août 1965, Gorsky perd son procès. Aussitôt Nymphenburg diffuse 10 000 exemplaires de *Méphisto.* Gorski fait appel et gagne en mars 1966. C'est à nouveau l'étouffement en R.F.A.

Les choses en sont là, lorsque Albert Blanchard, directeur des éditions Denoël, décide sur mon conseil de publier le roman en France. *Méphisto* paraît en janvier 1975 dans une traduction de Louise Servicen avec une préface de M.T. Cette édition française tombe sous les yeux d'Arianne Mnouchkine, directrice du Théâtre du Soleil, qui décide d'en faire une adaptation théâtrale. La première a lieu le 15 mai 1979. Le spectacle qui dure quatre heures remporte un vif succès, d'abord à la Cartoucherie de Vincennes, puis en tournées. Il est présenté au Festival du théâtre de Munich en 1980. A cette occasion, les éditions Ellermann diffusent une traduction en allemand de l'adaptation d'Arianne Mnouchkine. En même temps se répand une édition pirate du roman de Klaus Mann, sans aucune intervention légalc. Dès lors, la parution normale du roman est inévitable. Elle a lieu en livre de poche en décembre 1980 avec un immense succès. Mai 1981 : l'Allemagne de l'Est présente au Festival de Cannes une adaptation cinématographique du roman, mise en scène par le hongrois István Szabó.

Jean-Paul Sartre,
romancier cryptométaphysicien

Nous avions vingt ans et des têtes comme des marmites en ébullition. Chaque jour nous reconstruisions le monde avec une autorité souveraine qu'excusait, que justifiait une ardeur fiévreuse (car l'autorité n'est vraiment haïssable que lorsqu'elle est placide et froide). Il fallait avoir du génie ou disparaître. C'est alors que l'occasion nous fut donnée de nous exprimer. Une revue mensuelle moribonde nous ouvrait son dernier numéro. Ce serait en somme son chant du cygne. Je rédigeai incontinent un article-fleuve qui constituerait le morceau de résistance de ce numéro très spécial. Un article ? En vérité il s'agissait d'un système du monde, assez complet au demeurant, comprenant ontologie, gnoséologie et épistémologie, morale, logique et esthétique. Naturellement tout cela réduit, miniaturisé pour pouvoir tenir dans des limites étroites. Une maquette de système en somme, un système compact, dirait-on aujourd'hui.

Trente ans plus tard, je ne ris pas trop de cette première publication. Si j'ai attendu ensuite vingt ans pour me manifester à nouveau — *Vendredi ou les Limbes du Pacifique,* commencé en 1965, ne devait paraître qu'en 1967 —, n'est-ce pas que j'avais tout dit d'un seul coup en ces quelques pages ? Mon système compact (j'ai égaré définitivement, je crois, ce texte sous ses deux formes, manuscrite et imprimée), c'est peut-être encore la base cachée sur laquelle j'édifie mes petites histoires.

Mais revenons à cette lointaine époque de la Libération. L'ivresse de voir mon nom et ma pensée imprimés devait redoubler à la parution d'un article de *la Gazette des lettres* où mon « système » se trouvait résumé, commenté, jugé. Le signataire de cette critique — je l'appellerai Socrate à la fois par discrétion et par gratitude — était, me dit-on, professeur agrégé de philosophie et membre du jury d'agrégation qui justement siégeait pour les oraux à la Sorbonne.

J'avais des ailes. Je riais aux anges dans la rue Victor Cousin en me rendant à la salle René Descartes où se terminait la séance. Je me fis désigner Socrate dans la brochette de messieurs respectables qui sommeillaient derrière le bureau magistral. Il me parut y briller, tel un archange parmi des lampistes. Celui-là m'avait lu, connaissait ma pensée, savait qui j'étais. Je le guettai à la sortie pour me jeter dans ses bras : « Michel Tournier, c'est moi ! » Il ne parut pas impressionné.

— Allons boire un pot, suggéra-t-il.

Il me parla de moi, des autres, de lui-même.

— Évidemment, me dit-il, vous êtes nourri de Sartre.

— Évidemment [1].

— Vous en êtes plein.

— Vous trouvez ?

— Vous en débordez ! Et vous n'êtes pas près de vous en libérer. Les auteurs dont on se gave à vingt ans, on en reste teinté toute sa vie. C'est comme les femmes. Si vous vous habituez très jeune à une femme, dans bien des cas vous ne pourrez plus vous en débarrasser. Même si c'est une ancienne prostituée. A la longue, vous l'épouserez. Je sais ce que je dis, c'est ce qui vient de m'arriver !

1. Voir à ce propos *le Vent Paraclet* (Gallimard éd.).

C'est ainsi que j'appris que l'épouse de Socrate était une « ancienne ».

Quant à Sartre, il reste pour moi l'homme vivant le plus important de la planète. Je ne lui ai jamais parlé. Je ne l'ai vu qu'une fois alors qu'il faisait une conférence. J'entends dire parfois qu'il ne se porte pas bien. Je pense alors qu'il est mortel. Et que l'on enterrera quelque chose de moi quand il sera mort[1].

Il en résulte que la proposition qui m'a été faite d'écrire quelques lignes sur lui constitue pour moi un piège assez perfide. Car, d'une part, aucun auteur ne m'est plus proche, plus familier. Je viens de relire *le Mur* que je n'avais pas rouvert depuis sa première réimpression d'après-guerre (la première édition date de 1939). J'en ai reconnu chaque ligne. Mais pour la même raison je ne vois pas la nécessité d'ajouter le moindre commentaire à une pensée si clairement et si abondamment exprimée, et le choc de la surprise que donne la découverte d'un auteur nouveau, et qui aide si utilement la critique, est tout à fait nul en l'occurrence.

Pourtant des détails me sont apparus dans cette relecture que j'avais ignorés ou dont j'avais ignoré la portée il y a trente ans.

Par exemple cette épigraphe de Louis-Ferdinand Céline qui s'inscrit en tête de *la Nausée :*

C'est un garçon sans importance collective, c'est tout juste un individu, qui annonce si curieusement les dernières lignes des *Mots,* parues un quart de siècle plus tard : « Ma pure option ne m'élevait au-dessus de personne : sans équipement, sans outillage, je me suis mis tout entier à l'œuvre pour me sauver tout entier. Si je range l'impossible salut au magasin des accessoires, que reste-t-il ? Tout un homme, fait de tous les hommes et qui les vaut tous, et que vaut n'importe qui. »

1. Écrit en 1979.

La parenté de Sartre et de Céline saute aux yeux, et il est clair que *la Nausée* (1938) découle directement du *Voyage au bout de la nuit* (1932) et de *Mort à crédit* (1936). C'est la même hargne, le même parti pris de ne voir partout que laideur, bêtise, abjection. Il est remarquable au demeurant que les deux plus grands romanciers français du XXe siècle — Marcel Proust et Louis-Ferdinand Céline — aussi éloignés qu'ils puissent être l'un de l'autre se rejoignent pourtant dans leur commun dégoût de la vie, dans leur commune haine de l'existence. En ce sens, l'asthme de Proust — cette allergie généralisée — et l'antisémitisme de Céline ne faisaient que cristalliser sous deux formes différentes une attitude de rejet universel.

C'est ici qu'il convient sans doute de poser le problème de l'implication personnelle de l'écrivain. « Madame Bovary, c'est moi. » L'affirmation célèbre de Gustave Flaubert résume toute l'esthétique du roman. Chaque romancier puise sa substance dans le champ de sa vie personnelle, soit pour la livrer presque à l'état brut à ses lecteurs (Montaigne, Rousseau, Gide) soit pour lui faire subir une distillation qui la rend méconnaissable (Flaubert justement, mais à des degrés divers dans la *Tentation, Salammbô, Madame Bovary* ou *l'Éducation sentimentale*). Il convient d'ajouter qu'une certaine dose de malheur, d'inadaptation, de marginalité, voire de délinquance potentielle constitue en l'occurrence un atout presque obligé. Proust, malade, juif et homosexuel, avait son compte de désordre. En revanche, une certaine imposture n'est pas absente de l'attitude de Céline. Héros de la guerre de 1914, docteur en médecine, comblé de droits d'auteur dès son premier livre, possesseur d'un coffre d'or dans une banque danoise, il ne pouvait guère jouer les traîne-misère et les crève-la faim sans malhonnêteté. Mais c'était un littéraire et un romancier à cent pour cent. Un physicien, un historien, voire un peintre peuvent élever une cloison étanche entre leur œuvre et leur vie. Pas un poète, pas un romancier. Ceux-ci doivent payer de leur personne, exhiber leur visage, leurs amours, leur feuille d'impôt. De là fatalement certains gauchissements, certaines comédies.

La question de l'implication personnelle se pose à Sartre dans des termes sensiblement différents. Tout ce qu'il y a en lui de professeur, de philosophe échappe et le fait échapper à cette momerie littéraire. Car Sartre écrivain, Sartre romancier, Sartre auteur dramatique garde un pied dans l'université, dans l'étroite corporation des philosophes purs. Cela l'augmente et le diminue, lui épargne des difficultés et lui en suscite d'autres. Car il va de soi, par exemple, que Sartre est moins grand écrivain que Céline. Le lyrisme noir de Céline qui va de pair avec une destruction-reconstruction de la syntaxe du français constitue une création saisissante dans le domaine de l'écriture, comparable à celle des sonnets précieux de Mallarmé et de la phrase sinueuse et enveloppante de Proust. Rien de comparable chez Sartre. Il a adopté, telle qu'elle lui est arrivée par les livres, la langue de Stendhal, de Balzac, de Maupassant, et il en use comme d'un instrument parfaitement docile et adapté au résultat qu'il en attend. En ce sens, il rejoint Zola pour qui également l'écriture était un outil soumis à la seule loi de l'efficacité.

Or si le romancier Sartre n'a pas la force créatrice d'un Céline, c'est qu'il vient d'ailleurs, c'est un immigré de la littérature, il n'est pas né dans le sérail, il débarque au pays des Lettres venant des régions métaphysiques, et apporte dans son baluchon Aristote, Spinoza et Hegel qu'il entend bien associer à ses œuvres littéraires, même s'il doit les y introduire en contrebande. Cela lui retire de son originalité substantielle, mais il y gagne une dimension supplémentaire. Sa gageure, c'est de faire servir sa formation philosophique à des fins littéraires, mais pour écrire, non des contes philosophiques à la Voltaire, mais des romans humains et sociaux à la manière de Zola, des pièces de théâtre politiques et historiques à la Brecht. Gageure en principe intenable, mais toute création consiste toujours à gagner un pari perdu d'avance, puisqu'elle instaure sa possibilité après seulement avoir posé sa réalité.

Moins grand écrivain que Proust ou Céline, il est aussi moins profondément compromis qu'eux dans et par leurs œuvres. Il y a chez Sartre — et jusque dans ses prises de position politique — une assez touchante nostalgie de marginalité. Mais comment faire quand on est né français d'un mariage légitime, aryen, hétérosexuel, fonctionnaire de l'État grâce à une agrégation réussie, de gauche au moment où il fallait l'être, enfin rendu intouchable par une notoriété éclatante (de Gaulle à son propos : « On n'arrête pas Voltaire »), et pour finir prix Nobel, doublement, au demeurant, pour avoir récusé le choix de l'Académie royale de Stockholm ?

Cette immunité se retrouve dans la relation de Sartre avec ses personnages. Il les tient plus loin de soi, à une distance entretenue par une évidente antipathie, que tout autre romancier. Il y a même chez lui une sorte de méchanceté raffinée à l'égard de ceux avec lesquels il risque le plus d'être identifié (alors que Céline, bien évidemment, revendique toute la sympathie du lecteur pour son héros-narrateur). *La Nausée* par exemple confronte deux personnages exactement antithétiques : l'Autodidacte et Antoine Roquentin, le narrateur, tous deux également maltraités par Sartre bien que de façons fort différentes. Pourquoi ce surnom d'Autodidacte ? Parce qu'il a entrepris d'acquérir tout le savoir humain, en un nombre d'années fixé à l'avance, en lisant tous les ouvrages de la bibliothèque municipale par ordre alphabétique. Certes il n'y a là rien de risible, Sartre ne peut l'ignorer, et les sarcasmes de Roquentin, ce nanti de la culture, en face des efforts de cet humble pour acquérir un savoir auquel il attache un prix infini et qui lui a été refusé dans sa jeunesse, ces sarcasmes sont odieux. Ils rejoignent d'ailleurs une vieille tradition de la littérature française à laquelle *la Nausée* se rattache — pour la plus grande satisfaction de son auteur sans doute qui peut y voir un gage de conformisme littéraire, comme un naturalisé de fraîche date qui s'appliquerait à imiter jusqu'aux travers de ses nouveaux compatriotes. Car Molière ridiculisant Monsieur Jourdain, ce roturier, ce marchand de drap, coupable de vouloir apprendre la grammaire et la philosophie, et Flaubert s'acharnant sur Bouvard et Pécuchet, obéissent à ce même tabou d'une culture réservée à une élite sociale, interdite à la canaille.

Pour achever de ridiculiser l'Autodidacte, Sartre lui prête deux autres passions : les voyages et les jeunes garçons. Voyager, il n'en a jamais eu les moyens, mais il rêve de Louksor, de Ceylan, d'Angkor. Les enfants, il leur caresse furtivement la main dans la bibliothèque municipale.

Roquentin, certes, n'est pas ridicule : il est abject. Hétérosexuel exemplaire, il enfoutre avec tout le mépris et le dégoût qui s'imposent la patronne du bistrot où il a ses habitudes. Quant aux voyages, il a fait le tour du monde, n'a rien vu, s'est ennuyé partout. C'est une épave, et Sartre ne pourrait s'identifier à lui — comme le rôle de narrateur qu'il lui fait jouer le suggère — qu'en exécutant un beau numéro d'autopunition.

C'est qu'il importe justement que règne la plus grande ambiguïté touchant la relation Sartre-Roquentin. Car c'est ce même Roquentin qui porte tous les espoirs du jeune romancier cryptométaphysicien qu'était Sartre en 1935, professeur de philosophie au lycée du Havre. Que sera-t-il, lui, Roquentin ? Évidemment pas professeur de philosophie. Tout le roman s'effondrerait sous le poids d'un savoir théorique devenu patent. Ancien fonctionnaire en Indochine, il est rentré en France après avoir refusé sa mutation au Bengale. Quand il écrit le journal que nous lisons, il s'est fixé en Normandie, à Bouville, parce que la bibliothèque de cette sous-préfecture possède des documents sur un certain marquis de Rollebon, auquel Roquentin consacre une étude. La vie de Rollebon, à cheval entre le XVIIIe et le XIXe siècle, est mystérieuse et aventureuse à souhait. Il est laid, séduisant, joueur, tricheur, intrigant, comploteur, connaît en France et en Russie des fortunes diverses, et meurt très âgé en prison. Seulement voilà : au moment où Roquentin écrit son journal, il constate que la figure de Rollebon commence à perdre ses contours et son attrait. Nous assistons à la dissolution de ce centre d'intérêt historique qui fournissait à Roquentin un point d'appui et un alibi. C'est sans doute l'effet de la crise qu'il traverse. Son effet ou sa condition. Rollebon, c'était l'amorce d'un roman historique. Il se situait à l'une des articulations les plus romanesques de l'histoire de France. Il était le familier de Marie-Antoinette et de la duchesse d'Angoulême. Il avait trempé dans l'assassinat du tsar Paul Ier. Ce roman-là ne sera pas écrit. Sartre a peut-être éprouvé la tentation de s'identifier à Rollebon par Roquentin interposé — d'après *les Mots*, toute son enfance s'est passée à ce genre de jeu. Rollebon oublié, Roquentin, auquel Sartre tient la main, sera l'auteur d'un autre roman : *la Nausée.*

Le sujet de *la Nausée,* c'est ce que le narrateur qualifie d'entrée de jeu comme « une petite crise de folie » qui s'empare de lui à certains moments. Cette crise se présente d'abord comme la rupture de tout lien avec autrui, l'instauration d'une solitude farouche, inhumaine. Roquentin est fasciné par son propre visage. Il se fait des grimaces dans la glace, un manège que nous retrouverons en bonne place dans *les Mots.* En vérité, il agonise de dégoût de soi. La comparaison avec le visage de Rollebon est accablante pour Roquentin. Car le marquis, homme sociable par excellence, avait un visage mobile, expressif, parlant, un visage-enseigne. Alors que le narrateur de *la*

Nausée, n'ayant aucun ami, braque sur les choses un masque de chair absolument nu. « On dirait la nature sans les hommes », dit-il de son propre visage. La nature sans les hommes ? Sous son aspect innocent, l'expression est terriblement révélatrice. Elle évoque la Bible, la Genèse plus précisément, le jour 4 de la Création, après que Yahvé a créé la lumière et la nuit, les plantes et les animaux, avant qu'il ait façonné Adam et Ève. Nous y reviendrons. Cette nature sans les hommes ne peut être vue, ressentie, construite subjectivement par un observateur humain. C'est un objet sans sujet. Un connu sans connaissant. Si elle exprime un sentiment, ce n'est pas parce qu'elle se réfracte dans un regard ému, c'est par et pour elle-même, absolument. La nausée n'est pas l'état d'âme de Roquentin. C'est la nature même des choses qui l'entourent et dont il fait partie, chose parmi les choses. Il faut ici radicaliser à l'extrême la célèbre et si fade définition romantique : un paysage est un état d'âme. A condition de préciser qu'il n'existe pas d'âme ailleurs que dans le paysage en question. « Sa chemise de coton bleu se détache joyeusement sur un mur chocolat. Ça aussi ça donne la nausée. Ou plutôt *c'est* la nausée. La nausée n'est pas en moi : je la ressens là-bas sur le mur, sur les bretelles, partout autour de moi. Elle ne fait qu'un avec le café, c'est moi qui suis en elle. »

De même la solitude du *nauséeux* ne peut en rien être diminuée par l'existence éventuelle d'hommes et de femmes affligés du même don métaphysique. Ils ne peuvent se réunir pour former une confrérie : « Le voilà encore qui me regarde. Cette fois il va me parler, je me sens tout raide. Ce n'est pas de la sympathie qu'il y a entre nous : nous sommes pareils, voilà. Il est seul comme moi, mais plus enfoncé que moi dans la solitude. Il doit attendre sa Nausée ou quelque chose de ce genre. Il y a donc à présent des gens qui me reconnaissent, qui pensent après m'avoir dévisagé : " Celui-là est des nôtres. " Eh bien que veut-il ? Il doit bien savoir que nous ne pouvons rien l'un pour l'autre. Les familles sont dans leurs maisons au milieu de leurs souvenirs. Et nous voici, deux épaves sans mémoire. S'il se levait tout d'un coup, s'il m'adressait la parole, je sauterais en l'air ! »

On le voit, la nausée est ressentie par celui qui l'éprouve comme une folie, comme une maladie, ça vient et ça part, comme une crise de delirium, ce n'est en rien une pensée, une réflexion, une construction cérébrale. Et pourtant à l'origine, je veux dire dans l'atelier littéraire Sartre et Cie, c'était cela justement, une réflexion métaphysique. Il faut mentionner ici l'influence qu'exerça sur Sartre philosophe le métaphysicien allemand Martin Heidegger. *L'Être et le Temps* de Heidegger (1927) est à l'origine de *l'Être et le Néant* de Sartre (1943), et même aussi en partie de *la Nausée*. Car on trouverait dans le traité de Heidegger l'analyse qui donne la clé de *la Nausée*. De même, nous dit le philosophe allemand, que le néant s'appréhende dans l'angoisse, l'être se saisit dans la nausée. Qu'est-ce donc en effet que la nausée ? C'est, par-delà les fragiles constructions que la société édifie autour de nous, l'émergence terrible et menaçante de l'Être. Tout l'édifice de paroles, vêtements et décors s'effondre devant cette chose impensable et innommable qui réduit à néant nos projets, notre passé, notre présent.

Mais encore une fois, Roquentin n'est ni un penseur ni un mystique. Il ne lui reste donc qu'un seul statut, celui de malade mental, et ce sera donc comme une brève crise de folie qu'il ressentira la nausée. C'est ici que Sartre et son personnage divergent le plus nettement. Car pour l'auteur de *l'Être et le Néant*, la nausée n'est rien moins qu'une crise de folie. C'est l'intuition profonde du fond authentique des choses. Sartre métaphysicien est obligé de récuser l'attitude dépréciatrice de Roquentin, homme de bon sens, à l'égard de la nausée.

C'est pourquoi Pierre, le héros de *la Chambre* — un fou

authentique celui-là —, aura droit à toute l'indulgence complice de l'auteur. Enfermé dans une chambre saturée de fumées d'encens, Pierre sombre peu à peu dans la démence, sans cesse frôlé par des statues qui volent autour de lui en ronronnant. L'homme sain, de bon sens, maladroit mais de bonne volonté, c'est M. Darbédat, le beau-père du malade. Or l'auteur nous le présente comme une brute, un sinistre imbécile, qui n'a rien compris à l'expérience transcendante où son gendre s'est embarqué. Entre Darbédat et Pierre, Agathe, femme de Pierre et fille de Darbédat, lutte de toutes ses forces contre sa propre santé qui la rejette du côté de son père pour se faire admettre dans l'univers morbide de son mari. « Les normaux croient encore que je suis des leurs. Mais je ne pourrais pas rester une heure au milieu d'eux. J'ai besoin de vivre là-bas, de l'autre côté de ce mur. Mais là-bas, on ne veut pas de moi... » Quelle est donc la place de l'auteur dans ce trio ? A coup sûr, celle, simultanément, des trois protagonistes. Il faut bien qu'il possède la belle santé de M. Darbédat pour avoir été reçu à l'agrégation de philosophie et pour écrire de bons livres qui s'imposent d'eux-mêmes aux éditeurs et aux libraires. Mais toute son inspiration lui vient de la fascination nostalgique que lui inspire Pierre, le voyant, le métaphysicien sauvage, condamné à la pire des déchéances par la profondeur même de son intuition. Finalement c'est d'Agathe que Sartre se rapproche le plus, la femme fidèle et aimante qui a tourné le dos aux « normaux » et qui se trouve le nez contre un mur qu'elle ne peut franchir. En d'autres termes, le romancier cryptométaphysicien, tenu de remplacer ses théories par des personnages et ses démonstrations par des péripéties, découvre que la folie et la déchéance sociale sont les seules réponses que la vie quotidienne — muette par faiblesse mentale — peut donner aux problèmes métaphysiques.

Reste à revenir à la source, c'est-à-dire à l'approche

autobiographique. Proust, Gide, Céline ont largement puisé dans leur expérience vécue par nourrir leur œuvre. C'est qu'ils y trouvaient une matière suffisamment riche et — disons-le — un capital suffisant de souffrance, de marginalité et, à la limite, de délinquance potentielle. Or, nous l'avons souligné, rien de plus « rangé » que l'homme Sartre. Jusqu'en 1964, on pouvait d'ailleurs croire qu'il resterait franchement réfractaire au genre autobiographique et qu'il continuerait à s'en remettre à Simone de Beauvoir pour tenir la chronique de ses travaux et de ses jours. Il a fallu, en effet, que paraissent cette année-là *les Mots* pour que l'auteur de *la Nausée* ose dire enfin *je, moi,* mais aussi pour qu'à la lumière rétrospective de ce petit livre, l'une des nouvelles parues trente ans plus tôt — *l'Enfance d'un chef* — prenne toute sa signification pseudo-autobiographique.

Comme Sartre en effet, Lucien Fleurier est né en 1905. Il est fils unique, comme lui, et c'est surtout l'absence de sœurs qu'ils regrettent l'un comme l'autre. *Les Mots :* « De moi-même, je la [ma mère] prendrais plutôt pour une sœur aînée... J'avais une sœur aînée, ma mère, et je souhaitais une sœur cadette. Aujourd'hui encore — 1963 — c'est bien le seul lien de parenté qui m'émeuve. » *L'Enfance d'un chef :* « Tu comprends, ajouta-t-il avec un peu d'abandon, je ne suis pas mécontent d'avoir une sœur : sans ça, il y a des choses dont on ne peut pas se rendre compte... Il expliqua à la bande qu'il respectait les femmes et il fut heureux de trouver chez eux la compréhension qu'il avait souhaitée. D'ailleurs, ils avaient presque tous des sœurs. »

A partir de là, les oppositions entre les deux textes sont nombreuses, si nombreuses et si systématiques qu'elles prennent valeur de symétries. Lucien est grand et beau. Il triomphe de l'épreuve des cheveux longs coupés, vécue comme une étape vers la vie sérieuse. *L'Enfance d'un chef :* « Depuis qu'on lui avait coupé ses boucles, les grandes personnes s'occupaient moins de lui, ou alors c'était pour lui faire la morale et lui raconter des histoires instructives. » Pour Sartre au contraire, c'est une disgrâce irrémédiable. *Les Mots :* « Tant qu'elles voltigeaient autour de mes oreilles mes belles anglaises lui avaient permis de refuser l'évidence de ma laideur... Anne-Marie eut la bonté de me cacher la cause de son chagrin. Je ne l'appris qu'à douze ans, brutalement... j'appris que d'autres pouvaient plaire. » Lucien est justement de ceux qui plaisent. Il séduit un homme, l'écrivain Bergère, puis des femmes, il ne manquera ni de camarades de jeu, ni de compagnons politiques. Devenu camelot du roi, il participe à une agression contre un « métèque », qui ressemble à un assassinat. Plaire sera l'obsession toujours déçue de l'enfant Sartre. Il supplie les autres de l'accepter, de l'adopter, de l'aimer. Ses avances sont repoussées. *Les Mots :* « Sur les terrasses du Luxembourg, des enfants jouaient, je m'approchais d'eux, ils me frôlaient sans me voir, je les regardais avec des yeux de pauvre : comme ils étaient forts et rapides !... Nous allions d'arbre en arbre et de groupe en groupe, toujours implorants, toujours exclus. »

Si Lucien Fleurier est un chef, s'il est fort, beau et sûr de lui, c'est principalement grâce à son père. *L'Enfance d'un chef* : « Le soir, au dîner, il regarda son père avec sympathie. M. Fleurier était carré d'épaules, il avait les gestes lourds et lents d'un paysan, avec quelque chose de racé et les yeux gris métalliques et froids d'un chef. " Je lui ressemble ", pensa Lucien. Il se rappela que les Fleurier, de père en fils, étaient chefs d'industrie depuis quatre générations : " On a beau dire, la famille ça existe ! " Et il pensa avec orgueil à la santé morale des Fleurier. » Sartre n'a jamais connu son père. Tout ce qu'il a reçu de lui, c'est sa taille de jockey. *Les Mots :* « Cette grande et belle femme s'arrangeait fort bien de ma courte taille, elle n'y voyait rien que de naturel : les Schweitzer sont grands et les Sartre petits, je tenais de mon père, voilà tout. » Pour le reste, c'est le vide. *Les Mots* : « Au propriétaire, les biens de ce monde reflètent ce qu'il est ; ils m'enseignaient ce que je n'étais pas : *je n'étais pas* consistant ni permanent ; *je n'étais pas* le continuateur futur de l'œuvre paternelle, *je n'étais pas* nécessaire à la production de l'acier. » Lucien au contraire possède un point d'appui, un fonds où il plonge ses racines. Et ce fonds obscur et fertile, ce n'est pas à coup sûr l'inconscient de Freud « grouillant de bêtes immondes et lubriques », c'est l'humus nourrissant, la terre de Barrès pleine « d'odeurs agrestes » où dorment les morts qui firent la France. C'est ainsi qu'on est un chef.

Sartre, lui, ne sera jamais un chef. *Les Mots* : « Je ne suis pas un chef ni n'aspire à le devenir... De ma vie je n'ai donné un ordre sans rire, sans faire rire ; c'est que je ne suis pas rongé par le chancre du pouvoir : on ne m'a pas appris l'obéissance. » *Les Mots*, c'est l'enfance d'un anti-chef, et c'est aussi une sorte d'anti-autobiographie. Car le lecteur peut parfois s'étonner et même se demander si l'auteur ne se paie pas sa tête. Deux exemples. En 1914, Sartre a neuf ans. Il en aura treize en 1918. Il habite Paris. On s'attendrait donc à ce que la guerre occupât une place de choix dans ce récit : elle est escamotée. Il y a plus étrange encore. N'ayant jamais eu de père, il vit tout naturellement dans une très étroite intimité avec sa mère. Or c'est incidemment et au détour d'une phrase que nous apprenons qu'elle s'est remariée. De ce changement qui a dû bouleverser le jeune garçon, du « parâtre » nouveau venu et sans doute trublion, pas un mot. Baudelaire avait été moins discret au sujet du général Aupick...

Il est vrai que l'auteur des *Mots* ne manque pas de célébrer l'avantage de n'avoir pas eu de père : « Eût-il vécu, mon père se fût couché sur moi de tout son long et m'eût écrasé... Au milieu des Énées qui portent sur leur dos leurs Anchises, je passe d'une rive à l'autre, seul et détestant ces géniteurs invisibles à cheval sur leurs fils pour toute la vie... Je souscris volontiers au verdict d'un éminent psychanalyste : je n'ai pas de sur-moi. »

On n'est pas obligé d'adopter sans retouche cette étrange théorie du père-Anchise-sur-moi qui paraît bien un peu rapide et, pour risquer un mauvais jeu de mots, assez cavalière. Sartre peut être satisfait au total de sa merveilleuse liberté, *les Mots* ne nous décrivent pas moins les enfances d'un homme sans prise sur le concret, enfermé dans la lecture et l'écriture, et souffrant de cette réclusion, alors que dans *l'Enfance d'un chef*, c'était principalement au poids paternel que Lucien devait son insertion dans la vie active et plus encore son identité personnelle.

Romancier cryptométaphysicien et donc condamné à s'incarner dans des personnages fous ou à demi tels, recalé à l'examen d'entrée dans la vie active par manque de lest paternel, dénué de toute vocation à la marginalité — qu'elle soit raciale, sexuelle, religieuse ou sociale —, que restait-il à Sartre ? Il lui restait de devenir ce personnage grandiose et inutile, le témoin, le penseur et l'écrivain le plus représentatif de ce XXe siècle dans lequel sa vie va s'inscrire tout entière puisque, né en 1905, il a peu de chances de vivre au-delà de l'an 2000. Personne ne peut prédire quelle valeur philosophique et littéraire la postérité accordera à son œuvre. Mais il est d'ores et déjà certain qu'on ne saurait retracer l'histoire des idées du XXe siècle français sans le citer à la première place.

Alphonse Boudard
ou la guérison par l'écriture

La première fois que j'ai vu Alphonse Boudard, c'était dans le parloir du Grand Lucé, un sanatorium situé dans la Sarthe, près du Mans. Il avait tout juste publié son premier roman, *la Métamorphose des cloportes.* Je venais pour l'arracher quelques heures à son repos forcé, afin de le produire rue Cognacq-Jay devant les caméras de la télévision. J'étais curieux et impressionné, je me sentais léger et irresponsable devant ce phénomène, un homme qui a derrière lui des années de prison et d'hôpital pénitentiaire, et qui est en train d'opérer sa reconversion littéraire. C'était plus que la naissance d'un écrivain, c'était la résurrection d'un homme doublement exclu de la société, par le crime et par la maladie.

Plus tard, il nous a donné avec *la Cerise* l'un des livres les plus forts inspirés par la prison. La prison — ce grand paquebot échoué qui sent l'urine, comme il la définit magnifiquement —, c'est d'abord la fin d'une aventure, puis une condition, un milieu extérieur. Ensuite a lieu une sorte d'imprégnation mentale (Qui a bu boira. Il y a un beau livre de Hans Fallada sur la fatalité de la rechute), verbale (un certain argot), physique (la maladie), juridique (cette infamie du système judiciaire français : le casier judiciaire). On détruit un homme, puis à grands frais on fait des efforts dérisoires pour le rendre à la vie, tout en lui ôtant délibérément au départ toute chance de réadaptation.

Donc, après la cerise, voici l'hosto[1], après le milieu carcéral, voici le monde grabataire. Alphonse Boudard s'inscrit ainsi dans une double tradition littéraire, tradition des écrivains délinquants d'abord, celle de Villon, Sade, Verlaine, Genet, tradition ensuite du thème morbide. Il y aurait, au demeurant, une assez curieuse histoire de la littérature et des maladies à écrire. On s'apercevrait par exemple que la syphilis — qui a fait des ravages au siècle dernier notamment parmi les écrivains et les poètes — n'a inspiré que peu d'œuvres littéraires, alors que la lèpre, la peste et le choléra jouissent d'un grand prestige en raison sans doute de leur ancienneté qui leur confère comme des titres de noblesse. Le goutteux a été longtemps un personnage de comédie un peu ridicule (sans doute parce que son mal était mis en rapport avec une excessive gourmandise), mais il s'efface devant l'alcoolique et le drogué. Dans *la Doulou* — un livre trop peu lu —, Alphonse Daudet tient le journal précis et hallucinant de son tabès. Les attaques cérébrales, si commodes pour ménager le coup de théâtre qui débarrasse l'auteur d'un personnage devenu inutile, reculent devant l'infarctus du myocarde plus moderne, plus « business », plus noble aussi parce que touchant le cœur. De même l'impuissant sexuel ne fait plus le poids en face du pervers, plus vivant, plus pittoresque, plus inquiétant. A en croire les statistiques, la tuberculose serait réduite à la portion congrue par le triomphal avènement du cancer. Il est remarquable que cette disproportion n'apparaisse pas dans les lettres. C'est sans doute que le cancer n'offre pas les mêmes ressources littéraires que la romantique « phtisie ». Le professeur Debray-Ritzen a dit pourquoi : « Ce qu'il y a d'affreux dans le cancer, c'est qu'il ne se contente pas de tuer, il

1. *L'Hôpital, une hostobiographie* (La Table Ronde éd.).

déprime. » C'est plus qu'une boutade. A l'inverse, la tuberculose — qui tue aussi — *exalte* en même temps ses victimes. Le tuberculeux est consumé par un feu intérieur qui exaspère ses facultés cérébrales, émotives, sexuelles. C'est vraiment le mal des poètes, des musiciens et des amoureux, et il n'est pas surprenant qu'il existe une tradition littéraire brillante et ancienne de la tuberculose dont le monument reste *la Montagne magique* de Thomas Mann.

Mais ses « huit piges d'hosto », Alphonse Boudard ne les a pas passées dans un sanatorium pour milliardaires à Davos. D'emblée il nous avertit : « J'ai fait le parcours entier du phtisique galopant, tous les traitements, toutes les vacheries, mes éponges en dentelle bretonne ! les hémoptysies ! thoraco deux, trois temps ! sections brides !... toutes vos broncho-aspirations, chers médicastres ! » Nous débarquons avec lui en « terre tubarde », nous descendons aux enfers de la dérision et de la mort. Et aussitôt, c'est la cour des miracles, un grouillement de déchets d'humanité dont surgissent à chaque page des monstres pitoyables, repoussants et drôles. Voici le légionnaire Bellavoine, ses bécas sont des microbes de guerre, et il met sa fierté dans une citation à l'ordre de l'armée signée Weygand qu'on peut lire au pied de son lit, « poisseuse, graisseuse, tachée de pinard, mais glorieuse d'autant plus ». Sur le point de mourir, il veut étancher sa soif, et il use ses dernières forces pour tituber vers le bocal d'alcool dénaturé où baignent les thermomètres de la salle — qu'il vide d'un trait. A l'inverse, Jacques Delétang a été condamné à mort à la Libération pour avoir dessiné les affiches de propagande de la Waffen-SS. (« Avec tes camarades, sous le signe SS, tu vaincras ! ») On l'a fusillé à blanc dans une cour de prison pour lui donner des émotions, puis on l'a oublié dans un cul-de-basse-fosse. Bruno, lui, est un silencieux dans ce monde où l'on parle beaucoup. Après dix années de sana, il est perdu, et il le sait, lucide et souriant, héros pour rien, qui sait toujours « trouver au moment où tout s'arrache dans sa caisse la petite plaisanterie idiote pour amuser la galerie ». Félonian, c'est aussi un « collabo », mais d'un genre particulier. Ce petit Arménien chrétien a toutes les apparences extérieures d'un Juif de caricature antisémite. Cueilli dans une rafle, les Allemands ne reviennent de leur méprise que pour l'engager de force dans la U.F.A. où on lui fait jouer pendant toute la guerre le rôle du Juif méchant dans les bandes de propagande. La défaite du IIIe Reich lui vaut aussitôt une condamnation à la détention à vie, et le voilà mêlé à des compagnons d'infortune qui se mettent à le persécuter sur un nouveau malentendu. Le seul qui apporte dans ces bas-fonds une note d'esprit, de courage et de gaieté, c'est la Louise, un homosexuel très beau, très raffiné, mais il est persécuté lui aussi en raison de ses mœurs, et finalement chassé de l'établissement. En vérité ce zoo humain est inépuisable, et il faudrait présenter aussi Tarass Boulba, Cromagnon et Pernothorax — car bien entendu la grande affaire, c'est la contrebande de l'alcool interdit. Les « six roses du foie » achèvent ceux que les bécas avaient provisoirement épargnés. Et puis il y a les exotiques, jetés sur ces rivages par un méchant hasard, ce jeune Marocain muré dans son ignorance de la langue qui mange consciencieusement ses suppositoires, et cet autre qui apprend par cœur un *Traité des bonnes manières* et exaspère tout le monde avec ses ronds de jambes, et aussi ce Chinois obséquieux qui enfile des étiquettes — cent francs du mille, cinq mille étiquettes par jour — pour payer son billet de retour parmi les siens à Shangaï — mais c'est le voile de Pénélope, parce que le prix du passage augmente plus vite d'année en année que son pécule...

A-t-on compris qu'il ne s'agit pas d'un simple document sur l'hôpital, d'une tranche de vie saignante, mais que ce livre terrible est le résultat d'une création ? Une œuvre littéraire, oui, ne fût-ce que par sa langue, cet argot dont il faut parler parce qu'on n'imaginerait pas ce livre écrit autrement. L'auteur s'en explique : « L'argot, ce sel de la langue, se crée, s'apprend, se rode dans les taules. Sans lui le français tourne chochotte, se sclérose, meurt à l'anglaise. J'ai comme une frontière linguistique. Certes je peux m'exprimer quand il le faut en français presque académique, mais je ne comprends, je ne pense qu'en argot. » Peut-être faut-il ajouter qu'il y a argot et argot, que chaque auteur a le sien, et que, sans doute, il y a bon argot et argot médiocre. Les chemisiers ont lancé la « ligne près du corps ». C'est cette ligne qu'évoque l'argot de Boudard, une langue « près du corps », une syntaxe et un vocabulaire qui épousent étroitement les outrances et les misères de la chair, vertu cardinale quand il s'agit d'évoquer l'hôpital.

On a beaucoup parlé de Louis-Ferdinand Céline à propos d'Alphonse Boudard. Il est certain que le rapprochement s'impose. Boudard a lu Céline — il n'est pas le seul, quel écrivain de sa génération pourrait affirmer qu'il ne doit rien à *Mort à crédit*? Céline a été son révélateur littéraire, il lui a donné le choc qui l'a fait naître comme écrivain. Il s'en expliquera peut-être un jour dans un livre qui retracera son éducation de romancier. Mais il y a autre chose dans *l'Hosto*, il y a même le contraire, car ce livre éclatant d'énergie aurait pu s'intituler *Vie à crédit*. Si, comme le veut un psychologue allemand, les hommes appartiennent à deux espèces, ceux qui disent oui à la vie et ceux qui la refusent, il est certain que Céline appartient à cette seconde catégorie, alors que Boudard aime passionnément l'existence. On pourrait multiplier les citations où Céline maudit le jour de sa naissance et reproche à sa mère de l'avoir mis au monde : « Elle a tout fait pour que je vive, c'est naître qu'il aurait pas fallu. » Comme l'écrit Claude Dubois, Céline s'est toujours fait le chantre de la catastrophe, le visionnaire de la grande débâcle. Il y a de l'Isaïe, du Jérémie en Céline. La guerre de 1939-1945, l'effondrement français puis l'effondrement allemand ont certes ajouté à son malheur d'homme, mais ils ont nourri substantiellement son œuvre. Ce n'est pas la diminuer que de le constater.

Mais Alphonse Boudard chemine en sens inverse. Céline va loin au bout de la nuit. Boudard revient de loin, du bout de la nuit. C'est là le miracle : rien de moins morbide que ce livre où il n'est question que de maladie. Au fond de toute cette boue, toujours l'espoir luit comme un brin de paille dans l'étable. Or voici qui est admirable : le ressort incassable qui a arraché Boudard à la mort est de nature *littéraire.* Si Boudard n'a pas sombré avec la plupart de ses compagnons, c'est par la grâce de la plume et du papier, aussi outrageusement optimiste que cette affirmation puisse paraître. Boudard s'expliquera dans un prochain récit sur la naissance de sa vocation. Déjà *la Cerise* nous le montrait lisant Proust dans la promiscuité d'une cellule collective, et, dans ces pages, on voit tout à coup émerger — émouvante, grotesque, finalement respectable — la chose littéraire, comme disait Grasset : « Ça vous rend modeste l'olfactif... On était poussière, on tournera charogne... Lorsqu'à présent une pestilence m'arrive aux naseaux, au détour d'une rue, au coin d'une catastrophe, des effluves d'égout, de faisandé... ça me ramène bessif à Stropia... Sa vomique ! C'est en somme ma madeleine-de-Proust. Vous dire alors si je suis gâté, choyé d'heureuses réminiscences ! Nathanaël, mon délicat, jette ce livre s'il te débecte, ne te gêne surtout pas ! »

Alphonse Boudard ou le salut par l'écriture, ou la guérison par l'esprit.

Günther Grass
et son tambour de tôle

Il est né en 1927 dans la banlieue ouvrière de Dantzig où son père tenait une petite épicerie. Il doit à sa mère une ascendance à demi polonaise. Dès son enfance, il se fait remarquer par ses dessins et ses peintures, et une revue de jeunes lui décerne un prix pour un manuscrit de roman intitulé *les Kachoubes* (nom d'une population polonaise installée à l'ouest de Dantzig). Mobilisé à dix-sept ans, il est blessé en Allemagne même, à Cottbus, le jour de l'anniversaire d'Hitler, note-t-il avec satisfaction. Soigné en Bavière, c'est là que les Américains le font prisonnier. Libéré en 1946, on le retrouve ouvrier dans une mine de potasse, puis dans une usine à Düsseldorf. Mais en 1949, il peut s'inscrire à l'École des beaux-arts de cette ville. Le soir il interprète dans un cabaret des poèmes et des textes de sa composition, ou il tient la batterie de l'orchestre. Ses œuvres graphiques révèlent l'influence de Hans Arp et d'Alfred Kubin, ses textes celles de Rilke, Ringelnatz et Lorca. En 1953 il devient à Berlin l'élève de Karl Hartung. Peu après il disparaît. Il est à Paris. Il travaille au grand roman qui le rendra célèbre.

Cette célébrité commencera par un scandale. Chaque année la ville hanséatique de Brême remet un prix littéraire à un écrivain proposé par un jury de critiques et d'hommes de lettres. Or en 1959 le sénat se croit obligé de récuser le choix de ce jury. C'est que ce choix s'était porté sur un gros roman plein de blasphèmes et d'obscénités, mettant en cause la religion, la patrie, l'amour conjugal. Titre : *le Tambour de tôle.* Auteur : Günther Grass.

Aussitôt traduit dans le monde entier, il connaît un immense succès. Le recul permet aujourd'hui un jugement plus pondéré. Or le doute n'est pas permis : l'œuvre majeure de Günther Grass reste l'une des plus significatives de toute la production allemande d'après-guerre Ses aînés — comme Heinrich Böll — et ses pairs — comme Siegfried Lenz — ayant entre-temps élargi et précisé leur registre, on mesure mieux par contraste la force de provocation du *Tambour.* Dans un paysage littéraire riche, mais aux lignes un peu molles, il se dresse solitaire comme une monumentale et grimaçante idole barbare. Il ne risque ni de passer inaperçu, ni de se faire oublier. Certes la solitude de Grass doit quelque chose au grand massacre dont il est l'un des rescapés. « Notre génération manque de concurrence », dit-il lui-même. Pourtant les paradoxes accumulés par *le Tambour* sont tels qu'ils avaient peu de chance de se retrouver chez un autre.

Il convient d'évoquer d'abord cette Prusse orientale, dont Grass est originaire, qui est riche d'une mythologie profondément enracinée en chaque Allemand et dont *le Tambour* nous donne vaille que vaille une certaine image. Disons que cette image a de quoi choquer ses compatriotes et singulièrement les deux millions de réfugiés de cette terre perdue qui restent unis par des périodiques, des réunions et même la principale maison d'édition de Königsberg repliée à Munich. Car la Prusse orientale partagée actuellement entre l'U.R.S.S. et la Pologne — Königsberg est devenu Kaliningrad, et Dantzig Gdansk — n'avait pas attendu d'être engloutie par l'histoire pour s'auréoler de légende. Chaque nation a besoin, dirait-on, d'une province magique, d'une région lointaine et nimbée de mystères où elle projette ses rêves et expédie ses mauvais garçons. Ce rôle que l'Inde a joué pour l'Angleterre, le Far West pour les U.S.A., le Sahara pour la France (Charles de Foucauld, l'escadron blanc, l'Atlantide), ce fut longtemps la Prusse orientale qui le tint pour les Allemands occidentaux. Colonisée dans le sang par les chevaliers Teutoniques avec l'aide des chevaliers Porte-Glaive aux XIIIe et XIVe siècles, elle fut le véritable berceau de la Prusse, puisque c'est à Königsberg que l'Électeur de Brandebourg fut couronné en 1688 premier roi de Prusse sous le nom de Frédéric 1er. Mais dans l'esprit des Allemands, plus encore que ses prestiges historiques, c'est le charme poétique de cette terre qui agit, cet espace vierge, ce sol gris argenté rehaussé par le mauve d'un revers de bruyère, peuplé par la forme grêle d'un bouleau, ces lacs, ces sables, ces tourbières avec les dunes de la côte où l'on voit cheminer la silhouette pesante et hercynienne d'une harde d'élans. Il y a une certitude qu'on ne peut mettre en doute dans certains milieux allemands : quiconque, même sans y être né, a connu la Prusse orientale en a reçu une impression inoubliable et nourrira jusqu'à la fin de ses jours l'inguérissable nostalgie de ces confins hyberboréens.

Or c'est peu dire que Günther Grass n'accorde rien à cette somptueuse imagerie. Enfant de la plus hautaine province du Reich, haut lieu du protestantisme et de la philosophie — c'est à Königsberg que Kant inventa la morale en 1788 —, Günther Grass est catholique, et se soucie de l'impératif catégorique comme d'une guigne. Il est petit, brun et râblé — physiquement un vrai bougnat de la race de Pierre Laval —, il a épousé une Suissesse et roule ses cigarettes lui-même. Bouillant partisan de Willy Brandt et du parti socialiste, les campagnes électorales l'ont vu vendre des journaux à la criée dans les rues. A l'époque où il écrivait *le Tambour*, la mode était à Kafka et aux apologues intemporels et non situés, perdus comme les romans de Walter Jens dans des limbes un peu flous.

Même la célèbre *Leçon d'allemand* de Siegfried Lenz mêle curieusement cette Prusse orientale, dont il est lui aussi originaire, aux sables bien différents du Slesvig-Holstein où se déroule le roman. Il faudrait créer le mot *anatopisme* pour désigner ces libertés prises au nom du rêve et de la poésie avec la géographie, tout de même que l'anachronisme désigne une infidélité à l'histoire.

Rien de tel dans *le Tambour*, profondément enraciné dans la terre natale, dépouillé de toute espèce de mythologie et de sublimation. Ce n'est pas la légende dorée de la Prusse orientale qui attend le lecteur de ces pages, c'est l'odeur familière et un peu sordide des quartiers populaires de Dantzig. Les prisonniers français qui vécurent des années noires dans ces régions reconnaîtront la vieille paysanne qui fait cuire des pommes de terre sous la cendre, assise dans un champ que n'égaient que des poteaux télégraphiques, tel un frontispice signé Käthe Kollwitz. L'épicerie de Mazerath où l'on vend des anguilles fumées et de la poudre effervescente à la framboise est impensable ailleurs que dans cette Allemagne du Nord des années trente. Il y a dans ce roman une magie évocatrice qui ne doit rien aux grandioses visions de l'histoire, et qui est aussi forte dans ses humbles moyens que celle — parisienne ou auvergnate — qui fait le succès des *Allumettes suédoises* ou des *Noisettes sauvages* de Robert Sabatier. Et le miracle de la création littéraire, c'est qu'il n'est nullement nécessaire d'avoir vécu, en ces temps, dans ces lieux pour y être sensible.

Cette force évocatrice doit peut-être quelque chose au registre plus matériel que formel dont use l'auteur. C'est qu'il y a deux races d'hommes, partant deux types d'écrivains et d'artistes. Les uns s'enchantent des formes légères et de la sinuosité des lignes, les autres veulent connaître la substance intime des matières, le poids et la pâte des choses et des chairs. Les premiers sont des visuels, les seconds des tactiles, voire des olfactifs.

Günther Grass avant d'écrire a été tailleur de pierre et sculpteur. Le nain Oskar du *Tambour* taille des pierres tombales et pose nu dans des ateliers de Düsseldorf. De cette première vocation Grass a gardé le goût des volumes, des masses, des substances, du grain et de la chaleur des matériaux — lesquels l'emportent toujours chez lui de façon frappante sur les formes et même les couleurs. *Le Tambour* est une œuvre toute en ronde-bosse.

Ce parti pris matériel n'est pas sans rapport avec le gauchissement qu'il inflige à la grande tradition du roman allemand d'éducation *(Bildungsroman)* à laquelle il se rattache pourtant à sa manière. L'idée de raconter une guerre par la bouche d'un enfant, d'un innocent, est à la base du roman le plus illustre du genre, le *Simplicissimus* de Grimmelshausen (1669), chronique picaresque de la Guerre de Trente ans. Le *Wilhelm Meister* de Goethe, le *Henri d'Ofterdingen* de Novalis, et plus près de nous *la Montagne magique* de Thomas Mann, nous font suivre les progrès d'un jeune homme, frais émoulu de l'enfance et qui « apprend la vie », souvent à ses dépens.

Il y a de cela dans *le Tambour*, mais le narrateur est un faux enfant, un nain. L'immense dérision de ce roman d'éducation, c'est qu'Oskar est bloqué dans sa croissance : il n'apprendra jamais rien. Il est tel à la dernière page que nous l'avons découvert à la première. Mais ce que Grass perdait en choisissant une sorte de monstre comme témoin numéro un de son récit, il le regagnait au centuple par ailleurs. C'est que les monstres sont d'un usage très précieux dans les lettres comme dans les sciences : ils jettent une lumière neuve et pénétrante sur les autres, les êtres dits normaux. De même qu'un tremblement de terre est riche d'enseignements sur la structure de la croûte terrestre pour les géologues, les maladies ont toujours fait progresser l'anatomie et la physiologie. Mais l'écrivain ne se contente pas d'observer le monstre de l'extérieur. Par une démarche secondaire, il s'identifie avec lui, et observe les gens et les choses de ce point de vue surprenant et révélateur. Décrire la société française du XVIIIe siècle avec les yeux d'un Persan, voilà qui permit bien des observations savoureuses et des critiques acerbes à Montesquieu. Encore le Persan n'est-il pas un monstre. Le monde raconté par un nain — observé dans la *perspective de la grenouille,* selon une expression allemande consacrée —, c'est la voie ouverte à des aperçus bouleversants et dévastateurs.

Car on assiste nécessairement à une restructuration de la vision des choses et des gens : le normal et l'anormal échangent leurs places, comme un damier blanc sur fond noir se transforme tout à coup sous l'œil du spectateur en un damier noir sur fond blanc. Le nain n'est plus un être que signale sa ridicule petitesse, c'est la taille absurdement haute des autres hommes, titubant sur leurs jambes-échasses qui devient objet d'étonnement et de dérision. Le point de vue d'un nain n'est pas en effet sans présenter des avantages majeurs sur celui des êtres dits normaux. La vision en contre-plongée des jambes des femmes et des visages des hommes est singulièrement révélatrice. La taille ramassée, les jambes courtes, les bras proportionnellement longs, autant de facteurs qui, à défaut d'élégance, fournissent une assiette formidable dans le combat offensif et des atouts décisifs pour esquiver ou se dissimuler. Il n'est pas sûr que les longues jambes ne constituent pas un ornement inutile et assez ruineux dans la vie, comparable aux bois majestueux, mais encombrants, des cerfs.

Ce monde bloqué, bouché, sans espoir, où la lumière sans ombre est d'une impitoyable précision, où les sons retentissent mats et sans échos est celui — poussé à la caricature et noirci à l'extrême — d'une certaine psychologie, celle que la caractérologie définit comme *primaire.* De plus en plus la critique et l'histoire littéraires font appel — trop peut-être — à la psychanalyse. Elles auraient parfois avantage à s'adresser à la caractérologie, car il y a bien des lumières à en attendre. Or, des catégories caractérologiques fondamentales opposées deux à deux (actif-non actif ; émotif-non émotif ; primaire-secondaire), c'est sans doute aux deux dernières qu'il est le plus souvent intéressant de se référer. Qu'est-ce qu'un *secondaire ?* C'est l'homme des maturations, des ruminations, de la reconnaissance et de la rancune, des habitudes et des nostalgies, bref c'est celui dans la vie duquel le passé et l'avenir pèsent assez lourdement sur le présent. Le primaire au contraire vit dans le présent. Il oublie vite bienfaits et méfaits, promesses et projets. Fasciné par la jeunesse de l'éternel présent, il est vite consolé, réconcilié, convaincu, séduit.

Il ne faut pas céder à la tentation de valoriser l'une des catégories caractérologiques aux dépens de la catégorie opposée. La bonté, le talent, le génie se retrouvent également en toutes, mais, bien entendu, sous des formes différentes. Ainsi la psychologie « secondaire » ne garantit *a priori* aucune supériorité sur la psychologie « primaire ». Le romantisme relevait assez généralement du type secondaire avec ses mélancolies, ses aspirations, ses nostalgies. Mais l'impressionnisme — en peinture comme en musique — est le triomphe de l'âme primaire, enfermée dans l'instant comme dans un palais de miroirs. Et si Marcel Proust était le type même du secondaire, son contemporain Paul Valéry présentait toutes les caractéristiques du primaire. Primaire, Günther Grass l'est à sa manière, traitant des thèmes aussi voués au secondarisme que l'enfance et la guerre, sans recul, sans horizon, sans retentissement, sous la forme d'une série d'anecdotes incohérentes et non significatives.

Cette reconstitution minutieuse où le *hic et nunc* décourage toute espèce de pathos pourrait aboutir à un roman délibérément privé de dimension historique et de signification politique, une sorte d'idylle à rebours où les grands problèmes et les bouleversements des temps seraient noyés dans un inventaire morose et méticuleux des vicissitudes de la situation. Il n'en est rien, et l'une des réussites de Grass est justement de faire passer tout le nazisme, la guerre et l'effondrement du IIIe Reich, à travers le témoignage de son minuscule héros — sans qu'aucun autre narrateur n'intervienne jamais, sans jamais sortir des limites étroites de cette grenouille humaine. Nous assistons à l'assaut donné en septembre 1939 à la poste de Dantzig où se sont retranchés une poignée de Polonais. Nous nous promenons avec Oskar sur les blockhaus du Mur de l'Atlantique. Nous sommes témoins de l'entrée des premiers soldats russes dans Dantzig en flammes. Mais toujours Oskar est là pour dénuer chaque tableau de tout lyrisme, de toute grandeur wagnérienne, et c'est surtout l'imprégnation de la petite-bourgeoisie allemande par l'idéologie nazie, la consanguinité entre le nazisme et la mentalité d'une certaine couche de la population qui sont rendues de façon magistrale.

Il est vrai que cette parcimonie délibérée des angles et des cadrages, ce misérabilisme historique s'accompagnent d'un ressort féerique, magique, qui apparente *le Tambour* aux contes de Perrault et de Grimm. Günther Grass accorde à son nain Oskar quelque chose des prestiges maléfiques qui auréolent traditionnellement les nains, depuis les tableaux de Velasquez et de Véronèse jusqu'aux films de Cocteau et de Buñuel. Oskar n'est pas un être tout à fait naturel. Son infirmité date d'une chute dans l'escalier de la cave de l'épicerie paternelle, dont on ignore si elle fut volontaire ou fortuite. Selon son propre aveu, il aurait décidé un jour de ne plus grandir par haine du monde des adultes. Quoi qu'il en soit, sa taille le met à l'abri des dangers de la guerre et de la méchanceté des hommes, et lui confère l'immunité des innocents et l'impunité des bouffons. Il s'exprime à l'aide d'un tambour de tôle — dérision des fastes militaires du IIIe Reich — dont le roulement métallique est un supplice pour son entourage. Veut-on le priver de cet instrument, il se venge en faisant usage de la faculté qu'il a de briser le verre par un certain cri. Les vitres, coupes, miroirs et vases volent en éclats à sa voix, ce qui donne à Günther Grass l'occasion de forger le néologisme *zersingen* (briser en chantant), l'une de ces trouvailles de la langue allemande hélas intraduisibles. Nous sommes là en plein fantastique.

Ce mélange de réalisme plat — et même aplati — et de féerie noire est superbement explosif et constitue la grande originalité du roman. L'amalgame de ces deux composantes est assuré par leur dimension *enfantine* commune, le monde borné de l'enfant éclatant tout naturellement dans le conte de fées. En vérité, nous avons affaire paradoxalement à une sorte de *fantastique sordide* dont la force destructrice fait merveille. Il n'est pas impossible de trouver des antécédents à cette esthétique — L.-F. Céline, H. Miller — mais ces seuls noms suffisent à mettre en évidence l'originalité irréductible de Grass. Il importe plus de reconnaître ce que lui doivent des œuvres ultérieures, comme par exemple celles de René-Victor Pilhes et singulièrement son roman le plus fort *le Loûm.*

Au lendemain de la guerre, dans une Allemagne coupée en deux, couverte de ruines fumantes et accablée d'accusations, des écrivains de vingt ans pouvaient se demander : que faire maintenant ? *Le Tambour* est sans doute la meilleure réponse qui fut donnée à cette question.

Émile Ajar
ou la vie derrière soi

Au printemps de 1974, une voix nouvelle s'élevant dans le concert des nouveautés littéraires fit dresser les oreilles du Landerneau des lettres. On n'avait jamais entendu petite musique si tendrement naïve, accents d'une ironie si enfantine, gouaille d'une si désarmante drôlerie. Le livre s'intitulait *Gros-Câlin*[1], s'adornait d'une couverture dessinée par Folon — le baiser sur la bouche d'un homme et d'un serpent — et racontait les amours transies d'un petit employé d'un bureau de statistiques avec l'une de ses collègues — amours malheureuses, contrariées, mais aussi consolées par la cohabitation du narrateur avec un python de deux mètres vingt. La demoiselle était une Noire, s'appelait Dreyfus et — comme son nom l'indique — elle était originaire de la Guyane française. Comme son nom l'indique vraiment ? Oui, car le fameux détenu de l'île du Diable fut le voisin des Guyanais, et son innocence établie, reconnue, proclamée, rejaillit sur eux au point que certains — leur descendance est nombreuse — voulurent adopter son nom.

Voilà pour Mlle Dreyfus qui échappera aux timides avances de son collègue en disparaissant du bureau — elle

1. Publié au Mercure de France (ainsi que les autres œuvres d'Émile Ajar).

annonce qu'elle retourne en Guyane —, mais lui va la retrouver dans une maison close dont il est client et elle... pensionnaire.

Heureusement, il y a Gros-Câlin. Pourquoi un python plutôt qu'un chien ou un chat? L'idée est géniale et l'explication parfaitement convaincante : c'est qu'un python n'est rien d'autre qu'un bras géant, un bras de 2,20 m, en liberté, et qui use de sa liberté pour envelopper son maître dans une étreinte colossale qui exprime une surhumaine tendresse. Voilà un rival contre lequel Mlle Dreyfus aurait eu bien du mal à s'affirmer malgré ses mini-jupes et ses bottes cuissardes.

Ajar a-t-il vraiment vécu avec un python ? On pourrait le croire tant il sait en parler justement. Voyez Gros-Câlin tendu tout droit en direction du tiroir où le narrateur a caché une souris vivante. Il se tient « dressé en spirale ascendante vers le tiroir supérieur qu'il ne peut atteindre faute du nécessaire, et il doit se contenter d'aspiration comme tout le monde ». Mais ce sont surtout ses manifestations de tendresse à l'égard de son maître qui sont superbement décrites malgré leur stricte discrétion : « Je me suis réveillé avec une angoisse terrible, j'ai pris Gros-Câlin sur mes genoux, il a levé la tête et m'a regardé avec cette extraordinaire expression d'indifférence qu'il manifeste pour me calmer, lorsque je suis en proie à l'affectivité, une indifférence totale, comme pour me dire qu'il est là, auprès de moi, solide au poste, que tout est comme d'habitude. »

Ce petit roman fit d'autant plus parler que l'auteur s'acharnait à se taire. Nul ne savait qui, ni où il était, et naturellement on finit par douter de son existence. *Gros-Câlin* n'était peut-être qu'une œuvrette en marge qu'un auteur connu se serait amusé à jeter sur le marché sous le voile d'un pseudonyme. Puis les mois passèrent. Les prix littéraires se détournèrent d'un livre qui affectait des allures piégées. Les jurés et les critiques ne craignent rien tant que de tomber dans le ridicule d'une mystification.

Dès l'année suivante, le mystérieux Ajar (« entrouvert » en anglais) se manifestait à nouveau sous les espèces d'un roman plus étoffé que *Gros-Câlin,* débordant de phrases drolatiques, de tournures d'une gaucherie diaboliquement efficaces, de raccourcis foudroyants qui arrachent au lecteur — qu'il le veuille ou non — le rire et les larmes. *La Vie devant soi* s'affirmait comme le roman de l'année, et tous les prix littéraires commencèrent à planer, comme de bons oiseaux de proie, autour du volume qu'ornait une admirable composition d'André François. Du même coup Ajar devenait un gibier de journaliste. Avec l'aide de son éditeur, Yvonne Baby rapporta de Copenhague une longue interview qui fut publiée dans *le Monde.* On vit paraître çà et là des photos, un peu floues et mal cadrées, comme il se doit, prises à la diable, et donnant une impression d'authenticité d'autant plus forte qu'elles étaient moins reconnaissables. Puis ce fut le coup de tonnerre de ce troisième lundi de novembre — le 17 cette année-là — où l'on décerne au restaurant Drouant, place Gaillon, le prix Goncourt. Émile Ajar l'emportait avec *la Vie devant soi* contre Didier Decoin et Patrick Modiano — lesquels devaient être couronnés au demeurant les années suivantes.

Aussitôt la « chasse » reprenait de plus belle et avec tant d'acharnement que l'auteur dans sa panique déclarait « refuser le prix Goncourt », comme si ce renoncement pouvait en rien freiner la curiosité de la presse... et la vente du livre.

Quand on prétendait attribuer la paternité de l'œuvre d'Ajar à un auteur connu, c'était le nom de Romain Gary qui revenait avec le plus d'insistance. Cette « supposition d'enfant[1] » — aberrante si l'on compare le style et le ton des deux auteurs — se justifiait plus ou moins par un lien de parenté entre Romain Gary et Émile Ajar sur lequel l'auteur des *Racines du Ciel* s'expliqua longuement dans *l'Aurore.*

« Paul Pavlowitch est le fils de ma cousine. Son père était le neveu de ma mère (une célèbre actrice russe que Mélina Mercouri fait revivre dans *la Promesse de l'aube*). J'ai bien connu sa famille à Nice, et je crois même avoir assisté au baptême de Paul. Sa mère, juive d'origine, était devenue très catholique. Ou bien étais-je à Londres à ce moment-là ? Je ne sais plus très bien.

» J'étais très lié avec cette femme, ma cousine donc, Dina. Elle est tombée par suite gravement malade, et je me suis un peu occupé de ses enfants. Paul était atteint d'une sorte d'éternelle errance, étudiant un peu partout, passant même six mois à Harvard, puis se mettant à gagner sa vie de ses mains en se faisant plombier, peintre, camionneur.

» Avec sa femme, Annie, il fit un stage de monteur de cinéma, mais n'eut jamais l'occasion d'exercer ce métier. A vingt ans il écrivait des poèmes que j'ai trouvés excellents et que j'ai essayé de publier, mais personne n'en a voulu.

» Puis nos relations se sont estompées, comme c'est toujours un peu le cas entre un père spirituel et un fils qui s'émancipe. Il a fait son Mai 68, me tournant le dos, cherchant à voler de ses propres ailes pour ne rien me devoir et surtout pour ne pas donner l'impression qu'il se servait d'un parent célèbre.

» Il acheta une ruine dans un village perdu du Lot, à Caniac-du-Causse. Faisant le maçon, il reconstruisit cette bergerie de ses propres mains avec sa femme et un ami, et vécut là-bas la plupart du temps. En quatre ans je suis allé

1. *Supposition d'enfant :* faire passer un enfant comme né d'autres personnes que de ses parents véritables.

le voir deux fois, sans avoir le courage de vivre à la dure comme lui. Ils n'avaient encore ni chauffage, ni éclairage, ni eau courante. Alors moi qui suis pourri comme une poule de luxe, j'allais à l'hôtel. »

Pour en terminer avec les alentours d'une œuvre et les tumultes de l'actualité rappelons que *la Vie devant soi* a battu le record des ventes des prix Goncourt avec, au moment où j'écris ces lignes, un tirage de 1,2 million d'exemplaires, succès relancé il est vrai par un film. A propos de ce film, il convient d'ailleurs de saluer le tour de force du réalisateur, Moshe Mizrahi, qui trouva moyen partant de ce livre incomparablement savoureux et humain, aidé de l'immense talent de Simone Signoret, de produire une bande incolore, inodore, insipide et pudibonde.

De ce livre, il serait peut-être temps de parler enfin, car il a été un peu oublié au milieu des bruits et des fureurs qu'il a suscités.

C'est un enfant qui parle. Il a quatorze ans, il est d'origine arabe, et sa mère, une prostituée, l'a mis en pension chez Madame Rosa, une « ancienne » qui assure tant bien que mal sa retraite en élevant des enfants de prostituées que menace l'Assistance publique. Madame Rosa est juive et a connu le camp de concentration. Depuis, elle vit dans la terreur et ne connaît plus que des fantômes, tous plus ou moins menaçants.

On connaît le propos attribué à André Gide selon lequel on ne saurait faire de bonne littérature avec de bons sentiments. On dirait qu'Émile Ajar est venu tout exprès afin d'être l'exception à cette règle. Car on ne saurait le nier : les bons sentiments ruissellent dans ses livres, tout autant et même davantage encore que dans *les Deux Orphelines.* Dès lors le critique s'interroge : comment se fait-il qu'ils soient bons, et mieux que bons, géniaux dans un certain sens ? Le lecteur un tant soi peu roué ne cesse de se demander en lisant Ajar : mais enfin, comment s'y prend-il ? Et on ne se fait pas faute de parler de procédés, de recettes, voire de trucs. Or procédés, recettes et trucs ne sont méprisables que dans la mesure où quiconque ayant « compris » est du même coup en mesure de faire aussi bien. Nous allons essayer de cerner quelques-uns des « tours » que nous joue Émile Ajar dans ses livres. Si après cela vous êtes capable de « faire de l'Ajar », alors oui il y aura eu « truc ». Mais sincèrement, j'en serais surpris.

Le raccourci. Il ne s'agit pas de trouver la formule frappante ou l'image qui fait choc parce qu'elle simplifie d'un trait toute la complexité d'une situation. Ajar n'a pas ce genre d'ambition. Plus pernicieux, il vise plutôt à brouiller les cartes qu'à démêler l'écheveau du concret.

« Elle était morte sans laisser d'adresse. »

« Il devait penser que j'étais encore interdit aux mineurs et qu'il y avait des choses que je ne devais pas avoir. »

« Pendant longtemps je n'ai pas su que j'étais arabe parce que personne ne m'insultait. »

« Les rumeurs d'Orléans, c'était quand les juifs dans le prêt-à-porter ne droguaient pas les femmes blanches pour les envoyer dans les bordels. »

« Il ne fallait pas l'embêter quand elle pleurait, car c'était ses meilleurs moments. »

« Elle a eu l'idée d'ouvrir une pension sans famille. »

« C'est toujours la mère qui est en butte dans notre cas [celui des enfants de prostituées] parce que le père est protégé par la loi des grands nombres. »

« Quand il n'y a personne pour vous aimer autour, ça devient de la graisse. »

« Elle pesait dans les quatre-vingt-quinze kilos, tous plus moches les uns que les autres. »

« Les cauchemars, c'est ce que les rêves deviennent en vieillissant[1]. »

Le croc-en-jambe. La phrase part dans une direction conventionnelle, puis elle décroche soudain de son cours normal et prend une tangente brutale. L'effet de choc est à la fois comique et bouleversant.

« Les mômes qui se piquent deviennent tous habitués au bonheur et ça ne pardonne pas, vu que le bonheur est connu pour ses états de manque. »

« Je ne me battais jamais, ça fait toujours mal quand on frappe quelqu'un. »

« Monsieur Charmette avait fait livrer une couronne mortuaire car il ne savait pas que c'était Monsieur Bouaffa qui était mort, il croyait que c'était Madame Rosa comme tout le monde le souhaitait pour son bien, et Madame Rosa était contente parce que... c'était la première fois que quelqu'un lui envoyait des fleurs. »

« Ce n'est pas vrai que je suis resté trois semaines à côté du cadavre de ma mère adoptive parce que Madame Rosa n'était pas ma mère adoptive. »

Le respect des conventions. « Les flics, c'est ce qu'il y a de plus fort au monde. Un môme qui a un père flic, c'est comme s'il avait deux fois plus de père que les autres. »

« J'ai pleuré comme un veau. Les veaux ne pleurent jamais, mais c'est l'expression qui veut ça. »

Ce respect est celui d'un petit homme prudent et modeste qui s'applique à ne pas se faire remarquer, car il ne peut en résulter pour lui que du mal. Toutefois la dérision est sous-jacente et la dénonciation de la conven-

1. Cette phrase rappelle un mot de Goethe : « Méfiez-vous des rêves de jeunesse, ils finissent toujours par se réaliser. »

tion jaillit parfois malgré elle : « Je sais bien que je ne serai jamais normal. Il n'y a que les salauds qui sont normals. »

Le passage à l'absolu. C'est l'un des tours les plus sournoisement efficaces d'Ajar. Il coupe de toute référence à d'autres termes un mot ou une expression qui les appelle au contraire impérativement. C'est l'absolu forcé.

« Les fils de putes pourraient devenir plus tard des membres de la majorité qui expriment leur soutien. »

« La littérature, c'est incompatible » (entretien avec Y. Baby).

Cet absolu est ailleurs carrément revendiqué comme une qualité insurpassable.

« Je l'aimais bien [Madame Lola], c'était quelqu'un qui ne ressemblait à rien et n'avait aucun rapport. »

« J'ai jamais vu deux mômes aussi blonds que ceux-là. Et je vous jure qu'ils avaient pas beaucoup servi, ils étaient tout neufs. Ils étaient vraiment sans aucun rapport. »

Plus profondément — et comme presque tous les romans possédant une véritable originalité — les livres d'Émile Ajar se définissent par une certaine relation au temps. *La Vie devant soi*, ces mots apparaissent dans le cours du récit, et avec une nuance franchement défavorable : « J'ai toujours remarqué que les vieux disent *tu es jeune, tu as toute la vie devant toi* avec un bon sourire, comme si cela leur faisait plaisir. Je me suis levé. Bon je savais que j'ai toute ma vie devant moi, je n'allais pas me rendre malade pour ça. » C'est que la jeunesse, avec son innocence et son bel avenir, l'auteur n'y croit guère. Il n'en pense même aucun bien. Par deux fois, il répète qu'on n'est jamais trop jeune ni pour comprendre, ni pour puiser dans une expérience déjà riche et amère. Il se laisse même aller — à quatorze ans — à faire des projets « quand je serai jeune », comme si la seule jeunesse authentique était celle qu'on acquiert avec les années.

Indiscutablement, il y a un primat de la vieillesse et des vieillards dans cette œuvre. *La Vie devant soi* raconte l'attachement d'un enfant pour une vieille femme. *L'Angoisse du roi Salomon* en est peut-être la suite. On peut admettre en effet qu'à vingt ans l'ancien gamin Momo, devenu chauffeur de taxi, charge un très vieux monsieur qui, fortune faite dans la confection (c'est M. Salomon, le roi du pantalon prêt-à-porter), consacre sa retraite à une œuvre d'aide psychologique par téléphone. Entre le jeune homme et le vieillard, c'est le coup de foudre. Quant à l'amour, nous le retrouvons sous la forme de la passion de pitié qu'éprouve le narrateur pour une chanteuse oubliée et déchue à laquelle il joue la comédie du plaisir physique [1]. Il n'est pas jusqu'à Gros-Câlin, le python de l'opus 1, qui n'incarne aux yeux du narrateur une rassurante impassibilité venue du fond des âges. « En attendant, je m'installe dans un fauteuil, je prends Gros-Câlin et il met son bras de deux mètres vingt autour de mes épaules. C'est ce qu'on appelle " état de besoin " en organisme. Il a une tête inexpressive, à cause de l'environnement originel, évidemment, c'est l'âge de pierre, comme les tortues, les circonstances prédiluviennes. Son regard n'exprime pas autre chose que cinquante millions d'années et même davantage, pour finir dans un deux-pièces. Il est merveilleux et rassurant de sentir chez soi quelqu'un qui vient d'aussi loin et qui est parvenu jusqu'à Paris. Cela donne de la philosophie, à cause de la permanence assurée et des valeurs immortelles, immuables. Parfois, il me mordille

1. Cette gérontophilie d'Émile Ajar se marie harmonieusement à une certaine sémitophilie. Le judaïsme valorise en effet la vieillesse, âge où s'épanouissent les plus hautes vertus, sagesse, désintéressement, bonté. Dans la Bible, Yahvé s'adresse de préférence à des vieillards hors d'âge — Abraham, Booz — pour perpétuer le peuple élu.

l'oreille, ce qui est bouleversant d'espièglerie, lorsqu'on pense que cela vient de la préhistoire. Je me laisse faire, je ferme les yeux et j'attends. »

Ces valeurs immortelles, immuables sont les seules auxquelles on peut se fier, et c'est derrière nous qu'il faut les chercher. Un petit enfant peut le comprendre trop tôt. Alors il refuse d'entrer dans la vie, il devient *consterné :* « Cela veut dire qu'il ne voulait vraiment rien savoir pour vivre et devenait antique. C'est la pire des choses qui peut arriver à un môme en dehors du reste. »

L'idéal ce serait évidemment d'arrêter la marche du temps en avant et de lui faire rebrousser chemin. L'opération n'est pas aussi impraticable qu'il semblerait à première vue puisqu'une table de montage de cinéma la rend possible. Nous savons qu'Émile Ajar a songé un moment à devenir monteur de film. L'expérience l'a frappé puisqu'il lui accorde une place privilégiée dans *la Vie devant soi.* Momo fait la connaissance d'une monteuse, il assiste ébloui aux retours en arrière du film, et c'est par cette jeune femme qu'il va être recueilli après la mort de Mme Rosa. Car elle détient à ses yeux le pouvoir magique de réintégrer le passé et de pouvoir revenir en arrière, éventuellement « jusqu'au Paradis terrestre » (où on retrouverait sans doute le Serpent Gros-Câlin...). « Malheureusement quand ça recommence, c'est toujours la même chose. » En d'autres termes, si l'on peut remonter le cours du temps, il ne faut pas espérer changer l'histoire.

Ce n'est pas la seule référence au cinéma de cette œuvre, par ailleurs — nous l'avons dit — si piètrement portée à l'écran. Car on omettrait l'une des clés essentielles d'Émile Ajar si l'on ne rendait pas hommage au passage à Charlie Chaplin. Les épisodes chaplinesques abondent dans les trois romans. Dans *Gros-Câlin* notamment lorsque le narrateur voulant offrir un modeste bouquet de violettes à Mlle Dreyfus ne la trouve pas dans son bureau, et part à sa recherche dans Paris en tenant à la main le verre d'eau où trempent ses fleurettes. Ou plus cruellement quand il cherche un contact humain en faisant traverser la rue à un aveugle. Celui-ci s'aperçoit bientôt que c'est son « bienfaiteur » qui est en détresse et qui profite de son infirmité, et il le chasse en lui criant : « Allez faire vos besoins ailleurs ! » Sur quoi notre héros conclut plaintivement : « Je comprends bien que les aveugles ont leur fierté, mais pourquoi refuser d'aider un peu les autres à vivre ? » Ce thème du service rendu, qui aide principalement celui qui le rend, est l'un des leitmotivs d'Émile Ajar. On le retrouve dans *l'Angoisse du roi Salomon :* le grand secret de l'organisation téléphonique S.O.S. Amitié, c'est que les membres « bénévoles » qui se chargent de répondre aux appels soignent, tout autant que ceux qui les appellent, la détresse de leur propre solitude.

Émile Ajar a surpris par sa nouveauté et sa fraîcheur. Mais le recul aidant, il prend sa place dans le paysage littéraire français contemporain, tout en perdant un peu de sa singularité. Car on peut lui découvrir une ascendance notamment du côté de Jacques Prévert, mais surtout dans l'Henri Michaux d'*Un certain Plume.* On peut aussi lui trouver des collatéraux, et je voudrais n'en citer qu'un exemple qui me paraît éclairant, celui de Patrick Modiano. Certes, l'auteur de *la Place de l'Étoile* est très éloigné de la naïveté dissolvante d'Émile Ajar. Mais il est comme lui fasciné par un passé assez récent, trouble, et que, pas plus que lui, il n'a vécu, celui de l'Occupation. Mme Rosa et le Roi Salomon sont pour Ajar les témoins irremplaçables d'une tragédie douteuse, baignant dans une lumière glauque, mais qui avait paradoxalement le pouvoir de révéler les êtres dans leur vérité, et l'attrait de cette période est si fort qu'il le détourne du présent et même de l'avenir. Émile Ajar et Patrick Modiano — et quelques autres aussi sans doute, écrivains ou non — ressemblent à la femme de Loth qui n'a pas su fuir en avant sans se retourner, et qui a été changée en statue de sel pour avoir préféré le spectacle des fumées de Sodome aux promesses du soleil levant.

POST-SCRIPTUM

Depuis que ces lignes ont été écrites, deux événements se sont produits. Le 2 décembre 1980, Romain Gary se donnait la mort, quinze mois après son ancienne femme Jean Seberg. Le 2 juillet 1981 paraissait sous la signature de Paul Pavlowitch un livre intitulé *l'Homme que l'on croyait*[1] qui révélait que les quatre livres parus sous le nom d'Émile Ajar étaient intégralement de la plume de son « oncle » Romain Gary. Il nous racontait comment, lassé d'une critique ronronnante quand elle n'était pas hostile, l'auteur des *Racines du ciel,* prix Goncourt 1956, avait décidé de renaître sous un autre nom avec une œuvre en totale rupture par rapport à tout ce qu'il avait publié précédemment. Ce nouveau nom serait Émile Ajar, et la première œuvre de cet auteur imaginaire s'appellerait *Gros-Câlin.* Paul Pavlowitch endosserait pour la frime la personnalité d'Émile Ajar.

La presse a parlé aussitôt de supercherie, voire de canular. Ces termes sont inacceptables pour deux raisons. D'abord le suicide de Romain Gary — tout est lié dans cette affaire, et si la naissance d'Émile Ajar n'est pas la *cause* du suicide, il est certain qu'elle constitue l'un des aspects essentiels de la fin de Romain Gary —, ensuite la valeur littéraire éminente des livres d'Ajar. Rien de plus sérieux qu'une affaire qui se solde positivement par quatre chefs-d'œuvre, et négativement par la mort volontaire de leur auteur. Quant à la mystification qu'elle comporte, elle

1. Fayard éd.

ne dépare nullement une entreprise d'essence littéraire. Le pseudonyme a droit de cité dans les lettres, d'innombrables exemples de maquillages et de substitutions de personnes émaillent l'histoire de la littérature. Faut-il rappeler que Romain Gary était déjà un pseudonyme ?

Bien au contraire, ce qui me paraît admirable dans cette entreprise, c'est sa réussite. Prix Goncourt 1956, Romain Gary se sentait couler d'année en année dans le marécage d'indifférence et de paresse de la critique et des lecteurs. Il change de peau et de voix, et aussitôt, c'est l'enthousiasme, et un second prix Goncourt vient couronner l'opération, cas unique depuis la fondation du prix.

J'ai écrit que pour des raisons de style et de ton Émile Ajar ne pouvait pas être Romain Gary. Ce jugement erroné se trouvait justifié par l'évidente disparité des deux œuvres. Mais la création consiste précisément à rendre réel ce qui est *a priori* impossible[1]. L'impossible devenu réel, l'esprit aussitôt s'efforce de digérer le paradoxe en lui trouvant une justification rationnelle. Ainsi ai-je repris les œuvres de Romain Gary à la recherche des signes précurseurs annonçant Émile Ajar.

C'est sans doute dans *Tulipe* que se trouve la réponse la moins discutable. Ce petit roman parut en 1946, un an après le premier livre de Romain Gary, *Éducation européenne,* couronné par le Prix des Critiques. Nous sommes à New York au lendemain de la guerre. Le héros, Tulipe, est un jeune homme qui sort d'un camp de concentration nazi. Il se réjouit que les Allemands aient été débarrassés du

1. Rendre réel ce qui est déjà possible, cela s'appelle *fabrication.* On dessine sur le papier une automobile avec la totalité de ses pièces. C'est une automobile *possible.* L'usine fera passer cette possibilité dans le domaine de la réalité. Mais on ne jette pas sur le papier avec tous ses détails une symphonie, un roman ou une peinture : ces objets devenus réels n'étaient précédés par aucun concept complet. On pourrait même accumuler les « raisons » qui les rendent *a priori* impossibles, et que la création va venir démentir.

racisme par leur propre défaite. Mais voici qu'installé à Harlem, il s'aperçoit que le racisme anti-noir règne sauvagement dans la grande cité yankee. Il fonde alors le mouvement *Prière pour les vainqueurs*, et commence une grève de la faim. Il devient célèbre sous le nom du Blanc Mahatma de Harlem, etc.

Or les échos qu'éveille cette lecture aux oreilles de qui sort d'Émile Ajar sont nombreux. Il y a là, en germe pourrait-on dire, l'ingénuité décapante de Momo et de Cousin.

Nous sommes dans la salle de rédaction d'un journal.

« Du nouveau ? demanda Flaps.

— Charlie Chaplin dans une affaire de paternité, dit Grinberg.

— Encore ?

— Il a été acquitté... L'ennui avec ce type-là, c'est qu'il n'a pas de sang nègre. On ne peut pas le lyncher sans preuves. »

Un peu plus loin :

« Il y a un nègre en bas qui demande à vous voir, monsieur.

— Quel genre de nègre ?

— Un très vieux nègre, vraiment, monsieur, dit le garçon avec admiration. Le plus vieux nègre que j'aie jamais vu vivant, monsieur. Ça fait plaisir de voir un vieux nègre comme ça, monsieur, ça prouve qu'on peut tout de même vivre longtemps, monsieur, en essayant bien, monsieur. »

Et il y a aussi ce qu'on pourrait appeler la légende des larmes, qu'il faudrait réécrire en plus fruste il est vrai, pour la faire entrer dans *la Vie devant soi.*

« Savez-vous pleurer ? demanda Biddle.

— Mes larmes sont toutes mortes.

— Comment ça, mortes ? Mortes de quoi ?

— Les larmes sont des gosses de riches. Elles ont la santé bien délicate. Il leur faut un toit au-dessus de la tête, une bonne soupe le soir et les pantoufles et la bouteille chaude dans le lit. Elles deviennent alors belles et dodues, et il suffit d'un rien — une dent creuse, un chagrin d'amour — pour les faire sortir de leur coquille. Mais donnez-leur deux guerres de père en fils, rasez leur maison, collez-les dans un camp de concentration, et les voilà qui se font toutes petites et rares, et les voilà qui se mettent à mourir comme des mouches.

— Et vos larmes à vous, de quoi sont-elles mortes ?

— Il y en a une qui fut tuée en Espagne, dans les brigades internationales. Une autre périt en Grèce : une vieille larme idéaliste. Plusieurs sont mortes à Lublin : c'étaient toutes des larmes juives. Une a été lynchée à Detroit, parce qu'elle avait du sang nègre[1]. »

A propos d'écho, plus d'un lecteur dressera l'oreille en découvrant, dans ce même *Tulipe*, l'aventure du nègre Sammy-la-Semelle. Il était si bon, qu'un matin « il s'est réveillé avec une belle auréole autour de la tête. Pas un de ces petits trucs bon marché, dites-vous-le bien, mais une vraie auréole de première classe qui vous faisait mal aux yeux. Eh bien, vous pouvez me croire ou non, patron, mais cela ne lui a attiré que des ennuis. Pour commencer, il a perdu tous ses clients : il était cireur de bottes ».

On songe aussitôt à une nouvelle célèbre de Marcel Aymé sur le même sujet. Or cette nouvelle s'appelle *la Grâce* et a paru dans le recueil *le Vin de Paris* en 1947, c'est-à-dire un an après *Tulipe*. La priorité de l'invention appartient à Romain Gary.

« Tout Émile Ajar se trouvait déjà dans *Tulipe* », affirme Romain Gary dans son testament. C'est beaucoup dire, mais un certain humour cruel et ingénu s'y rencontre indiscutablement, et les vingt-six années qui séparent *Tulipe* de *Gros-Câlin* ont bien dû répondre à une nécessaire maturation. Émile Ajar serait donc Romain Gary

1. Romain Gary, *Tulipe* (Gallimard éd.).

dernière manière ? Des grands créateurs nous ont donné l'exemple d'une œuvre s'achevant par un renouveau surprenant et supérieur à tout le reste. On songe aux derniers quatuors de Beethoven, à la *Vie de Rancé* de Chateaubriand, aux *Affinités électives* de Goethe, et aussi au Giono du *Hussard sur le toit* et du *Roi sans divertissement*. Mais le cas de Romain Gary est unique en son genre. En effet, Ajar n'a pas réduit Gary au silence, et pendant cinq années les « deux auteurs » ont publié simultanément ; tandis que paraissaient *Gros-Câlin, la Vie devant soi, Pseudo* et *l'Angoisse du roi Salomon* sous le nom d'Ajar, on voyait paraître sous celui de Gary *Au-delà de cette limite, votre ticket n'est plus valable, Clair de femme, Charge d'âmes, les Clowns lyriques, les Cerfs-volants.* Et c'est sans doute cette incroyable puissance de production — sans relâchement qualitatif —, neuf livres en quatre ans, qui constitue l'aspect le plus étonnant et le plus troublant de l'affaire Gary-Ajar. Il n'empêche, pour beaucoup — et je suis de ceux-là —, Émile Ajar restera l'avatar final et éblouissant d'une carrière littéraire qui semblait forte et de vaste horizon, mais à laquelle manquait l'épaisseur et l'humour qu'il nous apporte pour notre joie et notre émotion.

Jacques Lartigue, le Sage des images

Une tradition littéraire bien établie nous a habitués à l'image de l'enfant en perpétuelle rupture avec son milieu familial et social. Tantôt son bonheur se déploie dans la sauvage liberté que lui assure son dénuement — Gavroche, Mowgli —, tantôt au contraire, il est écrasé par les sujétions du corps social privilégié auquel il appartient *(les Malheurs de Sophie, le Petit Lord Fauntleroy).* Mais d'une façon générale, on aime admettre que l'enfant pauvre est plus heureux que l'enfant riche.

Les souvenirs d'enfance de Jacques Lartigue [1] bousculent cette convention. Nous voyons — ô surprise ! — un petit garçon s'accommoder à merveille de la vie de château. Car il a tout, cet enfant, jardins, domestiques, voitures, aéroplanes. Il est sans doute l'un des premiers — nous sommes au début du siècle — à pratiquer le ski, le sport automobile, la photographie, le cinéma d'amateur.

En vérité la vie de Jacques Lartigue devrait être examinée de très près, époque par époque, parce qu'elle contient, épars et sous mille formes, un secret, le secret par excellence, celui du bonheur. Essayons de prendre sur le fait cette étrange et merveilleuse faculté.

On observera d'abord qu'il a un sens inné des joies

1. *Mémoires sans mémoire,* Robert Laffont.

simples, immédiates, modestes. Pour un riche, qu'y a-t-il de plus difficile que de jouir des plaisirs gratuits ? Ne pas tuer dans l'œuf, par un mépris stupide ou une distraction obtuse, les dons de chaque jour. Aimer la vie, c'est aimer, le matin, l'odeur du café et des toasts grillés. C'est être ravi par une tache de soleil tombée sur le tapis, par le chant d'un coq ou le grattement raffiné du râteau du jardinier dans le gravier des allées. Ces choses ne se trouvent peut-être pas explicitement dans les pages des *Mémoires* de J. Lartigue, elles flottent dans leur esprit. Et puisque nous parlons d'esprit, observons que plus une joie est simple — l'air frais du matin, le rougeoiement du soir, l'odeur de la terre mouillée par l'orage, le sourire passager d'un enfant inconnu, le coup d'épaule affectueux d'un petit chat contre votre jambe —, plus elle est translucide à la présence de Dieu. On parle de la « foi du charbonnier ». En observant Jacques Lartigue, je préférerais parler de la foi du fleuriste, du pâtissier, du marchand d'oiseaux.

Il me semble que personne ne sait comme lui jouir sans arrière-pensée de ce qui s'offre et oublier ce qui se refuse. Regretter, envier, jalouser, se venger… impossible. Non seulement il sait donner — qualité rare — mais il sait recevoir, faculté plus rare encore. « Pendant nos années de vaches maigres, raconte-t-il, il m'arrivait de dire à Florette : puisque nous n'avons pas de quoi payer le yaourt et le fruit de notre dîner, tant pis, allons souper chez Maxim's. Là, dès que nous paraissions, quelqu'un nous invitait. »

L'admiration est un frémissement de vie et de chaleur qui s'ajoute à la simple observation. N'oublions pas que la racine du mot signifie : s'étonner. Admiration = amour + étonnement. C'est l'amour dans sa fraîcheur jaillissante et ravie. Or rien de plus facile que de susciter l'admiration de Jacques Lartigue. Montrez-lui quelque chose de vrai, une femme, un fruit, un paysage. Il admire aussitôt. Mais attention ! Son admiration est communicative, et pas seulement pour vous, elle déborde sur la femme, le fruit, le paysage, leur donnant du même coup un éclat inattendu, les rendant justement *admirables.* Et cela se retrouve dans la photographie ou la peinture qu'il en fera. En vérité tout ce qu'il touche devient fleur.

Cette fraîcheur magnifiante, cette ouverture aux joies simples nous conduisent à parler du printemps. Chaque année la nature donne une fête à Jacques Lartigue. Cela s'appelle le printemps. Il l'attend avec ferveur, comme son dû, et quand elle commence, il entend être aux premières loges, et n'en rien perdre. Ses plus belles photos baignent dans la lumière d'un matin d'avril, et il a été l'un des premiers à utiliser les films en couleurs [1].

On notera à ce propos la fonction particulière de ses « jouets » préférés : la photo, l'automobile, le ski, la peinture. Ce sont toujours des instruments d'ouverture sur le dehors, de conquête des choses, des gens ou des paysages. Ses passions sont des passions claires, enrichissantes, alors que les passions noires — le jeu, l'alcool, la drogue — provoquent des ruptures, des déconnexions, des démissions. Trois mots qui n'existent pas dans le vocabulaire de Jacques Lartigue : évasion, vacances, retraite.

Un mot se présente en revanche tout naturellement à ceux qui le rencontrent : sa jeunesse. Lors de sa première exposition de peinture à New York, un journaliste lui demande : « Ne seriez-vous pas le fils du célèbre photographe des femmes 1900 ? » Il ne pouvait évidemment pas se douter que le « célèbre photographe » avait huit ans lorsqu'il faisait ces images inoubliables. A cette époque, il dit à son père — qui avait alors trente-cinq ans — « Tâche de vivre encore dix ans, comme ça nous pourrons mourir ensemble. » Précisons que son père devait vivre jusqu'à quatre-vingt-seize ans.

1. *Les Autochromes de J. H. Lartigue 1912-1927* (Herscher éd.).

Malheureusement le monde est méchant, et personne n'est à l'abri des pires épreuves. Pourtant les pages du journal de Jacques Lartigue datées de 1914-1918 pourraient s'intituler : du bon usage de la guerre. Certains en profitent pour « en découdre » et se couvrir de gloire. Jacques Lartigue, qui naïvement suivait l'élan patriotique général, est rebuté d'entrée de jeu par le dieu Mars. Le conseil de révision — où il se présente dans la même fournée que Maurice Rostand — refuse ce garçon de 180 centimètres qui pèse 52 kilos. (Soixante ans plus tard, il n'a pas encore digéré l'humiliation. Il me dit : « J'ai pris deux kilos depuis. Crois-tu qu'ils voudraient de moi ? ») Il finira — comme Cocteau — par partir pour le front sous l'uniforme de brancardier. En attendant, il attrape la rougeole, et se fait lire dans son lit par sa maman des contes de Zola. Puis il se fortifie en jouant au tennis. Il tourne un film « patriotique » avec Jacques Feyder dans un uniforme d'officier anglais signé Burberry's. Il peint des femmes nues à l'Académie Julian, rue du Dragon, séduit des jeunes filles grâce à sa B.B. Peugeot. Coiffé d'un bas de soie, il reçoit le baptême de l'air dans le chasseur anglais Sopwith, l'appareil le plus rapide de ce temps. On l'opère de l'appendicite. Mais le sommet de ces temps héroïques, c'est sa première aventure, disons le mot : son dépucelage, plus patriotique encore que son film, puisqu'il a choisi pour cela Marthe Chenal, célèbre cantatrice, très officielle interprète de *la Marseillaise* de la guerre.

Il appartient à la race mystérieuse des grands de la photographie qui se définit par son pouvoir inexplicable de susciter des coïncidences, des coups de chance, d'incroyables rencontres, où le hasard a d'autant moins de part que ces miracles ne cessent de se produire en leur faveur, et en leur seule faveur. Un jour Lartigue se trouvait dans mon jardin, l'appareil de photo à la main. Je montre ma tête par la lucarne de mon grenier. A l'instant, deux colombes blanches viennent se poser sur la gouttière, l'une à droite, l'autre à gauche de ma tête. Récemment François Reichenbach a publié un livre de souvenirs[1]. Sur la couverture figure un admirable portrait d'un enfant de six ans : l'auteur par Jacques Lartigue. Question : pourquoi Lartigue a-t-il en 1927 éprouvé le besoin de photographier ce petit garçon ? La scène se passe à Arles où l'on inaugure au musée Réattu une exposition de photographies anciennes. Dans le groupe des invités de marque qui progressent de salle en salle, on entend le rire de Jacques Lartigue. On fait station devant une photo d'Eugène Atget (1856-1927) où l'on voit un public de petits enfants fascinés par le guignol du Jardin du Luxembourg. Soudain une exclamation :

— Mais c'est mon frère Maurice et moi !

C'est Jacques Lartigue. Il se penche sur l'image. Une loupe se trouve là par miracle. L'un des plus grands photographes du XIXe siècle avait donc photographié par hasard — mais s'agit-il encore de hasard ? — l'un des plus grands photographes du XXe siècle ! On fait cercle. On confronte les dates. Tout paraît s'accorder. La preuve définitive sera fournie plus tard de façon quasi policière : l'oreille de Maurice — très visible — est assez caractéristique. On la retrouvera sans erreur possible sur d'autres photos. Jacques avait alors cinq ans, puisque la photo d'Atget est datée de 1899. La petite frimousse qu'on distingue sur le document jauni d'Atget rappelle un autre visage rond, éveillé, plein de drôlerie et d'astuce : celui de Petit Gibus dans le film *la Guerre des boutons* et celui du petit héros de *Bébert et l'Omnibus.* Rien d'étonnant. Ce jeune acteur s'appelle Martin Lartigue, et c'est le petit-fils de Jacques. Aujourd'hui, il est peintre et homme de théâtre. Bon sang ne saurait mentir...

Au cours de l'automne 1974, on a vu soudain la photo de

1. *Le monde a encore un visage* (Grasset éd.).

Jacques Lartigue fleurir sur tous les journaux, hebdomadaires et autres écrans de télévision. C'est qu'il venait d'être choisi par le nouveau président de la République pour faire son portrait officiel, celui qui décorera notamment les 32 000 mairies de France. Admirons en passant ce savoureux paradoxe : parce qu'il a fait la photo du président Giscard d'Estaing, c'est son visage à lui qu'on voit partout. Mais on ne fait pas connaissance impunément avec ce maître de bonheur. Depuis cette photo historique, son couvert est mis à la table du Palais de l'Élysée. Avec ou sans appareil de photo. Après Marthe Chenal, voici donc Valéry Giscard d'Estaing qui tombe sous le charme du vieil enfant aux yeux bleus et aux boucles blanches. En vérité il ne pouvait pas mieux choisir. Souhaitons pour la France qu'il le voie souvent et qu'il le regarde bien [1].

1. Écrit en 1975.

Principes d'italo-calvinisme

L'une des occupations préférées de l'esprit consiste à fabriquer des gaufriers destinés à faire sécher et durcir, et surtout à pourvoir d'une forme précise et immuable la matière flasque et grouillante de l'expérience immédiate. Les dix catégories d'Aristote, les douze de Kant, les quinze d'Hamelin relèvent ainsi de cette activité catégorielle de l'intelligence inquiète de s'enliser dans les marécages de l'expérience informe. Mais le filet des catégories logiques peut sembler lui-même trop abstrait. La caractérologie offre une table plus palpable avec ses types humains, et surtout elle ouvre pour la première fois la voie à une sorte de combinatoire. Car après avoir distingué les primaires et les secondaires, les actifs et les non-actifs, les émotifs et les non-émotifs, elle aboutit par exemple au caractère *colérique* qui se définit comme un émotif-actif-primaire (Danton) ou au caractère *apathique* qui est un non-émotif-inactif-secondaire (Louis XVI).

C'est à une démarche du même genre que répondent les tarots, tels en tout cas que les traite Italo Calvino dans le très beau livre que l'éditeur Franco Maria Ricci a mis au point avec lui, à cela près que chaque personnage non seulement s'entoure d'attributs caractéristiques, mais se trouve en outre placé dans une situation qui peut être complexe et dramatique. Et il y a la magie. Car les soixante-dix-huit figures des tarots — dont les sources remontent par-delà la Renaissance et le Moyen Age jusqu'aux origines arabes, voire chinoises de la cartomancie — possèdent un charme mystérieux et un don de jeunesse éternelle. Outre leur beauté incomparable, ces miniatures nous observent avec des regards familiers. Le bateleur, l'homme pendu par les pieds, le fou au triple goitre, l'amour brandissant le masque pourpre du soleil, la papesse à la tiare trirègne, les jumeaux gardiens de la Jérusalem Céleste, tous ces êtres énigmatiques et royaux nous parlent une langue immémoriale que notre cœur comprend. Ces cartes peuvent fournir à chacun de nous un commentaire de son passé et une prédiction de son avenir qui élèvent son destin au niveau de la légende dorée. Italo Calvino, lui, nous introduit dans le *château des destins croisés.*

Une citadelle mystérieuse perdue dans la nuit forestière. Des voyageurs égarés — dames, cavaliers, courriers, pèlerins — qui s'y retrouvent. Or, cette société disparate rassemblée autour d'une table est frappée de mutisme, et si chaque convive raconte à tour de rôle son histoire, c'est simplement en disposant sur la table des cartes de tarots... dont tout le monde comprend aussitôt la signification. Lorsque le second convive entreprend de narrer lui aussi ses aventures, il ne disperse pas l'arrangement des cartes de son prédécesseur ; il articule son récit sur une partie de la combinaison précédente en faisant comprendre que la lecture doit être faite non plus de haut en bas, mais horizontalement de gauche à droite, chaque carte prenant son sens de celle qui précède et de celle qui suit, comme les lettres d'une grille de mots croisés. Italo Calvino fait ainsi des tarots une sorte de *machine à récits,* combinant des personnages et des situations en un nombre très grand, mais non pas infini, de destins.

Il n'est pas surprenant que l'auteur du *Baron perché,* des *Cosmicomics,* du *Temps zéro,* etc., se soit passionné pour cette entreprise dominée par l'intelligence combinatoire et le goût des figures emblématiques. Comme celle de Jean Giraudoux, l'œuvre d'Italo Calvino est aussi avare de confidences personnelles que révélatrice d'une certaine psychologie par ses symboles et sa bizarre-logique. Ce qu'il y a de commun à toute pensée catégorielle — d'Aristote aux tarots — c'est le souci de n'avancer dans la découverte des choses qu'en tenant fortement la rampe de la méthode rationnelle, le goût des dénombrements complets, la peur de se perdre dans l'infini. Nous sommes ici aux antipodes de l'empirisme et du naturalisme toujours avides de plonger sans retour dans les fondrières de l'expérience. Le héros le plus célèbre d'Italo Calvino est un aristocrate lombard qui avait décidé de passer toute sa vie dans les arbres. *Ne pas toucher terre.* Tel paraît être le premier principe de l'italo-calvinisme. Ses « Tarots » nous en fournissent l'illustration la plus somptueusement enluminée.

Une rencontre intemporelle : Jeanne Guyon et Françoise Mallet-Joris

Jeanne Bouvier de La Mothe naît le 13 avril 1648 à Montargis. Bonne naissance, mauvaise éducation, dons naturels, mariage forcé, nombreuses grossesses, enfants morts en bas âge, piété accrue, mélancolie, bonne volonté, rapports difficiles avec un mari quinteux. Veuve à vingt-huit ans…

Cette fiche signalétique est d'une extrême banalité pour une femme de condition, née au milieu du XVIIe siècle. Le destin extraordinaire de Jeanne Guyon, théologienne, mystique, écrivain et femme persécutée n'en est que plus remarquable. Au moment de sa vie où, pour toute autre, les jeux auraient été faits et la partie définitivement perdue, pour elle tout va commencer.

Il y a certes l'ensemble des circonstances historiques. Non seulement la Fronde qui a ébranlé le trône est encore dans toutes les mémoires, mais les questions religieuses paraissent si intimement mêlées aux affaires du royaume qu'à tout mouvement de réforme spirituelle le pouvoir réagit comme à une cabale politique.

Or, en 1675, le prêtre espagnol Molinos a professé dans son *Guide spirituel* que l'âme, parvenue à l'état de perfection, demeure unie à Dieu sans aucune initiative de sa part, et devient indifférente à son propre salut. Cette doctrine sera condamnée en 1687 par le pape Innocent XI.

L'année précédente, Jeanne Guyon s'installe à Versailles et répand par des conférences un « quiétisme » que certains rapprochent de celui de Molinos. Les *Maximes des saints* de Fénelon se font l'écho de ce nouveau mysticisme. Bossuet prend la tête d'un mouvement de réaction autoritaire qui aboutit à l'emprisonnement de Jeanne Guyon et à la censure par le pape Innocent XII de vingt-trois propositions tirées du livre de Fénelon.

Chaque génération se doit de repenser et de récrire l'histoire selon la vision qui lui est propre. Le seul mot de « quiétisme » évoquait jusque-là dans nos esprits une théorie un peu fumeuse, vaguement ridicule, et la silhouette d'une imprudente illuminée assez durement rudoyée par les autorités de son époque. Divers courants spirituels de notre temps ont contribué à rendre cette image irrecevable : la contestation hippie, le refus d'un certain « ordre » moral et politique, l'ouverture aux religions orientales, le mouvement de réhabilitation et de libération des femmes. Il était temps pour Jeanne Guyon de sortir de l'oubli et de revenir à nous avec un visage plus proche de la vérité, la sienne et la nôtre. Françoise Mallet-Joris a consacré à cette résurrection tout son talent, sa passion, et trois années de sa vie [1].

Elle nous le dit d'entrée de jeu. N'étant ni universitaire, ni théologienne, c'est en tant que femme et écrivain qu'elle s'est passionnée pour Jeanne Guyon. Elle pourrait ajouter : en tant que chrétienne.

Le résultat est saisissant et illustre avec éclat ce que le talent littéraire peut apporter de lumière et de chaleur dans une matière historique lointaine et facilement obscure. La brève et surprenante évocation de la Cour de Versailles, lorsque Jeanne Guyon y arrive l'année qui suit la Révocation de l'Édit de Nantes, est inoubliable de vie et de relief. Deux prélats encadrent le destin de Jeanne et se heurtent

1. Françoise Mallet-Joris, *Jeanne Guyon* (Flammarion éd.).

durement à son sujet, Fénelon, le rejeton d'une noblesse ancienne en déclin, et Bossuet, issu de la bourgeoisie en plein essor. De Fénelon et de Jeanne, Saint-Simon dira : « Leur sublime s'amalgama ». C'était très inexact. Fénelon, esprit sec, froid et circonspect, a eu le mérite de reconnaître la marque authentique de Dieu dans la nature riche et indisciplinée de Jeanne, faite pour le choquer et le rebuter. Il aurait voulu en outre créer avec les Chevreuse, les Beauvilliers, les Mortemart et d'autres, un groupe de discussion et d'action spirituelle, et proposer ainsi à cette noblesse moralement déchue un moyen de retrouver sa fierté et son allant.

Assez âgé pour avoir connu la Fronde, Bossuet mettait sa force redoutable sous ses dehors bourrus et irascibles au service de l'absolutisme de Louis XIV qu'il idolâtrait. Il agira dans cette affaire avec une brutalité sommaire dont le calcul, voire la mauvaise foi, ne seront pas absents. Cet affrontement du Cygne de Cambrai et de l'Aigle de Meaux n'en reste pas moins l'un des épisodes les plus colorés et les plus caractéristiques du XVIIe siècle français.

Mais le véritable sujet de ce livre, c'est la rencontre intemporelle de Françoise Mallet-Joris avec Jeanne Guyon, et la découverte par l'auteur du *Rempart des béguines* d'une affinité profonde. Jeanne Guyon fut accusée de trois crimes : son refus de s'intégrer à quelque structure que ce soit. D'avoir poussé jusqu'au bout les conséquences d'une pensée éprise d'un Dieu d'amour et de liberté. Et surtout d'être femme. Et Françoise Mallet-Joris s'interroge. Ceux qui aiment les novateurs tels que Fourier, les inspirés tels que Nerval, les fous de Dieu comme Max Jacob, les tenants du Grand Jeu, ceux pour lesquels la frontière entre la poésie et le sacré est mal définie, ceux-là ne devraient-ils pas faire entrer Jeanne Guyon dans leur panthéon personnel ?

En vérité Françoise a pour parler de Jeanne des mots qu'on dirait empruntés à certains de ses livres autobiographiques les plus personnels, *la Maison de papier* ou mieux encore sa *Lettre à moi-même.* Jeanne Guyon, nous dit-elle, parvient à réaliser son rêve de maternité spirituelle. Elle invente une autre manière de converser que la parole, ce silence ineffable qui est le langage des anges. Elle écrit comme on chante, avec l'ivresse de David dansant devant l'Arche. Et lorsque Françoise Mallet-Joris nous dit n'entendre dans la voix pure et passionnée de Jeanne Guyon ni révolte, ni provocation, mais une liberté intérieure qui ignore tout simplement les obstacles et traverse les vitres sans s'apercevoir qu'elle les brise, nous comprenons que, sous couleur de document historique, ce livre confesse simplement l'aventure d'une grande amitié mystique entre deux femmes.

L'itinéraire de Naïm Kattan

Une terrasse de café où des étudiants discutent [1]. Il est question de Saroyan et de Hemingway, de Balzac et de Maupassant, des *Thibault* de Roger Martin du Gard. Ils échangent des *Cahiers de la Quinzaine.* Ils parlent beaucoup et avec véhémence, de la liberté, de Dieu, des femmes. Tout cela nous est extraordinairement familier, banal presque. Pourtant ces jeunes gens parlent arabe, certains avec l'accent chaldéen, d'autres avec l'accent arménien, d'autres mettent une certaine provocation à user d'un dialecte juif.

Nous sommes à Bagdad, capitale de l'Irak, pendant la guerre de 1939-1945. A peine le lecteur a-t-il été mis en confiance que les détails les plus dépaysants affluent. On évoque avec horreur la mise à sac des quartiers juifs de la ville en mai 1941 par les bédouins du désert. Puis on voit six aviateurs allemands fêtés par la foule dans la rue Rachid — des femmes leur baisent les pieds — parce qu'ils témoignent par leur présence de l'appui du IIIe Reich aux nationalistes irakiens. Appui qui n'ira pas plus loin que cette apparition symbolique, car l'Anglais reprendra pied en Irak, ramenant le jeune roi et son régent exilés en Iran.

1. *Adieu Babylone* de Naïm Kattan (Julliard éd.).

Naïm Kattan est né dans le quartier juif de Bagdad. Au lendemain de la guerre, il est venu étudier huit ans à Paris, échangeant définitivement l'arabe et l'hébreu contre le français comme langue culturelle. Puis, poursuivant sa migration vers l'Extrême-Occident, il est devenu canadien, et il occupe à Ottawa un poste important au Conseil des Arts.

La trajectoire est fabuleuse. Le personnage qui l'incarne ne l'est pas moins — concentré de cultures et de langues, d'intelligence et d'érudition. Son livre de souvenirs nous soumet à un extraordinaire régime de chaud-froid, je veux dire à une alternance de traits qui sont indiscutablement « bien de chez nous » et de détails qui nous plongent dans un univers délicieusement lointain. Le dimanche, on va pique-niquer en famille sur les ruines de Babylone, et non sans un sentiment de triomphe, parce qu'on n'oublie pas qu'on est les descendants des Juifs déportés ici même par Nabuchodonosor II, lorsqu'il prit Jérusalem en 587 avant J.-C. En été, l'enfant apprend à nager dans le Tigre, lequel donne alors naissance à une petite île où les amoureux se donnent rendez-vous. L'été fini, l'île disparaît comme un décor quand la pièce est terminée. On va aussi au cinéma, mais alors il faut se faire flanquer de deux femmes. Voilées, on ne peut identifier leur origine, et il faut les respecter, car le musulman, très chatouilleux sur ce chapitre, n'a qu'un mot — *Ardh* — pour désigner l'épouse et l'honneur. L'enfant n'a donc rien à craindre. Mais sans ce double rempart, reconnu comme juif, il serait rossé. Les femmes deviennent vite l'obsession majeure de l'adolescent dans cette ville aux mœurs férocement verrouillées. Heureusement il y a le Maidane, quartier « réservé » de la ville. On va y faire ses premières armes, et on choisit bien sûr un bordel juif. Mais on a honte, et, bien que tout le monde soit juif ici — tenancière, filles et clients —, on ne parle qu'arabe.

L'entrechoc des langues n'est pas l'aspect le moins

excitant de cette plaque tournante du Moyen-Orient qu'est Bagdad. Naïm Kattan, obéissant à une tradition ancienne, a choisi le français pour percevoir les effluves de la civilisation occidentale qui lui parviennent par bouffées rares, mais enivrantes. Mais la vie quotidienne se déroule en hébreu, en arabe et en anglais. On apprend même, dans ce livre, l'existence d'une délicieuse subtilité, le *souki*, langue écrite utilisée par les Juifs voulant communiquer secrètement entre eux, et qui n'est que de l'arabe transcrit en caractères hébreux.

Bien entendu la naissance de l'État israélien rend dramatique une situation déjà complexe. L'antisémitisme ambiant se nourrit avidement de ce nouvel argument. Pour les Juifs de Bagdad, la tentation du départ devient plus forte. Mais partir où ? Certains fuient vers Israël. D'autres gagnent l'Occident. Muni d'une bourse, Naïm Kattan prend le chemin de Paris. Pourtant le fonctionnaire français qui lui donne son visa a fait tout ce qui était en son pouvoir pour qu'il lui soit refusé. Son raisonnement est inattaquable : l'étudiant arabe revient ensuite et constitue un bon avocat de la cause française. L'étudiant juif, plus travailleur, plus brillant peut-être, s'en va définitivement...

Rien de plus émouvant et instructif pour un lecteur français que l'histoire de cette jeune intelligence prisonnière d'une tradition extraordinairement riche et subtile, mais fermée, étouffante. Et là-bas, au bord de la Seine, il y a Gide, Valéry, Saint-John Perse, il y a tout... On songe à une aventure analogue, trente ans plus tôt, celle du jeune étudiant aveugle Taha Hussein, enfermé au Caire dans les murs d'Al-Azhar, et luttant lui aussi pour sa libération, pour « gagner » la France aux deux sens du mot.

On pense plus généralement au problème si grave pour l'écrivain, pour l'homme de langue — comme on devrait appeler ce que l'on nomme trop restrictivement un homme de lettres —, du déracinement, de l'exil, du réenracinement. Ce destin lourd à porter pour tout homme est particulièrement redoutable pour l'écrivain, lequel entretient avec la langue qu'il parle et écrit des relations plus intimes et substantielles qu'aucun autre homme. Il y aurait une étude psychologique, littéraire, voire linguistique à faire sur ces grands migrants dont certains ont changé de patrie et de langue plusieurs fois. L'anglais d'Arthur Kœstler — qui a « pensé » d'abord en hongrois, puis en allemand, puis en français avant d'adopter l'anglais — présente la limpidité sèche et cristalline d'une langue désincarnée, sans substance, collant à la pensée. Délice de ses traducteurs, mais sans doute impropre à la poésie. Ce que nous apprend leur exemple, c'est que l'exil qui détruit les faibles est une source d'enrichissement pour les forts. Il y a certes la pierre qui roule sans amasser mousse, mais il y a aussi la boule de neige qui s'engraisse de son propre itinéraire. Le livre de Naïm Kattan n'est pas l'histoire d'un homme ballotté par des vents divers et contraires, c'est celle d'un conquérant. L'*amor fati* qui l'illumine et le réchauffe de bout en bout trouve une illustration superbe dans cet appétit d'ailleurs, qui précipite le jeune Irakien à Paris le temps qu'il se gonfle de notre langue et de l'esprit d'Ile-de-France, et l'entraîne ensuite outre-Atlantique, dans l'immensité canadienne. A Ottawa ses qualités éminentes et l'accueillante intelligence des Canadiens lui ont assuré une place importante au Conseil des Arts du Canada. Il sillonne le monde entier, revient chaque année en France où il habite nécessairement ce Quartier latin où il fit sienne notre langue. Il n'y a qu'une ville au monde où il ne retourne pas plus qu'un enfant ne réintègre le ventre de sa mère : cette Bagdad mystérieuse et odorante. Adieu Babylone !

André Malraux
face à Picasso :
La Tête d'obsidienne

Le vieux sorcier ayant disparu, son ami, le Conservateur Imaginaire, entreprend l'exploration de ses cavernes et l'inventaire du prodigieux bric-à-brac qu'elles contiennent. Un livre nous met à l'écoute du grand conciliabule des œuvres orphelines de Picasso[1]. Cette suite des *Antimémoires* nous emmène à Mougins et à Vauvenargues et nous fait faire de nombreuses excursions en divers autres hauts lieux de l'art contemporain, Bateau-Lavoir, atelier des Grands-Augustins, expositions du Grand Palais, du Palais des Papes d'Avignon, et surtout musée imaginaire réalisé à la Fondation Maeght dont il reproduit le discours inaugural.

Toute la vie de Picasso n'a été qu'une suite de ruptures et de nouveaux départs. Il a longtemps paru vain d'entreprendre à son sujet une recherche en paternité(s). Avant la guerre Malraux écrivait : « Bientôt sa marche ne sera plus éclairée que par la torche qu'il tient dans sa main, même si sa main brûle. » Picasso disparu, l'optique change, ou plutôt elle s'élargit, et à cette image d'un poisson des grandes profondeurs produisant lui-même la lumière dont il a besoin, il convient d'en ajouter quelques autres qui la complètent et la corrigent. Une simple exclamation de

1. André Malraux, *la Tête d'obsidienne* (Gallimard éd.).

Picasso paraît contenir et le problème et sa solution : « Mais si, mais si, j'ai imité tout le monde ! Sauf moi. » Commençons par cette restriction à vrai dire capitale.

Picasso n'a jamais fait du Picasso. De ce jaillissement perpétuel qui refuse de se retourner sur lui-même, il nous donne des commentaires qui visent généralement à replacer la création picturale dans le grand cycle des échanges naturels : « Le chat mange l'oiseau, Picasso mange le chat, la peinture mange Picasso. » « Il ne faut pas imiter la vie, il faut travailler comme elle. Sentir pousser ses branches. » Toute peinture est issue d'une société. Mais tandis que les œuvres médiocres nous transmettent la rumeur de la société dont elles émanent, la véritable création ne lui ressemble pas plus que la prune au prunier. Issue de profondeurs insoupçonnées, elle surprend le peintre lui-même. « Quand ça marchait bien, se souvient Jacqueline, il descendait de l'atelier en disant " Il en arrive encore, il en arrive encore ! " » Comme si une foule de Martiens envahissaient ses toiles. Cette sorte d'aliénation est telle que lorsqu'il peint, note Malraux, il lui vient un masque de lézard habité par les esprits, tout étranger à son visage habituel. Cet effort pour assimiler la création à un processus naturel, pour replacer la peinture et la sculpture dans le grand cycle cosmique, va si loin que Picasso rêve parfois d'un retour de ses œuvres au fonds naturel dont elles sont sorties. Il voudrait les « remettre en circulation ». Ayant fait un taureau à l'aide d'un guidon et d'une selle de bicyclette, il envisage de jeter cette œuvre par la fenêtre afin qu'un enfant ayant justement besoin d'un guidon et d'une selle la disloque. Ou encore, il parle de rejeter à la mer les galets qu'il a sculptés : « Que penseraient ceux qui les trouveraient ? »

Pour ébaucher la généalogie de cet art éruptif, Malraux est grandement aidé par la collection de toiles anciennes et modernes que Picasso a léguées au Louvre, mais il ne s'agit là que d'un point de départ pour une enquête qui sera sans doute perpétuellement inachevée. On lui saura gré d'avoir souligné les aspects négatifs de cette œuvre d'une richesse pourtant débordante. « Cet inventeur de formes sans égal n'est pas un inventeur de couleurs, alors que l'École de Paris rivalise avec celle de Venise et des Flandres par la couleur, l'élément le moins rationnel de la peinture. » « Je pense à sa collection. Pas un tableau impressionniste, pas un tableau où la lumière joue un rôle... Son œuvre ne connaît que la bougie, le phare et le soleil. »

Si on cherche ses maîtres, trois noms se présentent immédiatement : Goya, Van Gogh et Cézanne. Or ces deux derniers marquent la rupture avec la peinture heureuse. Tout conspire à pousser l'œuvre de Picasso dans la voie de l'âpreté et de l'agressivité. Une bonne part de l'hostilité qu'elle suscite s'explique par là. « Pour nous autres Espagnols, disait-il, le matin c'est la messe, l'après-midi c'est la corrida, le soir c'est le bordel. » Cette œuvre qui connaît si bien la colère et la souffrance — quelquefois la pitié — connaît-elle la louange ? se demande Malraux. Or la restriction est considérable si l'on songe à tout ce qui dans l'univers artistique relève de l'éloge, de la célébration, de l'adoration.

Il y a chez Picasso un classique, mieux, un architecte des lignes qui s'exprime dans la période bleue, la période rose, les décors, le cubisme. Mais ces structures équilibrées sont perpétuellement mises en péril, ébranlées, éclatées par des convulsions jaillies des profondeurs. Les œuvres majeures sont celles où l'on saisit comme dans un instantané la fraction de seconde où l'édifice chancelle sous le coup d'une poussée tellurique : *les Demoiselles d'Avignon, Guernica.* (A propos de cette œuvre célèbre entre toutes, s'est-on avisé qu'il s'agit peut-être de la dernière « peinture de bataille », genre majeur où brillèrent Ucello, Delacroix et bien d'autres ?) Cette poussée brutale, on connaît son origine, c'est elle qui tordait les cyprès de Van Gogh, et derrière eux, les corps et les trognes de Goya. Mais il faut tenir compte de l'élargissement formidable de l'horizon. L'exotisme a bien progressé depuis la première collection de « japonaiseries » des Goncourt. Un premier verrou a sauté, note Malraux, le jour où l'on a renoncé à expliquer l'art médiéval par la maladresse des artistes. Les dieux aztèques, les masques nègres, les idoles de la Nouvelle-Bretagne, les sculptures dogon, celles des Cyclades et même les Vénus préhistoriques ont fait irruption dans le Musée imaginaire. Picasso était admirablement placé pour assister à cette ruée. Il a tout compris, tout assimilé, tout dépassé. « Mais si, mais si, j'ai imité tout le monde ! » Mais seul un géant pouvait résister à pareille avalanche.

Depuis la guerre, une jeune école d'historiens-journalistes nous a habitués à l'étude historique faite sans recul, « à chaud », grâce aux témoins directs encore vivants. Voici l'un des premiers bilans publiés sur Picasso depuis sa mort. Le manque de recul est à la fois un handicap redoutable et un avantage inappréciable. Ce livre sera critiqué, corrigé, réfuté peut-être. Il restera sûrement irremplaçable. « Peu importe qu'on approuve mes réponses, écrit André Malraux, si l'on ne peut ignorer mes questions. »

Un premier roman

Deux fois dans le même fleuve de Jean-Marie Magnan

Le premier roman de Jean-Marie Magnan [1] est fait de la rencontre de plusieurs présences majeures. Présence de la ville d'Arles, tassée, noire, un peu maléfique, à la courbe du grand fleuve qui descend vers elle du nord avec son souffle de mistral. Présence de la guerre qui s'achève et de la libération qui commence, avec ses « collabos », ses résistants, ses soldats allemands aux ultimes mais meurtrières réactions, ses femmes tondues, ses libérateurs américains et leur camp, fantastique caverne d'Ali Baba offerte à la convoitise d'une population affamée et industrieuse. Mais tout ce grand cirque est soumis à une *vision irréaliste*, celle d'un garçon de quinze ans, Gilles Donadieu qui, en toute innocence, convertit ce remue-ménage historique à des fins personnelles, imaginaires et initiatrices. Car il s'agit d'un roman du type magique, l'un de ceux qui nous montrent une réalité minutieusement reproduite, mais sans cesse bousculée par l'irruption de l'imaginaire.

Ce roman faulknérien répond à sa manière au défi lancé par Valéry il y a un demi-siècle, mais repris depuis par diverses écoles de terrorisme littéraire : défense d'écrire *La marquise sortit à cinq heures.* Ne pas écrire *La marquise*

1. Jean-Marie Magnan, *Deux fois dans le même fleuve* (R. Laffont éd.).

sortit à cinq heures ? Voire ! Et si la marquise était *aussi* le nom d'une constellation dont un astronome attendrait l'apparition à l'horizon, et si elle était *en outre* une série de poker dont un joueur attendrait la fortune, etc. ? A la tyrannie, le menu peuple oppose communément la ruse des combinaisons multiples et des valises à double fond. A un certain despotisme critique, les écrivains répondent par le roman pluridimensionnel. *Deux fois dans le même fleuve* en est un bon exemple. La libération d'Arles demande à être déchiffrée, et elle devient alors la libération de Gilles Donadieu, prisonnier de son enfance, de son père, de ses copains, et qui sort du brasier historique lavé, lucide, dégagé de son passé, émerveillé par cette mine d'or ouverte à ses pieds : son avenir.

On ne reprochera pas à ce roman un excès de construction et le dessèchement qui peut en résulter. On ne lui dira pas — comme on est tenté de le faire en face des derniers livres de Michel Butor — trop de forme, pas assez de matière. Car les lignes qui s'entrecroisent et s'enchevêtrent savamment dans sa trame ne sont pas des traits sans épaisseur, ce sont des nervures sensibles, des vaisseaux gonflés de sève. Ainsi le télescopage des générations qui est l'une des meilleures surprises du roman : cette petite fille attentive et innocente qui accompagne Gilles, *et qui est sa mère,* ce compagnon de jeu qu'il rudoie et emmène au bordel pour le déniaiser, *et qui est son père.* C'est de la virtuosité littéraire sans doute, mais non pas arbitraire et qui nous touche : qui n'a rêvé d'abolir le fossé des générations et d'avoir des parents contemporains, une mère-petite-sœur, un père-jumeau ? Ce n'est pas artifice, c'est féerie.

Et puis, il y a les femmes. Rarement l'amour de la femme, le besoin viscéral de présence féminine s'est exprimé aussi chaleureusement. Ce n'est pas une boutade : rares sont les hommes qui aiment les femmes. Ils les désirent, oui, ils en aiment une, à la rigueur. Mais le coup de sang passé, les bonnes femmes... Or ce livre, c'est aussi un vrai nid de cheveux odorants, blonds et bruns, fins et drus, gris même, que l'auteur a un plaisir communicatif à tresser pour y blottir son héros, et du même coup son lecteur.

Des trois nouvelles qui concluent ce livre, c'est sans doute *le Bulldozer* qui retiendra le plus l'attention. Dans le Quartier latin de Mai 68, un jeune homme cherche la fille qu'il aime, de commissariats enfiévrés en hôtels de passe. La baguette magique de Jean-Marie Magnan a donc aussi touché le Paris contestataire, et elle y a dessiné deux silhouettes bien-aimées, l'une virile, volontaire, acharnée, l'autre évanescente, mourante : Orphée, Eurydice.

Dis-moi ce que tu manges

Manger
ou les jeux et les creux du plat
de Frédéric Lange

Il y a une indiscutable disproportion entre l'importance matérielle et spirituelle de l'alimentation dans la vie humaine et les études psychologiques ou sociologiques qui lui ont été consacrées. Le rôle du sein et de la tétée a été certes reconnu par les psychanalystes de l'enfant, mais dès la crise du sevrage ils abandonnent le thème alimentaire au profit d'un autre domaine de l'affectivité, celui du sexe. Et pourtant ! Quel n'est pas le poids du repas familial dans l'éducation — se « tenir bien à table », manger proprement, être privé de dessert, pouvoir ou non manger entre les repas (c'est-à-dire de façon non ritualisée). Plus tard, le repas de noces, le déjeuner d'affaires, le souper fin — et même, au niveau suprême du sacré, l'eucharistie — placent l'acte alimentaire au premier rang des conduites sociales. Certaines personnes ont depuis leur plus tendre enfance une répulsion invincible pour le fromage, voire pour tous les produits laitiers. Est-ce donc sans intérêt pour la psychologie, la caractérologie, la psychanalyse ? Il est clair également qu'une certaine catégorie d'hommes — les digestifs, les hommes au ventre gros et au sexe petit — sont absurdement méprisés au profit de la race opposée, celle des Don Juan efflanqués et membrés. Pour prendre un exemple célèbre, on ne comprend rien à l'œuvre immense de Federico Fellini si l'on n'a pas en main cette simple clé : c'est un ogre. Tout pour lui se résout en vastes ripailles où se dissolvent Dieu, le sexe, la politique. Celui de ses films qui, par son sujet, aurait dû être le plus purement érotique — *le Satyricon* — se signale à la fois par de formidables bâfrées, par un étrange épilogue nécrophagique... et par sa chasteté.

Oui, le sexe n'a que trop profité des interdits qui pesaient sur lui, tandis que l'acte alimentaire souffrait d'une absence apparente de mystère. Or ce mystère, il suffit pourtant d'un peu d'attention pour qu'il apparaisse sur nos tables dans toute sa noirceur. Un petit livre extraordinairement riche, pénétrant et drôle, nous arrive enfin qui jette un jour tout à fait troublant sur l'acte alimentaire [1]. L'auteur nous le dit d'entrée de jeu : ayant voulu savoir ce que manger veut dire, il est parti d'une constatation élémentaire : la table est d'abord plate, nappée de blanc et vivement éclairée. Elle s'offre à une *intuition blanche.* Mais si « le blanc a ses séductions, il a aussi ses limites. L'esprit a besoin d'ombre : c'est là qu'il s'alimente ». Ainsi à une « intuition blanche », qui suit l'histoire et les mots, doit succéder une intuition noire « qui plonge dans l'épaisseur des choses ».

Suivons Lange. Il nous fait découvrir les vérités les plus savoureuses, celles qui se trouvent plusieurs fois par jour sous notre nez, mais auxquelles nous demeurons obstinément aveugles.

Par exemple, les ustensiles de table. Nous nous doutions bien que leurs fonctions étaient multiples et en partie contradictoires, mais avions-nous bien compris qu'ils servent d'abord à assurer au mangeur la *distance* entre la nourriture et lui qui permet de manger sans se mouiller, sans être agressé ou sali ? Ils sont, en outre, non seulement des outils de sculpteur et des armes d'assassin, mais les

1. *Manger ou les jeux et les creux du plat* de Frédéric Lange (collection « Intuitions » dirigée par Jean Cayrol, Seuil éd.).

attributs d'une sorte de justice distributive assurant la répartition des assiettées, cuillerées, tranches, etc. La vaisselle a ainsi une triple vocation : l'isolement, la manipulation et la mesure. Or, il s'agit de rien de moins que de la trinité de notre rapport au monde. La conduite du mangeur déborde largement la fonction nutritionnelle : en elle s'inscrit tout le problème de ses relations avec son milieu et la solution de ce problème. « S'approcher de la table du repas, c'est se diriger vers un monde ouvert, abondant et humide... Manger, c'est avec des armes et placé sur un point haut, prendre le monde pour le transformer, pour manifester son adhésion ou exprimer son refus. »

Sautons à grand regret les considérations historiques et géographiques que les manières de table et la signification du repas inspirent à notre auteur, et passons à la seconde partie, celle qui envisage le mangeur non plus dans sa paisible et sociale horizontalité, mais dans sa dramatique verticalité. Car manger ce n'est pas seulement déplacer des plats et des assiettes sur une nappe, c'est aussi élever des aliments jusqu'à sa bouche et les précipiter dans le gouffre obscur de l'œsophage. Disons-le, c'est dans cette dernière partie de son livre que Lange déploie vraiment ses ailes et fait preuve d'un véritable génie avec l'accompagnement de rire qui caractérise toute découverte profonde et fondamentale. Sachez-le donc, l'innocence est plate, le Paradis terrestre était plat. Tout le mal est venu de l'animal courbe (fourbe) inventeur de la troisième dimension. La chute de l'homme a été consacrée par la rotondité de la terre avec ce qu'elle implique des cavernes et d'abîmes. Désormais il a été impossible de se dissimuler que la table est creuse. Sous la surface blanche, il y a les ténèbres grouillantes du dessous de table, pleines de pieds, de jambes et d'entrejambes.

S'agit-il d'une condamnation de la table ? Non, mais d'une définition plus complète. La table sépare, distingue et unit en même temps. Elle médiatise le contact du ciel et de la terre. La terre entre par les pieds du mangeur et sort par sa tête, le ciel lui entre par la tête et sort par ses pieds. La table est membrane, goulot, diaphragme. Elle sépare l'inconscient du conscient, l'animalité de l'humanité, la nature de la culture, et aménage en même temps un passage entre ces niveaux.

Ainsi médite Lange pour notre édification et notre délectation. Il n'a pas fini, car le sujet est inépuisable. Il poursuit son enquête. Il vient, m'a-t-il dit, de découvrir une vérité exquise dont il entend extraire tout le suc pour le livrer à notre appétit de connaître dans un prochain livre. Quelle vérité ? Celle-ci, écoutez bien : il importe peu de manger, l'essentiel c'est d'être mangé...

Ceci n'est pas un apologue !

A propos du roman de Didier Martin : *Un garçon en l'air*

A moins de quarante ans, Didier Martin publie son septième roman. Cette abondance serait moins remarquable s'il s'agissait d'œuvres spontanément jaillies d'un fond généreux. Mais ses romans relèvent au contraire d'une élaboration fine et savante. Il y a autre chose encore chez cet auteur qui mérite d'être souligné. Non seulement la subtilité de ses thèmes et de ses agencements ne tue pas l'intérêt de ces récits, mais on dirait qu'elle contribue de façon décisive au charme très prenant qui s'en dégage. Didier Martin possède un pouvoir d'envoûtement indéniable, et ce pouvoir — au lieu de s'évanouir — s'épanouit dans l'entrelacs des règles, de prime abord assez conventionnelles, qu'il pose et impose d'entrée de jeu. On dirait que chez lui la forme se fait chair, une chair d'autant plus savoureuse que la forme originelle pouvait sembler plus vainement recherchée.

Cette réussite paradoxale, son précédent roman *Il serait une fois*[1] en fournissait un éblouissant exemple. Il repose tout entier sur un jeu poussé à l'extrême entre les possibles et le réel, tellement poussé que le lecteur devrait, selon toute probabilité, se lasser et abandonner ces vertigineuses combinaisons de vérités et de mensonges. Or c'est le

1. Gallimard éd.

contraire qui se produit : il est pris, prisonnier, *charmé*, au sens fort du mot, il marche...

Le point de départ d'*Un garçon en l'air*[1] semble a première vue abominablement conventionnel. La première phrase du roman paraît le poser et l'épuiser en quelques mots : « Depuis que je suis petit, je vole. » Bon, il vole, et après ? Après, il s'appelle Raphaël, prénom d'archange, particulièrement aérien. La gageure semble perdue d'avance, sauf miracle de dernière heure.

Mais le miracle a lieu. Cette histoire à dormir debout est d'une tristesse, d'une drôlerie, d'une profondeur, d'une *vérité* dont le lecteur ne sort pas indemne. Il ne se dégage pas facilement du brouillard tremblant et tiède d'interprétations, de significations et de réminiscences qui flotte autour de Raphaël. Didier Martin a su métamorphoser la sécheresse et l'univocité d'un apologue en la matière chaleureuse et foisonnante d'ambiguïtés d'un véritable roman.

Donc Raphaël a le don du vol. Cela le prend n'importe où, dans une transe assez voluptueuse, et sa volonté n'est pas seule en cause dans le phénomène. Il peut avoir à lutter contre un accès de vol, ou au contraire rester cloué au sol malgré ses efforts pour s'envoler.

Deux constatations importantes s'imposent à lui dès son enfance. Premièrement les « autres » — les non-volants — ne s'aperçoivent de rien lorsqu'il se livre à ses bizarres exercices devant témoins. C'est un exemple typique de l'art de Didier Martin. Car on songe d'abord à une convention de plus, arbitrairement imposée au lecteur pour la commodité du récit (un homme que tout le monde verrait s'envoler ferait sensation, provoquerait attroupements, reportages, etc.). Mais aussitôt la convention tourne à la trouvaille pleine de profondeur. Car si les « autres » ne voient rien quand le prodige a lieu, n'est-ce pas d'abord

1. Gallimard éd.

parce qu'ils ne *veulent pas* voir quelque chose qui certes crève les yeux, mais qui crève aussi le décor rassurant de leur vie quotidienne ? Cette apparente convention illustre en réalité ce phénomène si capital de la cécité volontaire et parfaitement obtenue devant une réalité par trop dérangeante (les camps de concentration ici ou là, les crimes commis par *nos* soldats au cours de telle ou telle opération, l'innocence du Juif Dreyfus ou du notaire Leroy, etc.).

Autre révélation qui bouleverse Raphaël. Longtemps il s'est cru le seul « volant ». Or il n'en est rien. Au collège et à la « colo », il découvre que deux camarades ont le même pouvoir. Voilà, pensera-t-on, l'amorce d'une chapelle, d'une communauté, d'une société secrète. Il n'en sera rien. Les « volants » paraissent peu soucieux de se réunir. Ils considèrent leur don comme une difformité un peu ridicule, presque honteuse. Et si on les rencontre le soir, formant un ballet calme et silencieux dans les arbres du Champ-de-Mars, il s'agit plus d'un rassemblement de solitaires que d'une fête fraternelle.

Bien entendu l'histoire se termine assez mélancoliquement. Raphaël se fiance. Mais il veut honnêtement avertir sa future femme de l'étrange particularité qui lui est propre. Le malentendu éclate, et va jusqu'à la rupture. Catherine déconcertée le quitte.

Tout au long de ces pages écrites sagement, presque naïvement, dans leur platitude voulue, le lecteur ne cesse de se demander : qu'est-ce que ça veut dire ? Je pense que l'auteur, si on lui posait la question, répondrait : ce que vous voulez. Car il s'agit d'un roman. D'un vrai roman. Et un vrai roman se distingue d'un essai ou d'un apologue en ce qu'il n'impose pas au lecteur un « message » fini, bouclé, intouchable. S'il y a un message dans un roman, c'est que le lecteur l'y a mis, ce qui est pleinement son droit.

Ainsi l'histoire que nous raconte Didier Martin, c'est peut-être celle d'une particularité sexuelle — on songe naturellement à l'homosexualité qui est prédisposition au génie. Plus évidemment s'agit-il peut-être d'un don poétique. Rimbaud enfant, prisonnier du milieu de Charleroi, n'avait-il pas le sentiment d'avoir le pouvoir de « voler », et de se trouver entouré d'une foule aveugle à ce pouvoir, alors même qu'il l'exerçait au vu et su de tous ?

Peut-être, peut-être... Mais vous pouvez aussi lire ce livre prenant et charmant au premier degré, sans l'ombre portée d'une arrière-pensée.

Bref portrait
de cinq maîtres

MAURICE DE GANDILLAC

En juin 1941, après une année de cohabitation forcée avec une vingtaine de soldats allemands dans notre grande maison de Saint-Germain-en-Laye, mes parents, excédés, se résignèrent à tout abandonner et à s'installer à Neuilly. C'est ainsi qu'en octobre je fis mon entrée dans l'une des deux classes de philosophie du lycée Pasteur. Son professeur s'appelait Maurice de Gandillac. Il y succédait à Jean-Paul Sartre. Je ne peux évoquer cette classe sans citer d'abord deux noms. D'abord celui du professeur d'histoire : Daniel Petiot, plus connu sous le nom de plume de Daniel-Rops. Étrange petit personnage, incroyablement mince, menu, diaphane, toujours tiré à quatre épingles — il fallait le vouloir en ces temps de misère, où d'autres professeurs ressemblaient sans vergogne à des clochards —, il glaçait les élèves par le regard glauque qui filtrait sous ses paupières paralysées quand il rejetait la tête en arrière. En vérité on aurait dit la momie de Ramsès II échappée de son sarcophage. Je ne l'ai jamais entendu prononcer un mot en faveur des Allemands, en dépit du mot d'ordre officiel de « collaboration », mais il professait la plus vive admiration pour les Japonais — leur courage, leur sens de la tradition — qu'il déclarait estimer bien davantage que les Américains.

Il faut ensuite citer l'un des élèves, Roger Nimier, gros

garçon lourd, lent, au visage large, aux dents écartées, dont le pupitre ressemblait à un dépôt d'épicerie (on nous distribuait, il est vrai, chaque jour des « biscuits vitaminés » pour essayer de pallier l'insuffisance du ravitaillement). Sa précocité était formidable. Plus jeune que la moyenne des élèves — avec une année scolaire d'avance, il devait avoir seize ans —, il avait apparemment tout lu, tout compris, tout assimilé. Dans ses rapports avec les autres élèves, il ne parvenait pas à s'accommoder de son évidente supériorité. Il lui aurait fallu des trésors de psychologie et de diplomatie pour se fondre dans la masse. Il n'y songeait guère. Un jour, il fut carrément hué. Il venait de faire un exposé. Maurice de Gandillac lui ayant fait observer ensuite qu'il aurait pu développer tel ou tel aspect du sujet, Nimier avait tranquillement répondu : « Sans doute, mais j'aurais craint alors de dépasser le niveau de la classe. » Il cultivait déjà l'insolence, et plus encore dans un petit journal de classe dont il était le seul rédacteur et qui s'intitulait *le Globule rouge.*

Je me souviens également d'un petit noiraud qui s'appelait Loew. Un matin, il arriva avec une étoile jaune cousue sur sa veste. Nous étions loin de soupçonner la menace mortelle que cela représentait. Petit Loew, je dormirais mieux si ces lignes tombant sous tes yeux aujourd'hui, tu me faisais savoir que tu t'en es sorti...

Je profite de l'occasion pour adresser une prière analogue à un autre « ancien » de cette classe. Il s'appelait Jean-Paul Vizentini. Les circonstances qui nous ont rapprochés, puis éloignés, se situent en décembre 1941, alors que le médiocre *modus vivendi* dans lequel s'enfonçait la cohabitation de la Wehrmacht et de la population française venait d'être brutalement troublé. Dans le métro parisien et dans certaines villes de province — à Nantes notamment —, des officiers allemands avaient été abattus. La presse et la radio — contrôlées l'une et l'autre par l'occupant — fulminaient. Bien entendu, les jeunes coqs que nous étions discutaient ardemment les événements. Toute la France se trouvait à la merci d'Hitler. Il n'était pas de massacre ou de mesure de déportation qu'il n'eût pu prendre à notre encontre. La majorité de la classe s'indignait de ces provocations inutiles qui étaient régulièrement suivies d'exécutions massives d'otages français. Je professais alors les opinions les plus radicales. Contre la plupart des élèves, je pris parti passionnément en faveur de ces attentats, et j'affirmai que si le hasard me mettait sur le chemin de l'un de leurs auteurs, je lui donnerais papiers et argent en ma possession pour l'aider à fuir (j'ai eu l'occasion depuis de réviser mon jugement). Le ton monta. On faillit en venir aux mains. Jean-Paul Vizentini était demeuré hors de la discussion, si mes souvenirs ne me trompent pas. A quelque temps de là, il vint me trouver. « Je crois, me dit-il en substance, que nous partageons les mêmes idées. J'appartiens à un groupe qui se prépare au combat. Nous nous retrouvons dans un bois pour nous entraîner à la mitraillette. Veux-tu être des nôtres ? » La proposition me prit totalement au dépourvu. L'organisation de la Résistance était encore embryonnaire. A vrai dire, personne n'en parlait. Ma connaissance de l'Allemagne nazie me rendait conscient de la brutalité véritable d'un système dont la présence en France avait revêtu jusque-là des aspects trompeusement « corrects ». L'entreprise dont Jean-Paul Vizentini me révélait l'existence me parut vaine et suicidaire. Je refusai tout net de m'en mêler. Il ne m'en parla plus jamais, et nous nous sommes perdus de vue. Mais je pense souvent à lui, et si sa juvénile témérité ne lui a pas coûté la vie, j'aimerais qu'il se manifeste.

Mais peut-être serait-il temps d'évoquer les cours de philosophie de Maurice de Gandillac. J'ai quelques scrupules à le faire, car je me vois avec le recul comme le plus typique immature qui se puisse imaginer. J'étais en somme dans cette classe le parfait contraire de Roger Nimier. A dix-sept ans, mes lectures dépassaient rarement le niveau de Tintin et autres bandes dessinées. Peut-être après tout n'était-ce pas un état d'esprit trop défavorable pour aborder la philosophie. Mais il m'a fallu du temps pour opérer la conversion mentale qu'exigeait son accueil.

Maurice de Gandillac ne s'est occupé de cette classe que deux trimestres. Un poste plus relevé nous l'enleva après les vacances de Pâques. Je profitai de la raison (et du prétexte aussi) que me fournissait son départ pour faire comme lui, et je préparai mon deuxième baccalauréat dans un village bourguignon, Lusigny-sur-Ouche, où du moins je mangeais à ma faim. J'étais resté en relations avec lui, et il me dirigeait par correspondance, corrigeant notamment mes dissertations. Or c'est surtout au cours de ce troisième trimestre que, lentement remis de l'irruption de la philosophie dans mon univers mental, je pris conscience de l'importance décisive et définitive que cette révolution aurait pour moi. Je commençai à mettre en place des structures cérébrales qui n'ont pas bougé depuis. Je contractai avec la philosophie un mariage qu'une séparation de corps ultérieurement consommée n'a pas profondément altéré. Oui, je crois décidément que mon immaturité était providentielle. Par une sorte de réflexe automatique d'enfant radicalement marginal — on pourrait dire aussi bien : de cancre invétéré —, je n'avais cessé de rejeter les cadres et les valeurs que la culture scolaire m'avait proposés — ou faut-il dire : avait tenté de m'imposer ? Sciences, mathématiques, histoire, auteurs classiques, j'avais tout rejeté pêle-mêle, et ma mémoire ressemblait au débarras d'un enfant gâté et brise-tout qui ne sait jouer à rien. Seule peut-être « l'instruction religieuse » dont m'avaient abreuvé les bons pères d'Alençon avait laissé des traces dans mon esprit, sans doute en raison de son affinité lointaine avec la métaphysique. Mes vrais jouets, ceux qui continuent à m'amuser, c'est la philosophie qui me les a donnés, et donc au premier chef Maurice de

Gandillac. Car je n'ai jamais rien publié qui ne découle secrètement et indirectement de Platon, d'Aristote, de Spinoza, de Leibniz et de quelques autres.

Quelle était la méthode de Maurice de Gandillac ? Mes souvenirs me le montrent assez rarement assis à son bureau, professant *ex cathedra.* Il marchait de préférence dans les travées, joignant donc — selon le conseil de Socrate, de Montaigne et d'Alain — le mouvement des jambes et celui de la pensée. Cela impliquait également l'absence de notes et de papiers — lesquels gisaient inutiles, oubliés, sur la table. Un autre aspect de son cours, c'était les prolongements littéraires de la philosophie classique qu'il manquait rarement de développer. On devine l'importance que cet aspect de son enseignement devait revêtir pour le futur romancier que j'étais. Au demeurant, cette communication entre philosophie et littérature était dans l'air, et il faut savoir gré à Maurice de Gandillac de nous y avoir préparés. Kierkegaard et Kafka allaient bientôt remplir l'horizon. Le Sartre de *la Nausée* tendait la main par-dessus la guerre à celui de *l'Être et le Néant.* Maurice de Gandillac avait la charge d'un cours de littérature dont l'assistance était facultative pour les élèves. Il faisait « salle comble », et j'ai pu mesurer l'année suivante, en écoutant à la Sorbonne des cours de littérature faits par des professeurs de lettres, toute la misère des lettres réduites à elles-mêmes, je veux dire privées de la magie du regard philosophique. Grande leçon que je n'ai eu garde d'oublier !

Il y aura bientôt quarante ans de tout cela. Je n'ai jamais perdu contact avec celui qui a été le Grand Éveilleur de mon adolescence assoupie. Je l'ai retrouvé à la Sorbonne. Il a suivi mes études en Allemagne. Il a fait ce qu'il a pu pour éviter l'inévitable enterrement de mes ambitions universitaires sous le hideux et grotesque concours d'agrégation.

Mais je n'ai jamais rien publié sans lui en faire l'envoi,

et il me semble chaque fois remettre ma copie à mon ancien maître. La lettre minutieuse que je reçois en échange, c'est la note qu'il me met. Quelle note ? Généralement : *Bien, mais pourrait mieux faire.*

Freud avait déterré dans notre inconscient la lourde et brutale idole de la prohibition de l'inceste, et c'est elle qui commandait notre système de tabous et d'interdits. Mais qu'en était-il du freudisme dans des sociétés lointaines — sans contact avec la sphère judéo-chrétienne —, baignant dans un autre climat mental ? Claude Lévi-Strauss nous montrait que la question comporte autant de réponses qu'il y a de sociétés, et que, pour chaque société, elle doit être développée, modulée, raffinée, comme une formule chimique organique. Car il convient de substituer à la représentation freudienne massive et fruste un système fin comme une tapisserie où les motifs se mêlent selon des lois définies. Il ne s'agit plus d'un interdit pur et simple définissant par contrecoup crime et châtiment — le drame d'Œdipe — mais de l'organisation *de tous les mariages* du groupe propre à réaliser le meilleur équilibre. Il est tellement admis dans la mentalité occidentale que les jeunes gens se « choisissent » sous le simple coup brutal et anarchique de la « passion », qu'on imagine mal une société qui prendrait soin de codifier toutes les unions afin d'assurer à chacun sa juste place dans la communauté. C'est pourtant le propre de nombre de sociétés étudiées par Claude Lévi-Strauss. Ces sociétés — « dites primitives » selon sa propre expression — peuvent bien être techniquement sans commune mesure avec la nôtre, elles peuvent se révéler si fragiles qu'un seul contact avec l'énorme et redoutable Occident peut leur être fatal, il n'en reste pas moins qu'elles avaient réussi dans un domaine essentiel où la faillite de notre système s'aggrave d'année en année : l'intégration heureuse de l'individu au groupe.

Dès le début de l'année, Claude Lévi-Strauss nous assigna à chacun une population « dite primitive » sur laquelle nous avions tout à savoir avant les vacances. Parfois, en me regardant dans une glace, il m'arrive encore de me demander pourquoi il choisit pour moi les *Selknams*, tribu fuégienne, éteinte depuis plus d'un siècle pour s'être montrée absolument réfractaire aux bienfaits de la civilisation et du christianisme. N'importe. Les six mois qui suivirent, je les ai passés par l'imagination entre le cap Horn et le détroit de Magellan, sur cette Terre de Feu battue par une tempête qui ne connaît pas de trêve, au milieu d'hommes qui laissaient flotter des grandes capes noires sur leurs corps nus badigeonnés de blanc. J'ai refait depuis d'autres expéditions imaginaires, aussi profondes et enrichissantes que cette « première », mais elles en découlèrent toutes.

Un jour je me présentai à lui, accompagné d'un technicien de la radio. Il s'agissait d'une enquête que je faisais sur les fonctions du langage. Je me souviens quelle fut ma première question :

— A supposer que nous ne possédions plus d'une société disparue qu'un dictionnaire et une grammaire, que saurions-nous de cette société ?

Il me répondit aussitôt d'un seul mot : tout. Tout, selon lui, pouvait se déduire du dictionnaire et de la grammaire d'une société : religion, organisation politique, techniques diverses, mariage, etc. Et ce fut merveille de l'entendre aligner des exemples illustrant comme des « façons de parler » différentes en Angleterre et en France traduisent des façons de penser et de sentir profondément irréductibles. C'était du même coup réduire à la plus modeste part l'ineffable, l'inexprimable, l'indicible, un trait de rationalisme caractéristique de Claude Lévi-Strauss.

Il ne me fallut pas moins de quinze ans pour exprimer à ma manière la leçon des sociétés dites « primitives » et des bons sauvages qui les composent. Mais, lorsque j'eus publié *Vendredi ou les Limbes du Pacifique*, j'hésitai à envoyer ce petit roman lyrique à mon ancien maître. Pourtant la filiation ne devait pas demeurer secrète. Un critique américain écrivit aussitôt du roman : « C'est Robinson Crusoé récrit par Freud, Walt Disney et Claude Lévi-Strauss. »

DENIS DE ROUGEMONT

Avec certains auteurs on a des relations amicales, admiratives, ou simplement respectueuses, mondaines. La distance demeure. A d'autres on est lié comme filialement, parce qu'on s'est nourri de leur œuvre, parce qu'on a assimilé leur substance. Là, point de distance, et de respect moins encore. La relation est égoïste, brutale, élémentaire. S'il me fallait citer de ces pères nourriciers dont le sang coule dans mes veines, le nom de Denis de Rougemont serait l'un des premiers qui me viendraient à l'esprit.

Il y a certes l'Allemagne. Grand germaniste, Rougemont a témoigné mieux qu'aucun autre de cette Allemagne capable du meilleur et du pire. Mieux qu'aucun autre, il a vu monter le danger nazi et il a vécu en grand écrivain l'explosion de 1939. Aussi lorsque le moment fut venu pour moi d'écrire avec *le Roi des aulnes* le roman de l'Allemagne telle que je l'avais sentie et assimilée, me suis-je tout naturellement tourné vers lui pour qu'il m'aide à aller plus loin, à mieux comprendre. Dans son *Journal d'une époque*, j'ai retrouvé cette Souabe, cette petite ville universitaire de Tübingen où je devais passer entre 1946 et 1950 ce qu'il faut bien que j'appelle ma jeunesse, et où il m'avait précédé dix-sept ans plus tôt. La tour de Hölderlin, le Stift où étudièrent Hegel et Schelling, les barques du Neckar où les étudiants jouent de la guitare, la chapelle de

Wurmlingen rendue célèbre par Uhland, il avait tout connu avant moi, mieux que moi.

Et il avait connu mieux encore la Prusse orientale. J'ai situé *le Roi des aulnes* dans cette province allemande lointaine et définitivement perdue, peuplée d'une faune à demi fabuleuse, élans, loups, cigognes, cerfs gigantesques et cygnes noirs. Or, cette province, je n'y étais jamais allé, et c'est par la seule force de l'imagination que j'ai pu évoquer ses charmes et ses maléfices. Pourtant Rougemont, lui, en revient, il a foulé son sol, respiré son air, et il me tend son livre en me disant : « La Prusse orientale a existé, si elle a disparu, j'y ai écrit mon journal. » Témoin privilégié, irréfutable, au regard lucide et cependant émerveillé, comment me serais-je passé de lui ?

Mais c'est à un niveau plus profond, à un stade antérieur, primordial, fondamental que Rougemont a fécondé mon humus philosophique et littéraire. *L'Amour et l'Occident* après avoir été pour moi une révélation bouleversante est devenu l'un des piliers sur lesquels repose tout ce que j'écris. Qu'y a-t-il donc de si formidable dans ce livre ? Simplement ceci : l'amour humain n'est pas le seul produit d'une fatalité biologique. Il suppose certes une infrastructure anatomo-physiologique, mais, sur cette base, la société, *les* sociétés construisent un code, une mythologie, un édifice de rêves et de sentiments qui ne dépendent que de facteurs culturels. Ainsi l'amour — au sens sentimental du mot — est-il une invention qui date de la fin du XIe siècle, invention dont l'essentiel s'est perpétué jusqu'à nous avec d'innombrables ajouts et modifications.

Ces vues nous amènent à élargir la signification du mot *biologique* pour y inclure vraiment tout ce qui a trait à la vie, et à parler d'une fonction biologique de la littérature. Car, si la vie sexuelle et sentimentale des humains est modelée par une superstructure provenant tout entière de la société particulière envisagée, il va de soi que la poésie, le roman, l'essai, la chanson, etc., prennent une importance fondamentale comme sources de ces modèles. Rougemont a très justement mis l'accent sur la révolution sexuelle et sentimentale — il faudrait dire « érotique » au sens le plus élevé du mot, *qui a trait à Éros* — véhiculée par le mythe de Tristan et Iseut. Mais si des coups de tonnerre de cette importance sont rares — le *Werther* de Goethe créant le modèle de l'amour romantique en fut un autre —, la révolution est permanente, chaque écrivain d'un peu de renom apportant sa touche à la sensibilité de ses contemporains et de sa postérité.

On conçoit l'importance immense de ces idées pour le romancier au travail. Dans la solitude de son atelier littéraire, il sait ce qu'il fait : il est en train d'irriguer, de rafraîchir, de renouveler, voire de bouleverser pour leur donner un nouveau visage, les légendes et les héros qui forment la substance de l'âme de ses contemporains et de leurs descendants. Car ces légendes et ces héros sont des êtres vivants et comme tels soumis à la loi de la vie qui est la métamorphose ou la mort. Oui, les mythes sont mortels, et un mythe mort cela s'appelle une allégorie. L'allégorie, figure de plâtre, figée dans un geste anecdotique — la Justice brandissant sa balance, la République sous son bonnet phrygien, etc. — n'est plus que la momie d'une grande idée à laquelle il a manqué un créateur de génie pour lui donner une vie nouvelle. Certains pays où la création est rendue impossible par un régime policier ont un ciel encombré d'allégories stériles et poussiéreuses. La fonction de l'écrivain est facile à définir : il doit simplement veiller à ce que les mythes ne deviennent pas des allégories.

Tels sont, parmi d'autres, des enseignements qui guident mon travail et que j'ai trouvés dans l'œuvre de Denis de Rougemont.

ERNST JÜNGER

Sa jeunesse se place d'emblée à l'ombre des épées. Il a dix-sept ans quand il part clandestinement pour la France, et s'engage à Verdun dans la Légion étrangère. Son père le retrouve à Sidi-bel-Abbès, et le rapatrie *manu militari.* Il a tort. Engagé volontaire en 1914, le jeune homme fait tout son possible pour se faire tuer, y réussit presque, et échoue en 1918 parmi les épaves de la Reichswehr, couvert de blessures et de décorations. Il va rester sous l'uniforme jusqu'en 1923.

1923 : la tentative de putsch d'Hitler et l'inflation galopante. Jünger est allergique au nazisme. Le IIIe Reich, c'est la mainmise sur l'Allemagne du Nord protestante, de l'Allemagne du Sud catholique, en réponse au mouvement inverse dirigé deux générations plus tôt par Bismarck. Pour un Prussien, rien ne peut sortir de bon des brasseries austro-bavaroises. Le maréchal von Hindenburg écrase de son mépris le caporal autrichien Hitler… en lui cédant le pouvoir.

Seulement toute la mythologie prussienne a été balayée par la défaite. Que faire ? Que penser ? Tout Jünger est dans ce désarroi. Klaus Mann nous le décrit, avec horreur, comme le type hautement suspect d'un Prussien anarchiste, hobereau déraciné, officier sans uniforme, promenant sa morgue de demi-solde au milieu de la foule des chômeurs.

C'est oublier un détail essentiel. Au milieu de ce naufrage, Jünger reste écrivain. Au salut militaire, il préfère désormais le salut par l'écriture.

Le salut par l'écriture : a-t-il appris cette sagesse auprès de Goethe ? A la haine, la bêtise et la mort, il oppose l'intelligence, la lucidité et une langue impeccable. Un exemple entre mille : son journal nous précise qu'il était à Paris le 19 octobre 1943, quand il apprend que les bombes au phosphore américaines ont rasé la ville de Hanovre où se trouvent son presbytère, sa femme, son enfant. Il se rend chez l'antiquaire Étienne Bignon, et se fait montrer un tableau du Douanier Rousseau *la Guerre ou la Chevauchée de la Discorde.* Suit une analyse admirable de ce tableau. Contre l'incendie de Hanovre et le silence de sa famille, il en appelle au maître naïf. Il applique sur son malheur la toile de Rousseau, autant comme une grille de déchiffrement que comme un pansement. Et il fait une remarque étonnante à propos du style « mexicain » de cette toile : l'une des sources de notre angoisse, nous dit-il, c'est la prolifération des germes tropicaux en terre européenne.

Nous voilà amenés à la botanique. Comme Goethe, comme Gide, comme beaucoup de sages, Jünger s'intéresse passionnément aux sciences naturelles. Jamais son écriture n'est aussi précise et pure que lorsqu'il décrit une pierre, une plante, un papillon. C'est sans doute que la minéralogie, la botanique, l'entomologie le mettent à l'abri du dégoût et du mépris, ses vieux poisons de hobereau sans terre.

En 1938, Joseph Breitbach l'emmène chez Gide. On parle forêt vierge, orchidées, botanique. Il fait l'éloge de Linné. Gide observe que Linné a substitué les fruits aux fleurs comme principe de classification des plantes, suivant en cela le précepte biblique : « On connaît un arbre à ses fruits. » Jünger ne dit rien. Il préférait évidemment le classement ancien selon les fleurs...

MAURICE GENEVOIX

« Qui a vu un chevreuil, à la lisière d'un bois, sauter un haut grillage pour aller viander dans un champ ne saurait oublier ce bon splendide, le col tendu, les genoux avant rassemblés jusqu'à presque toucher la gorge, l'ascension apparemment lente, prodigieusement aisée qui soulève en oblique le corps fauve, le repli brusque des pattes arrière au passer du fil barbelé, tandis qu'à l'avant-train les pattes déjà se déploient et s'allongent pour recevoir — basculant, inversant vers la descente l'oblique du corps jusqu'alors ascendant — le poids de l'animal qui va reprendre terre[1]. »

Les trois premiers mots de cette brève citation peuvent se formuler comme une question. Qui a vu, en effet ? Réponse : Maurice Genevoix, et lui seul, semble-t-il. En tout cas lui seul avait un crayon assez fin et précis pour dessiner point par point, trait par trait, ce saut de chevreuil, comme saisi au ralenti dans chacune de ses phases cinétiques et de ses pertes d'équilibre parfaitement contrôlées. Le crayon et le coup d'œil, comme celui encore qui a vu et nous fait voir la vache qu'on traîne à l'abattoir :

1. *Tendre Bestiaire* (Plon éd.).

« L'homme la halait au bout d'une corde. J'entendais son pas rétif, ses sabots qui résistaient un à un, qui se plaquaient à chaque traction, butant à plat en quelque sorte[1]. »

Maurice Genevoix fut d'abord cet impeccable conservateur des eaux et forêts à l'œil d'émouchet, à l'oreille de faune, au flair de hase, mais aux mains douces sur lesquelles venaient se poser les écureuils et les rouges-gorges. Si j'avais un mémoire de maîtrise de lettres modernes à faire, je l'intitulerais volontiers « Nature et culture chez Maurice Genevoix ». C'est qu'il me semblerait à la fois instructif et exaltant de démêler comment une œuvre qui paraît en prise directe sur les bêtes et les arbres, et comme spontanément jaillie de la terre, n'est en vérité que le dernier cri d'une civilisation infiniment raffinée, élaborée, purifiée.

Car Maurice Genevoix ne fut rien moins qu'un braconnier solognot venu tardivement et par voie autodidacte à la littérature. Ce fils de grand bourgeois est passé par la rue d'Ulm à une époque où on ne plaisantait pas sur la rhétorique gréco-latine. Il faut aussi noter qu'il est bien loin de faire figure d'isolé dans l'histoire de nos lettres. Sans remonter jusqu'à La Fontaine, il s'inscrit dans un courant où se retrouvent Jules Renard, Louis Pergaud, Colette, Jean Giono, la seul vraie « école du regard » ; celle pour qui « le monde extérieur existe » — selon le mot de Théophile Gautier — et qui se plie à l'apprentissage d'un artisanat aussi long et sévère qu'il faut pour savoir effectuer l'ajustement le plus rigoureux du mot et de la chose.

Mais on ne peut évoquer ces écrivains sans songer en même temps à l'Académie Goncourt, car tous ils en furent, les uns comme membres, les autres comme lauréats, réunis par la vieille tradition réaliste-naturaliste des pères

1. *Tendre Bestiaire* (Plon éd.).

fondateurs, Gautier justement, Flaubert, Maupassant, Daudet, Zola. Maurice Genevoix aimait raconter à la suite de quel malentendu il manqua la place qui lui revenait parmi les dix de la place Gaillon. Il dut se contenter beaucoup plus tard d'être l'un des quarante du quai Conti.

Et là aussi il déjoua un apparent paradoxe. Comment ! Raboliot sous le bicorne d'académicien ! Bien sûr, et mieux que cela, puisqu'il fut de longues années secrétaire perpétuel de l'illustre compagnie. Maurice Genevoix, quittant à soixante ans les sables de la Loire, se glissa sans difficulté dans l'habit vert, et adopta les us et coutumes du plus parisien des clubs, comme il aurait su s'intégrer à une harde de cerfs ou à un banc de sardines.

Nul doute qu'il sut également poser sur ses confrères le regard impitoyable de l'entomologiste ou de l'ornithologue — ses propos révélaient qu'il avait la dent dure —, mais, à la différence de Colette qui parlait si bien des chanteuses et des gigolos comme s'il s'agissait de chattes ou de chiens, lui n'a rien publié sur la faune parisienne à laquelle il fut étroitement mêlé. Souhaitons que des publications posthumes nous réservent là quelques savoureuses surprises...

DU MÊME AUTEUR

Aux Éditions Gallimard

VENDREDI, OU LES LIMBES DU PACIFIQUE (roman). Folio 959.

LE ROI DES AULNES (roman). Folio 656.

LES MÉTÉORES (roman). Folio 905.

LE VENT PARACLET (essai). Folio 1138.

LE COQ DE BRUYÈRE (contes et récits). Folio 1229.

VUES DE DOS. Photographies d'Édouard Boubat.

GASPARD, MELCHIOR & BALTHAZAR (récit). Folio 1415.

GILLES ET JEANNE. Folio 1707.

PETITES PROSES. Folio 1768.

LA GOUTTE D'OR. Folio 1908.

LE MÉDIANOCHE AMOUREUX. Folio 2290.

LE TABOR ET LE SINAÏ. Essais sur l'art contemporain. Folio 2550.

Pour les jeunes :

VENDREDI OU LA VIE SAUVAGE (à partir de 9 ans). Illustré par Georges Lemoine. Folio Junior 30.

PIERROT OU LES SECRETS DE LA NUIT. Album illustré par Danièle Bour. Enfantimages et Folio Cadet 205.

BARBEDOR. Album illustré par Georges Lemoine. Enfantimages et Folio Cadet 172.

L'AIRE DU MUGUET (à partir de 13 ans). Folio Junior 240.

QUE MA JOIE DEMEURE. Conte de Noël dessiné par Jean Claverie. Enfantimages.

LES ROIS MAGES. Illustré par Michel Charrier. Folio Junior 280.

SEPT CONTES. Illustré par Philippe Munch. Folio Junior 497.

LES CONTES DU MÉDIANOCHE. Illustré par Bruno Mallart. Folio Junior 553.

Aux Éditions Complexes

RÊVES. Photos d'Arthur Tress.

Aux Éditions Denoël

MIROIRS. Photos d'Édouard Boubat.

Aux Éditions Herscher

MORTS ET RÉSURRECTIONS DE DIETER APPELT

Aux Éditions Hoëbeke

LE CRÉPUSCULE DES MASQUES

Le Chêne-Hachette

DES CLEFS ET DES SERRURES. Images et proses.

Aux Éditions Laffont

JOURNAL DE VOYAGE AU CANADA. Photos d'Édouard Boubat.

Au Mercure de France

LE PIED DE LA LETTRE.
LE MIROIR DES IDÉES.

Impression S.E.P.C. à Saint-Amand (Cher),
le 17 octobre 1994.
Dépôt légal : octobre 1994.
Numéro d'imprimeur : 1551.
ISBN 2-07-032858-9./Imprimé en France.

69229